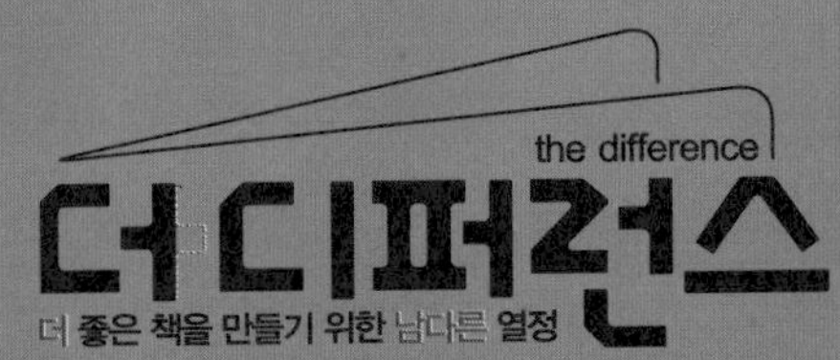
the difference
더 디퍼런스
더 좋은 책을 만들기 위한 남다른 열정

IN서울 공부법

김태희 지음

더 디퍼런스

IN서울 공부법 대학 갈 사람 모여라

초판 1쇄 발행 2015년 2월 2일

지은이 김태희
발행인 조상현
발행처 더디퍼런스

주소 서울시 마포구 마포대로 127, 304호
문의 **02-725-9988** 팩스 **02-6974-1237**
등록번호 제**2014-000061**호
이메일 **thedifference@daum.net**
홈페이지 **www.thedifference.co.kr**

독자 여러분의 소중한 원고를 기다리고 있습니다. 많은 투고 부탁드립니다.

ISBN 979-11-86217-06-1 (13370)

　　공부에는 두 가지가 있다. 진리 탐구를 위해 하는 공부와 자격을 가르기 위해 어쩔 수 없이 해야만 하는 공부가 그것이다. 수능, 논술 등 대학입시와 관련한 시험 공부는 후자에 속한다.

　　자격을 얻기 위해 해야 하는 공부에는 다음 두 가지가 있다. 순위를 따지는 시험 공부와 적격성 여부를 가리는 시험 공부가 그것이다. 전자는 상대평가 측면이 강하고 후자는 절대평가 측면이 강한데, 대입수학능력시험은 양면성을 갖는다. 수능 성적만을 갖고 합·불합격 여부가 결정되는 정시전형에 무게를 둔다면 이는 전자에 치중하는 시험 공부이겠고, 수시전형에 합격하고자 수능 최저등급기준을 맞추려고 안간힘을 쓴다면 이는 후자에 역점을 두는 시험 공부라고 할 수 있다. 논술시험 공부 역시 후자에 속한다고 봐야 한다. 왜냐하면 대학은 결코 논술성적만을 갖고 학생을 줄 세워가며 선발하려 들지 않으며, 어디까지나 수능 성적에 대한 보정의 차원에서 그리고 이른바 '수시납치'를 위한 명목으로 논술시험을 활용할 뿐이다. 어느 시험이든 공부를 잘해야 자격이 주어진다는 점에서는 마찬가지이다.

　　그렇더라도 알고 있어야 할 것은, 실력과 성적이 비례한다고 믿는 것은 잘못된 생각이다. 사실은 그렇지 않다. 대학입시는 가장 실력 있는 수험생을 뽑는 것이 아니라, 그 시험의 요령을 파악해서 가장 높은 점수를 딴 수험생을 합격시키는 것이다. 그러므로 시험에 합격할 수 있는 공부를 해야 한다. 그것이 곧 실력이다.

　　아무리 실력이 좋아도 성적이 나쁜 경우가 있고, 또 실력은 별로 없는 듯해도 시험만 치면 항상 고득점을 받는 학생이 있다. 이런 현상이 일어나는 가장 큰 이유는, 그것이 자격을 가르는 데 목적을 두는 시험이라 수험생들의 실력을 제대로 평가하지 못하기 때문이다. 무슨 뜻인가 하면, 현행 대학입시와 관련한 시험은 오로지 떨어뜨리기 위한, 다시 말해 일련의 평가기준에 맞춰 성적이 우수한 학생들을 줄 세워 뽑겠다는 데 목적을 두는 시험이기에, 시험문제가 수험생들의 내재된 실력을 제대로 평가하기에는 근본적인 한계를 가질 수밖에 없다. 더군다나 객관식 문제를 갖고 평가하는 수능의 경우에는 특히 그러한데, 시험에 실력 외적인 요소가 작용함으로써 수험생이 그동안 열심히 공부한 모든 것들이 일시에 와르르 무너질 수 있음을 우리는 수 없이 목격해 왔다.

이런 이유로, 지금의 대학입시는 실력이 있고 없고를 떠나 누가 더 실수를 안 하고 또 시험에 나올 것들만을 찾아 효과적으로 공부했는지에 따라 합·불합격이 결정된다. 수험생들이 공부하는 것은 시험에서 좋은 성적을 얻기 위해서지 결코 실력을 쌓거나 학문을 연마하기 위해서가 아니다. 그런 공부는 대학에 들어가서 하면 된다.

분명히 말하지만, 실력과 성적은 반드시 비례하는 것은 아니다. 시험 공부의 목적은 오로지 합격이지, 학문 연마가 아니다. 그렇기에 시험을 잘 치기 위해서는 실력이 있어야 한다는 생각은 버려라. 그저 시험 잘 치는 공부를 하면 된다. 시험을 치러 좋은 성적을 받는 것이 진정한 실력이다. 적어도 대학입시 공부에 있어서는 그렇다.

하지만 문제는, 그럼에도 불구하고 대다수의 학생들은 시험 성적을 높이기 위해 무엇을 갖고 어떻게 공부해야 하는지를 모르는 채, 그저 습관적으로 그것도 너무나도 열심히 공부할 뿐이다. 그렇게 해서 극도로 공부의 비효율성을 보이는데, 그 결과가 어떠한지는 굳이 말하지 않아도 짐작할 수 있을 것이다. 더군다나 수능과 내신과 논술이라는 이른바 죽음의 트라이앵글 속에서 길을 헤매고 버벅대는 수험생들을 보고 있자면, 정말이지 안타까운 마음이 들 뿐이다. 고교 3년 내내 그렇게도 열심히 공부했음에도 불구하고, 수능과 내신과 논술 모두 그저 그런 성적을 보이고, 결국에는 낙방의 고배를 마시고 마는 것이 많은 수험생들이 직면한 엄연한 현실이다. 그렇다면 어떻게 해야 할까? 어떤 식으로 공부해야 그토록 바라는 대학에 합격할 수 있을까?

첫째, 현행 대학입시와 관련한 다양한 전형과 수험생 자신의 능력 및 수준을 서로 맞춰가며 전략적인 선택을 내려야 한다. 이를테면 그토록 SKY를 가고 싶은데, 그럼에도 불구하고 수능 성적이 다소 미흡하다면, 정시를 위한 수능 공부에 매진하되 여기에 더해 수시 논술전형을 노리는 선택을 해야 한다. 이때 반드시 알고 있어야 할 것은, 수능공부는 성적순위를 최대한으로 높일 수 있도록 노력하는 한편, 논술공부의 경우에는 이를 적격성을 가르는 시험으로 인식하고 합격자 평균 성적에 들어갈 수 있을 정도만큼만 공부해나가는 것이 가장 효율적이고 최상의 결과를 내는 공부가 된다.

그렇기에 논술성적을 만점 맞으려고 용을 써가며 공부하는 것은 미련한 짓이다. 논술공부는 합격권에 들 수 있을 정도까지만 하고 나머지 여력은 수능 점수를 1점이라도 더 올리는 데 매진해야 논술합격의 가능성이 극대화되는 것이지, 논술실력만 높여가지고는 결코 합격을 장담할 수 없다. 실제, 논술전형을 뚫고 합격한 학생들은 그렇게 공부한 학생들이다. 이와는 반대로, 수능성적이 나쁘다고 수능공부는 때려치우고 논술공부에만 매달린다면, 그렇게 해서 논술 최고점수를 받아 합격할 수 있다고 생각한다면, 이는 가장 미련한 공부이자 어리석은 공부전략이다. 결국에는 수능과 논술 둘 다 망칠 뿐이다. 그리고 단언컨대, 대학은 그런 식으로 공부한 학생을 선발할 의향이 없다.

둘째, 수시와 정시 전형은 모두 수능 성적을 기본으로 깔고 그 위에 여타 적격성 여부를 따지는 것이기에, 수능 성적을 높이는 공부에 모든 초점을 맞춰야 한다. 이때 앞서 강조한 것처럼, 오로지 시험을 잘 치기 위한 공부를 해나가야 한다. 즉 시험성적을 높이는 공부에는 나름의 방법적 요령이 따르는데, 그렇더라도 그 요령은 그 무슨 꼼수로서의 나태한 요령이 아닌, 공부의 선택과 집중을 통한 효율성의 극대화 차원에서의 기술적 접근이다. 그리고 그 기술적인 접근이 바로 공부요령으로, 뭐 그다지 거창한 것도 아니다. 시험 공부와 관련하여 그저 우리가 보편적으로 믿고 받아들이는 일반 통념이자 기본 원칙에 맞춰 곧이곧대로 공부하는 것이라고 보면 된다.

공부를 잘하고 못하고의 차이, 다시 말해 시험을 잘 치고 못 치고의 차이는 여러 가지 원인에 귀속되지만, 그 가장 큰 요인의 하나는 바로 시험을 잘 치기 위해 필요한 효율적인 공부방법을 몰라 헤매기 때문이다. 그런 점에서 볼 때, '시험 공부는 공부하는 방법을 공부하는 것이다.'라고 해도 과언은 아니다. 해서 만약에 같은 수준의 아이가 같은 환경에서 동일한 교재를 동일한 선생으로부터 배우고 같은 만큼 공부했음에도 불구하고 성적 차이가 난다면, 그것은 전적으로 공부하는 방법에서 차이가 나기 때문이라고 보면 된다. 이런 이유로 만약에 어떤 학생이 그런대로 공부머리도 있고 나름대로 열심히 공부하는데도 불구하고 성적이 좋지 않을 경우에는, 공부방법이 잘못되지는 않았는가를 살펴볼 필요가 있다.

이 책은 이 두 핵심 사안에 초점을 맞춰 살핀 결과물이다. 대학입시의 전략적 선택을 위한 일련의 준거와 수능 고득점을 받기 위한 효율적인 공부방법이 그것인데, 이 두 측면을 제대로 그리고 정확히 살피는 것만으로도 크게 도움이 될 것이라고 굳게 믿는다. 필자 역시 대학입시를 앞둔 한 수험생의 학부모인지라, 그 누구보다 고민해가며 열심히, 꾹꾹 눌러 썼다. 이것, 믿어도 된다.

저자 김태희

contents

시작하며
맹자도 어렵다는 자식 교육을 하면서 느낀 소회

역자교지(易子教之)

'자기 자식을 부모가 직접 가르치기는 어렵다', '아무리 뛰어난 스승도 자기 자식을 가르치기는 어렵다'는 뜻으로, 〈맹자孟子〉에 나오는 이야기다.

맹자의 제자 공손추가 물었다.

"군자가 자기 아들을 직접 가르치지 않는 것은 어떤 이유입니까?" 공손추는 맹자가 하나밖에 없는 아들을 직접 가르치지 않았음이 궁금했던 것이다.

이에 맹자는, "형편이 그렇게 될 수밖에 없다. 가르치는 사람은 반드시 바르게 하라고 가르친다. 바르게 하라고 가르쳐도 그대로 실행하지 않으면 자연 노여움이 따른다. 그러면 도리어 부자 간의 정이 상하게 된다. 이에 자식은 '아버지는 나를 바르게 하라고 가르치지만, 아버지 역시 바르게 못한다'고 느낀다. 그러기에 옛날 사람들은 자식을 서로 바꾸어 가르쳤다. 부자 간에는 잘못했다고 책하지 않는 법이다. 잘못을 꾸짖으면 서로 정이 난다. 정이 멀어지면 그보다 더 큰 불행이 어디 또 있겠는가?"라고 답했다.

부모라면 누구나 자식이 자기보다 잘되기를 바란다. 그럴수록 자식에게 바라고 기대하는 것이 많아지게 된다. 그 으뜸이 바로 자식이 공부 잘해 좋은 대학에 합격하는 것으로, 부모는 이를 위한 모든 지원과 희생을 아끼지 않는다. 하지만 그게 마음먹은 것처럼 되는 것은 아니다. 다행이도 공부 잘하는 자식이라면 스스로 알아서 하게끔 내버려둔다거나 학습 커리큘럼이 잘 짜여있는 특목고에 보낸다거나 하겠지만, 많은 경우에는 자식을 부득이 학원에 내맡긴다거나, 이도저도 아니면 그냥 학교 자율학습에 기댈 수밖에 없는 것이 현실이다.

필자 역시 별반 다르지 않았다. 어찌어찌해서 큰 딸아이는 해치웠지만(결과론적인 얘기이지만, 부모의 입장에서는 대학 가는 공부에 대해 정말이지 아무 것도 모를 때 그냥 뚝딱 해치우는 게 훨씬 속편하다. 비록 아쉬움은 남지만), 문제는 워낙에 특이한 성격을 가진 아들 녀석은 또 어떻게 해치워야 할지 여간 골치 아픈 게 아니었다. 학원에서 공부하는 것을 완강히 거부하고, 학교 자율학습도 싫다 하고, 공부를 왜 해야 하느냐며 쌍심지를 켜고 대드는 놈을 보고 있자면, 정말이지 화가 머리끝까지 치밀어 오른 적이 한 두 번이 아니다.

결국 고민 끝에 필자가 직접 공부를 가르치기로 하였지만, 일개 필부匹夫에 불과한 필자에게 무슨 뾰족한 수 있겠는가. 가르치는 동안에 치밀어 오르는 화를 억누르다가 제풀에 나가떨어진 적도 여러 번이어서 그냥 포기하고 학원에 보내버릴까 하는 생각도 들었지만, 이 역시 마뜩치 않기는 마찬가지였다. 그렇다고 이 녀석을 그대로 방치해서는 안 될 일이겠고, 궁리 끝에 아들의 친구들을 모아 함께 논술과 국어, 영어를 가르치기로 했다. 가르친다기보다는 올바른 학습 태도를 일깨우고 적절한 공부 방법과 학습 방향을 제시함으로써, 스스로들 알아서 공부하도록 만드는 데 목적을 두었다는 게 더 정확할 듯하다.

생각이 여기에 미치자 곧바로 이 녀석들의 부모님을 사무실에 모셔 생각한 바를 말씀드렸고, 부모님들께서는 필자의 이 같은 계획에 공감하고 흔쾌히 아이들을 맡기셨다. 마침 부모님들께서도 필자와 같은 고민을 하고 계셨고, 게다가 자녀 공부에 대해 열린 생각을 갖고 계셨던 터라, 기꺼운 마음으로 동참하셨던 것이다. 이후 아이들에게 공부를 가르치면서 아들에 대한 직접적인 감정을 추스르게 되었고, 아들은 아들대로 공부하려는 의지를 보여주었다. 더불어 아이들의 성적도 꾸준히 오르고 있기에, 중간 정산한 결과는 성공적이었다고 평가할 수 있다.

아무튼 그렇게 해서 한 시즌을 보내면서 느끼게 된 것은, 이 녀석들의 공부법과 학습 태도가 의외로 엉망이란 점이었는데, 그만큼 주먹구구식으로 공부하고 있었음이 확인된 셈이다. 그래서 이것만 바로 잡아줘도 성적은 곧바로 향상될 수 있다는 지극히 평범한 사실을 깨닫게 되었다. 처음에는 "전문 강사가 아닌 나이 드신 분이 뭘 제대로 가르치기나 하겠어?" 하며 내심 미온적인 태도를 보이던 부모님들께서도, 짧은 기간 동안에 일어난 변화의 정도에 적지 않게 놀라는 눈치였고(모두 강남 엄마들이고, 대치동 과학강사인 분도 계시다), 지금은 필자가 그만 가르칠까봐 오히려 걱정하는 눈치다. 그 동안의 알량한 성적 상승도 좋은 일이지만, 그보다는 스스로 공부할 수 있도록 자기경쟁력을 키움으로써 다가올 고3 수험 기간 동안의 성적 향상이 오히려 더 기대된다.

그러던 중에 수원의 모 고등학교에서 공부법과 관련한 강연을 의뢰받았고, 이참에 잘됐다 싶어 대학 가는 공부법, 특히 '자기주도학습'에 대해 많은 것들을 알아보고, 찾아 살피고, 궁리하고, 전후관계를 따져보기로 했다. 그 과정에서 이를 체계적으로 정리해야 할 필요성을 느꼈고, 기왕에 정리할 바에는 필자처럼 자식 공부로 고민하는 많은 학부모들은 물론 공부의 당사자인 학생들에게도 실질적인 도움을 주어야겠다는 생각이 들었고, 급기야는 이렇듯 책으로 내기에 이르렀다.

물론 시중에 지천으로 깔린 게 알량한 공부법과 관련한 책들인지라 솔직히 선뜻 내키지는 않았다. 그만큼 속물적인 냄새가 나는 데다가, 굳이 공부법에 관한 책을 쓸 필요가 있을까 하는 의구심마저 들었기 때문이다. 더군다나 공부법과 관련한 그 많은 책들을 읽어도 머리에 썩 와 닿지 않고 또 선뜻 공감되지 않은 탓에, 그 안에 담긴 내용을 그대로 끌어와서 아이들을 가르칠 수 있는 노릇은 더더욱 아니었다. 게다가 필자의 자식은 상관없지만 그 친구들까지 감당해야 하는 부담까지 얹어졌기에, 필자부터 대학입시 공부에 대해 정확히 살피고 개념적으로 정립할 필요가 있었다. 그래서 이번 기회를 빌려 서둘러 책을 써야겠다는 생각이 들었는데, 물론 여기에는 그 동안에 필자가 직접 논술을 가르치면서 그리고 학생들과 끊임없이 대화하고 또 지켜보면서 느꼈던 점도 상당 부분 작용했다.

그렇게 해서 필자와 같은 처지에 놓여 있는 학부모들도 함께 공감하고, 그들의 소중한 보물인 자녀에게도 도움이 될 수 있도록 나름대로 객관적인 시각에서 공부에 대해 살펴봤다. 그리고 같은 학부모의 입장에서, 게다가 한때는 필자 역시 학생이었던 시절을 떠올리며 체계적이고 논리적으로 정리했다. 시중의 대부분의 공부법 관련 서적의 등장인물처럼 공부를 아주 잘하는 아이들의 관점에서 살피는 것도 중요하지만, 비록 그들보다는 다소 실력이 뒤처지더라도 나름대로 공부하고자 하는 의지를 갖고 열심히 공부하는 그런 학생들에게도 실질적인 도움을 줄 수 있는 공부법이 되어야 한다는 게 필자의 굳센 입장이다.

덧붙여, 왜 우리 부모들은 항상 눈앞의 현실은 애써 외면하고, 자식에게 크나큰 상처가 될 수 있는 모진 행동을 거침없이 하려 드는 걸까? 그것도 옆집 아줌마 아들의 거창한 성공담을 마치 자기 경험인 양 자식들에게 강요하려 듦으로써, 자식의 가슴을 후벼 파는 것일까? 필자 역시 이런 종류의 책까지 쓰게 될 줄은 전혀 생각하지 못했지만, 그렇기에 책을 쓰는 동안에 더더욱 자식 교육을 되물어가며 생각하는 계기가 되었다. 이제는 우리 부모들도 더 냉정해지고 또 현명해져야 할 때라고 생각한다. 무슨 뜻인가 하면, 제발 시중의 공부법에 나오는 옆집 엄친아를 자기 자식과 비교해가며 구박하고 핀잔 줌으로써, 공부 못하는 게 무슨 큰 죄인 양 취급하지 말라는 것이다.

학생들 역시 마찬가지인 것은 불문가지不問可知겠고, 부디 이 책을 읽고 공부 잘해 부모님을 기쁘게 해 드리는 기특한 학생이 되었으면 하는 바람이다. 사실, 공부 잘하는 것만큼 큰 효도는 없다. 자식이 공부를 잘하면 부모가 겪어야 할 쓸데없는 걱정들은 사라진다. 자식이 열심히 공부하면 부모는 밥을 안 먹어도 배부르다. 게다가 쓸데없이 잔소리할 필요가 없어지므로 마음까지 편안하다. 그렇다고 이 말에 부담스러워하지 말기 바란다. 모름지기 부모란 자식이 공부 잘하는 것도 좋지만, 그것보다는 공부를 열심히 하는 것에 더 기뻐하고 살가워한다. 어쨌든 열심히 공부하는 것은 학생으로서의 본분이자 도리이며, 굳이 이를 따질 필요 없이 학생이라면 마땅히 그래야 한다.

필자가 '공부법'에 관한 책을 쓰는 궁극적인 이유가 이와 같다. 열심히 공부하는 학생은 물론이고, 그들을 뒷바라지 하는 부모 모두가 작금의 대학 가는 공부와 관련한 가감 없는 실상과 올바른 공부법에 대해 정확히 알아야 하며, 그래야만 서로 갈등을 겪지 않고 기나긴 수험 기간을 슬기롭게 헤쳐나갈 수 있다. 맹자도 자기 자식 가르치기 어렵다고 말했지만, 필자가 그 동안 경험한 바로는 나름대로 할 만한 게 자식교육인 듯하다. 물론 같이 공부하는 동안 아들의 뺀질거림에 불쑥불쑥 화가 치솟음은 어찌할 도리가 없지만, 그것조차도 인격수양의 과정이라고 생각하니 그런대로 견딜 만하다. 그리고 다른 무엇보다, 함께 공부하는 과정에서 아들이 내게 보내는 깊은 신뢰의 시그널이 필자를 무척이나 뿌듯하게 한다.

이렇듯 아들과의 공부가 필자에게는 젊은 날의 나를 찾아 떠나는 행복한 삶의 여정이자, '부자유친'의 실존적 관계 맺음에 대해 생각하게 하는 기분 좋은 여행인지라, 지금은 너무나도 소중한 일상이 되어 버렸다. 피할 수 없으면 즐기라는 말이 있듯이, 지금 이 글을 읽고 있는 수험생을 둔 부모님들께서도 필자와 똑같은 달콤 쌉쌀한 즐거움을 맛보기를 바란다. 그 핵심은 먼저 자녀가 대학을 가기 위해 어쩔 수 없이 해야 하는 공부에 대해 올바로 그리고 정확히 파악하고, 이를 통해 어떻게 하면 자식이 스트레스를 덜 받고 열심히 공부할 수 있도록 도와줄 것인가에 대한 현실적인 방안을 놓고 고민하는 것이다. 이 책을 쓴 가장 큰 목적이 바로 이것이다.

脣亡齒寒(순망치한)

필자에게는 개성 강한 두 자식이 있다. 스스로들 '오타쿠(한 분야에 열중하는 사람)'니 '히키코모리(은둔형 외톨이)'니 우스겟소리하면서 한편으로는 세상과 일정한 간격을 유지하려 들고, 다른 한편으로는 그 무언가에 빠져 좀처럼 헤어 나오지를 못하는, 그런 특이한 아이들이다.

올해 대학교 4학년이 되는 딸아이는 어릴 적부터 국내외 판타지 소설에 탐닉해서는 관련한 소설이 한 방 가득이고, 고등학교 3학년이 되는 아들 녀석은 아들 녀석대로 일본 만화책에 열중한 결과물이 또 방 한 가득이고, 이렇게 해서 좁디좁은 방 구석구석은 이런 매스(mass)들로 가득 들어차 있다.

한 가지 재미있는 사실은, 아주 어렸을 적부터의 개인적 취향이 지금까지도 계속되고 있다는 것인데, 다만 그 취향의 외연이 확장되어 딸아이는 소설 쓰기로, 아들 녀석은 인터넷 상의 고상한 게임에 함몰되어 직접 게임을 만든다느니 하면서 공부도 잊은 채 하염없이 탐닉해 들어가고 있는 점에서 차이를 보일 뿐이다.

아들의 경우 그것이 어느 정도인가 하면, 취미와 관련한 많은 책들이 일본판인지라 저 스스로 일본어를 독학해서 관련한 책들을 섭렵하는가 하면, 그것도 모자라 친구들끼리 일본여행을 하겠다며 열심히 용돈을 모아 지난번 겨울방학에 기어코 일을 저지르고 말았다. 기껏 고등학교 1학년인 나이에 자기들끼리 일본 여행을 계획하고 실행하는 것으로 보아 황당한 녀석들임에는 분명하지만, 그럼에도 필자는 그런 유형의 개성 있는 아이들을 무척이나 좋아하고 또 마음속으로 성원한다.

필자 역시 이런 녀석들과 크게 다를 바 없기는 마찬가지인데, 지금까지도 그들과 엇비슷한 고상한 취미가 상당하단 것만 밝히는 것으로 서둘러 마무리한다. 그렇더라도 그 동안 해왔고 또 지금까지 거듭되고 있는 즐거움 중의 가장 큰 즐거움은 역시 독서인지라, 오랜 직장생활을 그만두고 인생이모작에 뛰어들게 만든 동기 역시 '글'과 관련한 것이었다.

쇼펜하우어가 이르길, 나이 들어서까지도 학문을 할 수 있고 다양한 취미를 즐길 수 있다면 가장 큰 행복이라고 했는데, 필자에게 그런 기회가 주어진 것에 대해 새삼 감사하고, 더불어 인생은 살아볼 만하다는 느낌마저 든다. 필자 역시 한 때는 직장에서의 승진과 더 많은 소득만이 행복이라고 생각해 왔던 터라, 이러한 행복은 뭐랄까, 기존의 행복과는 다른 새로움으로 살갑게 다가온다.

그런데, 그러한 공부의 쾌락에 가르침의 즐거움까지 더하고 있으니 그 기쁨은 이루 말할 수 없다. 더군다나 맹자께서 '자기 자식은 (울화통이 터져) 절대 못 가르친다.'고 말씀하신 것처럼, 자칫하다가는 자식과 원수가 될 수도 있다면서 말리는 주위의 조롱 반 우려 반 섞인 조언을 익히 들은 바이지만, 그럼에도 그러한 우려를 불식하면서 지금까지도 무난하게 가르치고 있으니 필자는 이만저만 행복한 사람이 아닌 모양이다.

그렇게 해서 첫째 녀석은 어찌어찌하여 대학에 보냈지만, 그래도 아쉬움이 남는 건 인지상정인가 보다. 돌이켜 생각하니, 필자는 대학 가는 공부에 대해 워낙 문외한이었고 게다가 바깥일에 무척 바쁘다는 핑계로 자식들 공부에 나 몰라라 했던 것 또한 사실이다. 딸아이를 위해 무엇을 어떻게 해줘야 할지를 몰라, 그저 딸아이 스스로 공부할 수 있도록 편하게 해주는 것이 좋은 교육이라고 생각했을 뿐이었다. 그렇기에 이것이 순진한 생각에 불과했다는 것을 알기까지 참으로 많은 시간이 걸렸다. 딸아이는 그런 필자의 마음도 몰라주고 뒤에서 열심히 '호박씨(?)'를 까고 있었는데, 이를 테면 3학년 여름방학 내내 집 앞 독서실에 틀어박혀 공모할 소설을 쓰고 있질 않나, 수능을 코앞에 둔 10월의 어느 날에도 홍대 앞에서 열리는 자우림 콘서트를 꼭 가서 봐야겠다며 필자를 난처하게 만들기도 했다. 하긴 애들 엄마 몰래 콘서트 장에 보낸 필자도 딱히 할 말은 없지만.

그럼에도 사람에게는 보이지 않는 그 무엇이 있는 것 같다. 이를테면 일종의 영감(instinct) 내지는 통찰(insight)이 그것인데, 딸아이가 3학년에 올라갈 무렵부터 뭔지 모르게 대입 논술에 관심을 갖게 되었고, '어디 내가 한 번 가르쳐봐'하면서 달라붙었다. 지금 와서 생각하면 참으로 신기할 뿐인데, 왜냐하면 그때까지 필자는 대입 논술에는 도통 관심이 없었고 또 대학원 강의 계획이 잡혀있는 등 나름대로 바빴으며, 따라서 새삼 논술 공부에 관심을 기울일 이유가 하등 없었기 때문이다.

그리하여 딸아이가 고3 겨울방학에 들어갈 무렵의 잠시잠깐 동안 직접 논술을 가르치게 되었고, 이후 새 학기부터는 대치동 논술학원으로 보냈다. 그런데 딸아이가 한 주인가 두 주인가를 학원에 갔다 오고서는 그냥 아빠한테 배우겠다는 것이 아닌가. 결국 하던 일을 서둘러 접고 딸아이를 직접 가르치게 되었는데, 일이 크게 되려고 그랬는지 주변에서 어떻게 알고서는 자기 자식을 맡아달라고 부탁해 오는 게 아닌가, 그렇게 해서 졸지에 논술선생 아닌 논술선생이 되어 오늘에 이르게 되었다.

그것이 벌써 햇수로 4년 전의 일인데, 아무튼 딸아이가 어찌어찌해서 논술전형을 뚫고 대학에 들어갔으니 나름대로 의미는 있었던 것 같다. 그것이 계기가 되어 점차 논술에 빠져들면서 논술과 관련한 책을 무려 7권이나 출간하게 되었으니, 필자의 공부에 대한 편집증도 이만저만한 게 아닌 듯하다. 그런데 시간이 흘러 논술에 대해 많은 것들을 알게 된 지금에 와서 생각해 보니, 필자가 딸아이에게 제대로 논술을 가르쳤더라면 어땠을까 하는 진한 아쉬움이 남는 것 또한 아버지로서의 어쩔 수 없는 뒤늦은 후회이기도 하다. 그만큼 논술에 대해 아무것도 모른 상태에서 딸아이를 용감 무식하게(?) 가르쳤던 것이다.

아무튼 이것이 이유 아닌 이유가 되어 아들 녀석에게는 고등학교에 들어가면서부터 일찌감치 논술 공부를 시켜야겠다는 마음이 들었다. 하지만 필자 역시 본업을 등한시할 수는 없었기에(뭐, 딱히 본업이랄 것도 없는 자유직업이지만) 양자 모두 만족할 수 있는 방법을 모색하게 되었고, 그렇게 해서 아들 녀석을 꾀어 전주의 모 자사고에 집어넣기에 이르렀다. 무엇보다 그 학교에만 있는, 한 달에 두 권씩 고전을 읽고 토론하고 쓰는 커리큘럼이 마음에 들었던 터라, 필자가 그 학교에 거는 기대는 무척이나 컸다.

그런데 아들은 역시 개성이 강한 막나가는 녀석임에는 틀림없었다. 당초부터 공부에는 그리 관심이 없었던 터인지라 마치 기숙형 재수학원처럼 공부에만 올인하는 학교 풍토에 일말의 당혹감을 느끼고 있었고, 그렇게 해서 전주로 짐을 꾸려 내려가는 내내 '곧바로 서울로 전학 온다'는 말만 되풀이 하면서 다시 올라올 궁리만 할 뿐이었다. 아니나 다를까, 기숙사 입소 첫날에 자신의 유일한 탈출구이며 해방구이자 서울 친구들과의 소통공간인 휴대폰을 빼앗기고 나니, 아들의 흥분은 극에 달했다. 결국 이 학교 입학식 날이 바로 전학일이 되었고(이 학교는 입학식 일주일 전부터 학교 기숙사에 입소한다), 필자는 또 주섬주섬 짐을 챙겨서 아들과 함께 터덜터덜 서울로 올라왔다. 그렇게 해서 집 근처의 일반계 고등학교로 전학을 오게 되었다.

'물 좋고 정자 좋은' 명당을 바라지 말라는 말이 있듯이, 머리는 영특하지만 얽매이기를 싫어하는 아들 녀석에게 진득하니 앉아서 공부하길 바라는 것이 애시 당초부터 무리라는 생각이 든 것이 바로 이 무렵부터인 것 같다. 몸이 약해 잠이 많고, 이런저런 엉뚱한 데 관심을 두고, 학원 가기를 완강히 거부하는 아들 녀석을 도대체 어떻게 가르쳐서 대학에 보내야 할 것인가를 생각하니 정말이지 막막했고, 결국은 필자가 직접 가르칠 수밖에 달리 방도가 없다고 생각하기에 이르렀다. 말하자면, 맹자의 말씀에 역행하는 모험을 감행한 것이다.

생각이 여기에 미치자 곧바로 사무실을 아들이 다니는 학교 앞으로 옮기기에 이르렀고, 학교 수업이 끝나면 집에 가지 말고(엄마가 일하는 관계로 낮에 집에 아무도 없다) 아빠 사무실로 와서 놀던지 자던지(곧바로 간이침대를 들여 놓았다) 마음대로 하라고 했고, 그럼에도 일주일에 4일은 하루 딱 두 시간씩만 공부하는 걸로 서로 합의를 봤다(아들과는 서로 합의해서 결정하는 관계다). 물론 그 두 시간의 상당부분은 필자와 함께 영어와 국어 공부를 하는 데 할애키로 했으며, 일요일에는 별도로 논술수업을 하자고 약속했다.

자식에게 직접 공부를 가르쳐 본 사람들은 이해할 수 있겠지만, 영특한 녀석들을 가르치기가 더 어려울뿐더러, 이런 녀석들을 가르치고 있자면 그 당돌함에 화가 머리끝까지 치밀 때가 한두 번이 아니다. 필자 역시 지금까지 두 차례나 "이걸 확 쥐

패고 학원으로 보내버려” 하며 심각하게 고민했던 적이 있었고, 게다가 아들 녀석이 아빠의 소중한 기회비용을 다 빼앗아가는 것에 대해 크게 섭섭함을 느끼고 있었으니, 그 속상함은 이루 말할 수 없었다.

남들이 보면 복에 겨운 즐거운 고민이라고 하겠지만, 부모 마음이란 게 다 그런 것 같다. 아들 녀석은 고1 들어 처음 치른 수능 모의고사에서 전교 1등을 했고, 그 이후로도 계속 괜찮은 성적을 받고 있기는 하지만, 그럼에도 불구하고 “이 녀석이 엉덩이까지 무거우면 더 나은 성적을 보일 수 있을 텐데...” 하면서 아쉬워하는 자신을 보니, 사람의 욕심이란 정말이지 한도 끝도 없는 것 같다. 게다가 모의고사 성적에 비해 학교 내신 성적이 워낙에 좋지 않은 탓에(건성건성 공부하는 아이라고 말했다) 수시전형에서 많은 어려움이 있을 거란 생각도 들었고, 게다가 이런 식으로 공부해가다가는 과연 고3 올라가서도 성적을 제대로 유지할 수 있을까를 생각하니, 많은 것들이 필자를 불편하게 만들었다.

생각이 여기까지 미치자 아들에게 직접 인문계 논술을 가르쳐야겠다고 마음먹기에 이르렀고, 고2 들어 이과공부를 하고 있음에도 불구하고 경우에 따라서는 연·고대 인문 논술 시험을 치를 생각도 갖게 되었다. 아들 역시 그런 필자의 생각에 동의하고 있는데, 여기에는 아들의 논술 실력이 생각 이상으로 뛰어나다는 점도 감안됐다. 게다가 필자가 그렇게 결정한 데는 다음 두 가지 측면에서 나름의 확신을 갖고 있었기 때문이다.

첫째, 대입 논술과 수능 언어영역 간의 그 근본적인 지향점에 있어서는 다를 바가 없기 때문인데(이는 많은 설명을 요하기에 이 책의 본론에서 자세히 언급하기로 한다), 그렇더라도 일찍부터 논술을 공부하고 있음에도 이와 더불어 수능 국어 과목의 성적이 좀처럼 오르지 않는다면, 이는 제대로 논술을 공부한 게 아니다. 수능 국어 역시 일종의 글 읽기 능력을 묻는 시험인지라, 논술을 공부하는 과정에서 필연적으로 수능 국어 과목에서 가장 난이도가 높은 추론 문제까지 올바로 풀이할 수 있기 때문이며, 또 마땅히 풀 수 있다. 그렇기에 수능 성적이 오르는 것은 지극히 당연한 귀결이다.

둘째, 논술은 그만큼 진지하게 노력하며 실천해나가야 하는 공부이기 때문에, 공부의 진정성이 다른 공부에까지 영향을 미쳐 성적을 끌어올리게 된다. 실제 필자가 가르치는 학생 여럿에게서 수능 국어와 영어 과목의 성적이 더불어 크게 향상되고 있음이 확인되는데, 이는 그만큼 논술 공부를 통해 사고력의 확장이 일어나면서 수능 성적이 따라서 오른 결과라고 필자는 생각한다(물론 논술과 수능 간의 상관관계를 따져 가며 가르친 결과다).

아무튼 이런 필자의 확고한 생각이 급기야는 지난해 고1 겨울방학부터 아들의 친구들까지 함께 모아 논술을 가르치는 계기가 되었고, 고2 여름방학에 들어가면서부터는 수능 국어와 영어까지 함께 가르치기에까지 이르렀다. 그 결과 이 아이들은 수능형 학생으로 확실하게 거듭났다고 자신할 수 있는데, 게다가 성적도 꾸준히 향상되는 것을 보니 필자의 판단이 틀리지는 않았다는 생각이 든다. 아들을 포함한 세 아이가 이과로 진학했음에도 불구하고 고2 겨울방학까지는 계속 인문 논술을 가르칠 예정으로, 이 공부가 좋은 토양이 되어 고3들어서부터는 자연계 논술을 스스로 알아서들 잘 공부해나갈 수 있을 것이라 믿는다.

아무튼 이 녀석들과의 좌충우돌 논술 공부는 조만간 끝맺게 되겠지만(이들 모두 이과생들이라 수리논술을 가르칠 자신이 없으며, 따라서 대치동 이과논술학원으로 보낼 계획이다. 물론 아들은 인문논술을 계속해서 직접 가르칠 예정이다), 그럼에도 수능 공부는 앞으로도 계속될 것이다. 그렇기에 이 책은 당연히 이 아이들에게 수능 공부를 가르칠 요량으로 쓴 것이기도 하며, 철저하게 이 책의 내용에 근거해서 가르칠 예정이다. '지피지기 백전백승 知彼知己 百戰百勝'이라고, 남을 가르치려면 먼저 나부터 제대로 알아야 하지 않겠는가. 이 책을 쓴 가장 큰 목적이 그러하다.

盡人事待天命(진인사대천명)

대자연은 내게 형체를 주어 살게 했고, 삶을 주어 수고롭게 했고, 늙음을 주어 편안하게 했으며, 죽음을 주어 쉬게 했다.
The Great Nature gives me form, enables me to work in life, makes things easy in old age, and gives me rest in death.

장자莊子의 대종사大宗師 편에 나오는 구절이다. 필자가 가장 좋아하는 경구이기도 하다. 대자연의 이치, 삶을 살아가는 지혜를 이만큼 적절하게 표현한 구절이 또 있을까. 참고로 '대종사'는 큰 스승을 뜻한다.

지금에 와서야 하는 얘기지만, 돌이켜보니 예전 딸아이가 대학 들어가던 한해도 결코 순탄치는 않았다. 필자를 둘러싼 삶과 죽음의 희로애락이 파노라마처럼 에둘러 가로막았고, 더군다나 하던 일을 뒤로 하고 딸아이에게 직접 논술을 가르치는 무모함까지 더해지면서, 신영복 선생의 말마따나 호미 하나 달랑 들고서 태산준령에 마주선 것처럼 때론 두려움에 때론 당혹스러움에 가보지 않은 길의 한 가운데서 헤매었다.

누군가 그랬던가. 자식 문제는 뜻대로 되질 않는다고. 그 해 중학교 2학년이 된 아들 녀석은 사춘기의 깊은 골을 통과하느라 허우적거리고 있었고, 그리하여 마치 자신과 마주치는 모든 것들에 시비를 걸겠다고 작심한 듯이 으르렁거리는 낯선 이 방인의 모습으로 필자와 마주하고 있었다. 고3 수험생이 된 딸아이는 딸아이대로 이건 수험생이 맞나 싶을 정도로 영화 보러 다니랴 자기가 좋아하는 작가의 강연을 들으러 간다 하면서 천방지축으로 날뛰고 있었고(허긴, 그 점에 대해 필자는 할 말이 없다. 엄마 몰래 홍대 앞에서 열리는 강연에 보낸 것도 필자였고, 사기 진작이란 허울로 추석 연휴 내내 영화를 세 편이나 함께 보러 다니자고 자식들을 꾀어낸 것도 다름 아닌 필자였으니까), 그렇게 해서 더딘 일상이 지루하게 반복되고 있었다.

그 와중에 아이들 외할머니께서 뇌출혈로 쓰러지셨다는 소식은 필자를 무척이나 당혹스럽게 했다. 집안에 남자가 없고 또 아버님(장인)께서도 많이 연로하신 터라 부득이 필자가 많은 의사결정을 내려야만 했고, 더군다나 딸아이의 수능과 이어지는 논술 시험을 코앞에 둔 상황에서 벌어진 일이라 무척이나 당혹스러웠다. 게다가 딸아이에게 직접 논술을 가르친 결과가 몰고 올 후폭풍에 대한 심적 부담감까지 갖고 있었기에, 그 중압감은 이루 말할 수 없었다.

아무튼 필자에겐 고도의 집중력과 판단이 요구됐던 시기였고, 다행히도 삼성병원에 전문의로 있는 후배와 경희대 한의사인 후배의 도움을 받아 두 달여 동안의 병원 치료 과정을 무사히 마칠 수 있었다. 지금 장모님께서는 곧잘 걸으시고 말씀도 잘하시는 등 예전의 상태로 상당히 회복되셨는데, 이런 걸 두고 하늘이 도왔다고 하는 것이리라.

하지만 "나쁜 일은 따로따로 오는 게 아니라 한꺼번에 일어난다"는 말을 증명이라도 하듯, 한숨 돌리는가 싶더니 이제는 딸아이가 기어코 사단(?)을 벌였다. 수능을 완전히 망치고는 울고불고 난리부르스를 치는 딸아이를 보고 있자니, "모든 게 사필귀정인데도 불구하고 저 자신만 이를 모르고 있는 저 불쌍한 중생을 어찌 할꼬, 이일을 또 어찌 수습해야 할까" 하며 밤새 술잔을 기울이며 도무지 진정되지 않는 먹먹한 가슴을 쓸어내렸다(딸아이의 프라이버시가 걸린 문제라 공개해서는 안 되겠지만, 모의고사에서 항상 국영수 전부 1등급을 받던 애가 합 5등급을 받았으니, 본인이 받은 충격은 이루 말할 수 없었을 것이다).

이후 딸아이는 마치 병든 닭처럼 일관했고, 학교 수업을 마친 후 곧바로 필자의 사무실에 논술 시험 공부하러 와서도 줄곧 시무룩 하니 푹 절인 배추처럼 퍼져 있곤

했다. 이를 지켜보며 또 논술 문제를 풀어주며(읽어줬다는 게 더 적절하다) 독려하던 필자는 필자대로 긴 한숨만 쉬었고, 하여간 필자에게 지옥이 있다면 아마도 수능 후 대입 논술 시험이 끝나기까지의 열흘 간이었을 것이다.

아무튼 필자가 딸아이에게 해줄 수 있는 조언이라고는, 재수를 할 땐 하더라도 끝까지 최선을 다하고 기다려보자(盡人事待天命)는 말이었고, 또한 필자가 딸아이에게 보여줄 수 있는 것이라고는 이를 직접 몸소 실행해야 하는 것뿐이었다. 그래서 이런저런 궁리 끝에 일단은 수능 최저등급 기준을 맞출 가능성이 낮은 고대·서강대 논술 시험을 과감하게 포기하고 바로 밑 등급의 대학을 노리기로 했고, 그것도 성대와 한양대 두 곳에만 집중하기로 했다. 물론 여기에는 딸아이가 정신 줄을 놓아버린 상태에서, 여러 대학을 두드린다고 한들 좋은 결과가 나올 리가 희박할 것이라는 현실적인 이유도 작용했다.

그럼에도 한 번 맛 간(?) 딸아이 정신이 어디 온전할 리 있겠는가. 딸아이의 정신 줄을 붙들고 정신을 꿰맞춰 수험장에 보내고자 하는 필자의 노력이 무색할 정도로 딸아이의 머릿속은 요지부동함으로써, 필자를 무척이나 당혹스럽게 했다. 그렇게 해서 딸아이를 억지로 끌어다가 수험장에 밀어 넣은 필자도 힘들고, 또 어지러운 정신으로 시험을 보는 딸아이도 그렇고, 아무튼 시간은 그렇게 묵직하고도 더디게만 흘러가고 있었다. 필자가 딸아이에게 바란 것은 다른 그 무엇도 아닌, 끝까지 최선을 다해달라는 소박한 주문이었음에도 불구하고, 그것조차 지키지 못하는 딸아이에게 무척 실망한 탓에, 필자가 받은 충격은 생각 이상으로 컸다.

이후 한 동안 딸아이와 마주하는 게 싫어 사무실에 처박혀 낮에는 미친 듯이 책을 읽어가며 마음의 번잡함을 달랬고, 또 밤에는 홀로 술잔을 기울이며 먹먹한 가슴을 쓸어내리기를 수 일, 어느 날 저녁 무렵에 갑자기 결려온 딸아이의 전화는 필자의 정신을 번쩍 들게 했다.

"아빠 나 합격 했어. 한양대에 논술전형으로 붙었어."

비록 당초 필자가 기대했던 대학에는 시험조차 치르지 못했지만, 딸아이의 한마디는 지난 일 년 동안에 필자가 기울여온 노력에 대한 일련의 보상이기도 했다. 감사하는 마음이 진정되자마자 아침 첫차로 도봉산 망월사로 향했다. 원도봉산 망월사에서 포대능선, 우이암으로 이어지는 종주 능선은 마음이 번잡스럽거나 마음에 병이 들려거나, 아니면 중요한 결정을 내리기 전에 마음을 다잡으려고 할 때마다 늘 상 향하는 곳이기도 했다.

필자는 아침 일찍 산으로 오르고, 반대로 깊은 산 속 스님들은 동이 트자마자 속세로 내려오고, 그렇게 해서 서로 묵언의 인사를 나누는데, 이것이 그날따라 여간 살갑지 않은 것은 모두 마음먹기에 달렸음이라. 오랜 만에 정신도 바짝 세울 겸 위험하기도 한 탓에 평소에는 잘 오르지 않던 자운봉 칼바위 코스를 택했다. 간밤에 낀 서리로 인해 상당히 미끄러운 밧줄을 꽉 움켜쥐고 후덜덜거리면서 오르던 끝에 맞닿은 사방이 탁 트인 산 정상 무렵에서, 귀에 꽂은 이어폰 너머로 들려오는 프랭크 시나트라의 "마이 웨이 my way"를 듣고 있자니 지난 1년 동안 딸아이와 논술 공부하며 가졌던 시간들이 주마등처럼 스쳤다. 그 노래는 마치 필자가 필자를 위해 들려주는 노래인 양 가슴 뭉클하게 다가서고, 그래서 스스로에게 이렇게 다독거렸다. "수고 했어 김○○, 이제 편안하게 마음을 내려놓아라."

지금 딸아이는 대학교 3학년차를 맞고 있다. 1년 일찍 초등학교에 들어간 탓에 재수를 해도 괜찮다고 말했지만, 딸아이는 결과에 만족한다고 하면서 마음을 내려놓았다. 그러면 된 것이다. 비록 '서연고'는 아니고 그 바로 밑의 대학(서성한)이지만, 그까짓 게 뭐 대수이겠는가. 자식의 대학에 집착하는 게 다 부모의 욕심이고 이기심인 것을.

그렇게 해서 필자는 또 하나의 산을 넘었다. 장자의 말씀처럼, 대자연은 필자에게 삶을 주어 오늘 하루도 수고롭게, 감사하는 마음으로 열심히 살라고 한다. 마땅히 그러하다.

다시, 돌아와서

다산 정약용은 유배지에서 아들에게 편지를 쓴다. "이제 가문이 망했으니 네가 참으로 독서할 때를 만났구나." 참으로 대단한 아버지다. 졸지에 폐족廢族이(아버지가 큰 죄를 지어 그 자식이 벼슬을 할 수 없게) 됨으로써 시름의 나날을 살아가는 아들에게, 보통 아버지 같으면 참으로 미안하다거나 당장 가문을 살릴 방도를 마련해보라고 말하련만, 이 아버지는 쫄딱 망한 주제에 아들에게 마침내 독서할 기회가 왔으니 이를 절대 놓치지 말라고 당부한다.

필자는 그런 다산의 마음을 헤아릴 수 있을 것 같다. 다산은 비록 지금은 폐족의 신분이라 삶이 고달프고 또 마음이 괴롭겠지만, 그럼에도 정신을 놓지 않고 열심히 하루하루를 살아가다 보면 반드시 좋은 날이 올 것이라고 굳게 믿었던 것이다. "폐족이라 벼슬은 못하지만, 성인이야 되지 못하겠느냐, 문장가가 되지 못하겠느냐?" 면서 말이다.

그런 다산이 새삼 대단하다고 느끼는 것은, 유배지에서 그가 남긴 행적을 통해 그 진면목이 가감 없이 드러나기 때문이다. 다산은 절해고도 앞에서 세상을 원망하고 자신의 처지를 비관하며 힘든 나날을 보낼 법한데도 불구하고, 긴 유배생활의 창살 없는 감옥에서 많은 저술을 남겼고, 자신을 바로 세우고 스스로 꿋꿋하게 견뎌내는 극기의 삶으로 일관했다.

필자가 주목하는 것은 바로, 그가 행한 언행일치言行一致적인 삶의 궤적과 태도이다. 다산의 행동에서 알 수 있듯이, 적어도 자녀 교육에 있어서만큼은 말과 행동이 일치하는 그런 일관된 모습과 태도를 보여줘야 부모로서의 권위가 바로 서며, 그럴 때만이 교육은 영(令)이 선다고 필자는 굳게 믿는다. 그리고 그것이 가장 확실하고 효과적인 자녀 교육이라고 생각한다.

필자가 하던 일을 멈추고 자식교육에 몰두한 이유가 이 때문이다. 비록 그 과정에서 자식과 부모 간에 때로는 마음 상하고 또 상하게 한 적도, 또 때로는 사소한 일로 갈등을 겪고 서로에게 흠집을 낸 적도 있었지만, 그보다는 그 과정에서 서로를 이해하고 보듬을 수 있는 열린 마음이 자리잡게 되었다. 필자가 자식에게서 느낀 가장 큰 보람이자 감동은, 학교 담임선생께서 직접 전화를 걸어와 "아버님께서는 좋으시겠어요. ○○가 자신은 아버지의 뒷모습을 바라보며 앞으로 나아간다고 말하네요." 그 말을 들을 자격이 있는지 어떤지는 모르겠지만, 적어도 자식이 아버지를 부끄러운 존재로 여기지는 않는구나 생각하니 그저 감사할 뿐이다.

그래서 이것만은 확실히 밝혀야겠다. 이 책은 알량한 지식을 뽐내려는 것도, 자식 자랑하려는 팔불출에서 비롯된 것도 아니며, 또한 어떤 개인적인 목적이나 의도를 갖고 쓴 책이 아님을 분명히 밝힌다. 다만 평생을 갑(甲)으로 군림하는 자식을 둔 영원한 약자인 부모로서 그리고 이심전심으로 자녀 교육에 관심을 둘 수밖에 없는 같은 처지의 부모로서, 그 어떤 이해관계를 떠나 자식을 대학 보내는 데 필요한 정확한 입시 정보와 올바른 공부 방법을 알려드려야겠다는 소박한 마음에서 썼다.

따라서 다른 어떤 학습서보다 객관적이고 또 일관된 논리를 담아 쓴 책이라고 자부한다. 그렇기에 이 책의 내용을 절대 그냥 흘리거나 곡해해서 받아들이지 말 것을 부탁한다. 책의 본론에 앞서 이렇듯 장황하게 서술한 것도 따지고 보면, 자식 공부와 관련해서 특정 목적을 갖고 속 보이는 행동을 하는 그런 부모가 절대 아니라는 점을 밝히기 위함이다. 오직 책의 내용 그대로를 정확히 판단해서 객관적으로 받아들이기를 바란다. 그리고 만약에 어떤 식으로든 자녀 교육에 끼어들 요량이라면, 적극적인 공부 간섭을 통해 자식을 사사건건 지배하려들지 말기 바란다. 그보다는, 자식의 공부 의지를 북돋고 올바른 공부의 방향성을 제시하는 소극적인 관여, 그것도 일관된 태도로 흔들림 없이 밀고나가기를 바란다.

좀 더 솔직하고 대담하게 말한다면, 어쭙잖은 지식으로 자식을 직접 가르친다거나, 대학입시에 대한 모든 것들을 잘 알아서 판단할 수 있다고 생각하지 말기 바란다. 절대 무시해서 하는 얘기가 아니란 점을 분명히 밝히며, 이 책을 읽는 동안에 왜 그런지를 알아차릴 수 있을 것이다. 그만큼 작금의 대학입시를 둘러싼 많은 것들은 그야말로 복마전이기에 노파심에서 하는 말이다.

다시 한 번 부탁하노니, 자식의 공부에 깊은 관심을 갖되, 현상을 정확히 직시하고 올바른 판단을 내리기 바란다. 참고로 필자는 이른바 성급한 '일반화의 오류'를 극도로 경계하고 또 혐오한다. 성급한 일반화의 오류는 인간의 올바른 판단 능력 부재에서 비롯되는 것이자, 현실을 인식하는 세계관에 어떤 편견과 선입견이 작용한 결과이다. 말하자면, 무식하기에 용감한 것이다.

이를테면, 공부 잘하는 옆집 뒤 집 자식이 내 자식이 되지 말라는 보장이 없다고 스스로에게 최면을 거는 엄마도 마뜩찮고, 자신이 공부를 안 해서 그렇지 일단 마음만 먹으면 얼마든지 공부 잘할 수 있다고 굳게 믿는 다분히 나르시시즘적인 증세를 보이는 학생도 한심하기는 마찬가지다. 하루 18시간 공부했다는 인증 샷을 책에 올려가며 그런 식으로 공부하면 명문대에 들어갈 수 있다는 식의 지키지도 못할 공약을 남발하는 학습서의 그 잘난 지은이도 웃기기는 피차일반이고, 마치 시골 장터의 약장수처럼 자기 말만 들으면 틀림없이 공부 잘해 명문대에 들어갈 수 있다고 설레발치는 학원선생은 그만큼 자기 지식이 허접함을 감추려들기에 급급한 것 같아서 씁쓸하다. 이 모든 것들이 작금의 대학 가는 공부를 둘러싼 엄연한 현실이자, 불편한 진실이다.

학생들 역시 정신 똑바로 차리고 공부하기 바란다. 지금의 대학 가는 공부는 예전처럼 '4당5락'이니 하면서 무조건 시간만 늘려가며 공부한다고 해서 성적이 부쩍부쩍 오르고 실력이 향상되는 것은 아님을 분명하게 알고 있어야 한다. 수능 시험에서 요구하는 이해력과 사고력을 높이기 위해서는 집중해가며 공부해야 하며, 따라서 공부하려는 굳은 의지에 더해 올바른 공부 방법과 학습 태도를 갖추는 게 우선이다. 왜 그러한지를 이 책 곳곳에서 조목조목 밝혀줄 것이니, 이를 참고하여 반드시 자기만의 공부 필살기를 만들기 바란다.

덧붙여, 아무래도 부모님께 한 말씀 더 보태야겠다, 다산이 행한 것처럼은 못할지라도 적어도 자녀 곁에서 함께 고민하고 노력하는 태도를 일관되게 자식에게 보

여주기 바란다. 자기는 소파에 길게 모로 누워 TV를 보면서 자식에게는 공부하라는
그런 이율배반적인 태도는 반칙이다. 반칙하지 말기다.

제1장

대입 공부, 바로 알자

'맹인모상(盲人摸象)'이라는 말이 있다. 장님이 코끼리를 만진다는 뜻으로, 전체를 보지 못하고 자기가 알고 있는 부분만을 갖고서 그것이 마치 전체인 양 고집한다는 의미다. 사람은 누구나 자기가 알고 있는 만큼만 이해하고 이를 고수하려 든다는 사실을 보여주는 이 우화는, 진리를 알기 위해서는 바른 눈과 깊은 지혜가 필요하다는 것을 우리에게 일깨운다.

지금의 대학입시가 난마처럼 꼬여있는 이면에는, 푸코가 말했듯이 지식이 '보이지 않는 규율 권력'으로 행사됨으로써, 우리의 눈과 귀를 멀게 하려는 고도의 노림수가 작동하는 것은 아닌가 하는 의구심을 떨쳐버릴 수 없다. 그도 그럴 것이, 예전 필자가 대학에 들어갈 때처럼 '개천에서 용이 나오는 일'은 결단코 없어졌고, 다만 주위에 눈에 띄는 것은, 그 뉘 집 자식은 공부 잘해 특목고를 지나 명문대에 떡하니 합격하는 일류 코스를 밟았고, 또 뉘 집 자식은 특기생으로 용케도 서울에 있는 대학에 합격하고, 그도 저도 아닌 뉘 집 자식은 미국의 모 대학에 유학 갔다고들 한다. 그런데 정작 통계를 들여다보면 in서울 한 학생이 한 반에 한두 명밖에 안 되는 것은 또 무슨 조화인지 모르겠다. 도대체 누가, 어떻게 공부해서 대학에 들어갔다는 말인가?

지난 여름방학이 시작되기 직전 무렵, 아들이 다니는 고등학교에서 오라고 해서 갔다. 학교에서 공부 잘하는 성적 상위 50명의 고2 학생을 둔 학부모를 불러 놓고 학교 진학부장이 이런 저런 자료를 들이대가며 설명한 핵심은 이렇다. 올해는 특히 정시전형 비중이 축소되고, 게다가 전체 전형에서 수시 논술전형이 차지하는 비율이 고작 4%밖에 안 되니, 결국에는 학교 내신을 잘 받아야 수시 학생부전형으로 대학갈 수 있다. 따라서 집에 돌아가서 자녀에게 이르기를, 학교 내신 성적을 올리기 위해 열심히 공부하라고 거듭 강조하기 바란다. 뭐, 이런 얘기다.

그런데, 서울 강남 송파구에 있는 고교에서, 그것도 진학부장이 이런 얘기를 하는 것은 참으로 무책임하다는 생각이 든다(비꼬면서 하는 얘기가 아님을 먼저 밝혀 둔다. 학교 진학담당자나 담임의 진학상담은 생각 이상으로 무책임하며, 게다가 무식하기까지 한데, 이들 역시 관료제 집단이 갖는 무능과 무소신의 전형을 답습하고 있기는 마찬가지다. 게다가 남의 자식 일이라고 마치 남의 일 대하듯이 무책임하게 내뱉는 말을 듣고 있자면, 정말이지 화가 난다). 대학 전체로 보면 수시 논술전형이 차지하는 비율이 고작 4%밖에 안 되지만, 이를 서울 상위 15개 대학으로 한정하면 전체 전형의 무려 20%(연고대의 경우에는 전체 모집전형의 약 30%) 이상의 학생을 논술전형으로 선발한다. 반대로 전체의 34%에 달하는 학생부 종합전형의 경우나, 전체의 10%에 달하는 학생부 교과전형의 경우에는 그야말로 대략난감이다.

전자의 경우에는 다양한 커리큘럼을 갖춘 특목고 학생에게 절대적으로 유리한 전형이고, 후자의 경우에는 학교에서 가장 공부 잘하는 극소수의 학생이나 통과할 수 있는 전형이기에 그야말로 낙타가 바늘 뚫는 격이다. 학생부 종합전형의 경우에는 그것이 특기자전형으로 변질된 지가 오래여서 공부 잘해 대학 들어가는 것과는 다소 방향을 달리하기에 굳이 이 책에서 언급할 필요는 없을 듯하다. 아무튼 그렇게 해서 서울 강남에 있는 학교이거나 강북에 있는 학교이거나 아니면 지방에 있는 학교이거나 가릴 것 없이, 일반계 고교의 경우에는 전교 3등 이내에는 들어야 학생부 교과전형으로 서울의 상위권 대학에 합격을 기대할 수 있다. 지금, 전교 3등이라고 했다.

못 믿겠다고? 참고로 입시전문기관 이투스청솔 분석 자료에 따르면, 2014 연세대 수시 학생부중심 전형(학교생활우수자 전형)의 인문계 지원자 교과 성적 평균성적은 1.38등급, 합격자 평균은 1.15등급이었다. 또 숭실대 발표 자료에 따르면, 2014 학생부우수자 전형 인문계 합격자 평균성적은 1.5등급, 경상계는 1.3등급으로 나타났다. 1.3등급이 전교 몇 등인지는 굳이 말하지 않아도 짐작할 수 있을 것이다(이쯤 되면, 적어도 수험생을 둔 학부모라면 연세대와 숭실대 합격생 간의 내신 성적 등 전형 반영 방법 및 반영 요소에 있어서의 그 어떠한 차이가 있음을 간파할 수 있어야 한다. 이 부분 역시 뒤에 자세히 말하겠지만, 그 핵심은 대학에서 학교 간 실질적인 고교등급제가 이뤄지고 있으며 또 수능 최저등급이 합·불합격을 결정하는 중요한 요소로 작용하고 있음을 내포한다).

어쨌든 필자가 학교 측 주장에 반신반의한 것은 당연하며, 이에 설명회가 끝나고 아들의 담임을 찾아가 이것저것 물어 확인했다. 그렇게 해서 전교 10등 안에 드는 학생들의 2014학년도 입시결과를 직접 확인한 결과(대외비 자료다), 전교 1등하는 학생은 수능과 내신과 그 밖의 모든 면(교과활동 등등)에서 1등인지라 당연히 서울대에 수시전형으로 합격했고, 전교 1등을 포함하여 성적이 가장 뛰어난 학생 가운데의 3분의 1은 수시 학생부 종합 및 교과 전형으로, 다른 3분의 1은 논술전형으로, 또 다른 3분의 1은 정시전형으로 합격한 게 아닌가. 참고로 이 학교는 강남3구에 속하는 학교임에도 불구하고 속칭 SKY를 그 정도밖에는 못 보내는 학교로, 그것도 수시와 정시 비율이 거의 정확하게 일치하는 점에서 흥미롭다(그렇기에 공부 잘하는 50명의 학생을 둔 학부모의 경우, 자기 자녀가 서울 상위권 대학쯤은 문제없이 들어갈 거라 생각한다면 이는 커다란 착각이다. 이들 학생 중 적어도 20명은 in서울 하기 힘들다).

어쨌든 사정이 이런데도 불구하고 학교 내신 성적이 중요하다며 그것에 모든 힘을 쏟아가며 공부하라는 학교의 주문, 이것을 어떻게 판단하고 또 받아들여야 할까? 물론 이렇게 반론을 제기할 수 있을 것이다. SKY 이외의 다른 대학은 내신 성적이 좋으면 가능하지 않겠느냐고? 몰라도 한 참 모르고 하는 얘기다. 이들 대학 역시 내신 성적이 적어도 전교 3등 이내(특목고가 아닌, 일반고의 경우)의 학생들이 경합하는 점에서는 마찬가지인데, 그에 대한 자세한 설명은 뒤에 언급하는 것으로 한다.

사례를 하나 더 들어보자. 논술 시험을 코앞에 둔 여름방학 무렵이 되면, 논술학원에서는 어김없이 다음과 같은 멘트를 날린다. "올해의 경우에는 논술전형 우선선발 폐지로 중상위권 수험생에겐 다시없는 찬스이며, 따라서 얼마든지 논술로 인생역전할 수 있다."라고. 이쯤 되면, 그것을 지켜보는 학부모와 학생의 마음은 기어코 임계점을 향해 치닫고, 급기야는 하던 수능 공부를 때려 치우고는 득달같이 논술학원으로 달려간다.

과연 이것이 옳은 행동일까? 그리고 논술학원의 말마따나 수능과 내신 4등급 5등급인 학생이 논술학원에서 열심히 공부한다고 합격할 수 있을까? 물론 가능이야 하겠지만, 그렇더라도 이 역시 뉘 집 잘난 자식이 공부 잘해 좋은 대학에 들어간 것을 자랑하려고 쓴 공부법 책자 수만큼이나 드문 일이다. 이 말에 발끈하는 논술학원이 있다면, 그 결과를 가져와 필자를 면박하기 바라며, 그 나름의 근거 역시 뒤에 자세히 설명한다. 게다가 수능과 내신 성적 4~5등급은 in서울 하려는 수험생에게 있어서는 성적 중상위권이 아니라 최하위권이란 점을 분명하게 알고 이를 착각하지 말아야 하는데, 그런 학생이 논술 뒤집기로 in서울 하기란 현실적으로 쉽지 않다.

말하고자 하는 논지는 이렇다. 지금의 대학입시 정책과 관련한 많은 것들, 그리고 대학입시를 둘러싼 이해관계는 그야말로 다분히 목적 지향적이다. 분명히 말하거니와 대학입시를 둘러싼 시장은 투명하지 않다. 대학입시 전형이 복잡한 이유도 따지고 보면 교육정책 입안자의 무능을 틈타 이해당사자 간의 야합이 추동된 결과이지, 다른 그 무엇도 아니다. 그만큼 지금의 대학입시와 관련한 정책적인 난맥상은 지식이 권력으로 세속화된 결과를 반증한다.

그렇다면, 이러한 상황에서 우리 학부모들은 어떻게 해야 할까? 눈에 넣어도 아프지 않은 내 자식과 관련한 일이라 그냥 넋을 놓고 있을 수도 없고, 그렇다고 뭐가 뭔지 도무지 사리분별이 안 되는 현실에서, 게다가 내 자식이 다니는 학교의 담임조차 무능하고 무책임한 현실에서, 어떻게 내 자식의 권리를 지켜낼 수 있단 말인가?

그럼에도, 지켜내야 한다. 내 자식의 소중한 장래가 걸린 일이기에 반드시 그렇다. 그렇기에 눈 뜨고 코 베이지 않으려면 두 눈 부릅뜨고 현실을 직시해야 한다. 대학입시를 둘러싼 이해당사자들의 말 하나하나를 곧이곧대로 믿어서는 안 된다. 정부당국은 무능하고, 학교는 무기력하며, 학원은 무책임한 데다가 탐욕적이기까지 하다. 게다가 대학입시 정책이 혼란한 틈을 타 '자기주도학습을 코칭'한다면서, 시중 언론과 결탁하여 온갖 감언이설을 늘어놓으며 학생과 학부모를 현혹하는 사이비 학습컨설턴트들이 난무하고 있다. 이들의 말을 요약하면, 학원의 말을 맹신하지 말고 학생 스스로에게 맞는 공부법을 찾아 성적을 향상시키면 그야말로 개천에서 용 난다'는 주장이다. 그런데 정작 그들이 노리는 속내는 그 공부법에 대한 자신들만의 비법을 가르쳐줄 테니 그것을 구입해서 공부하라는 고도의 상술이 숨어 있다. 공부법에 관한 설명을 돈 주고 구입해서 공부하는 아이러니를 어떻게 이해하고 받아들여야 하는 걸까. 사정이 그러한데도 학부모까지 무작정이고 무조건적으로 그들의 말을 믿고 의지하려든다면, 이는 마치 물고기가 아무 생각 없이 미끼를 덥석 무는 것과 다를 바 없다.

그런데 그런 식으로 대응하기에는 치러야 할 대가가 너무나도 크다. 더군다나 모든 게 결과 지향적이기 때문에, 결국 나중에 남는 것은 그야말로 만신창이가 된 나와 내 자식의 일그러진 '자화상'일 뿐이다. 따라서 이러한 불행에서 벗어나려면 현실을 올바로 직시하고 매사를 올바로 살피는 것밖에는 달리 방도가 없다. 모든 책임도 결과도 다 내가 감내하고 받아들여야 할 몫이기 때문이다. 그래서 장님 코끼리 만지기 식의 어쭙지않은 지레짐작에서 벗어나, 그동안의 삶의 지혜를 좇아 현실을 올바르게 바라보고 순리에 맞게 판단하고 행동하는 지혜를 보여야 할 때다.

이를 위해서는 먼저 현행 대학입시를 둘러싼 모든 것들을 정확히 살필 필요가 있는데, 이제부터 설명하는 내용에서 그에 대한 많은 궁금증과 해답을 직접 확인할 수 있을 것이다. 시작한다.

1. 학습서에 담긴 불편한 진실

서점에 가보면 공부법과 관련한 책들로 넘쳐난다. 그것도 제목에 실린 문구를 볼라치면 상당히 자극적이며 도발적이다. '······혁명', '······비법', '······지존', '······기술', '······비밀' 등등 책을 접하는 것만으로도 아찔하다. 게다가 책장을 넘기면 공부 계획 짜는 법부터 노트 필기하는 법, 과목별 학습 계획서까지 자세히 적혀 있는데, 여기에다 명문대에 들어간 잘난 뉘 집 자식의 수기까지 더해지면 그야말로 절대 진

31

리이자 신화가 된다.

　'자신들이 알려주는 공부법만 제대로 익혀도 SKY는 꿈이 아닌 현실이 되고, 전교 꼴등이 1등이 되며, 그렇게 해서 개천에서 용이 나는' 그런 불세출의 영웅으로 등극한다는데, 이 말에 현혹되지 않는 학생과 학부모가 있을까? 참고로 이는 필자가 지어낸 말이 아니라, 자칭 타칭 자기주도학습 전문가인 모 씨가 교육 강연 시에 힘주어 강조하는 주장이자 신문에 실린 문구임을 밝힌다.

　실제, 사교육과 관련한 일련의 책, 특히 '공부법·학습법'을 담은 안내서처럼 대상 독자층이라든가 구입하려는 목적과 의도가 불분명한 분야도 없을 듯하다. 수요자는 수험생인 학생인 반면 구매자는 그 학생을 둔 부모인지라, 정작 수요자인 학생의 의지나 견해와는 상관없이 일방적인 지식의 전수가 일어난다. 즉 그 지식을 수용하고 채택함에 있어 이해 당사자 간의 그 어떤 합의가 없는, 다분히 강제적이며 일방적인 권력의 속성을 내포함으로써, 그만큼 학생들을 난감하고 불편하게 만든다.

　하지만 이는 뒤집어 생각하면, 그러한 학습(안내)서를 찾아 읽는 독자층인 학부모가 그만큼 정보에 어둡고 또 맹목적인 성향을 보이기 때문이기도 하다. 수험생들을 둔 학부모들은 마치 지푸라기라도 잡고 싶은 절박한 심정으로 책과 마주서고, 그것에 화답하듯 어쭙잖은 학습법을 담은 안내서들이 양산되고 있는 것이 지금의 사교육 시장을 둘러싼 냉정한 현실이다.

　그렇기에 문제는 책을 구입해서 열심히 읽는 학부모와 정작 책에서 알려주는 학습법을 믿고 따르고 받아들여야 하는 학생 간에 발생하는 불일치를 어떻게 봐야 할 것인가이다. 무슨 말인가 하면, 관련한 몇몇 안내서를 제외하고는 전부 학생이 아닌 학부모를 대상으로 소구하고 있는데, 그렇게 해서 쓰여진 책들은 한결같이 자극적이고 도발적이며 게다가 현실감도 떨어진다. 다시 말해, 책에 등장하는 머리 좋은 뉘 집 자식과, 그네들이 들려주는 공부법을 읽고 있자면, 정작 자기 자식은 정말이지 한심한 녀석이어서 머리를 한 대 콱 쥐어박고 싶은, 그런 울컥하는 심정에 빠져들 수밖에 없게 만든다.

　부연하면 이렇다. 시중에 깔린 학습법을 설명하는 관련 서적은 대략 다음의 세 부류의 저자들로부터 집필된 것이다. 첫째, 〈공부가 가장 ○○○○〉, 〈○○○○이 들려주는 자기주도공부법〉, 〈○○○의 공부특강〉처럼 명문대에 진학한 잘난 학생의 자기자랑 체험담을 에둘러 담은 책, 둘째, 〈○○○ ○○○○의 소문난 공부법〉, 〈만 15세 최연소 서울대 입학한 ○○○의 성장 이야기〉, 〈○○○이 이렇게 영재로 키웠다〉 식의 잘난 자녀를 두어 그저 마음 뿌듯한 부모의 팔불출 자식 자랑 체험담을 두서없이 적어 놓은 책, 셋째, 〈우등생의 공부 비밀〉, 〈대치동 학생들의 특별한 공부 방법〉, 〈○○○의 엄마는 전략가〉, 〈○○○교수의 공부는 전략이다〉처럼 자칭 학습 전문가들이 뚜렷한 목적성을 갖고 의도적으로 집필한 책이 그것이다.

누가 썼든, 어떤 의도와 목적을 갖고 냈든, 책을 읽는 내내 그리고 책을 읽고 난 이후에도 어딘가 모를 불편함이 느껴지는 것은 왜일까? 일단 이 책들의 내용을 꼼꼼히 읽어 보면 실망이 앞서게 마련이다. 하나같이 '스스로 공부하는 습관을 기르자', '계획을 세워 공부하자', '수업에 집중하자', '오답노트를 잘 만들자' 따위의 상투적인 내용으로, 이미 부모나 선생으로부터 익히 들어오던 잔소리 수준의 내용만을 나열하고 있을 뿐이다. 학생마다 공부 방법과 개성, 수준이 다른데 마치 '이렇게 하면 모두가 공부 잘한다'는 식의 사탕발림으로 애먼 학생들을 기만하는 것도 마뜩찮다. 공부 잘하는 방법을 알려준다고 해가며 뭔가 특별한 비법이 있는 것처럼 말하지만, 막상 내용을 들여다보면 '일일·주간 계획표 작성법', '목표달성 기록장 작성요령', '획기적인 노트 필기법' 등 자기계발서적에 판에 박힌 듯이 등장하는 뻔한 내용들로 가득 차 있어, 공부에 별로 도움이 되지 않는 그저 그런 내용이 대부분이다.

더 큰 문제는, 이런 식으로 집필된 책이 학생들에게 가져다 줄 정신적 자괴감, 그리고 현실과의 괴리감이다. 먼저 첫 번째와 두 번째 부류의 책에 대해 말한다면, 이는 마치 옛날 어렸을 적에 접했을 법한 위인전의 한 토막을 읽는 것 같다. 자식들은 그지없이 착한 데다가 말도 잘 듣고, 게다가 공부까지 썩 잘하는 어렸을 적의 율곡이나 한석봉과 다름없다. 부모는 또 어떠한가? 그 누구랄 것도 없이 신사임당처럼 현명한 어머니이자 한없이 어진 성품을 가진 자상한 아버지로 등장한다. 이런 자식과 부모가 만났는데 명문대를 못 가고 또 못 보낸다면, 그건 도무지 말이 안 된다. 그렇지 않은가?

현실에서 그런 옆집 아줌마의 아들딸은 무척이나 많이들 등장하는데, 어찌된 일인지 필자의 눈에는 좀처럼 들어오질 않으니 이 무슨 조화인지 모르겠다. 공부를 잘하는지 어쩐지는 잘 모르겠지만, 버릇없고 부모에게 신경질 잘 부리는, 공부하는 게 마치 유세인 양 행동하는 아이들은 여럿 본다. 부모는 또 어떠한가. 한없는 자애와 이해심을 갖고 자식을 대하는 부모, 게다가 자식을 직접 가르치면서 재능을 이끌어내는 부모가 우리 주변에 과연 몇이나 될까?

그렇게 해서 책에 등장하는 명문대에 진학한 공부 잘하는 뉘 집 자식은 부지불식간에 이웃집 '엄친아'로 둔갑한다. 그리고 그 '엄친아'의 거창한 공부 성공담을 둘러싼 이야기를 마치 자기 경험인 양 받아들이면서, 급기야는 자식들에게 이들을 따라하며 노력할 것을 강제하려 든다. "너는 누굴 닮아 공부를 못하는 거니?", "공부를 못하면, 노력이라도 해야 될 것 아냐?" "옆집 누구누구는 그렇게 착하고 공부도 잘해 명문대에 떡하니 잘만 들어가는데……” 해가면서 자기 자식의 실력이나 능력은 아랑곳하지 않은 채, 반드시 명문대에 보내고 말겠다고 자기최면을 걸어가면서 굳게 결의를 다진다.

세 번째 부류의 책은 부모의 이러한 절박한 심리를 결코 놓치는 법이 없다. 더군다나 대학입시 전형이 너무 복잡하고 난맥상을 보이고 있는 마당에, 뭐가 뭔지 사리 분별이 안 되는 학부모들을 현혹하는 것은 그야말로 ‘식은 죽 먹기’다. ‘댁의 귀한 자녀 교육을 책임지고 이끌어 가겠노라’, ‘자기주도학습의 노하우를 전수하겠노라(자기주도학습이 철저히 자율성과 개별성에 기초함에 비춰 생각할 때, 그것에 어떠어떠한 방법적 노하우가 있다는 주장 자체가 모순이다)’는 식의 호객행위도 따지고 보면 다 학부모들의 이러한 불안 심리를 이용하려는 의도에 불과하다. 그것을 비집고 들어서려면 자칭 학습관리전문가라고 자신을 내세우면서 애먼 학부모들에게 어필하려면 어쭙잖은 책 한 권은 내놓아야 하지 않겠는가. 학습서는 그런 의도와 목적을 갖고 철저하게 기획된 결과물이다.

이유와 동기가 어찌됐든, 책의 내용이 충실하고 또 학생과 학부모에게 도움이 되면 그것으로 나름의 역할과 의의를 부여할 수 있다. 그런데, 그 내용의 조악함과 허결함은 둘째치더라도, 책에서 제시하는 학습법이란 게 대다수의 평범한 학생들이라면 누구나 다 알고 있음에도 정작 실천이 안 되고 또 올바로 이행하기 어려운 실천적 의지의 문제에 국한된 것이라면, 그땐 어떻게 할 것인가? 책에서 알려주는 노하우와 비법이 이를테면, ‘철저한 시간 관리가 중요하다.’, ‘계획을 잘 세우고 반드시 실천해야 한다.’, ‘공부 습관부터 확실하게 잡아야 한다.’, ‘하루 5시간 이상을 자기주도로 공부해야 한다.’는 식으로 원칙적이고 원론적이며 무조건적인 하나마나한 얘기를 잔뜩 담아 학생들에게 강요한다고 그래서 그것이 학생들에게 올곧게 먹혀 들리는 만무한데도 말이다.

물론 학생 스스로 자신의 공부 방법에 문제가 있다고 판단하고, 학습서에서 말하는 것처럼 ‘작정하고’ 달려드는 자세로 공부한다면, ‘in서울’을 뛰어넘어 전국의 도처에서 열심히 공부하고 있는 최상위권 학생들까지 따돌릴 수 있을지도 모른다. 하지만 학습서에서 강조하는 ‘잘, 그리고 열심히’ 공부하면 좋은 결과를 얻을 수 있다는 얘기를 곧이곧대로 귀담아 들어가며 정말이지 열심히 공부하는 학생이 과연 몇이나 될까? 그만큼 현실성이 떨어지고 실현 가능성이 낮은 하나마나한 주장을 내세우기보다는, 좀더 확실하고 실질적인 동기를 부여하는 그런 학습법을 학생들에게 알려주는 게 더 타당하고 적절하지 않겠는가.

이처럼 학습법을 강조하는 시중의 친절한 안내서들은 한결같이 한편으로는 다분히 '신화'적인 접근을 통해 열심히 공부하는 많은 학생들을 바보로 만들고, 다른 한 편으로는 애초부터 실현 불가능한 공약(공부비법)을 남발하면서 학생과 학부모를 한껏 들뜨게 한다. 하지만 그 결과는 참담하다. 대학입시 공부에 시달리는 많은 학생들과 학부모들을 정신적, 육체적으로 무척이나 힘들고 또 불편하게 만들 뿐이다. 불편함은 시간의 흐름과 함께 사라지겠지만, 그 과정에서 입게 될 정신적 자괴감과 열등의식, 그리고 자칫 잘못 판단하고 이에 맞춰 공부함으로써 노력에 비해 기대한 성과를 얻지 못한다면, 그건 너무 억울하지 않은가.

따라서 이제부터 보다 현실적이고 타당하며, 실현 가능한 효과적인 공부법에 대해 살펴야 할 것 같다. 이를 위해서는 대학 가기 위한 공부 전반에 대해 차근차근 살펴 확인하는 것이 순서일 듯한데, 먼저 'in서울 대학(서울 소재 상위 15개 대학)'은 어떤 학생이 어떤 식으로 공부해서 들어가는지부터 살펴보자. 이에 앞서 분명하게 밝힌다. **공부에 '왕도'란 없다.** 자기의 능력에 맞게, 자기에게 알맞은 자기만의 공부법을 찾아, 곧이곧대로 열심히 공부하는 것만이 최선의 방법이다. 그렇기에 그 핵심은 '실천 의지'에 있지, 다른 그 무엇도 아니다.

2. 고3 혁명은 가능한가

대한민국 학원가 최고의 명강사이자 온라인 입시 전문기업 메가스터디 대표인 손주은 선생은 딱 잘라 말한다. "고3 혁명은 없다."

그의 주장을 좀 더 따라 가보자. 그가 교육현장에서 지난 40년 동안을 되짚어본 바로는, 적어도 95%의 학생들에게서 고3 혁명은 공염불에 불과하다는 것이다. 고1, 2때는 노는 데 정신이 팔린 학생이라도 고3 들어와 바짝 공부하면 대학을 갈 수 있다고들 생각하지만, 이는 착각에 불과하다고 그는 쐐기를 박는다.

공부를 잘 하느냐, 못하느냐를 결정짓는 변수는 80% 이상이 유전자, 즉 공부머리를 타고나야 하며, 개인의 의지와 노력이 차지하는 비중은 20% 미만에 불과하다고 하여, 고3 올라가면서 속된 말로 '개과천선'한 학생일지라도 어지간한 노력 갖고서는 절대 일류대학에 합격할 수 없다고 단언한다. 다시 말해, 5%의 기적을 바라기 위해서는 그야말로 공부에 목숨 걸어도 될동말동하며, 그것도 일단 자리에 앉으면 최소한 2시간 이상은 꼼짝 않고 공부할 수 있어야 하고, 그렇게 해서 밥 먹고 잠자는 시간 빼고는 오로지 공부에만 매달려야 가능하다는 것이다.

한편, 서울대 컴퓨터공학과 출신으로 지난 7년 간 서울대생 3,121명을 일대일로 인터뷰하고 여기에 더해 성적이 보통 수준인 학생 3만여 명의 상담 자료를 수집·분석한 '절대 학습법'을 담은 책 〈스터디코드〉의 저자 조남호 선생은 주장하기를, 고3 올라가서부터라도 공부법만 바꾸면 얼마든지 명문대에 합격할 수 있다고 말한다. 그리고 자신이 제안하는 '성적 향상'의 검증된 비법 및 시스템을 학생들이 올바르게 따르고 치열하게 실천한다면, 자신의 모든 것을 걸고 그에 걸맞은 엄청난 결과를 '약속'한다고 단언한다.

그 비법이 무엇이고 또 시스템이 어떤지는 잘 모르겠지만, 이제까지의 학습 성공서가 성적이 출중한 한 명의 성공 스토리를 다루고 있는데 비해, 이 책은 서울대생 수천 명을 실제 분석한 방대한 데이터를 바탕으로 '성적 향상'을 확신하고 있다고 힘주어 말한다. 이런 이유로 이 책이 지난 10년 간 무려 10만 부 이상이 팔리며 학습법 분야 '베스트10' 자리를 놓치지 않은 것은 일견 당연할 것이다.

여기까지를 살피면, 손주은 선생의 주장과 조남호 선생의 저서인 〈스터디코드〉를 포함한 일체의 학습서에 담긴 내용 간에는 다음과 같은 공통점과 차이점을 보인다. 먼저, 고3 들어와서부터 뒤늦게 정신 차리고 대학입시 공부를 정말이지 열심히 한 학생의 경우, 기대한 것 이상으로 성적이 오르고 그에 따라 바라는 대학에 합격할 수 있다고 말한다. 경험이 풍부한 전문가의 말이자, 실제 우리 주변에서도 간혹 그런 학생들을 볼 수 있는 것이어서, 이는 맞는 말일 게다.

그런데, 다음 부분에서 둘의 주장은 엇갈린다. 손주은 선생의 주장에 따르면, 고3 혁명은 극히 제한적이며, 그야말로 죽어라고 공부한 소수의 학생들에게나 가능한 일이라고 단언한다. 반면 〈스터디코드〉를 비롯한 일체의 학습서 저자들은 이구동성으로 고3 올라가서부터라도 공부법만 바꾸면 얼마든지 명문대에 합격할 수 있다고 주장한다. 실제 '스터디코드' 홈페이지의 전면을 장식하는 것은, '수학 4등급이 서울대 합격', '수학 8점이 고려대 합격', '모의 260점이 연세대 합격'이라는 문구와 함께 합격한 학생의 사진이 대문짝만하게 실려 있다. SKY는 현실적으로 불가능하다는 평가를 받는 학생들을, "근본적인 공부 방식 자체를 바로잡아 줌으로써 SKY를 보낸다."는 슬로건과 함께.

그렇다면 누구의 말이 맞을까? 이에 대한 필자의 개인적인 생각을 말하기에 앞서, 스터디코드에 담긴 주장을 좀 더 부연해서 설명하면 이렇다. 〈스터디코드〉의 저자 조남호 선생은 "고3을 마칠 때까지 자신들이 제시하는 공부법을 지속한 학생들의 SKY 진학률은 90%가 넘는다"고 말하면서, 중요한 것은 '고3을 마칠 때까지'라고 하여 단서조항을 달았다. 이는 수능 당일에 맞춰 실력을 체계적으로 끌어올리도록 공부법이 계획되었기 때문으로, 그때까지 철저하게 계획을 지켜가며 공부해야만 성공할 수 있다고 거듭 강조한다. 그렇기에 공부해나가는 동안에 실력이 잘 안 오른다고 해서 실망하거나 중도에 포기하지 말고, 끝까지 계획을 준수해가며 공부해나가라고 주장한다. 참고로 '자신들이 제시하는 공부법'은 학원 공부하지 말고 수능 중심의 자기주도학습을 해나가되, 시간 위주가 아닌 목표량 위주로 철두철미하게 계획을 세워, 단순 암기가 아닌 이해 위주로 정말이지 열심히 공부하란 주문이다.

이것, 맞는 말이면서도 묘한 주장이다. 성적이 좀처럼 오르지 않다가 수능 당일에서야 마치 둥근 해가 불쑥 솟아오르듯이 좋은 성적을 가져다 줄 것이라는 주장도 그렇거니와, 그 '계획'이란 것의 실체적 애매함 또한 그렇다. 무엇보다 계획에 실릴 목표량이란 게 학생들의 현재 실력과 잠재능력에 따라 차이가 나는 것은 당연한데, 만약에 그 개인적인 능력이 도저히 목표 달성이 불가능할 정도로 뒤처진다거나, 아니면 자기주도학습이 어려울 정도로 공부에 어려움을 보이는 학생일 경우, 고작 1년 남짓의 시간 동안 단순히 공부법을 바꾸어 열심히 노력한다고 해서 그 학생이 명문대에 합격할 수 있을까? 게다가 그 계획과 실천에 따른 노력의 정도가 손주은 선생이 말한 것처럼 속된 말로 엉덩이에 진물이 날 정도의 질적·양적 노력을 말하는 것이라면, 그건 너무나도 당연한 얘기지 않은가.

하지만 정작 따져야 할 문제는, 그 기준이 도대체 무엇이고 또 학생들의 개별 능력 차이를 어떻게 그리고 얼마만큼을 감안해서 생각하고 살필 것인가이다. 공부 잘하는 학생들 입장에서는 너무도 당연한 학습법을 담은 것이겠지만, 혹여나 공부 못하는 학생들 시선으로는 아무리 노력해도 따라잡기 버거운 그런 학습법이라면, 공부계획이라든가 공부의 절대시간이라는 기준과 잣대는 그야말로 무용지물에 불과할 뿐이다. 그것이 '열심히 잘 하면 틀림없이 좋은 결과를 볼 것이다'는 막연한 기대심리에 편승한 주장과 다를 바가 도대체 뭐란 말인가.

그렇기에 이 역시 현실성이 떨어지기는 여느 학습서에 실린 주장과 다를 바 없다. 어디까지나 책에서 그토록 소구하는 3천 명의 똑똑한 서울대생에게나 해당되는 그런 논리 내지는 학습 계획에 불과하며, 따라서 책에서 역설하는 것처럼 5등급이 1등급이 되는 '무소불위의 학습법'이라고 보기에는 분명 억지가 따른다. 즉 그 주장은 다분히 부분이 전체를 호도糊塗하는 '성급한 일반화의 오류'에 기대는 것이기에 그만큼 논리의 인과성이 떨어지고, 게다가 '불가능은 없다' 식의 일그러진 신화를 앞세움으로써 명문대에 들어가지 못한 많은 학생들을 마치 무능력자이자 사회적 낙오자인 양 치부하는 무책임한 주장에 지나지 않다. 이런 이유 때문인지는 몰라도, 그 주장이 단지 학생과 학부모의 대학입시 정보의 '비대칭성'에 편승한 상술로밖에는 달리 생각되지 않는 것은 왜일까. 물론 어디까지나 개인적인 생각이 그렇다는 얘기다.

3. 상위 1%는 '제논의 역설'이 통한다

다시 본론으로 돌아와 개인적인 생각을 말한다면, 필자 역시 손주은 선생의 생각과 별반 다르지 않다. 적어도 고등학교 1학년 때부터 뭔가 강한 동기를 갖고 공부에 매진하는 학생들이야 어떨지 모르겠지만, 고3 들어와서부터 독기를 품어가며 공부한다고 해서 반드시 SKY에 합격할 수 있다고는 보지 않는다. 이는 다음 이유 때문이다.

속칭 SKY로 불리는 최상위권 대학에 합격하려면 수능 전국 석차 백분위로 1%이내, '국영수' 세 과목 전부 1등급을 받아야만 가능하다. 물론 수시 학생부종합전형처럼 학교 교과 성적과(또는) 비교과 평가를 통해 대학에 들어가는 경우도 있다. 또한 수시 학생부교과전형과 논술전형처럼 수능 성적의 반영비율이 낮거나 아예 반영하지 않는 경우도 있기에, 반드시 수능 성적이 상위 1% 이내에 들어야 하는 것은 아니다. 그렇더라도 어림잡아 판단할 때, SKY는 수능 전국 석차 1% 이내에 드는 학생들 간의 치열한 경합임에는 틀림없다.

한편 범위를 서울의 상위 15개 대학으로 넓혀 생각하면, 전체 입학정원인 약 48,000명(2015학년도) 중에 수능 성적을 반영하거나 반영비율이 낮은 수시 학생부종합전형(입학사정관 + 특기자전형 + 적성평가) 모집 인원을 제외할 경우에, 산술적으로는 수능 성적 백분위 약 **5~6%** 이내(실제로는 상위 10% 이내)에 들어야만 수시 학생부교과전형과 정시 전형으로 서울 상위 15개 대학에 합격할 수 있다. 또 수시 학생부교과전형(교과성적우수자)의 경우에는 전체 고3 재학생의 약 **1.5~2%**(즉 내신 성적 **1.5등급** 이내)에 드는 학생들만이 합격 가능하다(정확한 수치는 뒤에 설명한다).

이때 전국의 고등학교가 약 2,250개교이므로, 수시와 정시를 합쳐 합격 가능한 고3 재학생을 전체 고교 평균으로 어림잡을 경우, SKY는 전교에서 2~3명, SKY를 포함한 서울 상위 15개 대학은 전교에서 단지 10~12명만이 합격 가능하다. 서울 강남3구의 고교 평균은 전체 평균보다 약 4배 이상인 고교 당 10명 내외, 강북 및 지방 대도시는 약 2배 정도 높은 수치인 5명 정도가 SKY에 합격한 재학생 숫자라고 보면 된다. 물론 합격생의 약 50%나 되는 재수생을 제외하였으며, 재학생만을 염두에 둔 수치이다.

따라서 고3 재학생으로 당해연도에 SKY에 합격하려면 서울 강남 3구의 고교는 적어도 전교 10등 이내, 강북 및 수도권의 고교는 전교 5등 이내에는 들어야만 한다. 이것, 상당히 후하게 어림잡은 수치로, 그렇게 해서 강남 고교의 경우, 전교 3등정도까지는 수시 학생부교과전형으로 SKY를 노려볼 수 있으며, 5~10등 안에 드는 학생들의 일부는 수시 논술전형으로, 또 나머지는 정시전형으로 이들 대학에 들어가게 된다. 실제로는 SKY에 합격하는 학생들의 상당수는 특목고·자사고 등에서 휩쓰는 양상을 보이기에, 일반고의 경우에는 엄격히 말해서 위 숫자의 절반에도 못 미친다.

그런데 각 고교에서 최상위권 학생의 경우, 이들의 학교 내신 성적은 거의 변동이 없다. 기껏해야 고작 1~2등 오르내리다가 다시 제 자리를 찾아갈 뿐인데, 고3의 경우에는 특히 더하다. 그렇다면 수능 모의고사 성적은 어떨까? 국영수 모두 1등급 이내에 드는 학생들은 항상, 그리고 언제나 1등급을 받는다고 봐도 결코 무리가 아니다. 즉 어느 과목 하나 등급 아래로 떨어지는 법이 없다.

이것이 무얼 의미하는 걸까? 무엇보다 이들은 일찍부터 공부 습관에 길들여진 똑똑한 학생들로서, 다음과 같은 특성을 보이는 것이 일반적이다.

- 어려서부터 공부 습관에 길들여진, 부모 말을 잘 듣고 따르며 머리까지 좋은 학생 → 이런 학생들은 학교 내신 성적이 특히 뛰어나다.
- 공부에는 다소 꾀를 부리지만, 원래 머리가 좋고 평소 꾸준한 독서 습관을 갖춘 학생 → 내신 성적보다 수능 성적이 더 뛰어난 '수능형 학생'의 전형을 보인다.
- 고3 들어 정말이지 작심한 바가 있어 개과천선한 학생 → 이런 학생 역시 머리가 좋아야 가능하며, 극소수에 불과하다(손주은 선생이 말하는 5%의 노력파).

먼저 '어려서부터 공부 습관에 길들여진', 말하자면 초등학교 때부터 줄곧 우등생인 학생의 경우를 살펴보자. 이 학생들은 말 그대로 아버지의 재력(게다가 무관심까지)과 엄마의 정보력, 학생의 머리와 노력이라는 3박자가 두루 잘 갖추어진 경우로, 출발부터 불공정하게 앞으로 쭉 치고 나온 그런 학생들이다. 이들 학생의 부모인 극성 엄마들은 소문난 학원 강사를 좇아 과목별로 팀을 꾸리고, 아이들을 '시험 잘 보는 기계'로 만들기 위해 많은 돈을 아낌없이 투자한다. 그리고 그런 엄마의 기대와 바람은 일찍부터 학생들의 마음속에 내면화되고, 그렇게 해서 좋은 대학을 들어가야 한다며 굳센 마음으로 공부에 몰두하게 된다.

이에 대한 사례 한 가지를 들면 이렇다. 2년 전 필자는 아들 녀석을 꾀어 전주에 있는 한 자사고에 보냈고, 입학식 날에 곧바로 서울 집 근처의 고등학교로 전학을 오는 우여곡절을 겪었다. 평소 공부보다는 자유분방함에 젖어있던 아들 녀석은, 입학하기 일주일 전부터 강행된 기숙사 입소와 빡빡한 커리큘럼에 적잖이 당황했음은 물론, 기숙사의 답답함을 도저히 받아들일 수 없다고 하면서 집근처 학교로 전학을 가겠다고 반발했다. 당초 합격발표가 나면서부터 안 가겠다고 강짜를 부렸지만, 그럼에도 일단은 그 학교에 입학했다가 전학가야 한다기에, 혹시나 마음 바뀔 수도 있겠다는 기대감을 조심스럽게 가졌지만, '역시나'였다.

처음에는 이렇게 생각했다. 기숙사를 둔 자율형의 사립학교이기에, 말 그대로 미국의 '보딩스쿨'처럼 자유로운 분위기에서 다양한 활동을 병행해가며 자기주도로 학습하는 학교인 줄 알았다. 그런데 아들의 말을 들어보니, 이건 마치 우리나라의 기숙형의 재수학원과 다를 바 없었다(그럼에도 우리 부모들은 자식이 그런 학교에서 열심히 공부하기를 강력히 바란다).

일단 아침에 기상하여 식사를 마치면 기숙사를 나와 교실로 들어가야 하며, 이때 기숙사 문은 굳게 닫힌다(문을 닫아 잠근다). 학교가 파하면 개인별로 자리가 배정된 독서실에서 저녁까지 자습을 해야 한다. 물론 교칙 상으로는 자율학습이겠지만, 그렇더라도 타율적 자율학습(우리나라 고등학교에서 실시되는 방과 후 자율학습은 분명 이치에 들어맞지 않은 타율적 자율학습임에 틀림없다)임에는 분명하다. 이윽고 저녁 시간에 기숙사 문이 열리고, 학생들은 이제 기숙사로 들어갈 수 있게 된다. 하지만 여기서 끝이 아니다. 학생들은 다시금 기숙사 내에 있는 독서실의 개인별 부스에서 취침 전까지 또 공부해야 한다.

어떤가. 이렇게 3년 내내 공부하고도 명문대에 합격하지 못한다면, 그게 더 이상한 것 아닌가? 그리고 이쯤 되면, 학생들은 말하자면 '공부하는 기계'와 다름없다. 물론, 일반계 고교와는 달리 다양한 커리큘럼이 짜여 있기에, 주구장창 공부만 하는 것은 아닐 것이다. 그렇더라도 한 가지 분명한 사실은, 다른 누구보다도 열심히들 공부한다는 것이다. 그것도 뛰어난 선생님들의 지도 아래.

학생들의 인성은 또 어떠할까. 면접 날에 있었던 에피소드 하나를 설명하면 이렇다. 참고로 이 학교에 서류전형에 합격하려면 중학교 교과 성적이 꽤 높아야 하는데, 면접 당일 날 동행한 부모 역시 자녀의 교육에 관심이 지대한 사람들임에는 틀림없다. 그만큼 교양이 넘쳐나 보인다는 얘기다. 그런데 교내 휴게실에서 아들이 나오기를 기다리며 먼저 면접이 끝난 학생들과 그 부모들을 보고 있자니, 조금은 흥미로운 점이 발견되었다. 뭔가 하면, 이를테면 학생이 면접을 마치고 홀가분한 마음에 휴대폰을 만진다거나 다른 무엇을 하고 있을 경우, 그 학생의 부모, 특히 엄마가 자녀에게 '그만!', '안 돼!' 하면서 크게 손가락질하는 게 아닌가. 그러면 아이는 이내 순한 양이 되어 엄마의 말에 절대 복종하고 만다.

이것을 보고 있자니 한편으로는 신기하기도 하고, 다른 한편으로는 "우리 아들 녀석은 아빠 말은 들은 척도 안 하고 자기 할 바를 다하는데……" 하는 마음에 혹여 자식을 너무 자유분방하게 키우는 건 아닌가 하는 그런 마음까지 들었다. 아무튼 세상에 착하고 성실한 애들은 죄다 모아 놓은 것처럼, 하나 같이 모범생적인 스테레오타입을 보이고 있음에 신기해한 경험이 새삼 새롭다.

어찌됐거나, 부모 말 잘 듣고 공부 잘하는 성실한 학생이 좋은 학습 환경과 면학 분위기에서 열심히 공부할 때, 그 학생들이 좋은 결과를 낼 것이라는 점은 그 누구도 부정할 수 없는 분명한 사실이다. 이런 학생들이 바로 특목고·자사고에 들어가서 열심히 공부하는 학생들이거나, 일반계 고교에서 전교 등수 안에 드는 학생들인데, 그렇게 해서 초등학교 때부터 공부 습관에 길들여지고, 게다가 머리까지 좋은 학생들이다. 따라서 이들이 자기 등수를 쉽사리 내주고 뒤로 밀릴 것이라고 생각하는 것 자체가 어불성설이다.

그렇기에 적어도 이에 해당하는 학생들의 경우에는 '제논의 역설'은 분명 통한다. 제논의 역설이란, '그리스 신화에 나오는 발이 빠른 영웅 아킬레우스가 느리기로 둘째가라면 서러워할 거북이와 달리기 시합을 하더라도, 앞서 출발한 거북이를 결코 따라잡을 수 없다'는 역설(paradox)이다. 거북이를 뒤쫓는 아킬레우스는 우선 거북이가 걷기 시작한 출발점에 도달하지 않으면 안 되는데, 그 사이에 거북이는 그 출발점보다 더 앞서 나아가 있으며, 아킬레우스가 그 점에 도달하기까지 거북이는 또 이미 그 앞으로 나간다. 그리하여 서로의 거리는 좁혀질 수 있어도 결코 따라잡을 수는 없다는 것이다.

분명 터무니없는 주장이다. 그럼에도 현실에서 이 같은 '제논의 역설'이 통용될 수 있음은 물론인데, 대학 가기 위해 하는 공부가 바로 그것이다. 앞서 말한 머리 좋고 어려서부터 공부 습관에 길들여진, 게다가 좋은 학습 환경까지 갖추고 열심히 공부하는 학생을 따라잡기란, 제아무리 노력한다 한들 사실상 무척이나 힘들고 또 어렵다. 상위 1% 안에 드는 학생들의 성적이 좀처럼 뒤바뀌지 않는 이유가 바로 이 때문이며, 고교 1학년 때 성적이 그대로 수능 성적으로 이어진다는 세간의 주장을 뒷받침하는 근거가 바로 이것이다.

이런 이유로, 진정으로 자식을 명문대에 보내고자 할 요량이면, 초등학교 때부터 아이를 꽉 잡아야 한다는 주장이 자못 설득력을 갖는데, 필자는 그것을 몰랐던 것이다. 몰랐다기보다는, 그렇게까지 해서 자식을 굳이 대학에 보낼 필요가 있을까 하는 일종의 근거 없는 자신감이 작용한 때문으로 보는 게 더 적절하지 않을까. 아무튼 세상에 필요 없는 경험은 없는 것 같다.

4. 공부, 머리인가 노력인가

그럼에도 불구하고 주변을 둘러보면, 공부에 그다지 열심인 것 같지도 않고 또 공부와는 다른 그 무엇에 공사다망한 학생임에도 불구하고, 시험만 봤다하면 뛰어난 성적을 보이는 학생들도 여럿 된다. 이런 학생들의 경우는 학교 내신 성적에 비해 수능 성적이 뛰어난 예가 일반적인데, 더불어 머리도 상당히 똑똑하고 특히 어렸을 적부터 다방면의 풍부한 독서 경험을 쌓은 그런 학생들이다. 그렇더라도 이들처럼 '공부에는 다소 꾀를 부리지만, 머리가 매우 뛰어나고 평소 꾸준한 독서 습관을 갖춘 학생'들 역시 앞서 설명한 원래 모범생인 학생들에 비해 노력을 덜 한다는 것이지, 평소에 공부를 소홀히 한다는 얘기는 결코 아니다. 이 부류에 속하는 학생들의 경우에는 공부머리, 특히 사고력이 뛰어난 학생들이 많은데, 자신의 그러한 이점을 잘 살려 나름의 공부 방법을 터득하고 효율적으로 공부하는 학생들이 의외로 많다. 이 '공부 방법'에 대한 부분은 이 책에서 다룰 핵심 내용으로, 따라서 뒤에 자세히 설명할 것이기에 여기서는 생략한다.

또다른 예는 '고3 들어 또는 재수를 결심하고 정말이지 작심해서 공부하는 이른바 개과천선한 학생'의 경우이다. 수험기간 내내 코피 터지게 공부하여 마침내 명문대에 합격한 이런 학생들 역시 머리가 뛰어남에도 불구하고 그 동안 공부를 게을리 했을 뿐, 근본적으로는 위의 학생들과 같은 부류라고 생각하면 된다. 말하자면 늦게 '공부 철'이 든 그런 학생들로, 두 부류의 학생들 모두 고교 재학시절보다는 재수할 때 훨씬 더 성적이 향상되는 게 일반적인데, 이는 그만큼 공부하려는 의지를 굳건히 세우고 공부에 매진한 결과이다.

여기까지를 정리하면 이렇다. 속칭 SKY라는 명문대에 합격하는 학생들의 상당수는 다음 두 부류에 속한다. 즉 머리가 좋은 학생으로 어려서부터 공부하는 습관이 철저하게 몸에 베인 전형적인 모범생이거나, 머리가 아주 뛰어난 학생임에도 평소 공부에 그다지 열심이지는 않지만, 그럼에도 공부할 것은 해가면서 자기가 좋아하는 것을 추구하는 우등생이 그들이다.

이는 명문대에 합격하기 위해서는 결국 머리가 어느 정도는 뒷받침되어야, 다시 말해 지능이 높을수록 유리하다는 뜻인데, 이것 맞는 얘길까? 사실 이와 관련한 뚜렷한 학술적 근거는 없다. 경험론적 근거 또한 명확하지 않다. 지능은 '지식을 체계적으로 잘 사용하는 개인의 능력'을 의미하는데, 이 능력은 사회적 환경이나 질적 요소에 의해 달라질 수 있기 때문에, 획일적인 잣대를 들이대가며 단정하고 평가해서는 안 된다는 것이 인지심리학자들의 일반적인 견해이다.

결국 핵심은, 머리는 타고나는 것이기에 유전인자에 의해 좌우된다거나, 또는 그렇지를 않고 환경적인 요인이 지능을 결정짓는 중요한 요인이라는 주장의 진위여부가 아니다. 학자들이 이구동성으로 말하는 한 가지 분명한 사실은, 사람은 똑같이 태어나는 것은 아니며, 지능 또한 모두 다르다는 사실이다. 아울러 지적 잠재력은 사람마다 다르고 발달 과정 또한 저마다 차이 나기 때문에, **지능이 제때에 연속적으로 향상될 수 있도록 하는 것**이 중요하다고 본다. 즉 지능은 타고나는 것이기도 하지만, 노력 여하에 따라 얼마든지 자란다는 것이다. 무슨 말인가 하면, 아이들이 자라나는 과정에서 교육의 효과를 높이는 학습에 매진하고, 그 과정에서 내적 잠재능력을 최대한 끌어낼 수 있도록 적시별로 지도함으로써, 사고력을 높이고 지적 발달을 이룰 수 있다는 것이다.

결국 공부를 잘하려면 유전적 지능이 좋아야 하고(즉 선천적으로 **머리**가 좋아야 하고), 그 지능을 더욱 더 높이기 위한 학생 개인의 노력이 따라야 하며(즉 후천적인 **노력**이 따라야 하며), 이를 뒷받침하는 문화적인 (가정)환경, 그리고 적시의 적절한 학습 지도가 이뤄져야 한다(즉 효율적이고 효과적인 **학습 태도와 공부 방법**이 계획되고 실행되어야 한다). 공부 잘하는 아이들은 그렇게 해서 만들어지게 되는데, 이는 앞서 예로 든 공부 잘하는 학생의 경우를 생각하면 쉽게 이해될 것이다.

이렇게 놓고 보면, 다음과 같은, 약간은 흥미로운 사실을 생각해 볼 수 있다. 즉 자식이 공부 못한다고 면박을 주고 푸념하는 것은 곧 그 원인 제공의 당사자가 부모인 자기 자신임을 부정하는 자기모순적인 행동이자, 마치 자기 얼굴에 침 뱉는 행위와도 같다. 또 자식이 공부에 노력을 기울이지 않는 것 역시 선천적인 공부머리가 뒷받침되지 않아 점차 공부에 흥미를 잃은 탓이기도 하기에, 공부 못한다고 해서 무조건 학생만을 나무랄 수는 없고 게다가 현실적으로도 어찌해볼 도리가 없는 노릇이다. 더군다나 열심히 공부했음에도 불구하고 성적이 오르지 않을 경우, 당사자인 학생은 얼마나 힘들고 괴롭겠는가.

오히려 그런 상황임에도 불구하고 공부에 힘을 쏟는 아이는 분명 인성적으로나 자기 의지로 보나 참으로 대견하고 기특한 녀석임을 깨달아야 한다. 필자가 경험한 바로는, 공부머리가 다소 뒤쳐짐에도 불구하고 열심히 공부하고 노력하며 좋은 학습 태도를 갖춘 학생들은 한결같이 심성이 착하고, 부모 말 잘 듣고, 선생님 말씀을 귀담아 듣고, 친구와 사이좋은 그런 순수한 아이들이다. 오히려 공부머리가 뛰어나고 공부 잘하는 아이들 가운데는, 자기만 알고 부모에게 신경질부리는 속된 말로 '싸가지 없는' 아이들이 부지기수다. 솔직히 공부는 조금 못해도 정신이 올곧게 박힌 그런 아이들이 더 가치와 잠재력이 큰 아이들 아닌가?

이렇게 말하면 많은 부모들은 '남의 집 자식 얘기라고 함부로 말하는 것 아니다'라고 발끈하겠지만, 그렇더라도 말하고자 하는 요지는 확실하다. 적어도 공부를 하고자 하는 굳은 마음가짐으로 열심히 공부하는 학생을 둔 부모라면, 학업 성적을 갖고 학생을 절대 나무라서는 안 된다는 것이다. 그보다는 좀 더 현실적으로 접근하는 것이 공부하는 학생에게도, 입시를 뒷바라지 하는 부모에게도 더 적절하고 또 좋은 결과를 기대할 수 있다. 이를테면 학생의 실질적인 능력을 감안하지 않고 막연하게, 그리고 맹목적으로 명문대에 들어갈 것을 고집할 게 아니라, 학생의 능력에 맞게 현실적으로 대응해나가야 한다. 만약에 그렇지를 않고 이 학원 저 학원을 옮겨 다니며 도를 넘는 갖은 노력을 기울이고, 또 그렇게 해서 자식을 다그친다고 한들, 결국에는 나쁜 결과만을 초래할 뿐이다.

공부하려는 의지를 갖고 열심히 노력하는 학생들이 적절하고 효과적인 공부 방법을 찾지 못해 공부 능률이 떨어지고 학업 성적이 개선되지 못하는 경우를 많이 보아온 필자의 입장에서는, 이 부분이 가장 안타깝고 또 실제 이 책을 쓰게 된 이유이기도 하다. 부모가 열심히 공부하는 학생들에게 해줄 수 있는 가장 현실적인 방법이 바로, 학생 스스로 올바른 공부 방법을 찾아내고 그에 맞춰 자기주도로 열심히 공부할 수 있도록 장기적인 관점에서 지속적인 관심과 배려를 기울이는 것이다. 실제, 이것만으로도 아이의 성적은 결단코 올라가게 되어 있다. 그렇기에 '관심은 끊임없이 갖되, 간섭은 될 수 있으면 하지 말아야' 하는 것, 이것이 바로 입시생을 둔 학부모가 지향해야 할 올바른 태도이자 진정으로 자식을 사랑하는 마음이다.

5. 노력 없이 in서울 합격 없다

　현실적인 측면에서, 머리 좋고 열심히 공부하는 학생들을 고3 들어와서 따라잡기란 결코 쉽지 않다고 말했다. 학생과 학부모가 이 말을 듣고 있자면 조금은 허탈하고 다소 불편한 그런 기분이 들겠지만, 이는 분명한 사실이다. 실제 많은 경우에, 고등학교에 올라가서부터 벌어지게 된 실력 차이를 좀처럼 좁히지 못한 채 수능 시험장에 들어가는 학생들이 상당히 많은데, 이는 그만큼 많은 학생들이 대학에 들어가기 위해 정말이지 필사적으로 노력해가며 공부하고 있음을 보여준다.

　이를 존 롤스의 〈정의론〉에 나오는 개념을 차용해서 설명하면, 고등학교 들어와 처음 치르는 중간고사와 3월 전국모의고사는 학생들이 그간에 축적한 지능, 노력, 공부 노하우 등 원초적 입장으로서의 '무지의 베일(veil of ignorance)'이 걷히는 순간이다. 다시 말해, 이때 학생들은 다른 학생들을 통해 비로소 자신의 지적 수준과 공부 실력의 현주소를 비로소 깨닫게 되고, 그 출반선상의 차이로 말미암아 적잖이 당황하게 된다. 그리고 그 출발선상의 차이가 고등학교 3년 내내 이어지면서, 학생들은 아무리 노력해도 그 간극이 좁혀지지 않음에 끝내 낙담하고 만다.

　이것이 의미하는 바가 뭘까? 먼저, 적어도 서울 상위 15개 대학(이제부터 서울 상위 15개 대학을 통칭해서 'in서울'로 부르기로 한다)에 합격할 정도의 실력을 갖춘 학생들의 경우에는, 머리의 좋고 나쁨을 떠나 저마다 열심히 공부하는 학생들이다. 즉 대학을 가기 위해 스스로 공부하고자 하는 충분한 동기가 부여된 학생들로, 뚜렷한 목표의식과 굳센 의지를 갖고 고교 3년 내내 정말이지 열심히 공부하는 학생들이다. 그렇기에 열심히 공부하고자 하는 **'의지와 노력'**은 대학을 들어가기 위한 필요충분조건이지, 결코 필요 또는 충분조건의 어느 하나가 될 수 없다. in서울에 합격한 학생치고 열심히 공부하지 않은 학생은 없으며, 반대로 열심히 공부하지 않으면서 in서울쯤은 문제없다고 생각하는 학생은 다음 둘 중 하나다. 정신 나갔거나, 아니면 정신 못 차렸거나.

　정신 나간 학생들은 사필귀정인 결과가 나와도 좀처럼 이를 받아들이려 하지 않고, 다만 운이 따르지 않았을 뿐이라고 애써 강변하면서 원인을 자기 밖으로 돌린다. 한편 정신 못 차리는 학생 역시 결과가 나올 때까지 기다려 이를 직접 확인시켜주기 전까지 무지몽매하기는 마찬가지다. 다만, 후자의 학생들의 경우에는 이런저런 방안을 구하느라 열심히 노력은 하는데, 그렇게 해서 이른바 '족집게 선생'을 열심히 찾아다닌다든가 수능 공부는 제쳐두고 논술 공부에 몰입하는 등 나름의 돌파구를 찾으려고 애쓴다. 어느 쪽이든 현실감각과 자기인식이 떨어짐에는 틀림없으며, 노력보다는 요행을 바라는 경우가 일반적이다. 따라서 이들에게 열심히 공부하라는 주문은 그야말로 '소귀에 경 읽기' 식의 잔소리에 불과하다.

하지만 정작 물색없는 것은 이들 학생을 둔 학부모다. 현실감각이 없기로는 학생보다 더하면 더했지 결코 못하지 않다. 물론 다 그렇다는 게 아니고 일부 학부모에 국한해서 생각할 때 그렇다는 얘기니 절대 오해하지 않기를 바란다. 다음은 실제 학부모와 상담하면서 이들로부터 직접 전해들은 말인데, 아직도 자신들이 대학입시를 치를 때 마냥 '고3 혁명'이 가능한 것처럼 착각하는 분들이 의외로 많다.

> "우리 애가 그 동안 노느라 정신 팔려 공부 안 했지만, **이제부터** 열심히 공부하면 **적어도** 중앙대 정도는 갈 수 있겠지요?"
>
> **(강남 송파 소재 일반계 여고 2학년으로, 반 내 성적이 15등 전후인 학생)**
>
> "비록 수능 성적은 다소 떨어지지만, 논술 공부를 **열심히** 했으니 경희대 **쯤**은 문제없겠지요?"
>
> **(경기 소재 일반계 여고 3학년.**
> **국영수 합 10등급 전후, 내신 4등급 초반인 학생)**

이는 실로 엄청난 착각이 아닐 수 없다. 그도 그럴 것이 이들 부모의 눈에는 자식이 무척이나 열심히 공부하는 것처럼 보이고 또 학원수업이다 야간 자율학습이다 하여 엄청나게 공부하는 것으로 비춰지기 때문일 터이다. 그런데 앞서 말했듯이, in 서울에 합격하는 학생들에게 공부에 대한 의지와 노력은 당연한 전제조건이자 마땅히 지향해야 할 실천과제일 뿐이며, 그렇기에 경쟁자인 다른 학생들 역시 남들보다 더하면 더했지 결코 공부에 노력을 게을리하지 않는다. 시간의 흐름과 함께 그리고 시험의 난이도에 따라 학생들이 받는 점수의 불연속적인 등락은 있을지언정 좀처럼 등급이 향상되지 않는 이유가 이 때문인데, 그럼에도 어떤 한 때의 점수가 올랐다고 그것이 곧 등급의 향상을 가져온 것처럼 착각하는 바보가 여럿 된다.

참고로, 현재의 대학입시는 과거 우리 부모가 대학에 입학하던 시절의 그것과는 상대가 되지 않을 정도로 어렵고 또 힘들다. 과거에는 별다른 전략 없이 공부만 열심히 하면 대학에 갈 수 있었고, 심지어는 고등학교 2학년 때까지 여유를 부리며 놀다가 고3 들어 1년 정도 열심히 공부해도 명문대에 입학할 수 있었다. 그런 이유 때문에 위 사례에서처럼, 반에서 한 10등 정도만 해도 서울의 중위권 대학 정도는 거뜬히 들어갈 것으로 생각하는 부모가 여럿 되며, 자녀들이 반에서 3~4등 정도만 해도 실력이 꽤 우수한 것으로 착각하는 학부모들이 많다.

하지만 현실은 전혀 그렇지 않다. 입시생을 둔 학부모들이 고등학교에 다니던 시절의 약 절반밖에 되지 않는 30명 정도의 학생들로 한 학급이 구성되기 때문에, 학급 석차가 갖는 의미가 그 때와는 확연히 차이가 난다. 게다가 대입전형의 다변화로 단순히 성적만을 갖고 선발하는 학생 수가 현저히 줄었기에 실질경쟁률은 그때보다 훨씬 더 높다. 반면, 인문계·실업계를 가릴 것 없이 전부들 대학에 가려고 하는 탓에, 그것도 서울 상위권 대학에 들어가려고 목을 매는 탓에, 실제 (최)상위권대학의 실질경쟁률은 우리가 학교에 다닐 때보다 적어도 두세 배 이상 높아졌다고 보면 된다. 이런 이유로 서울 상위 15개 대학을 통칭해서 명문대라고 불러도 결코 틀린 말은 아니다. 게다가 교과성적, 수능 성적, 논술 성적 등 입학전형에 따라 선발을 달리하는 탓에, 그리고 대학마다 속된 말로 '수시 납치'라고 할 수 있을 정도로 우수한 학생을 마치 입도선매하듯이 쏙쏙 잘도 뽑아감으로써, 그만큼 대학 간 격차가 상당히 줄어든 것이 지금의 상황이다. 이런저런 이유로, 자식을 대학에 보내기 위해서는 먼저 학부모의 생각부터 바꿀 필요가 있으며, 현실을 깨닫고 그에 맞춰 대학에 대한 눈높이부터 낮춰야 한다.

여기까지를 다시 정리하면 이렇다. 속칭 SKY라고 불리는 명문대에 합격하는 학생들은 이들이 고등학교에 입학하는 시점부터 이미 다른 학생들보다 유리한 출발선상에 위치하고(즉 일찍부터 열심히 공부하고), 게다가 개인적인 노력 또한 결코 소홀히하는 법이 없기에, 시간이 흐를수록 공부에 더욱 가속을 밟으면서 성적은 꾸준히 상승 곡선을 그린다. 그렇기에 뒤늦게 정신을 차리고 혼신의 노력을 다해도 이미 앞서나간 학생들을 따라잡기란 현실적으로 많은 어려움이 따르며, 오히려 시간이 흐를수록 이들과의 격차는 점점 더 벌어질 뿐이다.

결국 in서울에 합격하기 위해서는 늦어도 고등학교에 들어가자마자부터는 열심히 그리고 꾸준히 공부해야만 가능하다. 때문에 **in서울 합격은 고등학교 때의 학생의 자발적인 공부 노력과 실천의지를 가늠하는 바로미터**가 된다. 즉 적어도 in서울에 합격하는 학생들의 경우에는 공부머리가 뛰어나거나 그렇지 않거나 여부를 떠나, 고등학교 3년 내내 나름 열심히 공부한 그런 학생들이라는 점은 분명하게 인정하고 받아들여야 한다. 거듭 강조하거니와, 공부하고자 하는 자각과 의지와 노력 없이는 결코 in서울 못한다. 그렇기에 머리가 나쁘기 때문에 대학 못 갔다는 타령조의 핑계는 어디까지나 공부하기 싫어하는 자기 자신을 합리화하기 위해서 내뱉는 어쭙잖은 변명에 지나지 않을 뿐이다.

6. 학교 내신 성적만으로는 in서울 어렵다

그런데 문제는, 아니 안타까운 것은, 고등학교 3년 내내 정말이지 열심히 공부하는 학생들 가운데서 in서울에 합격하지 못하는 학생들도 여럿 된다는 사실이다. 도대체 뭐가 문제일까? 이것을 설명하기 위해서는 먼저 현행 대학입시의 전형별 특성부터 살핀 후, 이어서 각각의 전형 요소가 갖는 장단점과 문제점을 파악해야 할 듯한데, 그 핵심만을 간추려 설명하면 다음과 같다.

일반고 학생들이 in서울에 합격하기 위해서는 크게 '수시 학생부교과전형(내신 위주 선발)', '수시 논술전형(수능 + 논술 위주 선발)', '정시 전형(수능 선발)'의 세 가지 대입전형의 하나 또는 그 이상을 뚫어야 한다. 전체 학생 선발 인원 비율은 대략 '1.5 : 0.5 : 1.0'이며, 또한 서울에 있는 상위 15개 대학의 수시와 정시의 선발인원 비율은 약 65:35 정도인데, 2015학년도 수시전형의 경우 전년도에 비해 학생부교과전형의 선발인원이 소폭 확대됐다. 참고로 수시 선발비율이 가장 큰 학생부종합전형은 교내활동이 다양한 특목고·자사고에 유리하게 의도적으로 기획된 전형인지라, 소수의 돈 많고 오지랖 넓은 학부모를 둔 몇몇 일반고 학생들을 제외하고는 그야말로 '그림의 떡'인 전형임을 밝힌다.

그 일례를 들어보자. 영어, 일본어, 중국어 활용 능력이 뛰어나고, 게다가 중학교 때부터 꾸준히 영자신문 기사를 쓰고 또 신문을 편집하는 등으로 다방면의 많은 재능을 보이는 한편, 교내 수상(영어 분야, 동아리, 과학탐구 토론, 논문, 봉사 등)과 교외 수상(도지사상 2개, 교육감상 5개, 교육장상 3개) 등 다양한 비교과 활동 경력을 가진 지방의 한 일반고 2학년 여학생이 있다. 그런데 이렇듯 상당한 스펙을 갖췄음에도 불구하고 SKY는 물론 '서성한이'도 수시 학생부종합전형으로 들어가기 쉽지 않다는 얘기를 입시상담 전문가로부터 들은 학생의 부모는 이에 크게 당황하면서 앞으로의 대학입시 전략을 어떻게 세워야 할지 몰라 전전긍긍했다. 그리고는 이제부터라도 논술을 공부해야 하는지 마는지를 물어가며 이런저런 자문을 구했는데, 필자라고 뭐 뾰족한 답이 있겠는가. 그만큼 이 여학생은 평소 비교과 활동에 많은 시간을 쏟느라 학교 내신 및 수능 공부를 소홀히 한 탓에, '내신–수능–논술–비교과'의 어느 한 분야도 남들보다 뛰어난 비교우위의 경쟁력을 못 갖추고 어정쩡한 수준에 머물게 된 것이다.

혹자는 그렇듯 엄청난 스펙을 갖췄으면서도 수시 학생부종합전형으로 합격하지 못한다는 게 말이 되느냐면서 따져 물을 수 있겠지만, 이는 그렇지 않다. 대학에서 학생부종합전형으로 선발하고자 하는 학생은 다방면에 걸쳐 두루 스펙을 쌓은 학생이 아니라, 어느 한 방면에서 특별하고 특출한 재능을 보이고 그 분야에서 다양한 스펙을 쌓은 그런 학생이다. 하지만 사례의 여학생의 경우에는 스펙을 읽어도 이 학생이 도대체 어느 분야에서 뛰어난 재능을 보이고 또 두각을 나타내고 있는지가 도무지 가늠되지 않는다. 이를테면 영어를 비롯한 외국어 실력은 이미 특기로 취급하지 않은 지 여러 해가 됐고, 영자신문 편집과 관련한 경험 역시 이제는 자기소개서의 단골 레퍼토리가 된 지 오래다. 따라서 이 학생은 그저 학교활동을 열심히 한 그런 학생이라고밖에는 달리 보이지 않는다.

그런데 여기서 주목해야 할 것이 있다. 그것은 다름 아닌 많은 교외 수상 내역이다. 아마도 이 학생의 부모는 수시 학생부종합전형(즉 예전의 입학사정관제)을 염두에 두고 스펙 쌓기에 몰두한 것처럼 보이는데, 문제는 가용전력을 한 방향으로 모으지 못하고 그야말로 '산탄총을 쏘아대듯이' 이런 경시대회 저런 경시대회를 두서없이 섭렵한 듯하다. 그렇기에 학생의 많은 교외 수상 이력 역시 일관되지 못하고 여러 분야에 걸쳐 폭넓게 분포되어 있을 것이다.

어찌됐든, 이쯤 되면 어지간한 스펙이 아니고는, 그것도 어느 한 분야에서 일가를 이룬다거나 싹수를 보이는 학생이 아닌 다음에야, 수시 학생부교과전형으로 서울 상위권 대학에 들어가는 것이 얼마만큼 어려운지를 가늠할 수 있을 것이다. 결국 사례의 여학생은 대학입시 전략을 잘못 세워(그만큼 무계획적이었거나, 아니면 자녀가 어학에 자질을 보이는 것이 무슨 크나 큰 스펙이 될 것인 양 생각하고 이에 몰입했다고 보는 게 더 적절할 듯하다) 뒤늦게 후회하고 있는 것인데, 주위를 둘러보면 이런 학생들은 생각보다 여럿 된다. 물론 끝까지 가 봐야 알겠지만, 한 마디로 입시 전략의 실패다.

다시 돌아와서, 입시전문 기관인 메거스터디의 분석 자료에 따르면, 강남·송파·양천·중계 등 입시 경쟁이 치열한 이른바 교육특구 내의 고등학교에 다니는 학생들 가운데 수시전형으로 서울 상위 15개 대학에 합격한 학생의 비율은 30% 미만으로, **전체 학생의 무려 75%가 정시전형으로 합격했다.** 강남구 소재 고교 재학생의 경우, 정시전형의 합격률은 수시전형의 2.5배 이상으로 나타났는데, 이는 그만큼 수시전형으로 합격하기가 쉽지 않음을 보여준다. 특히 수시 논술전형으로 합격할 확률의 누계치는 고작 5.8%로, 한 학생 당 최대 6개 대학을 수시전형으로 지원할 수 있음을 감안할 경우, 강남 3구의 고교에 다니는 한 학생이 논술전형을 뚫고 이들 15개 대학 중의 어느 한 대학에라도 합격할 확률은 이보다는 더 낮다고 봐야 한다.

왜 이런 현상이 나타난 것일까? 전체 입학정원의 무려 70%에 이르는 학생을 수시전형으로 선발하고 있음에도 불구하고, 실제로는 고작 25%밖에 안 되는 학생들만이 수시전형으로 대학에 들어가는 현상을 어떻게 설명해야 할까? 그 가장 큰 이유는 이들 교육 특구 내의 고교에 다니는 학생들의 **'내신 성적'의 경쟁력이 떨어지기 때문이다.**

수시 학생부교과전형의 경우, 상위 15개 대학에 합격 가능하려면 적어도 1.5등급(인문계 1.3등급, 자연계 1.5등급) 안에는 들어야만 한다. 내신 1.5등급이라 함은 예를 들어 전교생이 400명이라고 할 경우에 전교 8등 안에 들어야 함을 의미하는데(1등급인 4%는 16명이고, 1.5등급은 그 50%인 8명이다), 따라서 반에서 1등하는 학생 중에서도 1.5등급에 못 미치는 학생들이 여럿 있게 마련이다(게다가 과목 간 편차를 고려하면 더욱 그렇다).

일례로 한양대가 발표한 지난 2014학년도 합격자 분석 자료에 따르면, 수시 학생부전형 1단계 합격자의 평균 내신 성적은 인문계열이 1.17등급, 상경계열이 1.14등급, 자연계열이 1.17등급, 전체 평균 1.16등급으로, 이는 내신 성적이 전교 3등 이내에 들어야 합격 가능함을 의미한다. 지금, 전교 3등 이내라고 했는데, 이는 서울 소재 상위 15개 대학에 수시 학생부교과전형으로 합격하려면 내신 성적이 1.5등급 이내이면서 여기에 더해 수능 등급도 어느 정도 뒷받침(수능 최저등급 기준이 적용된다)되어야만 가능함을 의미한다.

그런데 이 교육 특구 내의 반에서 1~2등을 다투는 학생들의 경우, 내신 성적으로 대학에 들어가는 게 더 쉬울까, 아니면 수능 성적으로 대학에 들어가는 게 더 쉬울까? 굳이 말하지 않아도 짐작할 수 있을 것이다. 서울의 교육 특구 내의 고등학교에 다니는 학생들에게서 수시와 정시 전형의 입학정원과 합격인원 간의 정비례하는 불일치가 나타나는 이유가 이것이다.

한편 메거스터디의 같은 분석 자료에 따르면, 서울 강남구 소재 16개 고등학교에 다니는 고3 재학생의 지난 2014학년도의 서울 상위 15개 대학의 수시 학생부교과전형, 수시 논술전형, 정시 전형의 합격자 수는 각각 28명, 157명, 773명으로 드러났는데, 이는 한 고교 당 각각 1.75명, 9.81명, 48.31명 꼴로 대학에 합격한 셈이다(논술전형과 학생부종합전형, 특기자전형을 포함한 수시전형 전체 합격자 수는 304명). 즉 내신 성적만을 갖고서는 한 고교 당 2명 미만, 논술전형을 뚫고서는 고교 한 학교당 10명 정도, 수능 성적만을 갖고서는 약 48명 정도만이 상위 15개 대학에 합격했는데, 이는 한 학교당 전체 67명, 다시 말해 한 반에서 단지 5등 전후(내신 성적 2.5등급 이내)의 학생들만이 서울 소재 상위 15개 대학에 합격했음을 의미한다. 그것도 서울 강남3구 고등학교에 다니는 학생의 경우가 그렇다는 얘기로, 지역별 학교 간 편차는 상당하다는 점을 감안한다면, 한 반에서 몇 명이 in서울 할 수 있는지를 가늠하는 것은 그다지 어렵지 않을 것이다.

이상의 분석 자료를 통해 깨달아야 할 분명한 사실은 이것이다. 무엇보다 '성급한 일반화의 오류'에 빠져 현상을 잘못 보고 사실관계를 잘못 판단해서는 안 된다. 예를 들어 전체 입시전형에서 수시 학생부교과전형으로 선발하는 학생의 비율이 높고 또 많다고 하여 실제 합격하는 학생의 비율까지 그와 비례해서 높을 것이라고 지레 짐작해서는 안 된다. 어디까지나 고교 간 격차를 감안하되, 이에 더해 전형별 특성을 더해가며 정확히 파악해야 한다.

앞서 설명한 것처럼, 서울 상위 15개 대학의 입학 정원은 약 48,000명(전국에서 상위 7.4% 안에 들어야 한다)으로, 이 가운데 고3 재학생의 합격률과 합격 가능한 인원은 약 55% 정도인 26,000명 정도이다. 그리고 이것을 전국 2,250개교(서울은 약 200개교, 경기는 약 300개교 정도이다), 그리고 고등학교의 재학생 약 500,000명을 갖고 이리저리 나눠보면, 한 학교 당 평균 약 12명 정도의 재학생이 상위 15개 대학에 합격한다고 보면 된다. 즉 전교 12등 안에는 들어야 서울 상위 15개 대학에, 전교 2등 안에는 들어야 SKY에 합격 가능하다. 다시 말해, 학교 전체의 6% 안에 들어야 서울 상위 15개 대학에, 1% 안에 들어야 SKY에 합격 가능한데, 이는 각각의 대학 군(SKY/서성한이/중경외시/건동홍숙)에 합격하기 위해 요구되는 수능 국영수 세 과목 등급의 합계와 정확히 일치한다(수능 국영수 세 등급의 합이 SKY는 합3, 서성한은 합3.5, 중경외시는 합4, 건동홍숙은 합5 정도의 선에서 정시 합격선이 형성된다).

이때 서울 강북 및 수도권, 그리고 지방 소재 일반계고등학교 학생의 경우, 아래의 도표에서 알 수 있듯이, 서울 강남 고교 평균 합격생 수에 비해 무려 6:1까지 낮은 편차를 보이고 있음을 주목할 필요가 있다. 물론 지방 소재 고교에 다니는 학생들의 경우에는 해당 지역 내의 대학에 입학하는 경향이 높기 때문에 전국의 총 고교 숫자 평균을 갖고서 비교하는 것에는 다소 무리가 따른다고 말할 수 있을 것이다. 그렇더라도 대부분의 지방 소재 대학의 경우에는 수능 성적의 합격선이 서울 상위 15개 대학에 비해 훨씬 낮다는 점, 게다가 상위 15개 대학 선발인원의 무려 절반 정도를 소수의 특목고·자사고가 싹쓸이한다는 점을 고려하면, 절대 무리한 수치가 아님을 이해할 수 있을 것이다.

● 고등학교 1학교당 서울 상위 15개 대학에 합격 가능한 고3 재학생 수(2014학년도)

	수시 학생부교과	수시 논술	정시	수시 학생부종합	계
강남3구 고교 평균	2명 미만	10명 미만	약 48명	약 7명	67명
전국 고교 평균*	1~2명	1~2명	5~10명	1~2명	12명

*는 단순 추정치이며, 수시 학생부종합전형은 특기자전형, 입학사정관, 지역균형선발을 포함한다.

위의 자료를 통해 확인할 수 있듯이, 전형 유형별로 실제 합격생 수에서 학교 간 편차가 상당함을 알 수 있는데, 그럼에도 불구하고 수시 학생부교과전형만은 오히려 학교 간 편차에 역행하는 것이 일반적이다. 예를 들어 메가스터디가 제공한 지난 2014학년도 입시결과에 따르면, 서울 구로구 소재 고등학교(구로구 내 학교 전체평균치인지, 특정 학교의 수치인지는 잘 모르겠다)에서 수능 학생부교과전형으로 합격한 학생의 비율(비율이지, 학생 수가 아니다)은 강남구 내 학교 학생의 약 2배로 나타나고 있는데, 이것이 의미하는 바가 뭘까?

공부 잘하는 학생이 많은 특목고 · 자사고와 서울 강남의 고등학교의 경우에는 학교 교과 성적이 최상위권인 극소수의 학생들이나 수시 학생부교과전형으로 최상위권 대학을 지원하려 한다. 하지만 이 학교 내의 교과 성적이 뛰어난 다른 많은 학생들의 경우에는 모의수능 성적이 높게 나오고 또 논술 실력도 뛰어난지라, 굳이 수시 학생부교과전형이 아니더라도 더 나은 선택적 결과를 기대할 수 있으며, 따라서 학생부교과전형을 크게 염두에 두고 공부해나가지는 않는다. 반면, 이를테면 서울 구로구에 있는 고등학교에 다니는 학생들의 경우에는 그렇지를 않은데, 이는 학교 내신 성적만으로 (최)상위권 대학에 지원하는 것이 더 유리하다는 현실적인 판단에서 비롯된 전략적인 선택으로 볼 수 있다.

결과적으로 특목고 · 자사고 · 강남구 고교생들은 일반적으로 최상위권의 몇몇 대학에 국한하여 수시 학생부교과전형으로 지원하는 경향을 보이는 반면, 다른 지역의 학생들의 경우에는 서울 상위 15개 대학의 서열을 불문하고 전부들 이 전형으로 지원하려 들기 때문에, 그에 따른 합격생 비율이 오히려 더 높게 나타나고 있음을 알 수 있다.

이는 말하자면, 이를테면 서울 강남구 내의 고등학교에 다니는 학생의 경우에는 학교 안에 공부 잘하는 학생들이 상당히 많기에, 내신 성적을 높이려고 많은 노력을 기울여가며 경쟁적으로 공부함에도 불구하고, 결국에는 구로구 내의 고교에 다니는 학생에 비해 수시 학생부교과전형에서 부득불 상당한 불리함을 감수할 수밖에 없음을 의미한다. 그렇기에 자칫 학교 내신 성적을 올리느라 수능 공부에 소홀할 경우, 정작 대학 합격에 결정적인 키를 쥐고 있는 수능 성적까지 하락할 위험성마저 따른다.

따라서 이들 학교에 다니는 학생들의 경우에는 고교 수준에 맞춰 입시전략을 잘 세워가며 공부 방법을 결정하고 공부 습관을 들일 필요가 있는데, 이때 내신 성적에 취해 어쭙잖은 등급을 쌓느라고 기를 쓰고 매달릴 경우, 자칫하다가는 이도 저도 안 되는 가장 불행한 결과를 초래할 수 있다. 그만큼 현행 대학입시는 그 전형 방법을 선택하는 데에 치밀한 전략적인 접근이 필요한데, 이때 그 어쭙잖은 성적은 개략적으로 내신 2.0등급 이하(반에서 2등 밖인 학생)로, 생각 이상으로 높다. 그럼에도 불구하고 대학에서는 오히려 고교별 학생들의 실력 차이에 더 많은 관심을 갖기에 특목고 · 자사고 등 일부 고교를 제외하고는 학교를 불문하고 내신 2.0등급 아래인 학생들은 관심 밖이며(실질적인 의미에서의 고교등급제가 적용된다는 얘기다), 한데 싸잡아서 엇비슷한 수준으로 낮춰 보려 든다.

실제, 대학은 수시 학생부교과전형으로 선발함에서 있어 내신 성적 2.0등급(최상위권 대학은 1.5등급) 이내인 학생들로 실질적인 제한을 두고, 여기에 더해 수능 최저등급 기준을 적용해가면서 지역별 · 학교별로 편차가 큰 내신 성적을 보정(補正)하는 입장을 취하려 든다. 따라서 그러한 저간의 이유를 이해한다면, 학교 내신 성적과 수시 학생부교과전형과의 상관관계를 어렵지 않게 짐작할 수 있을 것이다. 그리고 그에 맞춰 입시전략을 세우고 공부해나갈 수 있을 것이다. 이는 다음의 실제 사례를 통해 확인 가능하다.

내신 성적이 1.4등급인 A군은 지난해 수시 학생부교과전형으로 동국대와 성균관대를 지원했다(이 학생이 다니는 고교 소재지와 대학별 지원학과는 밝히지 않기로 한다). 이 학생은 동국대는 불합격한 반면 성균관대는 합격했는데, 대학의 선호도나 합격 가능한 수능 성적으로 친다면 당연히 말이 안 된다(동국대 측의 괜한 오해가 없기를 바란다). 그럼에도 불구하고 이 같은 결과가 나온 이유는 왜일까? 그것은 바로 두 대학의 수능 최저등급 기준이 달랐기 때문이다. 성균관대의 수능 최저등급은 국영수 합 6등급 이내인 반면, 동국대의 그것은 국영수 중 1과목 2등급 이내로 그에 따른 실질 경쟁률은 각각 13 : 1과 60 : 1로 크게 차이 났다.

그렇다면 실제 이 전형으로 동국대에 합격한 학생들은 어떤 학생들일까? 바로 학생 수도 적고 학생들의 대학진학률도 그리 높지 않은 수도권 및 지방 소재의 고등학교에 다니는 학생들로, 학교 성적은 높지만 수능 성적은 떨어지는 그런 학생들이다.

이 학생들의 경우 학교에서 수능 특정 과목에 집중해가며 전략적으로 접근하고 그에 맞춰 학습지도한 결과, 수시 학생부교과전형으로 대학에 합격하게 된 것이다.

그런데 서울 소재 고등학교에 다니는 학생의 경우에는 이것이 가능하기는 하는 걸까? 현실적으로 불가능하다는 것을 결코 모르지는 않을 것이고, 따라서 내신 성적만을 가지고 대학 가기에는 상당히 힘들다는 것을 깨닫고 무언가의 조처를 강구할 수밖에 없다. 다시 말해, 내신 성적은 공부를 잘하기 위한 필요조건일 뿐, 결코 대학 합격을 위한 충분조건이 될 수 없다는 것부터 깨닫는 게 순서일 듯하다. 물론 전교 등수 내에 드는 학생들의 경우에는 해당사항 없지만, 그렇더라도 그런 학생들이 과연 몇이나 될까?

참고로, 지난해 수능 성적이 국영수 합 5등급(전체 평균 1.5등급)이며 내신 성적이 정확히 2.0등급인, 강남의 한 고등학교에서 반에서 2등 하던 한 학생의 경우, 수시 학생부교과전형으로 '건동홍숙'에는 무난히, 그것도 복수의 대학에 합격한 반면, '중경외시'에는 불합격했다. 그런데 국영수 합 5등급은 정시전형으로도 '건동홍숙'에 너끈히 합격할 수 있는 성적으로('중경외시'는 국영수 합 4등급 이내면 정시로 충분히 합격한다), 게다가 이 성적에 논술 실력만 조금 뒷받침된다면 이보다 서열이 높은 대학도 합격 가능하다.

이쯤 되면, 이제까지의 설명에 대한 논리적인 타당성은 모두 다 입증된 셈이다. 결국 학급 석차를 반에서 한 차순 더 올리는 데 들어가는 수고와 수능 한 과목 한 등급을 더 끌어올리는 데 드는 노력, 이 두 노력 간에 소요되는 절대 시간을 잘 따져가며 판단하는 일이 무엇보다 중요해졌다. 그런 점에서 볼 때 현행 대입전형은 마치 자산운용에 있어서의 '대안투자'와도 같은데, 그만큼 전략적, 선택적, 경제적인 접근을 요한다. 이처럼 대학 가는 길은 무척 힘이 들고 피곤한 여정旅程이 되어버렸다.

7. 논술 실력만으로도 in서울 힘들다

수시 논술전형의 경우도 역시 마찬가지다. 논술전형에 대해서는 뒤에 자세히 말하겠지만, 서울 강남의 고교 평균 10명 꼴, 그러니까 한 고교에서 in서울의 한 대학교 당 채 1명도 합격하지 못한다는 사실을 감안한다면, 시중의 논술학원에서 발표하는 합격자 수에 얼마만큼의 거품이 포함되어 있는지를 어렵지 않게 가늠할 수 있을 것이다. 게다가 수시 논술전형은 수능 최저등급 기준의 충족 여부가 합격을 위한 선결조건이 되기에, 논술 실력을 다지기에 앞서 수능 성적부터 올려놓아야 한다는 점을 분명히 알고 이에 대비해야 한다.

그렇다면 논술학원 말마따나 현 정부의 '입시 간소화 정책'의 일환으로 결정한 '논술전형 우선선발' 폐지가 수능 최저등급의 약화를 가져오면서, 그것이 결과적으로 '자사고·특목고, 강남 8학군, 재수생' 등 '학력 우수 집단'에게 불리하게 작용하고, 그에 따라 그 간극만큼이 수능 성적이 상대적으로 낮은 일반계고 학생들의 몫으로 돌아갈 수 있기는 하는 것일까? 시중의 논술학원들은 이 점을 집중적으로 부각시키면서, 수능을 코앞에 둔 여름방학 이후부터라도 논술 공부하면 얼마든지 원하는 대학에 합격할 수 있다고 말하면서 학생들을 끌어 모으느라 여념이 없는데, 이것이 과연 맞기는 하는 것일까?

결론부터 말한다면, 이는 어림 반 푼어치도 없는 얘기다. 바뀐 논술전형에서의 수능 최저등급 적용기준은 '평균 2등급' 선으로, 국영수(+탐) 3개 2등급 또는 2개 2등급 조건을 충족해야 한다. 수능 시험으로 3개 2등급 조건을 충족하는 학생 비율의 추정치는 전체의 약 9% 내외인 7만 명 정도이다. 이것을 전국의 2250개 고교로 나누고 여기에 재수생을 빼면, 한 학교 당 약 **15명** 정도의 재학생이 수능 최저등급 기준을 충족함으로써 실질적인 자격기준을 갖게 된다. 즉 한 학교 평균 약 15명의 재학생이 국영수(+탐) 3개 2등급을 받는다는 얘기다. 강남3구 고등학생의 경우에는 평균의 약 7배 정도라고 했으니까 한 학교 당 약 **100명** 정도의 학생이 지원 가능한 대상 군에 해당된다(앞서 국영수 합 약 5.5등급 이내로 서울 상위 15개 대학에 합격하는 학생의 한 학교당 평균 인원이 67명이라고 했으니, 얼추 들어맞는다). 한편, 실제 수능에서 국영수(+탐) 2개 2등급을 받는 학생은 전체 수능 응시자의 약 14%, 10만 명(재수생 포함) 정도로 추산된다.

참고로 지난해 서울 상위 15개 대학의 수시 논술전형 우선선발(국영수 등급 합 3~4로, 전체의 약 60~70%의 인원을 선발)과 일반선발(국영수탐 중 2개 등급 합 4로, 전체의 30~40% 내외의 인원을 선발)의 수능 최저등급 기준을 충족하는 학생들의 실질경쟁률은 각각 2:1~5:1, 20:1~150:1 정도였다. 한편 논술전형 우선선발이 폐지되고 일반전형 수능 최저등급 기준이 다소 올라간 2015학년도의 수능 최저등급 적용기준을 반영한 실질경쟁률은 대학 평균 약 **10:1** 정도가 될 것으로 예측된다(어디까지나 추정치에 불과하다). 그리고 이는 수능 최저등급 기준을 충족하는 지원 가능한 대상 군 전체의 모수를 서울 상위 15개 대학의 논술전형 모집 인원의 합으로 나눈 수치와 엇비슷하게 맞아떨어지는 수치이기도 하다. 물론, 어디까지나 어림잡아 그렇다는 얘기다.

　여기까지만 놓고 보면, 실질경쟁률은 상당히 낮아지고 그에 따라 수시 논술전형으로 합격할 가능성은 훨씬 더 높아질 것으로 보인다. 따라서 수능 최저등급 기준을 충족하는 학생이라면 수시 논술전형을 노려볼 만하다. 하지만 문제는 앞장의 자료에서 확인할 수 있듯이, 전국 고교 평균 성적을 놓고 생각할 때, 전교 10등 안에 드는 학생들은 굳이 수시 논술전형이 아니더라도 수시 학생부종합전형이나 학생부교과전형을 통해 서울 상위 15개 대학에 합격할 가능성도 배제할 수 없으며, 실제 그쪽이 더 합격할 가능성이 높은 학생들이다. 그렇기에 수능 최저등급 기준이 낮아진 데 따른 논술전형 '합격가능군##'으로서의 실질적인 혜택을 볼 수 있는 일반계고 학생들은 전교 10등 권 밖 15등 권 안에 드는 소수의 학생들로 한정된다.

　이에 비해 강남 3구의 경우에는 학교 당 30명이 넘는 추가 '합격가능군'이 신규로 늘어남으로써, 무려 100명에 달하는 학생이 논술전형으로 합격을 꿈꿀 수 있게 된다. 따라서 그만큼 논술전형 합격을 기대하고 공부하는 학생들이 더 많아질 것이며, 그에 따라 실질적인 합격률과 합격 가능성 역시 예전보다는 높아질 것으로 보인다. 실제 논술 공부가 강남을 비롯한 일부 교육특구에 속한 학교의 학생들을 중심으로 이뤄지는 이유가 이 때문인데, 이와는 반대로 그 밖의 지역에서 논술 공부하는 많은 학생들은 "주제를 모르고 날뛴다"거나 "수능 공부나 잘하지, 논술은 또 뭐람" 하는 식으로 주변으로부터의 빈축을 들으면서 더욱 더 위축되고 만다.

　이것이 의미하는 바는 또 뭘까? 이는 '자사고 · 특목고, 강남 8학군, 재수생' 등 '학력 우수 집단'을 제외하고 두 과목 또는 세 과목 평균 2등급 이상의 수능 최저등급 기준을 맞출 수 있는 일반계 평준화 고등학교 학생은 그리 많지 않을 것임을 의미한다. 따라서 논술 우선선발이 폐지됐다고 하더라도 결과적으로는 전국 고교 가운데 '전교생 평균 2등급' 이상 비율이 높은 일부 공부 잘하는 학교의 학생들이 논술전형에서 여전히 유리하고, 그에 따라 수능 최저등급이 낮아진 데 따른 수혜의 몫을 온전히 가져갈 가능성이 높다. 한 조사 자료에 따르면, '국영수 표준점수 합계 평균 상위 100개 고교' 중 특목고 42개, 비평준화지역 고교가 40개로, 전체의 82%를 차지할 정도로 그 수가 압도적이다. 그 중 일반계 고교는 고작 8개교에 불과하며, 그마저도 상위 50위권 밖이다. 이것만 보더라도, 누가, 그리고 어느 학교에 다니는 학생들이 논술전형에 강세를 보일 것임은 굳이 말하지 않아도 짐작할 수 있을 것이다.

● 2014학년도 서울 상위권 15개 대학의 고교 유형별 입학생수(재수생 포함)

구분	일반고	자율고	과학고	외고·국제고	기타[*]	계
입학생	31,273	6,963	956	5,452	6,313	50,957
구성비	61.37%	13.66%	1.88%	10.70%	12.39%	100.0%
전체 고교수	1,525	49	10	38	628	2,250
한 학교당 입학생 수	20명	142명	96명	143명	10명	22.6명

* 기타는 영재학교, 예고·체고, 마이스터고, 특성화고, 검정고시, 외국인 및 그 밖의 학생을 포함.

* 참고1 : 참고로 일반고 비율은, 서울대 46.66%(일반고 1572명/총 입학생 3369명)를 기록했다(전국 일반계고 가운데 절반 이상이 서울대에 단 한 명도 합격시키지 못했다). 이어 성균관대 49.52%(2102명/4245명), 연세대 49.95%(1942명/3888명), 서강대 52.74%(952/1805명), 한양대 54.33%(1865명/3433명), 이화여대 55.67%(1850/3323), 고려대 58.20%(2568/4412), 중앙대 62.03%(2388/3850), 경희대 66.16%(3634/5493), 한국외대 68.00%(2510/3691), 건국대 72.29%(2457/3399), 동국대 72.94%(2205/3023), 숙명여대 73.58%(1771/2407), 홍익대 74.56%(2025/2716), 서울시립대 75.25%(1432/1903) 순으로, 15개 대학 중의 하위권 대학일수록 일반고 합격생 비율이 높은 것은 그만큼 일반고 학생들이 수시 학생부교과전형(내신 성적 반영)의 합격률은 높은 반면, 정시전형(수능 성적 반영)의 합격률은 낮은 때문으로 추정된다(출처: 교육부, 대학알리미).

* 참고2: 한 고교 당 입학생 수에는 전체 입학생의 약 45%에 해당하는 재수생이 포함된 수치이며, 따라서 이들을 뺀 재학생 수는 앞서 말한 일반계고 한 학교 평균 약 10~12명 내외이다.

결과적으로 2015학년도 수시 논술전형에서도 '수능 국영수 평균 2등급 층이 두터운 학력 우수 집단' 중 체계적으로 논술을 대비해 온 집단이 당연히 좋은 결과를 얻을 가능성이 높다. 이들 집단이 어디에 있는가? 바로 특목고·자사고·강남8학군내의 일반고에 다니는 학생 집단으로, 일찍부터 학교 내에서 또는 자발적으로 논술 공부에 힘을 기울여온 그런 학생들이다. 당연히 논술 시험에서 일반계고 학생들보다 강세를 보일 것은 분명하다.

사정이 그러한데도 불구하고 시중의 많은 논술학원들은 여전히 '수능 최저등급 기준만 충족하면 논술로 얼마든지 합격한다.', '수능 성적 또는 내신 성적 7등급도 논술전형을 뚫고 대학 간다'는 식의 근거 없는 주장을 해가며 학생들의 마음을 싱숭생숭하게 만드는데, 실제 그런 학생들이 과연 몇 될까? 논술 우선선발이 폐지됨에 따라 수능 최저기준을 적용하지 않는 대학은 이제 없으며, 따라서 그와 같은 주장은 그야말로 터무니없다.

게다가 필자가 경험한 바로는, 특히 수능 국어 과목이 2등급 밑으로만 내려가도 글(논증글쓰기를 말한다)을 제대로 못 쓰는 학생들이 부지기수이며, 논리적 사고력을 요하는 논술답안은 특히 더 그렇다. 이는 그만큼 학교 내신 성적과 실제 수능 성적과는 정확히 비례하는 것으로 나타나고 있음을 의미한다. 따라서 이 모든 것을 고려할 때, 수능 2등급 밑인 학생이 고3 올라가서 열심히 공부한다고 해서 단기간에 수능 성적이 오르고, 게다가 논술 실력까지 늘 것이라고 생각하는 것은 결국 자기만족과 자기위안에서 비롯되는 편향적 사고에 지나지 않다는 것이 필자의 확고한 생각이다.

이런 이유로, 다음과 같은 신문기사를 곧이곧대로 믿어 상황판단을 잘못해서는 절대 안 된다. 2014.6.18일자 중앙일보 기사에 따르면, "한국외대가 발표한 2013학년도 수시 논술전형의 교과(내신) 성적 평균등급은 3~4등급으로, 최저 6~7등급인 지원자도 합격한 사례를 감안하면 올해 2014학년도 논술전형에서도 학생부교과 영향력은 크지 않을 것으로 예상된다"고 적혀 있다.

학생들이 이것을 읽고 "아! 나도 잘만하면 논술전형을 뚫고 한국외대에 합격할 수 있겠구나" 하고 잔뜩 기대감에 부풀어, 그때부터 하던 수능 공부는 제쳐놓고 논술학원으로 달려갔다가는, 그야말로 낭패를 볼 수 있다. 논술전형의 학생부교과성적(내신 성적)의 실제 반영비율은 등급별로 크게 차이 나지 않지만, 만약에 신문기사에서 말하는 6~7등급의 지원자가 특목고 · 자사고에 다니는 학생으로, 언수외탐 4개영역의 2개 2등급 이내라는 수능 최저등급 기준을 충족하는 그런 학생이라면, 이는 얘기가 달라진다. 설마 일반계 고교에 다니는 학생으로 학생부교과 성적이 6~7등급인 학생이 2과목 2등급을 맞출 수 있을 것이라고는 생각하지 않을 것이라고 믿는다.

말했듯이, 수능 성적과 내신 성적과 논술 실력은 대체적으로 비례하는 것으로 나타난다. 따라서 수능 성적이 뒷받침되지 않는 학생이 스스로 논술 실력이 뛰어날 것이라고 굳게 믿고 달려든다면, 그렇게 해서 수능 공부는 뒷전으로 내팽개친다면, 이는 가장 어리석고 불행한 결과를 초래할 뿐이다. 거듭 강조하건대, 논술 실력 하나만으로 in서울을 허용하는 대학은 별로 없다. 대학은 논술 시험을 수능과 내신을 보정하는 보완재로 취급할 뿐이라는 점을 반드시 명심해야 한다. 논술전형을 뚫고 바라는 대학에 들어갈 요량이라면, 먼저 수능 성적부터 그에 맞게 끌어올려야 한다는 것을 반드시 명심해야 한다.

그럼에도 논술 공부는 대학을 들어가는 데에 무척이나 중요한 일종의 지렛대의 역할(leverage effect)을 하고 있음에는 분명한데, 그 이유는 뒤에 자세히 설명한다. 결론적으로 말해 논술은 어떤 학생들에게는 그야말로 대학 레벨을 한 단계 이상 끌어올리는 효자 공부이지만, 어떤 학생들에게는 그렇지를 않고 수능까지 망치게 만드는 경거망동한 공부가 될 수 있음을 반드시 염두에 두고, 공부할지 말지 여부부터 신중하게 판단해야 한다.

8. 대입전형을 알아야 in서울 한다

　여기까지의 논지를 거듭 확인하는 의미에서, '2015학년도 대입전형'의 핵심을 간략히 정리하면 다음과 같다. 그 가장 큰 특징은 대입전형(수시·정시전형)이 '핵심전형 요소' 중심으로 대폭 간소화되었다는 점이다. 즉 '수시 학생부위주(학생부교과–내신 위주/학생부종합–교내활동 위주로 입학사정관제 포함)' 전형, '수시 논술위주 전형', '정시 수능위주 전형'으로 대폭 간소화되었다(실기전형은 제외한 경우이다). 또 같은 전형 내에서 최저학력 기준(내신 최저등급이나 수능 최저등급 적용기준) 등을 차등 설정하는 방식으로 선발하던 우선선발을 폐지하였으며, 그 결과 전형별로 수능 최저등급 적용기준은 완화(축소·폐지)되고 내신 성적 반영 비율은 확대되었다. 예를 들어 경희대의 경우, 수시 논술전형에만 수능 최저등급 적용기준을 반영하고 다른 전형에서는 모두 폐지하였다. 또 한양대는 모든 전형에서 수능 최저등급 적용기준을 아예 폐지하였다.

　이상을 좀 더 간략히 정리해서 설명하면 다음과 같다. 먼저 일반계 고교에 다니는 대다수의 학생들이 공부해서 뚫어야 할 대학입시전형은 '수시 학생부교과위주 전형(대부분 내신 성적으로만 선발한다)'과 '수시 논술위주 전형(대부분 수능 최저등급 기준을 적용한다)', 그리고 '정시 수능 위주 전형'의 셋으로 보면 된다(따라서 이제부터의 설명은 편의상 **수시 (학생부)교과전형**', '**수시 (일반)논술전형**', '**정시 (수능)전형**'으로 명칭을 통일한다). 여기서 '○○위주'라는 표현은 각각의 전형에서 그 요소의 반영 비중이 가장 높다는 것을 의미한다.

　여기까지만 놓고 보면, 상기 세 전형은 얼핏 보기에 각각 교과 성적, 논술 성적, 수능 성적이 뛰어나야 합격이 가능한 것처럼 보인다. 물론 100% 수능 성적만을 갖고 선발하는 정시전형의 경우에 수능 성적이 절대적으로 뛰어나야 함은 당연하다. 그런데 그 밖의 다른 전형들도 각각 교과 성적, 논술 성적이 합격에 절대적인 영향을 미칠까?

　결론부터 말하면, 이는 그렇지 않다. 서울 상위 15개 대학의 대부분이 수시 교과전형 및 수시 논술전형에서 수능 최저등급 기준을 적용하며, **실제 합격에 가장 크게 영향을 미치고 있다.** 먼저 수시 논술전형의 경우를 설명하면 다음과 같다. 앞서 말한 것처럼 논술 우선선발이 폐지된 2015학년도 대학입시의 경우, 한양대를 제외한 모든 대학에서 예외 없이 적용하고 있는 수능 최저등급 기준을 충족하지 못하면 논술 성적에 관계없이 바로 탈락하게 되는데, 따라서 그 실질적인 영향력은 오히려 더 커졌다. 하지만 이와는 달리, 내신 성적의 경우에는 반영비율에 관계없이 실질적인 영향력은 크게 떨어진다. 예를 들어 서울시립대는 내신 성적을 반영하지 않는다. 연세대의 경우 내신 4등급인 학생은 내신 성적 30점 만점에 29.4 정도를 받고, 고려대의 경우는 같은 등급의 학생은 45점 만점에 44.92점 정도를 받는 등으로, 내신 점수 차이는 크지 않다. 이는 서강대와 중앙대 등 다른 대학의 경우에도 마찬가지이다.

참고로 한양대는 논술전형에서 '논술 50% + 학생부종합평가 50%'만으로 학생을 선발한다고 발표했다. 즉 학생부교과(내신) 성적은 반영하지 않고 학생의 성실도만으로 평가한다는 것으로, 고교 3년 동안에 30시간의 봉사활동을 하고 무단결석이 3일 이하이면 모두 만점을 받는다. 따라서 이는 결국 순전히 논술 실력만으로 학생들을 선발하겠다는 의미이자, 학생 간의 내신 성적의 편차는 인정하지 않겠다는 뜻이기도 하다.

한편, 수시 교과전형의 경우, 이 역시 앞서 말한 것처럼 어지간한 내신 성적으로는 이들 상위 15개 대학에 합격하기 어렵다. 이를 다시 한양대를 예로 들어 설명하면 이렇다(실제 입시결과 분석 자료를 공개한 대학이 한양대밖에 없어서 불가피하게 한양대의 사례만을 중점적으로 언급하는 이유도 있지만, 이 대학이 서울 상위 15개 대학의 중간 서열인 점에 비춰 생각할 때에도 의미하는 바가 클 것 같으며, 이를 통해 전체를 어림잡아 짐작할 수 있을 것이라고 생각한다).

한양대의 경우 학생부교과 성적을 100% 적용하여 1단계에서 3배수를 선발한 후, 이후 2단계인 면접을 거쳐 최종 선발하게 되며, 수능은 면제된다. 그렇게 해서 2013학년도 수시 교과전형의 1단계에 합격한 주요 학과 학생들의 평균 내신 성적은, 국문학과 1.11등급, 영문학과 1.14등급, 사회학과 1.05등급, 교육학과 1.07등급, 경영학과 1.08등급으로, 모든 학과를 불문하고 1등급대 초반임을 알 수 있다. 말하자면, 전교에서 1~2등 이내에 들어야만 1단계 서류심사에 통과할 수 있는데, 한양대 교과전형이 수능 성적을 면제하고 있음에 비춰 생각할 때, 학생들의 수능 성적이 전국 평균 이하인 고교에서 전교 1~2등하는 학생들이 대거 몰려들 것임을 어렵지 않게 짐작할 수 있을 것이다.

이는 다른 대학의 경우에도 크게 다르지 않은데, 이를테면 중앙대처럼 수시 교과전형에서 수능 최저등급 기준을 적용하는 경우에도, 합격이 가능하려면 적어도 1.5등급 이내에는 들어야 한다. 그리고 이 모든 것을 고려할 때, 실제 서울 소재 상위

15개 대학의 수시교과전형의 내신등급 컷은 대략 2.0등급 이내로 보면 된다(엄밀히 말한다면, 전교 10~15등 이내이자 반에서 1~2등을 다투는 학생들로, 이들만 다 합쳐도 무려 3만 명에 이른다).

여기까지를 거듭 정리하면 이렇다. 일부 특정 대학의 특정 전형을 제외하고는, 수시 교과전형이든 논술전형이든 관계없이 학생 간의 내신 성적 차이를 그다지 인정하지 않겠다는 것이 대학 측의 확고한 입장이다. 그만큼 학교 간 학생의 내신 성적에 편차가 크다고 보고, 그 실질 반영 비율을 어떤 식으로든 낮춰 평가하겠다는 것이다. 그리고 그 간극을 수능 성적으로 보정하겠다는 것임이 확연하게 드러나는데, 결국 수시 교과전형과 수시 논술전형은 모두 수능 성적(최저등급 기준)이 합격에 가장 큰 변수로 작용하고 있음을 알 수 있다.

이런 이유로, 만약에 내신 성적만으로 in서울 하고자 목표했다면, 반에서 적어도 2등 이내, 내신등급 1.5등급 이내에 들어야 한다. 만약에 그것이 어렵다면, 대입전형 유형에 맞춰 입시전략을 신중하게 수립하되, 수능 성적을 올리는 데 모든 공부의 초점을 맞춰야 한다. 논술 공부와 병행할 경우 역시 마찬가지다.

그렇기에 대학입시 전략 수립은 빠르면 빠를수록 좋다. 3학년에 들어와서 부랴부랴 어떤 전형 방법이 유리할지를 놓고 골몰한다면, 이는 이미 늦다. 고등학교에 들어가자마자 실시하는 3월 수능 모의평가와 학교 중간고사 결과를 확인하는 즉시 큰 그림을 그려 놓고 그에 맞춰 공부 전략을 짜나가야 한다. 설마 고등학교 들어 자신의 성적이 마치 에스컬레이터처럼 차곡차곡 오를 거라고 생각하는 학생이 있다면, 진즉에 꿈에서 깨어나기 바란다. 결단코 그런 일 없으며, 다른 학생들은 결코 뒷짐 지고 서있는 바보가 아니다.

덧붙여 대학은 기존의 '학력 우수 집단'이라고 할 수 있는 '자사고·특목고, 교육특구 및 재수·반수하는' 학생들에게 불리한 입시전형은 결코 제시하려들지 않는다. 더군다나 이미 나름의 학생선발 노하우를 차곡차곡 축적해 놓고, 게다가 이중삼중의 잠금장치를 걸어가며 전형기준과 전형 방법을 마련한 터이기에 그렇다. 이처럼 대학은 '우수학생 선발'이라는 대학입시의 본질적인 기본 틀을 절대 포기하지 않는다는 점을 반드시 염두에 두고, 각자의 성적과 재능에 맞춰 구체적이고 현실적인 입시전략을 짜나가는 한편, 그에 맞춰 착실하게 공부해나가야 한다.

이것을 확인하는 것은 어렵지 않다. 서울대는 수시전형으로 지역균형선발전형과 일반전형을 치른다. 지역균형선발전형은 내신 성적과 비교과 성적을 고려하며, 자기소개서에 담긴 내용을 중심으로 정석적인 평가를 한다. 전국 고교별로 단 두 명(문·이과 각 1명)의 추천을 받아 구술 면접을 통해 선발하는 것이기에, 대개는 전교

1등끼리 겨루는 경우가 일반적이다. 당연히 내신 성적은 거의 1.0등급에 가깝다. 지역균형선발전형에는 국영수탐 3개 2등급 이상이라는 수능 최저등급기준이 적용되는데, 1단계를 통과한 학생 가운데 무려 20%에 이르는 학생들이 수능 최저를 채우지 못해 불합격 처리되고 있다.

여기까지만 놓고 보면 다른 대학의 학생부교과전형과 크게 다르지 않다. 하지만 수시 정원 전체의 53.8%를 차지할 정도로 비중이 큰 수시 일반전형을 살펴보면, 서울대가 사실상의 고교등급제를 시행하고 있음이 여실히 드러난다. 서울대 일반전형은 1단계로 서류(100)로만 2배수를 선발한 후, 2단계에서 이들을 대상으로 '성적(100)+면접 및 구술고사(100)'를 시행하여 최종 합격여부를 가린다. 수능최저등급기준은 적용하지 않기에 당연히 지원하는 그리고 합격하는 학생들의 내신 성적이 다른 대학보다 훨씬 높을 것이라고들 생각하겠지만, 실제로는 그렇지 않다. 일반전형으로 합격한 학생들의 평균 내신 성적을 보면, 비강남권 평준화 일반고의 경우에는 1등급 초반, 강남권 일반고와 비평준화 지방 일반고의 경우에는 1등급 중후반, 상위권 외고·자사고의 경우에는 2~3등급 중반, 과학고와 최상위권 자사고(하나고·용인외고·상산고)의 경우에는 심지어는 4등급 초반 대까지 폭넓게 분포되어 있는데, 이것이 의미하는 바가 뭘까?

바로 **학교 간 학생들의 실력 차이를 암암리에(실제로는 거의 노골적으로) 감안하여 1단계 서류심사를 산정한다**는 것이다. 하지만 문제는 정작 합격의 키를 쥐고 있는 구술면접에서 일반계고 학생들이 자사고·특목고 학생들에 비해 절대 열세를 보이고 있는 것이 현실이다. 실제 2014학년도 일반전형에서 자사고·특목고 학생들의 비율이 무려 전체의 71.7%(지역균형선발전형의 경우에는 13.0%)에 이르고 있는 것이 무엇을 의미하겠는가? 국립대인 서울대가 이럴 진데, 다른 명문대학이 이를 온전히 두고 볼 일은 만무하다. 실제 2014학년도 서울대 입시결과를 보면, 전국 일반고 1,525개교 가운데 절반 이상인 877개교가 서울대를 단 한 명도 보내지 못했는데, 이것이 무얼 의미하는지는 굳이 말하지 않아도 짐작할 수 있을 것이다.

거듭 강조하거니와, 대학은 어떻게든 우수한 학생들을 뽑으려고 혈안이 되어 있고, 또 그동안의 노하우가 쌓여 그야말로 기가 막히게 잘도 골라서 뽑는다. 그렇기에 어찌어찌해서 서류전형에 합격한다고 해서 그것이 바로 최종 합격으로 이어지는 것 또한 절대 아니다. 1단계 서류전형을 통과해야 함은 당연하고, 이어서 말로 하는 논술과도 같은 구술면접을 통과해야 한다. 게다가 전국적으로 똑똑한 학생들이 경합하는 것이기에, 다른 학생을 제치고 합격하기란 상당히 어렵다.

따라서 입시전형별 특성과 그에 맞는 전략을 생각하지 않은 채 그야말로 막무가

내로 달려들었다가는, 결국에는 비참한 결과만을 불러올 뿐이다. 예를 들어, 옆집 아줌마의 자식 자랑이 섞인 설레발을 마치 자기 경험인양 받아들이고 이를 자기 자식에게 무분별하게 강요한다고 한들 그것이 올바로 먹힐 리도 없을뿐더러, 그에 따른 우왕좌왕 쏠림 현상은 자칫 공부의 많은 잉여를 생산함으로써 극도의 비효율을 초래할 뿐이다. 그 결과는 구태여 밝히지 않아도 미루어 알 수 있을 것이다.

이를테면, 수능 영어 성적이 2등급에도 못 미치는 아이에게, 어딘가에서 들었을 법한 지레짐작으로 "수시 학생부종합전형을 노리기 위해서는 TEPS를 공부해야 합네 뭐네" 해가며 무작정 학원으로 내모는 일부 학부모의 어리석음이 그것이다. 이런 학생이나 학부모를 보고 있노라면 참으로 안타까운 마음부터 드는데, 이로 인한 뒤늦은 후회가 없으려면 먼저 대입전형부터 이해하고 그에 맞춰 자기 자식에게 적합한 공부를 시켜야 함이 옳고 적절하며 타당하다.

9. in서울 하는 모든 키는 수능 성적이 쥐고 있다

수능 최저등급 기준을 적용하는 모든 수시전형에 있어 학생들의 내신등급과 수능 성적 간에는 밀접한 상관관계를 가지며, 그것도 많은 대학에서 역설적으로 반비례의 관계를 보인다. 이는 분명한 사실이다. 즉 학교 서열이 높은 대학보다 낮은 대학의 수시경쟁률이 일반적으로 높게 나타나고, 합격자 평균 내신등급 역시 대학 서열이 낮은 대학에서 더 높게 나타나는 역전현상을 보인다. 이는 다름 아닌 대학별로 적용하는 수능 최저등급 기준의 차이에서 비롯된 때문으로, 이것을 앞에서 한 학생의 동국대와 성균관대 수시 교과전형 지원 결과를 예로 들어 설명했다.

다시 말해, 한양대를 비롯한 일부 대학의 수시 교과전형을 제외할 때, 대학 합격을 판가름하는 절대적인 잣대이자 적용 기준은 수시전형이고 정시전형이고 할 것 없이 전부 내신 성적보다는 수능 성적이 관건이 된다. 따라서 수능 성적을 올리기 위해 노력하지 않고 내신 성적에만 힘을 쏟다가는 그야말로 크게 낭패를 볼 수 있으니 주의해야 한다.

특히 서울 상위 15개 대학을 지원하려는 학생의 경우에는 대입전형 유형을 잘 살피고 그에 맞게 입시전략을 세워가며 공부해나가야 한다. 예를 들어 내신 성적이 2등급(정확히 2.0등급 이내로, 반에서 1~2등) 이내인 학생으로 수시 교과전형을 노리는 경우에는 학교 공부에 더욱 충실하여 현 등급을 잘 유지하되, 이와 함께 수능 성적도 최대한 끌어올려야 한다. 만약 내신 성적이 2등급 밖인 학생으로 수시 교과전형을 노리고자 한다면, 이는 정말이지 잘 생각해서 전략을 세워야 한다. 반에서 1~2등, 2~3등을 다투는 최상위권 학생의 경우, 자기보다 성적이 좋은 학생 한 명을 제치기란 여간 어려운 게 아니다. 그렇기에 경우에 따라서는 그 학생을 따라잡으려고 애쓰기보다는 차라리 수능 성적을 한 등급을 더 올리는 게 오히려 더 쉽고 또 달성 가능한 목표가 될 수 있다.

수시 학생부교과전형의 합격선은 수능 최저등급 기준과 맞물려 정해지는데, 상대적으로 수능 최저 기준이 높으면 학생부교과 합격선은 낮아지고, 반대로 수능 최저등급 기준이 낮거나 없으면 학생부교과 합격선은 크게 오를 수 있다. 이것을 감안하여 대학 서열별로 주요 교과 평균성적의 내신 합격선을 어림잡으면, 서울 상위 10개 대학은 인문 1.3등급, 자연 1.5등급 이내, 서울 중위권 대학(건동홍숙)은 인문 1.5~1.7등급, 자연 1.8~2.0등급 이내, 서울 하위권 대학은 인문 2.5등급, 자연 2.7등급 이내 정도가 된다. 한편, 학생부 비교과 활동이나 수상실적을 중심으로 평가하는 학생부종합전형의 경우에는, 내신 성적의 상대적인 영향력이 학생부교과전형에 비해 0.5~1등급 정도씩 낮다고 보면 된다.

여기서 다시 앞서 말한, 현실적으로 한 학급에서 몇 등까지가 가능한 모든 대입전형의 어느 하나라도 통과하여 서울 상위 15개 대학에 합격할 수 있는지를 한번 환기해보자. 서울 강남 소재 고교의 경우가 반에서 5등 전후라고 했으니까, 나머지 지역의 고교에 다니는 학생들은 알아서 잘 판단할 거라 믿는다. 무얼 말하려는가 하면, 강남 고교에 다니는 학생으로 반에서 5등 이내인 데다가 내신 성적 2.5등급 수준임에도 불구하고 실제 수능 시험에서 국영수 합 6등급 이내에도 못 미칠 수 있다는 분명한 사실은, 국영수 과목별로 평균 2등급 안에 들기가 그만큼 어렵다는 사실을 역설적으로 증명한다(서울 상위 15개 대학의 정시전형의 국영수 합계 등급컷은 약 5.5등급 정도라고 보면 된다). 실제 대부분의 대학에서 적용하는 수능 최저등급이 국영수탐 또는 국영수 중의 두 과목 2등급 이내인 점을 생각한다면, 그리고 학교 간 학생들의 내신 성적과 수능 성적 간의 실질적인 편차가 적게는 2:1 많게는 무려 10:1이 넘게 차이 나는 점을 감안한다면, 대학이 왜 학생들의 내신 등급 간 차이를 작게 가져가려 들고 심지어는 무시하는 태도까지 보이고 있는지를 어렵지 않게 짐작할 수 있을 것이다.

따라서 이렇게 생각하면 된다. 대학은 가능한 수단과 방법을 동원해서 우수한 학생들을 선발하려 드는데, 대학에서 수시 교과전형과 논술전형의 비중을 크게 높이고 있는 것도 따지고 보면 우수한 학생들을 다른 대학에 빼앗기지 않으려는 치열한 노력의 일환으로 보면 된다. 그런데 문제는, 학교 내신 성적만으로는 학생의 실력을 가늠하기 어려울 정도로 학교 간 격차가 크고 또 수능 역시 '물 수능'에 가까워 변별력이 크게 떨어지는지라 이 역시 학생 간 실력 차이를 정확히 가늠할 수 없는 점이다. 바로 여기에 대학의 고민은 깊어지고 있는 상황이자, 이것이 곧 현행 대학입시를 둘러싼 불편한 진실이다. 특히 수능 국어와 영어 과목의 경우 한 문제만 틀리더라도 곧바로 2등급으로 밀릴 만큼 쉬운 수능이 예상되는 현실에서, 상위권 대학은 수능과 내신과 논술 가운데 어느 것 하나만을 갖고 학생을 선뜻 선발하려 들지 않는다.

그 결과 대학은 가장 안전하고 확실한 방법으로 학생들을 선발하기 위해 골몰하고, 그렇게 해서 '수능 + 내신', '수능 + 내신 + 논술'이라는 교집합을 통해 대입전형을 보정함으로써 안전장치를 마련하려 든다. 이렇게 되면 어처구니없는 실수로 고작 한 문제를 틀려 2등급으로 밀려나는 학생들도 얼마든지 구제할 수 있고(한 문제 차이로 합격이 좌지우지된다면, 그 안에는 너무도 억울한 일이 많지 않겠는가), 게다가 잘만하면 진흙 속의 진주도 건질 수 있기에, 대학으로선 마다할 이유가 하등 없다.

그렇더라도 반드시 알고 있어야 할 중요한 사실은, 수능과 내신과 논술 중에 그나마 **가장 변별력을 갖추고 또 확실하게 실력을 검증할 수 있는 수단이 바로 수능 시험**이란 점이다. 말했듯이 특목고 · 자사고 · 교육특구 내 학교의 많은 학생은 비록 내신 성적이 다소 떨어지더라도 수능 성적은 상대적으로 뛰어날 것이 분명하기 때문에 대학으로선 이 학생들을 절대 놓치고 싶지 않을 것임에는 분명하고, 논술 역시 단순한 글 솜씨만으로 학생 간 수준 차이를 가늠하기에는 상당한 제한이 따르기에 논술전형에만 전적으로 기대어 학생을 선발하기도 뭣하다. 대학의 논술 채점기준이 불분명하고 또 합격답안을 선뜻 제시하려들지 않는 이유도 따지고 보면, 대학이 제시하는 평가기준과 실제 적용되는 가중치 간에 주관적인 차이를 보일 수 있음을 역설적으로 함의하는 것이라고 한다면, 이것이 지나친 억측일까.

결국 수시 교과전형이든 논술전형이든 관계없이, 대학은 내신 성적도 나쁘지 않고 게다가 논술 실력까지 뒷받침되는 학생 중에서 수능 최저등급 기준까지 충족하는 그런 학생들을 뽑는 것이 가장 확실하고 안전한 선발방식이란 점을 분명하게 인식하고 있다는 점, 바로 이것에 주목하고 그에 맞춰 입시전략을 세워가며 공부해나가는 것이 가장 바람직하며 효과적인 공부 전략이 된다. 거듭 강조하건대, 모든 대학입시전형을 불문하고 대학에서 학생의 실력을 가늠하는 가장 중요한 판단의 기준이자 근거로 삼는 것이 바로 수능 성적이며, 이것이 일정 등급 이상이면서 여기에 학교 교과(내신) 성적, 학생부 기록, 논술 실력 등을 감안해 최적의 인원을 선발하겠다는 것, 이것이 곧 현행 대학입시전형의 전체상이라고 보면 된다. 모든 입시전형에서 수능 성적이 교집합인 형태로 자리 잡고 있는 이유가 이 때문이다.

그렇기에 모든 공부는 수시 교과전형과 논술전형, 정시전형 모두의 교집합이 되는 수능에 우선순위를 두고 공부해나가야 한다. 마땅히 그렇게 해야만이 공부 방법 면에서도 가장 확실하고, 시간적으로도 효율적이며, 노력 면에서도 효과적인 대응 전략이 된다. 다시금 강조하지만 수능 공부를 게을리하고 다른 공부(학교 공부와 논술 공부)에만 치중한다면, 그것처럼 어리석고 나쁜 결과를 초래하는 공부는 없다. 어디까지나 수능 성적부터 확실히 안정적으로 만들고 볼 일이며, 그런 연후에나 나름의 적합하고 적절한 전형을 찾아가며 고민하는 것이 순서다. 지금, 이 책의 제1장에서 가장 중요한 얘기를 하고 있다.

10. 대입전형에 맞춰 전략적으로 공부해야 in서울 한다

그럼에도 불구하고 다음과 같이 곡해해서 받아들이는 학생들이 여럿 있다. 즉 대학에 들어가기 위해서는 수능 공부나 논술 공부에 전념해야 한다는 식으로 잘못 받아들여, 학교 공부는 대충하고 등한시하는 태도를 보이는 경우가 그것이다. 만약에 그렇게 받아들였다면, 이제까지 정말이지 '소귀에 경 읽기'를 한 셈이다. 지금까지 강조한 논의의 핵심은 크게 다음 두 가지인데, 오해의 소지를 없애기 위해 이를 다시 설명하면 다음과 같다.

첫째, 공부머리가 뛰어난 데다가 어려서부터 부모님의 지대한 관심과 보살핌 속에 꾸준하게 공부하는 좋은 공부 습관을 들여온 학생들의 대다수는, 고등학교에 올라와서도 학교 내신 성적이 뒤처지지 않고 항상 그리고 언제나 최상위권을 유지함은 물론, 원하는 대학에 합격하기 위한 저마다의 자기만의 공부법을 터득하고 그에 따른 공부에 매진하는 그런 학생들이다. 그렇기에 적어도 최상위권 대학의 수시 학생부교과전형은 이 학생들의 몫이라고 생각하면 틀림없다.

이 상위 1%에 속하는 학생들의 경우에는 좀처럼 성적의 자리바꿈이 일어나지 않음은 물론, 오히려 시간이 흐를수록 지속적으로 성적이 상승하는 경향을 보인다. 때문에 내신이면 내신, 논술이면 논술, 수능이면 수능, 모든 입시전형에서 강세를 보이고, 지원하는 대학마다 합격을 독점하며, 그에 따른 선택적 대학 등록은 실질적인 합격선의 하락을 불러옴으로써 어부지리 하는 추가합격자를 양산하게 만든다.

둘째, 따라서 이들과의 경쟁력을 확보하기 위해서는 고등학교 1학년 때부터 대학 합격을 위한 공부 전략을 치밀하게 세우고, 그에 맞춰 장기적인 관점에서 꾸준히 학습해나가는 좋은 공부 습관이 확고하게 잡혀있어야 한다. 그 중심이 되는 것이 바로 수능 공부인데, 수능 성적으로만 뽑는 정시전형은 물론이고 수시 교과전형이나 논술전형 역시 수능 최저등급 기준의 충족 여부가 대학 합격에 그만큼 절대적인 역할을 한다는 점에서, 수능 공부의 중요성은 아무리 강조해도 지나침이 없다.

즉 내신 성적이 낮거나 논술 성적이 다소 딸린데도 불구하고 in서울 하는 학생들이 생각보다 많은데, 그렇더라도 어느 경우든 수능 성적이 뒷받침되지 않고서는 절대로 in서울 할 수 없다. 이는 상위권 대학으로 올라갈수록 더 그런데, 이것을 깨닫는다면 대학 합격을 위한 최적의 조합은 '수능 최저등급 + 내신 성적(수능 교과전형)', '수능 최저등급 + 논술 성적(수능 논술전형)', '수능 성적(정시전형)'임을 직시할 것이고, 학교 공부와 함께 수능 공부 역시 절대 게을리해서는 안 된다는 사실도 깨우칠 것이다. 논술 공부 역시 학교 교과공부나 수능 공부의 연장선상에 있음을 깨닫는다면, 학교에서 수업 잘 듣고 공부 잘하는 학생들이 결국에는 (최)상위권 대학, 그토록 바라던 대학에 들어가게 될 것임을 당연하게 여길 것이다.

따라서 알고 있어야 할 것은, 적어도 서울의 상위 15개 대학에 합격하려면, 수시 학생부교과전형의 경우에는 내신 성적 2.0등급(반에서 2등 이내), 수시 논술전형의 경우에는 내신 성적 3.0등급(반에서 5등 이내)을 넘어서지 말아야 한다는 사실이다. 물론 예를 들어 논술전형의 경우에 내신 성적 7~8등급도 떡하니 합격한다고들 말하지만, 이는 다분히 논술학원의 상술이 작용한 입에 발린 소리일 뿐이며, 그것도 대학 전체에서 1~2명 될까 말까다. 그래서 공연스레 이런 말에 현혹되어 수능까지 망치지 말고, 내신 성적을 일정 등급 이상으로 유지하면서 이에 더해 수능 성적을 한 점이라도 더 올리기 위해 노력하는 게 더 적절하고 바람직하다.

참고로, 연세대 2014학년도 수시 논술전형의 경우, 합격자 교과(내신) 성적 평균은 인문계 2.89등급, 자연계 2.54등급이며, 지원자 가운데 수능 최저등급 기준인 3개 영역 합 6등급(자연계는 2개 2등급)을 통과한 학생의 비율은 각각 61.2%와 56.1%이었다. 학생부 교과전형의 경우에는 인문계와 자연계 지원자 평균 등급은 각각 1.38등급과 1.46등급이며(합격자 평균등급은 각각 1.15등급과 1.23등급), 지원자 가운데 수능 우선선발 최저등급 기준(논술전형과 같다)을 통과한 학생의 비율은 각각 76.7%와 63.0%이었다.

따라서 이를 통해 다음과 같은 의미 있는 결과를 유추할 수 있다. 첫째, 내신 성적

3등급 밖, 그러니까 반에서 3~4등 밖에 속하는 학생들의 경우에는 수능 성적이 과목 평균 2등급에 못 미치는 경우가 수두룩함을 알 수 있다(어느 학교 학생들인지 굳이 말하지 않아도 짐작할 수 있을 것이다). 둘째, 학생부교과전형의 경우에도 반에서 2등 안에 드는 학생들임에도 불구하고 수능 최저등급을 통과하지 못한 학생들이 30%에 이를 정도로 높은데, 이 역시 그만큼 일반계고 학생들의 학교 성적과 수능 성적 간의 격차가 크다는 사실을 말해준다. 셋째, 그렇기에 논술전형의 경우에 합격자 평균 내신 성적이 2.5~3등급으로 높게 나타나고 있는 것은 그만큼 합격생들 가운데 특목고·자사고 학생의 비율이 매우 높음을 보여준다. 이 모든 것을 고려할 때, 수시 학생부교과전형이든 논술전형이든 관계없이 정작 대학 합격의 키를 쥐고 있는 것은 바로 수능 성적이며, 대학은 수능 최저등급 기준을 적용하는 것만이 학교 간 학력 격차를 극복할 수 있는 유일한 대안이라고 생각하고 있음이 드러난다.

물론 많은 학생들의 실제 성적을 보고 확인한 것이지만, 서울에서도 공부 잘하는 학생들이 많이 몰려있는 강남3구 내 고교의 내신 평균성적이 3.0등급(상위 11%내), 그러니까 한 반에서 5등 안에 드는 학생들의 실제 수능 성적은 대략 국영수 합 6등급 전후에서 형성되는데, 이는 in서울 상위 15개 대학(엄밀하게 따진다면, in서울에 속하는 대학 전체)에 합격 가능한 학생의 성적 포트폴리오와 대체적으로 일치한다. 그리고 서울 강북 및 수도권·지방의 일반계 고교의 경우에는 수능 국영수 합 6등급의 성적은 '내신 1.5~2등급으로, 반에서 1~2등' 선에서 형성된다고 보면 크게 무리 없다.

그렇기에 대입전형의 유형을 불문하고 '내신 **3.0등급**–수능 국영수 **합 6등급**–반에서 **5등**)'이라는 일련의 준거치는 곧 각 대학에서 학생들의 학습능력을 사정하는 판단의 기준이 될 수 있음은 물론이며, 따라서 만약에 이 준거치 아래인 학생들이 합격한 경우라면 그들 중의 상당수가 특목고·자사고 및 일부 교육특구에 속하는 학생들이라고 보면 된다. 학원이나 여타 기관에서 '내신 5등급 서울대에 들어가다', '수능 6등급 받는 학생도 열심히 공부하면 SKY에 합격한다'는 식의 사탕발림에 절대 현혹되어서는 안 되는 이유가 이것이다. 현재의 입시전형으로는 내신 성적 5등급인 학생이 서울대에 합격할 수 있는 전형은 없을뿐더러(지역균형선발의 경우에도 마찬가지이다), 수능 6등급이 뒤늦게 개과천선하여 명문대에 합격했다는 주장 역시 그만큼 인과성이 떨어지는 작위적인 설정에 지나지 않는다.

내신 성적을 일정 등급 이상으로 유지할 수 있도록 학교 공부에 충실해야 하는 또 한 가지 이유는 다음과 같다. 예를 들어 수능 논술전형을 뚫고 대학에 들어가고자 열심히 논술 공부하는 경우더라도, 내신 성적이 적어도 3.0등급 이내에는 들어갈 수 있도록 학교 공부에 충실해야 안심할 수 있다. 앞서 말했듯이, 비록 대학에서 논술전형 평가 기준의 하나로 설정한 내신 등급 간 차이가 그리 크지 않더라도, 그것이 대학에서 설정한 준거치 이하인 경우에는 속된 말로 '도매금'으로 넘어갈 수도 있음을 한번쯤은 생각해봐야 한다. 더군다나 대학마다 논술경쟁률이 무려 50:1에서 100:1에 이를 정도로 가열되고 있는 현실에서, 그 많은 학생들의 답안을 일일이 자세히 판별하려면 얼마만큼의 시간이 들 것인지를 한 번 생각해보라. 이때 대학이 나름의 준거를 설정해 놓고, 이를 테면 수능등급기준에 더해 나름의 내신등급기준까지 설정해 놓고 마치 무 자르듯이 솎아내지 않는다고 선뜻 보장할 수 있을까? 물론 그럴 리야 없겠지만, 그렇더라도 일단은 내신 3.0등급 이내에는 들어 놓아야 안심할 수 있을 듯하다.

이 모든 것을 고려할 때, 그리고 2015학년도의 수능 시험과 논술 시험이 모두 '교과 수능', '교과 논술'을 지향하는 점에 비춰 생각할 때, 평소 학교 공부를 충실히 하는 데 중점을 두되, 여기에 더해 장기적인 관점에서 수능 공부에 힘을 기울이는 공부 전략을 수립하고 그에 맞춰 공부해나갈 필요가 있다. 그렇게 해서 학교 중간·기말 시험기간에는 내신 성적을 올리기 위해 그야말로 사력을 다하고, 평상시에는 수능과 논술 공부에 치중하는 등으로, 전략적·선택적으로 대응해나갈 필요가 있다. 물론 내신 성적 높이랴, 수능 공부하랴, 수험생들은 이래저래 고달프지만, 좋은 대학에 들어가기 위해서는 어쩔 수 없는 선택이다.

따라서 공부 방법 역시 그에 맞게 달리해야 함은 물론이다. 그리고 그에 맞춰 자기 스스로 공부해나갈 수 있도록 공부 습관을 바로잡아나가는 노력 또한 당연하다. 이는 대단히 중요한 부분이기에 뒷장에서 자세히 설명하며, 아울러 그 실천방법까지 구체적으로 명시한다.

11. 수능 공부로 in서울이 가능한 이유

이제까지의 설명만으로도 대학입시에서 수능 공부가 왜 중요한지를 분명하게 깨달았을 것이다. 이때 학교 내신 성적(교과 석차)과 수능 성적(수능 백분위) 간에는 확실한 정(正)의 상관관계를 갖지만, 일부 학생들에게 있어서는 반드시 그렇지만은 않음도 확인된다. 그렇더라도 둘 간의 간극은 그다지 크지 않은 것이 일반적이다.

한편 특목고·자사고 및 교육특구 내 고교에 다니는 학생들의 경우에는 학교 안에 공부 잘하는 학생들이 워낙 많기에, 학교 석차를 가늠하는 내신 성적과 전국 단위의 수능 성적 간에는 학생별로 상당한 격차가 존재할 수 있다. 그렇더라도 둘 간의 관계를 학교 안으로만 국한시킨다면, 이 역시 正의 상관관계를 보이기는 마찬가지이다. 한 마디로 학교 공부 잘하는 학생이 수능 성적도 뛰어나다는 얘기다.

한편 우리 주변을 돌아보면 이러한 상관관계가 무색할 정도로 내신과 수능 간의 불일치를 보이는 학생들이 심심찮게 발견되고 있는데, 일반적으로 '수능형 학생' 또는 '내신형 학생'이라고 불리는 학생들이 바로 그들이다. 과연 이 학생들은 도대체 누구이며 또 어떤 성향을 보이는 것이기에 그럴까? 이에 대한 답을 찾기 위해서는 현행 수능 시험에 대해 좀 더 들여다볼 필요가 있다.

'수능'은 대학수학능력시험의 줄임말로, 고등학교 학생들을 대상으로 장차 대학에서 공부할 능력이 어느 정도 되는지를 테스트하는 시험이다. 암기보다는 이해, 단순한 지식을 묻기보다는 응용 능력에 치중하고 더불어 추론 능력을 테스트한다.

수능은 학생들이 문제를 풀지 못하게 골탕 먹이려는 시험이 아니라 풀게 만들기 위한 시험이기 때문에, 어려운 문제는 나오지 않는다. 대신 이해력과 논리적 사고력을 요하는 문제를 출제함으로써 난이도를 조절한다. 수능은 엄격한 출제 매뉴얼에 따라 긴 검토 기간을 거쳐 원칙에 맞게 출제된다. 그렇기에 난이도 조절만 적정한 선에서 이루어진다면 학생들의 사고력을 측정하기 위해 더할 나위 없이 좋은 시험이다. 하지만 현행 입시정책이 공교육을 지향하고 사교육을 지양함으로써 이른바 '물 수능'으로 흐르기에 이르렀고, 그로 인해 수능에 대한 신뢰도를 떨어뜨리고 있는 것이 지금의 수능을 둘러싼 현안 문제이다. 대학에서 논술을 비롯한 대학별고사를 통해 우수한 학생을 가려내고자 하는 이유가 바로, 내신 성적의 질적 수준이 학교마다 다르고 수능 시험 또한 변별력을 잃은 때문이다.

수능은 문제와 지문을 읽는 능력으로서의 독해력이 아주 중요하다. 수능 출제진들은 기출문제에서 약간 말만 바꾸어 익숙한 문제의 방향을 틀기도 하며, 다소 말장난식으로 출제함으로써 실수를 유도하기도 한다. 또 글이 길고 복잡한 듯해 자칫 이를 읽고 해석하기 어려운 것 같지만, 출제 의도만 알아채면 순식간에 풀 수 있는 문제를 내기도 한다. 이런 이유로 평소에 지문을 대충 읽는 습관에 길들여지거나 생각 없이 무작정 문제만 많이 풀어댈 경우, 수능에서 요구하는 제 조건을 제대로 파악 못하고 그에 따른 많은 실수를 저지를 수 있다. 문제를 많이 풀어본 경험이 오히려 발목을 잡는 것인데, 따라서 이를 피하려면 연습할 때에도 한 문제 한 문제를 처음 보는 것처럼 공부하고, 실제 수능 보는 것처럼 집중해서 읽어야 한다.

수능은 어느 정도의 연습을 필요로 한다. 많은 학생들은 수능 문제의 주어진 조건만 잘 활용하면 모든 문제를 쉽게 풀 수 있다고 착각한다. 하지만 최근의 수능 시험은 배경지식을 전제로 하여 이를 응용하는 대답을 많이 물어 본다. 즉 교과과정의 필수 내용에 대한 배경지식 없이는 문제를 풀기 어렵지만, 그렇더라도 교과서 내용만 잘 알고 그것을 적절하게 응용하면 모든 문제를 다 풀 수 있게끔 출제된다. 따라서 다른 무엇보다 교과서에 실린 개념을 잘 알아야 하는데, 그 개념은 교과 학습을 통해 익힌 내용은 물론, 더불어 단원별 핵심 내용을 응용해가며 풀 수 있는 능력까지도 의미한다. 기출문제를 효과적으로 풀이하는 연습을 반드시 병행해야 하는 이유가 이 때문인데, 그렇더라도 수능에서 요구하는 지식은 고등학교 수준을 절대 넘지 않으므로, 너무 어려운 개념을 공부할 필요는 없다.

수능 국어 과목과 영어 과목은 언어의 이해 및 활용과 관련한 시험이고, 수학 과목과 탐구 과목은 특정 지식의 습득 정도 및 응용력·사고력을 묻는 시험이다. 국어와 영어 과목은 이미 아는 지문을 갖고 출제하는 것이 아니라, 새로운 지문을 접하는 시험이다. 즉 교과과정만 지정될 뿐, 출제범위는 포괄적이다. 그렇기에 학교 수업 시간에 선생님이 설명해 주시는 지문을 열심히 따라 적는다고 한들, 실전에는 그다지 효과가 없다. 이런 식의 학습 태도는 스스로 생각하고 고민해가며 답을 찾아가는 과정이 없는 탓에, 그만큼 자기 공부가 되지 못하기 때문이다. 따라서 지문을 스스로 읽고 해석하고, 이에 더해 모르는 부분이 있다면 스스로 고민하여 답을 구하는 과정에서 실력이 향상됨을 반드시 알고 있어야 한다.

수학 과목과 탐구 과목은 이해한 내용과 중요 사항을 잊어버리지 말고 자신의 것으로 만들어야 한다. 그러기 위해서는 사실 예습보다는 복습이 더 중요하다. 예습은 어떤 내용이 수업에 나올 것인지 방향을 잡는 용도로만 사용하면 그것으로 충분하다. 어느 쪽이든 모든 영역에서 기출문제를 갖고 스스로 공부하는 과정이 따라야 한다.

여기까지의 설명을 정리하면 다음과 같다. 첫째, 수능은 답이 있는 시험이다. 둘째, 답을 찾기 위해서는 지문 독해력이 관건이다. 셋째, 답을 찾기 위한 어느 정도의 연습을 필요로 한다. 넷째, 워낙 쉬운 수능, 즉 '물 수능'을 지향하기에 변별력이 떨어진다.

누가 그랬던가, '지피지기면 백전백승'이라고. 우리가 주목해야 할 것은 바로 현행 수능 시험이 변별력이 떨어지는 '물 수능'이란 사실이다. 그리고 '상대평가'란 점이다. 물 수능이라 함은 열심히 공부한 학생과 그렇지 않은 학생과의 실력 차이가 그다지 확연히 드러나지 않는다는 것이고, 그렇게 해서 공부 잘하는 소수의 학생들(앞서 말한 상위 1% 이내에 드는 학생)을 제외하고는 수험 당일의 컨디션이라든가 속된 말로 '찍기의 신'이 강림하는 등으로, 실력 외적인 변수에 의해 수능 등급이 오락가락할 수 있음을 의미한다.

또 상대평가라 함은, 경우에 따라서는 내가 잘해서라기보다는 다른 많은 학생들이 정신 못 차리는 데서 비롯되는 반사이익을 향유할 수도 있음을 일컫는다. 경제학 용어 중에 '더 큰 바보이론(The greater fool's theory)'이 있다. 어떤 자산의 거래가격이 상식적인 수준을 훨씬 뛰어넘고 있는데도 바보처럼 그 자산에 투자하는 사람들이 있는 이유는, 향후 더 높은 가격에 사들일 사람, 즉 '더 큰 바보'가 존재할 것이라는 믿음이 있기 때문이다. 마찬가지 이유로, 대학입시를 위한 공부를 해나감에 있어 도무지 사리분별을 못하고 무작정이고 무계획적으로 달려드는 학생들이 여럿 있다. 이를테면 진리탐구를 위한 공부와 공부의 자격(즉 실력)을 가르기 위해 어쩔 수 없이 해야 하는 공부를 구별하지 못하는 경우가 그것이다. 그렇게 해서 후자에 알맞은 적절한 방법으로 공부하지 못하는 학생들이 많은데, 그 '더 큰 바보'에 대해서는 뒤에 가서 좀 더 설명한다.

다시 돌아와서, '물 수능'과 '상대평가'라는 현행 수능 시험의 특징을 잘 파악하고 전략적으로 대응해나간다면, 자신의 실력 이상의 성과를 기대할 수 있을뿐더러, 대학입시의 궁극적인 승자가 될 수 있다. 다시 말해, 위의 네 포인트만 염두에 두고 요령 있게 공부해나간다면, 과목을 불문하고 적어도 2등급 이내의 성적을 받을 수 있으며, 어렵지 않게 in서울 할 수 있다. 반드시 그러한데, 이는 특히 다음 이유 때문이다.

그 핵심은 국영수 3과목 모두 2~3문제를 제외하고는 변별력이 떨어지는 평범한 문제들로 구성하여 출제한다는 점이다. 영어 과목에서 한 문제만 틀려도 곧바로 2등급으로 밀려나는 이유가 이 때문인데, 그만큼 문제의 난이도가 떨어지고 변별력이 없음을 역설적으로 보여준다. 이는 중요한 의미를 갖는다. 왜냐하면 비록 영어실력이 떨어지더라도, 독해능력에서 비롯되는 이해력만 어느 정도 갖출 수 있도록 꾸준히 공부해나간다면, 결국에는 어렵지 않게 답을 찾을 수 있으며, 또한 답을 맞힐 수 있기 때문이다.

따라서 지문 독해력을 기르고, 이에 더해 어느 정도의 문제 풀이 요령을 습득한다면, 1등급은 모르겠지만 2등급은 확실히 기대할 수 있다. 그렇기에 이는 역설적으로 그만큼 아무 생각 없이 문제만 많이 풀고 또 습관적으로 답을 찾는 학생들이 많다는 것으로, 실제 우리 주변의 공부 열심히 하는 학생 중에 이런 학생들이 의외로 많다.

하지만 정작에 1등급을 올리는 데 관건이 되는, 각 과목별로 난이도가 높은 한두 문제를 올바로 그리고 정확히 풀기 위해서는, 지적 사고력에 더해 상당한 노력이 따라야 한다는 것이 문제다. 그만큼 논리적 추론 능력이나 사고력을 요하는 문제가 출제되기 때문인데, 실제 이 문제를 맞힐 수 있는가 그렇지 않느냐가 1등급을 가른다고 보면 틀림없다. 그리고 이런 유형의 문제에 강점을 보이는 학생들이 바로 앞서 말한 '머리 좋으면서, 어려서부터 공부 습관에 길들여진 공부 잘하는 모범생'들이다. 이 문제를 해결하기 위해서 필요한 공부의 절대시간은 상당한 기간을 요하며, 그렇기에 고등학교에 들어와 그것도 3학년에 올라와 '난 할 수 있어' 해가며 열심히 공부한다고 한들, 이 학생들과의 간극을 메워나가기란 무척 힘들다. 그만큼 성적은 상대평가되는 것임을 깨닫고, 일찍부터 열심히 공부해야 한다.

그럼에도 불구하고, 만약에 자신의 수능 성적이 2등급 밑에서 길을 잃고 헤맨다면, 이제부터 열심히 그리고 제대로 공부하는 것만으로도 2등급까지는 확실하게 오를 수 있다. 단, 어디까지나 곧이곧대로, 열심히 공부해나가야 하는데, 그 방법적인 요령에 대해서는 뒤에 자세히 설명한다. 그렇더라도 이는 대단한 그 무엇이 아닌, 기본에 충실한 공부 방법으로서의 그 무엇이다. 중요한 것은 실천하고자 하는 의지와 노력이지, 다른 그 무엇도 아니다. 오직 공부하려는 열의와 노력만 있다면, 그것으로 충분하다.

필자가 이렇듯 확신하고 나름의 공부 방법을 제시할 수 있는 이유는, 그것이 공부 잘하는 학생들의 공통된 공부법일 뿐만 아니라, 실제 그런 식으로 학생들을 가르치는 동안에 국어와 영어 성적이 크게 향상되고 있음이 확인되었기 때문이다. 더군다나 그 공부 방법이란 게 무슨 신통력을 부리는 비법 같은 게 아니라, 학생 스스로 공부 주체가 되어 열심히 공부해나가는 데 있어서 갖추어야 할 가장 기본적이고 근간이 되는 학습법이기에 더 그렇다. 이것, 믿어도 된다.

따라서 다음과 같이 단언해도 크게 무리 없을 듯하다. 만약에 진정성을 갖고 나름 열심히 공부했음에도 불구하고 수능 2등급을 받지 못한다면, 이는 다음 두 가지 이유 때문이다. 공부에 진정성이 없거나, 아니면 수능에 맞는 적절한 공부 방법을 찾지 못해 수능 당일까지도 해매거나.

12. 학교 공부에 열심인 학생이 in서울 한다

당연한 말이겠지만, 학교 수업에 집중하는 아이들은 그만큼 공부를 잘한다. 교과 성적은 물론 수능 성적도 뛰어나다. 수업 시간에 집중하고 선생님의 말 하나하나에 귀를 기울이는 학생들은 그만큼 능동적이고 자발적이며, 공부에 대한 몰입도가 높다. 게다가 성실하고 자기 규율성이 뛰어나기까지 하니, 이들이 공부를 잘하는 것은 지극히 당연한 귀결이다.

학교 공부를 잘하는 아이들에게는 '**규칙성 · 반복성 · 집중력**'이 두드러진다. 학교 공부는 꾸준히 달리는 자가 승리하는 마라톤과 같아서, 단거리처럼 며칠 반짝 몰아치고 나면 힘이 소진되어 꾸준히 이어나갈 수 없다. 무릇 공부는 계획성 있게, 조금씩 속도를 높여가며 끝까지 규칙적으로 해내는 자세가 필요한데, 평소 학교 공부에 열심인 학생이 장기 레이스와도 같은 수능에도 뛰어난 성적을 보이는 이유가 이 때문이다. 참고로 한 학습서를 보니까 '공신 사이트에 올라온 18시간 공부 인증샷'이라고 하여 많은 학생들의 학습용 시계를 한데 담아 찍은 사진이 실려 있는데, 그들 중에서 책에서 전문가가 강조하는 대로 하루 18시간씩 일관되게 공부한 학생이 과연 몇 될까? 그리고 그게 가당키나 한 일일까?

학교 수업 시간에 배운 내용을 여러 차례 꾸준하게 반복해가며 공부하는 과정에서 학생들은 이를 자신의 것으로 확실하게 만든다. 교과서를 중심으로 반복학습함으로써 수업 시간에 들은 내용을 자기 것으로 완전히 소화함은 물론, 그렇게 해서 수업 시간에 배웠던 내용과 교과서 내용이 서로 유기적으로 맞물리면서 체계적인 지식으로 머릿속에 축적된다.

집중력은 공부의 몰입을 높이는 행동이다. 다른 생각을 하면서 책상 앞에 10시간 앉아있는 것보다 1~2시간이라도 집중하면서 공부하는 것이 훨씬 더 효과적이다. 얼마나 오랫동안 공부했느냐보다는 얼마만큼 집중력 있게 공부했느냐에 따라 성적은 달라진다. 공부 잘하는 아이들과 그렇지 않은 아이들의 결정적인 차이는 바로 '집중력'에 있다 해도 과언은 아니다.

그렇기에 '4당5락'이란 말은 예전 우리 부모세대가 대학입시 공부할 때나 통할법한 말이다. 그 시절에는 공부해야 할 과목도 많고 또 암기 위주의 시험인지라, 얼마만큼 오랫동안 책을 붙들고 있는가가 곧 성적을 좌우했다. 하지만 현행 수능 시험이란 게 달랑 5과목을 치르고 게다가 암기보다는 이해력과 사고력을 묻는 문제가 중심으로 출제되기에, 공부한 시간의 누적총량보다는 공부에 대한 질적인 접근 태도가 성적 향상에 더 많은 영향을 미친다. 그래서 앞서 말한 하루 18시간 공부하는 학생들이 그야말로 흐리고 멍멍한 정신 상태에서 공부하는 것이라면, 그렇게 공부해서 기대한 만큼의 효과를 올릴 수 있을까?

학자들의 견해 또한 같다. 연구 결과에 따르면, 공부는 열심히 하는데 좀처럼 성적이 오르지 않는 반면 수면의 양은 적어 늘 피로해하는 학생들에게 충분한 잠을 재워가며 공부시킨 결과, 학습능력이 높아지고 성적도 올랐다고 한다. 억지로 잠을 줄이면서 반복학습을 하는 것보다는 자신의 생체리듬에 맞게 잠을 충분히 자되, 공부할 때 집중력을 높이는 것이 건강과 성적을 한꺼번에 향상시키는 지름길이라는 것이 학자들의 일관된 주장이다.

더군다나 공부를 아주 잘하는 소수의 학생들을 제외하고는, 사람의 지능은 별 차이가 없다. 따라서 위에서 말한 세 가지 원칙을 충실히 지켜가며 공부한다면, 누구나 일정 수준에 도달할 수 있다. 그렇게 해서 학교 공부에 열심인 학생들은 스스로 공부하는 방법을 터득하고 공부의 자립심을 키운 학생들이기에, 궁극적인 승자로 자리매김한다. 이는 틀림없는 사실로, 그만큼 기본에 충실하고 성실하며 꾸준히 노력하는 학생들이 결국에는 자신이 바라던 대학에 합격한다.

학교 공부가 중요한 이유는 무엇보다, 현행 대학입시에서의 다종다양한 전형 방법을 불문하고 고교 교과 내용이 출제의 근간이 되기 때문이다. 수능 시험이든 논술 시험이든 관계없이 모두 '교과수능', '교과논술'을 지향하며, 그 중심에 교과서를 중심으로 한 학교 공부가 있다. 즉 변별력이 떨어지는 현행 '물 수능'은 말할 것도 없고, 덧붙여 올해 실시한 한양대·중앙대·이화여대를 비롯한 일부 대학의 논술 시험을 분석해 보더라도, '논술 문제의 교과연계가 뚜렷하고 문제가 쉬워졌다'는 게 전문가들의 공통된 의견이다. 그에 따라 인문계열의 경우 수능 국어 2등급 정도의 실력이면 어렵지 않게 논술 문제를 풀 수 있으며, 영어 지문이 출제되는 외대·경희대의 경우 역시 수능 영어 성적이 2등급 정도이면 충분히 지문을 독해할 수 있다.

이렇듯 현행 대학입시는 학교 교과 내용을 중심으로 수능 및 논술과 직접적이고도 실질적으로 연계하여 출제토록 함으로써, 출제의 기본 방향과 출제 내용에 대한 예측 가능성은 더욱 분명해진 반면, 문제의 난이도는 이전보다 훨씬 낮아졌다. 이는 수능 시험이나 논술 시험이나 궁극적으로는 독해력에 기반한 읽기 능력을 묻는 시험이기에 본질적으로 같음을 확인시켜주는 것이자, 출제 범위와 출제 내용 또한 고교 교과과정을 충실히 따르고 있음을 분명하게 밝히는 것이다. 따라서 학교 공부에 충실하면 그것이 곧바로 수능 공부와 논술 공부를 뒷받침하는 기본 토대로 작용함을 이해할 수 있을 것이다.

결국 교과, 수능, 논술 등 모든 평가영역에 걸쳐 공부를 잘하기 위해서는, 교과서를 반복해서 읽으면서 교과과정 전체를 이해하려는 노력이 중요하다. 실제로 교과서를 열심히, 꾸준히 반복해서 읽으면 교과과정과 교과 내용의 전체적인 맥락과 윤곽을 파악할 수 있고, 학습의 목표와 공부할 내용을 개략적으로 그려볼 수 있다. 이는 수능 공부나 논술 공부에 있어서도 마찬가지이다.

학교 수업을 열심히 들은 학생들이 교과서를 여러 번 정독한다는 것은 단순히 교과서에 들어있는 글자만을 읽는 것이 아니다. 앞서 말했듯이, 글을 읽는다는 것은 수업할 때 배웠던 내용과 교과서의 내용이 유기적으로 맞물리면서 사고의 큰 흐름을 형성하고, 머릿속에 그 지식이 체계적으로 쌓이게 됨을 의미한다. 이때 교과서를 읽으면서 다양한 **독서**를 병행해나간다면, 수능 공부와 논술 공부까지 자연스럽게 시너지 효과를 내면서 성적 향상을 기대할 수 있다.

결국 학교에서 공부 잘하는 아이들이 대학에 합격한다. 수시 학생부교과전형이든, 수시 논술전형이든, 정시 수능전형이든 관계없이, 전형 방법을 불문하고 그렇다. 학교 공부를 열심히 한다는 것은 곧, 자기 스스로 공부하는 열정과 학습 태도, 그리고 자기만의 공부법을 터득하고 꾸준히 노력하는 성실한 학생임을 보여주는 것이기 때문이다. 진리탐구를 위한 공부가 아닌 실력을 가르는 공부란 무엇보다 선택과 집중이 중요한데, 가장 현명한 선택은 학교 공부에 전념하는 것이며, 가장 효율적인 공부는 자기주도로 집중력을 높여가며 학습하는 것이다. 중요하다.

13. '수능 + 내신' or '수능 + 논술' = in서울 하는 지름길

이제, 여기까지의 논의의 핵심을 중간 정산해보자. 전국의 고3 재학생이 열심히 공부해서 2016학년도 대학입시에서 서울 상위 15개 대학에 합격하려면, 다음 세 가지 조건의 어느 하나를 충족해야 한다.

첫째, 서울 상위 15개 대학의 정시전형 모집 인원은 전체의 36%인 약 17,500명(전국 수험생은 650,000명 정도로, 재학생 500,000명+재수생 150,000명)이다. 따라서 이들 대학에 수능 성적만을 갖고 선발하는 정시전형으로 합격하기 위해서는 수능 성적 백분위로 2.7% 안에 들어야 한다. 그렇더라도 수시전형으로 일찌감치 빠져나가는 학생들을 감안해서 생각해야 하므로, 합격 가능한 수능 성적 백분위는 훨씬 낮아질 것이다. 결국 학교 공부든 수능 공부든 논술 공부든 관계없이 열심히 공부해서 대학에 들어가려는 학생들에게 서울 상위 15개 대학에 합격 가능한 수능 성적은 백분위로 약 6% 이내(국영수 합 5.5등급 이내)에 들어야 한다고 보면 된다.

둘째, 수시 학생부교과전형의 모집 인원은 약 6,000명(전체 모집 정원의 13%)으로, 따라서 이 전형으로 합격하기 위해서는 전국 고교 평균석차로 전교 10등 이내(내신 성적 2.0등급 이내)에 들고 여기에 더해 수능 성적까지 어느 정도(국영수탐 2

개영역 2등급 이내) 뒷받침되어야 한다(만약에 수능 최저등급 기준을 적용하지 않거나 낮을 경우에는, 전교 3등 안에 확실히 들어야 한다).

셋째, 수시 논술전형의 모집 인원은 9,500명(전체 모집정원의 20%)으로, 이 전형으로 합격하기 위해서는 논술 실력을 어느 정도 갖추되 여기에 더해 학교 교과(내신) 성적 3.0등급 전후, 수능 성적 국영수탐 2~3개영역 2등급 이내의 성적을 뒷받침할 수 있도록 열심히 공부해나가야 한다. 참고로, 전체 모집 인원의 약 30%를 차지하는 수시 학생부종합전형과 특기자 및 기타전형의 경우 수능 및 교과 성적이 적용되는 경우도 있지만, 그렇더라도 실제 반영 비율 및 그 가중치가 낮기에 고려하지 않는다.

●2015학년도 서울 상위 15개 대학의 전형별 모집 인원 및 구성비(추정치임)

	정시전형	수시전형			계
		학생부교과	논술	학생부종합/기타	
모집 인원	17,500명	6,000명	9,500명	15,000명	48,000명*
구성비	36%	13%	20%	31%	100.0%

* 2014학년도 모집정원 5만 명에서 2천명 감소한 수치임.

●2015학년도 서울 상위 15개 대학의 정시전형 모집 인원, 수능백분위, 국영수 합

	모집 인원	수능 백분위 누계*	국영수 세 과목 등급 합**
SKY	4,100명	0.6%~1.5%	~3
서성한	3,200명	1.1%~2.5%	3~4
중영외시(이)	6,000명	2.0%~4.5%	3.5~4.5
건동홍숙	4,200명	2.7%~6.0%	4.5~5.5
계	17,500명	2.7%~6.0%	~5.5

주) 전체 응시 인원 650,000명, *는 다른 전형 및 서울 상위 15개 대학을 제외한 다른 대학에 응시하는 중으로 빠져나가는 인원을 반영할 때의 가능한 수능 백분위 누계 및 국영수 등급 합의 예상수치임. 또한 **는 정시전형으로 합격 가능한 수능 국영수 등급 합의 예상수치임.

한편, SKY에 합격하기 위해서는 어떠할까? 정시전형의 경우에 수능 전국 석차 상위 0.6~1.5% 이내(3개 대학의 정시전형 전체 모집 인원은 약 4,100명으로, 국영수 3개 영역 합 3등급이면서 상위 백분위 1% 내외)에 들거나, 또는 수시 학생부교과전형(3개 대학 합 2,560명 선발)의 경우에 전국 고교 평균석차로 전교 3등 이내(내신 성적 1.3등급 이내)에 들고 여기에 더해 수능 성적까지 어느 정도(국영수탐 2개 영역 2등급 이내, 서울대의 경우에는 수능 미반영) 뒷받침되거나, 또는 수시 논술전형(연·고대 합 1,970명 선발)의 경우에 논술 실력을 어느 정도 갖추되 여기에 더해 학교 교과 성적 3.0등급 이내, 수능 성적 국영수탐 2~3개 영역 2등급 이내의 성적이 뒷받침되어야 한다. 이렇게 해서 SKY의 수시 교과전형과 논술전형, 정시전형으로 선발하는 학생은 총 7,330명(다른 전형 유형을 포함한 전체 모집 인원은 약 1만 명 내외)으로, 전체 수험생의 약 1.1% 정도(의치한 및 특수목적대학 등으로 빠져나가는 최상위권 학생을 포함하면 전체 수험생의 약 1.5%)이다.

이제 자료의 수치가 의미하는 바를 좀 더 살펴가며 따져보자. 첫째, 앞서 설명하고 또 강조한 것처럼, 학교 공부든 논술 공부든 수능 공부든 관계없이 대학입시에서 서울 상위 15개 대학에 합격하려면, 다른 무엇보다 수능 국영수 각 과목 전부를 확실하게 2등급 이내로 끌어올려야 한다. 만약에 그렇지를 않고 어느 한 과목이라도 3등급 밑으로 처질 경우, 정시전형은 물론 수시 학생부교과전형이나 논술전형으로 합격하기가 무척 힘들어질 수 있다. 그렇기에 **수능 국영수 각 과목 전부 2등급 이내로 만든다는 것은 in서울 하는 가장 확실한 방법이자 다변화한 입시전형에 맞춰 대학 등급을 한 단계 더 끌어올릴 수 있는 가장 효과적인 공부 전략**이다. 따라서 학생들은 수능 국영수 각 과목을 2등급 이상으로 올리기 위한 공부에 가장 우선순위에 놓고, 이를 실현할 수 있도록 적극 노력해야 한다.

둘째, 정시전형의 경우 SKY와 이를 제외한 상위 15개 대학들 사이의 수능 성적은 상당한 격차를 보이지만(물론, 대학 서열에 맞춰 수능 성적의 단계적인 차이를 보일 것이다), 그럼에도 대학별 수시 학생부교과전형에서의 고교 내신 성적은 그다지 차이 나지 않으며, 수시 논술전형의 경우 역시 수능 최저등급 기준에 있어서의 대학 간 차이는 그리 크지 않다. 그런데 이는 대학입시를 위한 공부 전략을 세우는 데에 중요한 의미를 갖는다.

예를 들어 학교 교과 성적이 전교 3등 이내(적어도 전교 5등, 성적 1.5등급 이내)에 들지 못하는 어떤 학생이 있다고 하자. 그럼에도 그 학생이 수시 학생부교과전형을 노리고 학교 성적을 올리는 데에만 지나치게 몰두할 경우, 자칫하다가는 수시도 정시도 모두 그르침으로써, in서울 못하게 되는 나쁜 결과를 초래할 수 있다. 실제 그런 학생들이 여럿 되는데, 이때 학교 석차로 한두 명을 따라잡으려고 기를 쓰기보다는(전교 등수 안에 드는 학생들의 경우 이들을 한 명 따라잡기란 정말 어렵다고 말했다), 수능 등급부터 확실하게 안정적으로 끌어올릴 수 있도록 노력하는 게 훨씬 더 수월하다. 게다가 내신 성적이 다소 낮더라도 수능 최저등급 기준을 충족할 경우에는 능히 내신 성적의 불리함을 커버하고 바라던 대학에 합격할 수 있다고 앞에서 사례를 들어가며 설명했다.

수시 논술전형의 경우에는 더 그렇다. 서울 상위 15개 대부분의 대학에서 국영수탐 3개 영역 2등급 이내 또는 2개 영역 2등급 이내로 수능 최저등급 기준을 설정해 놓고 있기 때문에, 이 등급기준을 충족하고 여기에 논술 실력을 일정 수준 이상으로 갖출 경우에는 그야말로 '9회말 대역전극'이 벌어질 수 있다. 다시 말해, 국영수 합 6등급이 언감생심 꿈도 못 꿔볼 연세대·고려대는 물론 그 밖의 상위권 대학에 버젓이 합격할 수 있다. 물론, 성적대로 따라가는 것이기에 그만큼 어렵겠지만, 그렇더라도 이것, 생각만 해도 짜릿하지 않은가.

셋째, 따라서 이렇게 생각하면 된다. 학생들이 말하는 소위 죽음의 트라이앵글, 즉 '수능, 내신, 논술' 공부는, 적어도 in서울이 가능하거나 또는 in서울 하기 위해 열심히 공부하는 학생들에게는 자신들이 지망하는 대학의 레벨을 높이고 합격 가능성을 넓히는 포트폴리오로 작용한다. 앞서 말했듯이, 대학이 전형 방법을 다양하게 하여 학생을 선발하는 것은 쉬운 수능, 학교 간 변별력이 떨어지는 내신 성적을 보정하기 위한 것으로, 내신·수능·논술을 조합하여 최적화된 학생들을 뽑는 것이 가장 적절하고 효과적인 전형 방법이라고 생각하기 때문이다.

따라서 학생들이 이것을 절대 놓치지 않고 대학이 의도하는 바에 맞춰 공부해나 간다면, 최선의 결과를 낳을 수 있다. 앞서 말한 것처럼 상위 1%에 드는 많은 학생들이 이미 최상위권 대학을 예약해 놓은 마당에 제아무리 열심히 공부한다고 한들 그 틈바구니를 뒤집고 들어가기란 결코 쉽지 않은데, 이때 **'수능 + 내신', '수능 + 논술'의 선택적 조합을 통한 공부는 대학 합격의 안정성·확실성은 물론 대학서열의 계단 뛰어오르기까지 기대할 수 있기에, 가장 최적화된 공부이자 효과적인 대응 전략이** 된다.

더군다나 '교과수능', '교과논술'을 지향하는 현행 입시제도의 특성에 비춰 생각한다면, 학교 공부와 수능 공부, 그리고 논술 공부는 결코 분리해서 생각할 수 없는 하나이며, 따라서 이 세 공부를 일찍부터 착실히 준비해나갈 경우 상당한 시너지 효과를 낼 수 있다. 예를 들어 학교 공부와 논술 공부를 병행해가며 차근차근 공부해나가는 학생이라면, 수능 국어 성적은 저절로 2등급 이상으로 오를 수밖에 없는데, 이는 그만큼 논술 공부를 통해 체계적이고 깊이 있는 글 읽기를 해나감으로써, 결과적으로 수능 성적까지 향상되는 결과를 가져오기 때문이다.

그럼에도 한 가지 분명하게 알아두어야 할 것이 있다. 학교 공부에 더해 수능 공부와 논술 공부를 병행함으로써 확실한 시너지 효과를 내려면, 일찍부터 함께 그리고 폭넓게 공부해나가야 한다. 만약에 그렇지를 않고 고3 들어와 이를테면 수능 성적이 기대만큼 오르지 않아 그제서야 부랴부랴 논술을 준비한다든지, 학교 공부나 수능 공부는 내팽기고 논술 공부에만 매달린다든지 할 경우에는 절대 좋은 결과를 기대할 수 없다.

거듭 강조하거나와 in서울에 합격하려면 수능 성적이 과목별로 모두 2등급 이상 되어야 하며, 이에 더해 내신 성적 또한 적어도 3등급 이내에는 들어야 논술 합격도 기대할 수 있는 것이지, 그렇지를 않고 각각이 어정쩡한 성적을 보일 때는 최악의 결과를 가져올 수밖에 없다. 따라서 이 점을 분명하게 인식하고 일찍부터 입시전략을 수립하여 착실하게 공부해나가야 한다. 그 시점이 바로 **고등학교 1학년 시작하자마자부터**로, 중3 겨울방학이 중요한 이유가 여기 있다.

14. in서울 하는 학생들은 이것이 다르다

이로써 공부 잘해 in서울에 입성하는 학생들의 실체가 밝혀졌다. 그들은 공부머리의 좋고 나쁨을 떠나, 일찍부터 공부를 열심히 해왔건 그렇지 않았건 관계없이, 적어도 고등학교에 올라가자마자부터는 곧바로 대학에 가야겠다고 마음먹고 열심히 공부한 그런 학생들이다. 다시 말해, 어떤 학생이 서울의 중상위권 이상의 대학에 들어갔다는 것은 곧 그 학생이 **고등학교 때 나름 노력해가며 열심히 공부한 학생임을 나타내는 증표**와도 같다. 물론 입시전형이 워낙에 다양하기에 그렇지 않은 일부 학생들도 있겠지만(앞서 돈 많고 오지랖 넓은 학부모를 둔 학생이 수시 학생부종합전형을 뚫고 용케도 대학에 들어간 경우가 그렇다고 했다), 그렇더라도 수시 학생부교과전형과 논술전형, 정시전형을 뚫고 in서울 한 학생들의 경우에는 반드시 그렇다고 봐도 좋다

그만큼 요즘의 대학 가기, 특히 in서울 상위 15개 대학에 들어가기란 결코 쉽지 않다. 서울 상위 15개 대학 전체 모집 인원의 약 70%인 35,000명(전체 수험생의 약 5.4%)에서 많게는 약 80%인 40,000명(전체의 약 6% 내외로, 교과 성적이나 수능 성적을 반영하는 수시 학생부종합전형으로 선발된 학생을 포함할 경우)에게만 공부를 통해 대학 입학의 자격이 주어지며, 그렇기에 열심히 공부한 학생들에게 그러한

특권이 주어지는 것은 당연하다.

특히 in서울 합격의 바로미터가 되는 수능 성적 국영수 과목별 2등급 이내가 갖는 의미는 생각보다 훨씬 크고 또 깊다. 현행 수능 시험의 변별력을 따져 생각할 때, 머리의 좋고 나쁨을 떠나 **열심히 공부한 학생들이라면 응당 2등급 이내에 들 수 있으며**, 마땅히 들어야만 하기에 그렇다. 그럼에도 불구하고 2등급 이내에 들지 못하는 학생들의 경우에는 공부 습관과 공부 방법에 뭔가 문제가 있기 때문으로 보면 틀림없는데, 왜 그런지는 뒤에 자세히 설명한다.

그런데 여기서 한 걸음 더 나아가 우리 주변을 살펴보면, 평소 모의수능 성적이나 내신 성적으로는 들어가기 어려운 대학에 떡하니 합격한 학생들도 여럿 된다. 당장에 필자 주변만 하더라도, 수능 국영수 합 4등급을 받은 문과 여학생이 논술전형으로 고려대 경영대와 경희대 한의예과에 합격했는데, 이는 논술 시험으로 수리문제를 출제하는 대학을 노림으로써, 평소 자신 있어 하던 수학 실력을 최적화한 결과이다. 또 수능 국영수 합 5등급을 받은 한 남학생 역시 논술전형으로 연세대 독문학과에 합격했는데, 수능 성적은 물론 내신 성적이 그다지 뛰어나지 않음에도 불구하고 대역전극을 연출했다(서울 강북의 한 고교에 다녔다). 내신등급이 정확히 2등급인 서울 강남의 여고 출신인 한 여학생은 수능 국영수 합 6등급임에도 불구하고 수시 학생부교과전형을 뚫고 건국대의 인기학과인 문화콘텐츠학과에 합격했다.

위 세 학생 모두 수능 성적만으로는, 또는 내신 성적만으로는 합격할 수 없는 대학을 뚫었다. '수능과 논술', '수능과 내신'을 조합한 입시전형을 노림으로써, 기대 이상의 성과를 얻은 것이다. 당연히 공부 습관이나 공부 방법 역시 입시전형에 맞춰 전략적으로 접근했는데, 이것이 이 학생들의 대학을 바꿔놓은 이유다. 실제 상위 1%에 들지 못하는 학생들이 SKY를 비집고 들어갈 수 있는 가장 효과적인 방법은, 입시전형을 전략적으로 선택하고 그에 맞춰 집중해가며 효과적·효율적으로 공부해나가는 것, 다시 말해 '선택과 집중'을 통한 시너지의 극대화에 있다. 그리고 그 실천 방법으로서의 적절한 '공부 습관'과 '공부 방법'을 학생 스스로 터득해가며 열심히 노력할 때, 그토록 바라던 대학은 마침내 손에 잡힌다.

그렇기에 상위 1% 이내에 드는 우등생이나 그야말로 치열하게 공부해서 명문대에 합격한 모범생의 경우에는 많은 시행착오를 겪으면서 나름의 공부 방법을 터득하고 이를 습관화해온 학생들이다. 하지만 in서울 했지만 결과가 기대만큼 좋지 못한 학생은 물론이고 in서울 하지 못하고 고배를 마신 많은 학생들의 경우, 공부 습관이 잘못 길들여지고 공부 방법 또한 적절하지 못한 탓에 대입에 실패한 경우가 의외로 많다. 실제 올바른 학습 태도와 적절한 공부 방법만 제대로 실천해나가도 in서울 하는 데는 그렇게 어렵지 않으며, 잘만하면 위 학생들처럼 역전극을 펼칠 수 있는데도 불구하고, 그렇지를 못하고 낙오하고 만 것이다.

그렇기에 일부 소수의 학생들을 제외하고는 '무엇'을 '어떻게' 공부해나가야 효율적이고 효과적인 공부인지에 대한 사리분별이 안 되는 것, 그렇게 해서 우왕좌왕하다가 수능 시험을 치르게 되는 것, 바로 그것이 문제이다. 그리고 그 과정에서 자칫 잘못 판단해서 정작 입시전형에서 필요로 하는 방향과는 다소 동떨어진 식으로 공부함으로써 극도의 비효율을 가져올 경우, 그것이 바로 대학입시에서 가장 나쁜 결과로 이어지는 것이다.

이로써 이 책의 논의의 포커스를 '공부 습관'과 '공부 방법'을 통해 '무엇'을 '어떻게' 공부해나갈지에 대한 명확한 지침과 해결 방안을 제시하는 데 할애해야 할 당위성은 분명해졌다. 이를 위해 먼저 공부 잘해서 명문대에 합격한 학생들은 어떠했는지부터 살피고, 이어서 그 이론적 근거를 궁리함으로써 보다 확실성을 기할 필요가 있다. 이는 대학 가는 공부에 대한 다른 중요한 몇 가지를 좀 더 살핀 후에 뒷장에서 자세히 설명하는 것으로 한다.

15. 공부에 중요한 시기는 이때다

올바른 '공부법'과 관련한 부분은 대단히 중요하기에 뒤에 보다 자세히 설명하겠지만, 그렇더라도 그 밑바탕을 이루는 학업 능력과 관련하여 중요한 내용을 간략히 부연하면 다음과 같다. 결론부터 말한다면, 학생들의 학습능력을 끌어올리는 데 있어 가장 중요한 시기는 개략적으로 **11살(초등학교 5학년) 전후와 16살(고등학교 1학년) 무렵**으로, 이때가 공부에 가장 중요한 시기라고 보면 된다.

먼저, 초등학교 5학년 무렵은 생물학적 지능 발달이 서서히 완성되어 가는 시기로, 뇌의 응축도가 최대화되면서 학습 능력이 가장 왕성해지는 때이다. 추상적인 사고능력이 형성되기 시작하고, 성장 과정에서 습득한 다양한 경험을 쌓는 속도가 빨라지고, 인성이 발달하면서 가치판단이 명확해지는 시기이다. 따라서 이 시기에 중요한 학습은 다름 아닌 **'독서'**로, 다양한 분야의 많은 책을 읽도록 환경을 만들어 주는 것이 다른 무엇보다 중요하다.

학업 능력과 지능 간에는 상관관계가 높으며, 그렇기에 학업 능력의 향상 역시 지능의 발달 시기와 비슷한 시기에 이루어진다. 그 첫 번째 시기가 바로 **초등학교**

4~6학년 무렵으로, 이때가 학업 능력이 절정을 이루는 시기라고 보면 된다. 이 시기의 중요한 특징의 하나는 아이들의 암기력이 다른 어느 때보다 뛰어나단 사실인데, 그렇기에 이 시기에 사고력 향상에 도움이 되는 한문이나(단순한 한자 암기가 절대 아니며, 만약에 자녀를 공부시킬 요량이라면 '명심보감'이나 김성동이 쓴 '천자문'을 추천한다) 많은 어휘력을 쌓아가며 공부해야 하는 언어(국어와 영어)를 가르치면 상당한 효과를 볼 수 있다.

더불어 이때부터 책을 좋아하는 아이와 싫어하는 아이로 확연히 갈라지는데, 그렇기에 이때 독서 습관이 잘 길러지면 그 아이는 평생 책과 함께 갈 수 있다. 어렸을 적의 풍부한 독서 경험은 수능 시험에서 가장 큰 이점으로 작용할 수 있기에, 어찌 보면 이 시기를 어떻게 보내느냐에 따라 고등학교 때의 학업 성적은 상당 부분 결정된다고 봐도 과언은 아닐 것이다. 그렇기에 이 시기에 아이를 학원 공부에만 매몰시켰다가는 큰 낭패를 볼 수 있는데, 그만큼 사고를 경직시키고 잠재 능력 발현의 근간이 되는 지적 호기심을 꺾는 우를 범할 수 있기 때문이다.

특히 수준에 맞지 않게 무리하게 선행학습을 시킨다거나, 비판적 사고력을 길러 준답시고 아이 수준에 맞지 않는 어려운 책들을 읽으라고 강요할 경우에는, 이후 공부 트라우마에 빠지고 책만 보면 울렁증을 느끼는 등으로 오히려 역효과가 날 수 있다. 그렇게 해서 망가진 아이들을 여럿 봤으며, 게다가 지금 그런 학생을 가르치고 있는 중이다(해서 하는 말인데, 제발 좌뇌가 어떻고 우뇌가 어떻고 해가며 '아이 머리 바꿔야 성적이 오른다', '학습 효과를 높이는 두뇌활용 공부법을 가르쳐주겠다'는 식의 어쭙잖은 논리를 들이대면서 가르치는 학원에 아이를 맡기지 말기를 바란다. 머리를 바꿀 수 있다는 논리가 가당키나 한가. 아이가 뭐 로보캅이라도 된단 말인가. 지금 이 글을 읽고 있는 여러분들은 스스로를 좌뇌형인지 우뇌형인지 구분할 수 있는가. 필자는 아직도, 심지어는 아들 녀석까지도. 좌뇌형인지 우뇌형인지 잘 모르겠다. 그리고 관심 없다).

따라서 이 시기의 올바르고 적절한 학습 지도가 무엇보다 중요한데, 이 부분은 이 책의 핵심에서 다소 벗어나는 부분이기에 생략한다. 그렇더라도 지금 고등학생을 두고 있는 학부모라면, 자녀가 이 시기에 어떤 식으로 공부를 해왔고 또 얼마나 그리고 어떻게 책을 읽어왔는지를 한번 가늠해보기 바란다. 이 시기에 올바른 책 읽기, 그리고 제대로 된 독서 습관이 잡힌 아이라면, 그렇게 해서 축적된 독서 능력이 공부 잘하는 요인으로 작용하여 중고등학교 때의 학업 능력을 끌어올릴 것임은 틀림없는 사실이기 때문이다.

많은 경우, 초등학교 때 공부 잘하는 아이가 중·고등학교에 들어와서도 역시 잘하는 경향을 보이는데, 그것은 지능 발달이 초등학교 단계에서 거의 대부분 이루어지고, 학업 능력 역시 대체로 이 시기에 만들어지기 때문이다. 고등학교에 들어와서 정신 차리고 열심히 노력해도 성적이 잘 오르지 않는 이유가 결코 이와 무관하지 않다. 또 초등학교와 중학교 때 공부를 곧잘 했음에도 불구하고 고등학교에 들어와서부터 성적이 계속해서 떨어지는 경우라면, 일찍부터 학원의 단순한 암기식 공부에 길들여짐으로써 이해력과 사고력을 요하는 고등학교 공부에 순탄하게 적응하지 못한 때문으로 보면 된다.

이처럼 **고등학교의 학업 능력을 판가름하는 준거의 하나가 바로 초등학교 5학년 무렵부터의 풍부한 독서량**이다. 다시 말해, 독서 능력이 올라간 만큼 공부와 학력도 그와 비례하여 계속해서 향상되지만, 이와는 달리 독서 능력이 뒤떨어지는 아이들은 어휘력이나 이해력에 있어서 대체적으로 어려움을 겪으면서 성적은 곤두박질치게 된다. 이해력과 사고력을 측정하고 평가하는 수능 시험의 경우는 특히 더하다.

앞의 어딘가에서 고등학교 1학년 때 성적, 특히 수능 성적이 고2, 고3을 지나 수능 당일까지 그대로 이어진다고 말했다. 필자가 관심을 갖고 지켜본 학생들의 경우에는 거의 모두가 그러했다. 무척이나 성실하고 열심히 공부하는 학생임에도 불구하고 성적이 도무지 향상되지 않는 것을 보면서, 한편으로는 안타깝고 또 한편으로는 답답함을 느끼는 것이 일상이 되어 버렸다.

그렇더라도 예외인 학생들도 여럿 되는데, 그 학생들은 한결같이 초등학교 때부터 평소 글 읽기를 좋아하여 이것저것 아는 것이 많은 그런 학생들이다. 지금 가르치고 있는 아들과 그 친구들이 그런데, 이 아이들을 직접 가르치면서 느낀 점은 이렇다. 이 아이들은 평소 풍부한 독서 경험으로 사고가 상당히 유연하고 나이에 비해 아는 지식도 꽤 많지만, 그럼에도 불구하고 그 지식 체계가 산만하고 사고 능력 역시 고루지 못한지라, 이를 어떻게 적절히 적용하고 응용할 것인지에 대한 방법적 해결 능력이 떨어지는 그런 아이들이다. 한 마디로, 지식과 사고를 체계화하는 능력이 떨어진 탓에, 잠재 능력에 비해 학업 성적이 상대적으로 낮았음은 물론인데, 요는 그것을 어떻게 바로잡아가며 공부해야 하는지를 잘 모르는 상태였다. 그래서 이 아이들에게 공부를 어떻게 해야 하는지에 대한 방법을 알려주면서 가르치고 있는데, 그런 조처만으로도 생각보다 빨리 공부의 틀이 잡히고 당초의 기대 이상으로 성적이 올라가고 있다. 아직 진행 중이기에 결과를 낙관할 수는 없지만, 한 아이는 국영수 합 8등급에서 합 4등급으로, 다른 한 아이는 합 6등급에서 합 4등급으로, 또 다른 아이는 합 4등급에서 합 3등급으로 꾸준히 향상되고 있다고만 밝혀두자.

다음으로 중요한 시기는 언제일까? 서구에서 연구한 인지발달 이론이나 교육 심리학의 관점을 따를 경우, 교육의 효과가 가장 크게 나타나는 시기는 대략 **만 16세인 고등학교 1학년 무렵**이다. 이 시기는 한 사람의 인생을 지배할 지적 능력을 완성하는 단계라고 할 수 있다. 즉 지적 호기심의 적시와 성장의 적시가 만나는 청소년기는 어른과 비슷한 수준의 지적 능력을 지니게 되는 단계로, 특정 학습을 통해 배운 지식을 다면적으로 적용시켜가며 학습능력을 종합적으로 끌어올리는 이른바 '학습의 전이'가 이뤄지는 시기이자, 자신이 원하는 정보와 경험을 스스로 만들어가는 지적 능력에 결정적인 차이가 벌어지는 시기이다.

이때 학습에 결정적인 역할을 하는 것이 바로 초등학교 때부터의 탄탄한 독서 습관과 그 과정에서 다져진 독서 능력이다. 평소 독서 능력이 뛰어난 아이는 풍부한 독서 경험으로 글을 요약하고 판단하고 종합하는 능력이 뛰어나며, 학습활동에도 의욕을 갖고 참여한다. 반면 독서 능력이 낮은 아이는 이해력과 집중력이 떨어져 학습활동에 많은 어려움을 겪게 된다. 이 차이가 그대로 학업 능력 차이로 이어지는 것이다.

한편, 많은 학생들은 고등학교에 올라가서부터 공부의 질적 수준이 급격히 높아진 것에 대해 적잖게 당혹감을 느낀다. 초·중학교의 암기식 공부만으로는 더 이상 성적을 끌어올리기 힘들다는 사실에 크게 당황하고, 그렇게 해서 이해력과 사고력에 바탕을 둔 종합적 판단 능력을 잘 다지고 기르는 공부를 해왔어야만이 고등학교 학습과정을 제대로 따라갈 수 있다는 사실을 깨닫기까지에는 상당한 시간을 필요로 한다. 덧붙여 아무리 열심히 공부하고 수준 높은 수업을 듣는다고 해도, 배운 것을 철저히 학습하고 이해해서 자기만의 것으로 만들지 못하면 결코 학업 성적을 향상시킬 수 없다는 사실도 비로소 깨닫게 되는데, 이 역시 상당 부분 개인의 자각으로서의 사고력에 기댄다.

그런 점에서 볼 때, 메가스터디가 제공하는 다음의 조사 자료는 새겨들을 필요가 있다. 명문대에 진학한 50명의 학생과 입시 결과가 불투명한 재수생 150명, 둘을 합한 전체 200명의 중학교 3학년부터 고등학교 3학년까지의 성적 추이를 살핀 결과, 성적이 상승한 학생들의 65%가 **성적 상승의 가장 결정적인 요인으로 '나'를 꼽았으며, 성적 상승 시점은 고등학교 1학년에 들어갈 무렵**부터라고 답했다. 이 무렵에 공부하려는 의지와 자각, 그리고 왜 공부하는지에 대한 분명한 목표의식이 확립된 학생들의 경우에는, 그것이 공부에 대한 무서운 집중력으로 이어지면서 성적이 급격히 상승하는 결과를 가져왔다고 이구동성으로 말한다.

그 일례를 들면 다음과 같다. 1979년 대입 예비고사(지금의 수능 시험으로 보면 된다)에서 전국 여자 수석을 차지하며 서울대 물리학과에 입학한 박영아 명지대 교

수는 중학교 3학년 겨울방학 동안에 열심히 공부한 것이 고등학교 성적 전체를, 아니 평생의 공부를 결정지었다고 말한다. 두 달 간 〈공통수학의 정석〉과 〈성문기본영어〉를 완벽하게 두 번에 걸쳐 반복학습한 것이 공부의 버팀목이 되었고, 덕분에 고교 진학 후 첫 번째 시험인 '신입생 학력평가'에서 평균 99점으로 전교 1등을 차지했다. 이는 전교 2등이 받은 71점과 엄청나게 차이 나는 점수로, 특히 학교 내신보다 전국모의고사와 같은 전국 단위 시험에 유독 강했다고 한다.

한편, 성적이 향상되지 않고 오히려 갈수록 하락하는 학생들의 많은 경우에는, 고등학교 때보다 중학교 때의 공부량이 오히려 더 많았다는 것이 메가스터디의 또 다른 분석 결과이다. 이는 중학교 때의 무리한 선행학습이 고등학교 진학 후 오히려 성적을 떨어뜨리는 요인으로 작용했음을 의미한다. 즉 배운 것을 내면화할 최소한의 시간도 갖지 않고 요약된 정보만을 반복적으로 듣는 식으로 공부하다 보니, 자기 스스로 공부해나가지 못하면서 응용력과 문제 해결력이 갈수록 떨어진 결과이다.

이것을 속칭 '번아웃(burn-out)'이라고 하는데, 이는 이를테면 중학교 때 특목고를 노리고 무리하게 공부한 결과 마치 머리가 다 타버리고 소진된 듯한 상태로 이어지면서, 이후 고등학교에 들어가서부터는 오히려 머리가 굳어지고 좀처럼 성적이 올라가지 않는 학생들에게서 나타나는 현상을 일컫는다. 이른바 부모에 의해 영재로 만들어진(만들고 싶은) 아이들 중 이런 아이들이 여럿 되는데, 그런 점에서 볼 때 '엄마'는 분명 아이의 공부를 돕는 가장 훌륭한 '멘토'이기도 하지만 동시에 아이의 공부에 가장 크게 걸림돌이 되는 장해요인이기도 하다는 것이 또한 서울대에 합격한 학생들을 대상으로 조사한 결과이다.

이상을 고려할 때, **중3 겨울방학 무렵부터 고등학교 1학년의 시기는 대학 가는 공부를 해나가는 데 있어 가장 중요한 시기**라고 봐야 할 듯하다. 고등학교 공부는 그 양적 범위와 내용이 중학교 때와는 비교할 수 없을 정도로 크고 광범위할 뿐만 아니라, 공부의 질적 수준 역시 기존의 암기 위주의 공부가 아니라 이해력·사고력에 바탕을 둔 공부여야 교과과정을 제대로 따라갈 수 있다. 따라서 중학교 때까지의 공부가 학원의 암기 위주식 공부에 치우친 감이 있으면, **이 시기에 공부 체질을 완전히 뜯어 고쳐야만 한다.** 만약에 이 시기를 놓친다면, 고등학교 내내 공부에 끌려 다니고, 성적은 곤두박질할 수 있음을 분명히 알고 있어야 한다.

그렇기에 이 시기에 특히 중요한 것은, 학생들이 '스스로 주체가 되어 능동적으로 학습하는 능력'을 길러나갈 수 있도록 조처함으로써, 이를 통해 각자의 지적 잠재능력과 내재된 실력에 맞춰 스스로 '공부의 틀'을 세워가며 학습할 수 있도록 도와주는 것이다. 학습 내용과 학습 방법 그리고 공부 목표에 이르기까지 각자의 잠재능력을 최대한 발휘할 수 있도록 다양한 방법을 적용하는 한편, 해야 할 일을 스스로 결정하고 실천하는 능력을 키워나갈 수 있도록 끊임없이 독려하는 노력이 그것이다. 그리고 이러한 노력은 장기적인 관점에서, 고등학교 생활 내내 지속적이며 일관되게 진행되어야 한다. 중요하고 또 중요하다.

16.성적은 불연속적으로 상승한다

열심히 공부해서 성적이 오르기까지에는 '절대공부시간'이 필요하다. 당연한 말이겠지만, 이는 학생 개개인의 지능이나 노력에 따라 차이 난다. 절대공부시간은 이를테면 어떤 과목의 성적이 일정 수준에 이르기 위해 필요한 누적 학습량으로서의 기간적인 의미와, 매일 매일의 자기공부를 위해 투자하는 평균 학습시간으로서의 계획적인 의미가 있는데, 여기서는 전자의 의미로 한정해서 생각하면 된다.

예를 들어, 어떤 학생이 수능 국어 성적을 2등급 이상으로 만들기 위해 적정 시간(다른 과목과의 형평에 맞춰 나름대로 산출한 시간)을 투자해가며 공부한 결과, 고등학교 1학년 3월 모의고사에서 5등급, 9월 모의고사에서 4등급, 고2 3월 모의고사에서 3등급을 받고, 이후 계속해서 3등급을 유지하고 있는데, 그럼에도 불구하고 좀처럼 2등급으로 뛰어오르지 못하고 있다고 하자. 그렇다면 그 학생은 최소 1년이라는 절대공부시간을 투자함으로써 비로소 3등급에 이른 셈이 된다. 그런데 문제는 이것이 2등급으로 뛰어오르기 위해서는 상당한 시간을 필요로 하며, 경우에 따라서는 거의 무한대의 절대공부시간(즉 여간해서는 2등급을 받기 어렵다)을 필요로 한다는 점이다.

이 경우에 이 학생이 수능 국어 성적을 2등급으로 올리기 위해서는 다음 세 가지 대안 중의 어느 하나를 심각하게 고려하거나 아니면 이를 하나씩 적용해가며 학습하는 과정에서 나름대로의 해법을 찾아 적극 보정해나가야 한다. 첫째, 공부의 절대 시간을 늘리거나(적정 공부 시간을 늘리거나), 둘째, 공부 방법을 바꾸거나, 셋째, 성적 올리기를 포기하고 다른 과목에 더 집중하거나 해야 한다. 이때, 앞서 말한 것처럼 현행 수능의 특성 상 어느 정도의 노력만 따른다면 비록 1등급에 이르기는 어렵지만 2등급까지는 얼마든지 가능하다고 말한 점에 주목할 필요가 있다. 따라서 이 학생의 경우에 나름대로 열심히 공부하고 있음에도 불구하고 성적이 3등급에서 답보상태를 보이고 있다면, 그 이유는 공부머리가 그것밖에 안 되거나 또는 공부 방법이 적절하지 못한 때문으로 보면 틀림없다. 그렇기에 이 학생이 고민해야 할 부분은 다름 아닌 공부 방법과 관련한 부분인데, 아마도 이 부분만 보정해도 2등급까지는 충분히 올라갈 수 있을 것이다. 현행 수능 시험이란 게 그런 시험으로, 그 이유는 뒤에 자세히 설명한다.

여기서 주목해야 할 다른 하나는, 절대공부시간은 과목별(국영수탐)로, 그리고 입시전형별(수능·내신·논술)로 크게 차이 날 수 있으며, 따라서 이것을 염두에 두고 적정 공부시간을 결정해야 함은 물론, 특히 논술 공부의 경우에는 신중하게 고려해서 할지 말지를 결정해야 한다. 무슨 말인가 하면, 대입 논술 시험의 경우에는 학생 저마다의 타고난 능력이 상당한 요인으로 작용하기 때문에, 논술 실력이 일정 수준에 이르기까지 필요한 절대공부시간은 그야말로 천차만별이며, 경우에 따라서는 고교 3년 내내 열심히 논술 공부해도 일정 수준에 이르지 못할 수 있다. 그렇기에 기왕에 논술 공부를 할 요량이라면 될 수 있으면 고교 1학년 때부터 차근차근해나가는 게 적절하며, 만약에 3학년에 올라가서부터 논술 공부를 시작(이과논술의 경우에는 3학년에 올라가서 시작해도 충분하다)하려든다면, 정말이지 신중하게 생각해서 결정해야 한다. 자신의 실력을 과신하고 달려들었다가는 논술도 망치고 수능도 망치는 최악의 결과를 가져올 수 있기 때문이다(표2 참조).

다시 본론으로 돌아와서, 강조할 것은 이것이다. 즉 **성적은 단계적, 불연속적으로 상승한다**는 사실에 주목할 필요가 있다. 이 말에 담긴 의미는, 절대공부시간의 길고 짧음, 많고 적음에 관계없이, 열심히 공부한 결과로서의 실력, 즉 성적은 긴 조정기간을 거치다가 일시에 상승하고, 이후 다시 긴 조정기간을 거치다가 다시 어느 한 순간에 상승하는 식으로 단계별로 향상된다는 것이다. 그리고 그 상승의 정도는 처음 단계에는 급격히 상승하다가 단계를 거듭할수록 점차 완만하게 상승한다(표1 참조).

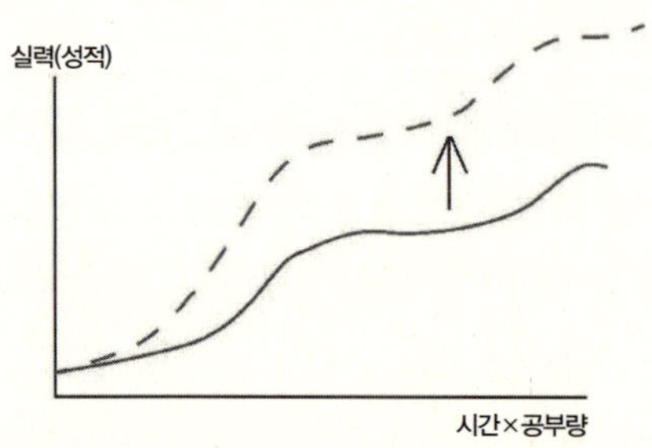

● 표1: 공부량에 따른 성적의 상승곡선

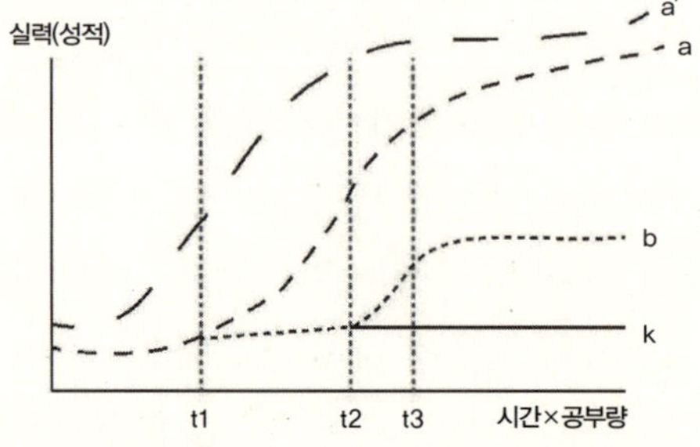

● 표2: 개인능력에 따른 성적의 상승곡선

그렇기에 성적은, 물론 엄밀히 말한다면 누적적으로 상승하는 것이겠지만, 그렇더라도 불세출의 명저 〈과학혁명의 구조〉에서 토마스 쿤이 강조한 주장과 비슷하게, 다시 말해 과학적 발전이 마치 '패러다임'의 전환을 통해 부지불식간에 혁명적이며 비약적으로 상승하는 것처럼, 성적 역시 몇 차례의 단계를 밟아가며 크게 상승하는 거친 노력의 산물이며, 또한 마땅히 그래야만 한다.

이상을 고려할 때. 열심히 공부하는 학생들이 반드시 알고 있어야 할 것이 있다. **첫째, 성적(실력)은 일시에, 한꺼번에 비약적으로 올려야 가파른 상승곡선을 그리면서 크게 향상된다**(표1의 점선 곡선 참조). 굳센 의지와 분명한 목표의식을 갖고서 공부에 몰입하는 학생에게서 나타나는 성적의 급격한 향상이 이것으로, 이후 실력이 누적되면서 남들보다 뛰어난 성적으로 나타나게 된다.

따라서 어느 특정 과목(특히 수학 과목)이 취약할 경우에는 그야말로 '빡세게' 공부해서 단번에 실력을 향상시켜야 한다. 만약에 그렇지를 않고 공부를 주저하고 회피하는 소극적인 자세를 보인다면, 실력은 좀처럼 나아질 수 없다. 이를테면 방학 때를 이용하여 평소 취약한 과목을 집중적으로 파고든다면, 성적도 향상되고 공부에 대한 자신감도 늘 것이다. 한 가지 분명한 사실은, 학생들이 공부에 흥미를 보이고 성취감을 느끼면서 공부에 더욱 몰입하는 결정적인 계기가 되는 무렵이 바로 실력이 급속히 상승하는 시점인데, 그렇게 해서 점차 자신만의 **'공부의 틀'**을 형성해가면서 공부 실력과 학업 성적은 비약적으로 향상된다.

둘째, 그렇기에 슬럼프는 슬럼프가 아니다. 많은 학생들이 공부를 하는 동안에 슬럼프에 빠지면서 그에 따른 성적 저하와 의욕 상실로 많은 어려움과 갈등을 겪게 된다. 슬럼프는 성적의 급격한 상승 이후에 나타나는 완만한 곡선상의 어느 지점에서 나타나게 마련인데, 이때 그동안에 학습한 내용에서 비롯된 향상된 실력과 이후의 기대치와의 불일치로 인해 학습 효과가 좀처럼 올라가지 않고 오히려 실력이 퇴보하는 것 같은 느낌마저 들게 된다.

하지만 **슬럼프는 실력이 향상되는 과정에서 필연적으로 나타나는 학습 조정 과정**이라고 보는 게 더 적절하다. 다시 말해, 지금까지 열심히 공부한 내용을 다시금 선별하여 다지고 있는 과정이라고 보면 되는데, 그런 과정을 거치면서 실력은 다시 한번 비약적으로 오르게 된다. 한 번 생각해보라. 슬럼프란 게 열심히 공부하는 학생들에게나 오는 것이지, 공부 안하고 농땡이나 치는 학생들에게 해당하는 말은 아니지 않은가.

따라서 '피할 수 없으면 즐겨라'는 말이 있듯이, 공부를 해나가는 도중에 좀처럼 실력이 오르지 않고 짜증만 나는 슬럼프가 온다면, "아! 내가 그 동안 너무 열심히 공부해온 탓에, 내 머리가 지금까지 공부한 내용을 되새김질하면서 한 템포 쉬어가려 하는구나.”라고 생각하면서 조급함을 버리고 꾸준히, 열심히 공부해나가다 보면, 슬럼프는 자연스럽게 사라지고 성적은 결단코 다시 올라가게 되어 있다. 반드시 그렇다.

셋째, 특히 **공부가 일정 궤도에 오르고 성적이 크게 향상되기 시작하는 첫 번째 단계까지 걸리는 '절대공부시간'을 얼마만큼 빨리 가져가느냐가 무척 중요**하다. 왜냐하면 이후 시간의 흐름과 함께 이른바 '가속의 법칙'이 작용하여 학생 간 실력 차이가 더 크게 벌어지거나, 또는 그에 따른 간극이 좀처럼 좁혀지지 않기 때문이다(앞서 예로든, 박영아 명지대 교수가 중3 겨울방학 때 공부한 내용을 상기해볼 것).

예를 들어 〈표2〉의 a를 머리가 좋음에도 고등학교에 들어와서부터 비로소 열심히 공부하여 성적이 크게 올라간 학생에게서 일반적으로 나타나는 성적 향상 곡선이라고 한다면, a'는 같은 조건의 학생으로 어려서부터 열심히 공부한 우등생의 그것으로 볼 수 있다. 이때 두 학생 간의 성적 격차는 여간해서는 줄어들지 않는데, 왜냐하면 a'에 비해 a가 그 동안에 축적한 절대 학습량이 계속해서 성적 차이를 가져오는 원인으로 작용하기 때문이다. 앞서 상위 1% 이내에 드는 학생으로 어려서부터 공부 습관을 들여온 학생들이 이에 해당하는데, 이 학생들을 따라잡기란 결코 쉽지 않음을 이해할 수 있을 것이다.

한편 a에 해당하는 학생에 비해 공부머리가 그리 뛰어나지 않은 b학생의 경우, 같은 시기부터 같은 양의 공부를 한다 치더라도 시간이 흐르면서 성적 차이는 a학생과는 더 크게 벌어지게 된다. 게다가 성적이 크게 오르기 시작하는 데까지 걸리는 절대공부시간(t1~t2~t3) 역시 a에 해당하는 학생보다 당연히 길어질 수밖에 없다. 이런 이유로, b에 해당하는 학생의 경우에는 열심히 공부하려고 마음먹기에 앞서 자신이 처한 상황부터 철저히 인식해야 한다. 그만큼 뒤늦은 감이 있기에, 고등학교에 올라가자마자부터 열심히 공부해나가야 그나마 in서울 할 수 있음을 처절하게 깨닫고, 가능한 한 빨리 그것도 진정성을 갖고 전력을 다해 공부에 힘을 쏟아야 한다.

넷째, 여기서 알고 있어야 할 중요한 사실은, **개인별 능력 차이를 감안하여 각자에게 알맞거나 또는 일반적으로 수용될 수 있는 좋은 공부 습관과 공부 방법을 찾아 전력을 다해 공부할 때**, 비로소 성적은 올라가고 실력 차이는 좁혀질 수 있다는 것이다. 그만큼 자신에 맞는 적절한 공부 방법을 찾는 게 중요하다는 뜻인데, 예를 들어 b에 해당하는 학생은 그만큼 효과적이며 효율적으로 자기공부를 해나가야만이 실력 향상에 이르기까지 소요되는 절대공부시간(t3→t2→t1)을 크게 줄여나갈 수 있음은 물론, 하기에 따라서는 공부 잘하는 학생들을 뛰어 넘는(b→a) 성과까지도 기대할 수 있다. 만약에 그렇지를 않고 무작정 남들을 따라 하며 공부한다거나, 학원에 전적으로 자신을 맡기고 이에 끌려다니면서 공부해나간다면, 실력은 좀처럼 늘지 않을 뿐만 아니라 속된 말로 죽도 밥도 안 되는 그런 헛된 공부가 될 수 있음을 깊게 생각해야 한다. 즉 k와 같은 양상으로 나타날 수 있다.

실제로 열심히 공부해서 명문대에 진학한 학생들에게서 공통적으로 나타나는 사실의 하나가 바로, 각자 **자신만의 공부 방법을 찾아 열심히 노력했다**는 것이다. 이를테면 수능 공부의 경우에는 기출문제를 중심으로 장기적인 관점에서 긴 호흡으로 공부해나가는 한편, 논술 공부 역시 자기 역량에 맞게 선택적·전략적으로 접근함으로써 남들보다 좋은 결과를 가져왔다.

여기까지의 설명을 통해 알 수 있듯이, 결국 공부는 자기 자신과의 싸움이다. 그 누구도 공부를 대신해줄 수 없음을 분명히 깨닫고, 학교 공부를 열심히 하는 과정에서 공부의 기본기를 잘 닦는 한편, 자신만의 공부 요령을 터득하고 발전시켜나갈 때, 실력은 비약적으로 향상된다. 그 실천 방법은 뒤에 자세히 설명한다.

17. '1 + 2 + 3' vs. '2 + 2 + 2'

이어서 생각해야 할 것이 바로 과목 간 성적 추이를 살펴보는 일이다. 특히 고교 1학년 때부터 치른 여러 차례의 수능모의고사에서 실제 학생들이 받은 국영수 세 과목의 등급 변화 추이를 주의 깊게 살필 필요가 있다. 만약에 과목 간 등급 차이가 1등급 정도 이내일 경우에는 등급의 높고 낮음을 떠나 공부의 균형이 잡히고 이해력과 사고력 또한 비교적 균형 잡힌 것으로 볼 수 있다.

하지만 그렇지 않고 과목 간 등급 차이가 클 경우에는 공부의 무언가에 문제가 있는 것으로 봐야 한다. 이를테면 과목 간 균형을 맞춰가며 공부하지 않고 평소 자신 있는 과목에만 치중한다거나, 공부머리에 있어서의 언어력과 사고력 간에 심각한 불균형을 보인다거나, 어휘력이라든가 수학적 공식에 대한 적용 및 응용 능력이 달린다거나 할 경우에 과목 간 불균형이 나타난다.

어느 것이든 좋지 않은 징후이다. 만약에 과목을 가려 편식해가며 공부한 때문이라면 이는 즉시 시정되어야 한다. 현행 수능 시험이란 게 달랑 5과목밖에 보지 않는 현실에서, 어느 한 과목이라도 소홀히했다가는 절대 in서울 못한다. 만약에 "나는 국어는 자신 있는데, 수학은 도무지 안 되겠어" 하면서 스스로 포기한다면, 이는 수능 시험의 본질을 모르는 데서 비롯된 편견과 고정관념에 갇힌 태도이다.

수능 시험의 경우, 국어든 영어든 수학이든 관계없이, 본질적으로 이해력과 사고력을 묻는 시험이란 점에서 공통적이다. 즉 수능은 단순한 지식을 묻는 게 아니라 독해력과 분석력을 묻고 측정하는 시험이란 점에서 근본적으로 같은데, 국어·영어는 물론 수학 과목 역시 이해력과 사고력을 측정하는 문제를 중심으로 출제하며, 그만큼 학생들은 기본 개념과 원리 이해를 바탕으로 문제를 해결해야 한다.

이런 이유로, 과목 간 공부 편식 때문에 등급 차이가 심한 경우를 제외할 때, 만약에 국영수 세 과목 간에 등급 차이가 크다면, 한번쯤은 공부 방법이 적절한지에 대해 심각하게 고민해봐야 한다. 특히 영어 등급은 잘 나오는 데 비해 국어 등급은 그렇지 않은 학생들이 의외로 많은데, 가장 큰 이유는 다름 아닌 조기교육과 어렸을 적의 독서 습관의 부재에서 비롯된 때문이다. 즉 일찍부터 영어 공부에 몰입한 학생들이 많은 탓에 상대적으로 높은 성적을 보이는 반면, 국어의 경우에는 이해력과 사고력 향상을 위한 가장 중요한 요인인 독서를 게을리함으로써 어휘력이 달리고 독해력도 떨어지는 게 성적 하락의 주된 원인으로 작용한다.

좀 더 설명하면 이렇다. 수능 국어 과목이나 영어 과목이나 둘 다 언어사고력을 묻고 측정하는 점에서는 같다. 이때 영어의 경우에는 중학교 수준의 언어사고력만 있으면 충분히 독해가 가능하며, 따라서 영어 단어 실력만 제대로 갖춘다면 얼마든지 좋은 성적을 받을 수 있다. 영어 공부에서 기본단어 암기가 중요한 이유가 여기에 있다. 반면 국어의 경우에는 출제되는 문학작품과 비문학작품 모두 상당한 어휘력이 뒷받침되지 않으면 지문을 읽어나가기가 상당히 까다로우며, 게다가 장문의 제시지문이 주어지는 탓에 읽기 공부가 뒷받침되지 않으면 결코 좋은 점수를 받기 어렵다. 즉 국어 과목 역시 관건은 어휘력에 달렸다.

이처럼 국어와 영어 두 과목 간의 실력 차이는 결국 어휘력의 차이, 그리고 그로 인한 이해력·사고력의 격차에서 비롯되는 것일 뿐, 다른 그 무엇도 아니다. 사정이 그러함에도 불구하고 영어 단어는 기를 써가며 죽어라고 외우려들지만, 국어 어휘는 정확한 이해 없이 대충 넘어가려 드는 것이 실력 차이를 빚는 또 한 가지 이유이다. 그렇기에 각각의 과목에 맞게 공부 방법을 조금만 바꿔도 얼마든지 실력 차이는 좁힐 수 있는데, 이를테면 고교 교과과정에서 한자 공부가 배제된 현실에서 국어 어휘력은 마치 영어 단어와도 같아졌다. 따라서 그 뜻을 영어 단어처럼 사전을 찾아가며 정확히 살펴야 한다는 것만 깨달아도 국어 실력은 틀림없이 향상된다.

국어·영어 과목과 수학 과목 간의 편차가 큰 것 또한 마찬가지 이유이다. 혹자는 수학 과목은 수리적 사고가 따르지 않으면 결코 높은 점수를 받기 어렵다고 말하지만, 이는 절대 그렇지 않다. 수학 역시 본질적으로는 이해력에 기반하여 개념원리를 찾아 살피는 학습이란 점에서 국어·영어와 다를 바 없으며, 그렇기에 그 개념을 마치 영어 단어를 외우듯이 몸에 체득하는 부단한 학습과정을 해나간다면 누구든지 고득점을 받을 수 있다. 더군다나 '2014학년도 수능 수학(A)' 등급 컷이 1등급 86점, 2등급 68점, 3등급 49점인 것에서 확인할 수 있듯이, 낮은 점수로도 높은 등급을 받을 수 있다는 사실에 주목할 필요가 있다. 즉 많은 학생들이 지레 겁먹고 평소 수학 공부를 게을리한다는 점을 감안한다면, 포기하지 않고 끝까지 최선을 다하는 학생들이 결국에는 기대한 것보다 훨씬 나은 결과를 얻을 수 있는 게 수학 과목이다.

이 모든 것을 고려할 때, 수능 국영수 세 과목 간의 등급 차이가 크게 날 이유는 하등 없으며, 열심히 그리고 올곧게 공부한 학생에게서는 절대 그런 결과가 나올 수 없다. 때문에 만약 그런 결과가 나온다면 그 원인을 전적으로 자기 자신에게 돌려야 하며, 더불어 모든 노력을 기울여 원인을 파악하고 이를 통해 등급 간 격차를 줄여나갈 수 있도록 적극 노력해야 한다. 많은 경우에, 과목에 알맞도록 공부 방법을 올바르고 적절하게 바꿔 노력하는 것만으로도 실력은 부쩍 향상될 수 있다.

따라서 이렇게 생각하고 공부하면 된다. 국영수 세 과목의 등급 합이 같더라도 그것이 '1 + 2 + 3' 등급을 오르내리면서 들쭉날쭉하기보다는, '2 + 2 + 2' 등급을 안정적이며 일관되게 유지하는 게 훨씬 더 바람직하다. 그 동안에 치른 여러 시험에서 앞의 사례처럼 과목 간 등급 격차가 크다면, 시급히 등급 격차를 줄이는 노력부터 해야 한다. 만약에 그러지 않고 전체 등급의 합으로 맞추고 그 결과에 만족하려 든다면, 이는 그만큼 어리석은 공부 전략이자, 실제 수능 시험에서 세 과목 등급 합이 하락할 가능성을 높이는 나쁜 공부이다.

게다가 과목 간 등급 격차를 줄이게 되면, 성적을 한 등급 더 올리기 위한 '절대공부시간'을 그만큼 짧게 가져가게 만듦으로써, 결과적으로 성적이 향상될 가능성을 더욱 높인다. 무슨 뜻인가 하면, 과목 간 편차가 없다는 것은 곧 실력이 골고루 균등해졌음을 뜻하는 것이자, 성적이 한 단계 더 도약할 수 있는 기반이 마련되었다는 의미이다. 앞서 국영수 세 과목 모두 이해력과 사고력을 묻고 측정하는 점에서는 마찬가지라고 했는데, 과목 간 등급 차이가 크지 않다는 것은 그만큼 공부해나가는 과정에서 이해력과 사고력이 균형을 이루면서 향상되고 있음을 의미하며, 그에 따라 갈수록 공부효과가 상승하면서 성적은 꾸준히 올라가게 된다.

이런 이유로, 열심히 공부하는 동안에 먼저 세 과목의 등급 격차를 줄여나가는 데 가능한 모든 노력을 기울여야 한다. 이어서 세 과목 모두 안정적으로 2등급을 받기 위해 절대공부시간을 최대한으로 끌어당기는 한편, 이후 공부의 능률을 높이고 더욱 박차를 가함으로써 1등급으로 진입하게 만들면, 그것이 가장 바람직하고 효과적이며 공부의 효율을 높이는 좋은 공부이다. 그리고 이는 앞서 말했듯이, 공부는 단계적이며 불연속적으로 향상된다는 주장과 정확히 일치한다.

18. 고등학교 1학년은 공부의 틀을 만들어가는 중요한 시기

혹자는 말할 것이다. 국영수 세 과목 '1 + 2 + 3'을 받는 것이 '2 + 2 + 2'를 받는 것보다 더 나은 것 아니겠냐고. 어느 한 과목에서 확실하게 비교 우위를 점한다면, 다른 과목들도 그에 맞춰 올라갈 것 아니겠냐고.

물론 틀린 얘기는 아니다. 그리고 실제 어떤 특정 과목을 잘하고 그렇게 해서 수능 시험에서 확실하게 1등급을 받을 수 있다면, 그만큼 바람직한 결과를 가져올 수 있다. 게다가 앞서 말한 것처럼 수능 공부의 본질 상 어느 한 과목을 잘하면 결국에는 다른 과목도 1등급으로 끌어올릴 수 있게 된다. 그런데 과연 그럴까?

국영수 세 과목 중에 그 같은 착각(물론, 모든 학생들이 다 그렇다는 것은 아니다)을 일으키는 데 가장 크게 기여하는 과목이 바로 '영어'다. 그리고 그 착각을 일으키는 데 크게 한몫을 한 것이 바로 조기교육으로 인한 착시현상이다. 좀 더 설명하면 이렇다.

알다시피 우리나라의 영어 열풍은 어제 오늘의 얘기는 아니며, 영어 조기교육이 많은 학생들에게 공부의 자신감을 가져다주고 학업 성적 향상에 기여한 것은 분명한 사실이다. 그렇게 해서 적어도 중학교를 졸업할 때까지는 영어 잘하는 학생이 학교 공부도 잘하고 전교 석차도 높게 나오는 게 일반적이다.

하지만 고등학교에 들어가서부터는 사정이 달라진다. 영어는 이제 공부 잘하는 학생들, 명문대학에 들어가고자 열심히 공부하는 학생들로 하여금 다른 학생들을 따돌릴 수 있게 만드는 확실한 '무기'가 되지 못한다. 적어도 수능 성적을 가르는 학업 수준에 있어서의 상위권 학생 간의 영어 실력 격차는 없으며, 오히려 영어 조기교육에 따른 부작용이 작용하여 시간이 흐를수록 중위권으로 밀려나는 경우도 다반사다.

실제 수능 시험 결과를 보면, 어려서 외국에 영어 유학을 떠난 적도 없고 또 고액의 영어 과외를 받은 적도 없는 학생들이 영어 과목에서 만점을 받는 경우가 많은데, 그 이유가 뭘까? 그 이유 중 하나가 바로, 언어력과 언어사고력 간의 차이에서 비롯된다. 영어 역시 언어인지라 언어사고력이 뒷받침되어야만이 정확하게 지문을 해석할 수 있고 올바르게 문제를 풀어나갈 수 있다. 어렸을 때부터 일찍 외국어를 습득하는 것은 분명 학습에 효과적이며, 또한 '원어민에 가깝게' 배우는 것도 좋은 공부이다. 그렇더라도 그와 병행하여 국어 교육을 소홀히하지 않는 게 특히 중요하다. 모국어인 국어를 충분히 습득한 후 영어를 배워야 효용성이 높아지고 독해력도 향상되기 때문이다.

하지만 많은 학생들이 국어 공부는 소홀히 한 채 영어 공부에만 몰입함으로써, 속된 말로 '언어적 유희'에 빠져 허우적거리는 경우가 많다. 이를테면 '오렌지'는 천박하고 '아륀지'는 고급 영어라는 식으로 호도(이를테면 언어사고력보다 원어발음을 더 중요시하는 영어 학습)함으로써 내용보다는 형식에 치중하는 공부, 다시 말해 언어사고력을 갖추지 못한 채 언어 그 자체에만 치중하는 이상야릇한 공부가 되고 마는 것이다.

그 결과가 어떠냐고? 어려서부터 영어 몰입 공부에 치중해 온 많은 학생의 경우, 수능 지문 독해력이 달리는 경우가 의외로 많다. 물론 수능 영어로 출제되는 지문이란 게 국어로 따지자면 중학교 수준에 불과한 것이기에, 단어 실력만 제대로 갖추어도 글을 읽고 이해하는 데 큰 어려움은 없다. 하지만 지문이 윤문 과정을 거치지 않고 원문 그대로를 발췌하여 출제한다거나, 게다가 출제 지문이 4~5줄이 넘는 복문의 긴 문장으로 이루어진 경우에, 많은 학생들은 이를 제대로 해석하지 못하고 절절매게 된다. 더군다나 그 지문이 마치 국어 비문학 지문처럼 그 안에 인문사회과학적 사상과 개념을 담은 경우에, 이를 읽고 해석하는 데 학생들의 피로감은 상당하다.

앞서 수능 시험의 변별력은 고도의 사고력을 요하는 한 두 문제에 국한된다고 했는데, 바로 이와 같은 문제를 제대로 해결하지 못함으로써 "너는 어렸을 적에 영어 유학도 갔다 왔으면서 1등급을 못 받느냐"는 주변으로부터의 비아냥거림과 스스로의 자괴감으로 갈수록 위축되고 만다. 한번 주변을 살펴보라. 고등학교 저학년 때에는 영어 1등급을 맞았더라도 고학년이 되고 수능이 가까워질수록 2등급 이하로 밀리는 학생들이 여럿 되는 것을 어렵지 않게 확인할 수 있을 것이다.

이런 유형의 학생들이 특히 문제가 되는 이유는, 실제 수능 시험에서 등급이 주저앉는 이른바 '수능고위험군'에 속할 가능성이 높기 때문인데, 이는 다음 두 가지 이유 때문에 그렇다. 무엇보다, 국영수 과목 간 등급 불균형이 좀처럼 해소되지 않을 가능성이 있음은 물론, 경우에 따라서는 수능 시험에 가까워질수록 오히려 하향평준화를 보일 수 있기 때문이다. 영어 성적이 좀처럼 올라가지 않는다면 덩달아서 국어 성적도 내려갈 가능성이 높으며, 수학 성적 역시 오락가락 갈 지(之) 자 행태를 보일 수 있다. 그리고 이 모든 것의 중심에 낮은 수준의 언어사고력과 그에 따른 이해력 부족이 자리한다.

그런 점에서 볼 때, 지나친 선행학습이 초래할 수 있는 악영향을 한번쯤은 곱씹어볼 필요가 있다. 앞에서, 중학교 때 엄청나게 공부한 학생이 고등학교에 올라가서 오히려 성적이 떨어지는 '번아웃' 현상이 일어나는 경우가 의외로 많은데, 이는 중학교 공부에 비해 고등학교 공부의 질적 수준이 크게 높아짐으로써, '공부량'에 비례하는 성적 향상의 결과로 나타나지 않기 때문이라고 말했다.

고등학교 공부, 특히 수능 공부는 단순한 지식의 암기로는 해결되지 않으며, 평소 이해력과 사고력을 차근차근 쌓아올리며 해야 하는 공부다. 중학교 때 비록 학교 공부에는 다소 소홀했지만 공부 외적인 변수, 이를테면 풍부한 독서량이든가 지적 사고력을 높이는 여러 활동을 착실하게 쌓은 학생들의 경우, 그것이 이해력·사고력의 향상을 가져오고, 이후 고등학교에 올라가서 그 이해력과 사고력이 교과학습과 복합적으로 상호작용함으로써 공부에 시너지 효과가 발생하고, 그에 따라 성적은 계속해서 향상된다.

반면, 학원 공부에 매몰되어 지나치게 선행학습에 매달린 많은 학생들의 경우, 비록 그것이 중학교 성적을 높이는 데 크게 기여한 것은 분명하지만, 그럼에도 그러한 암기 위주의 공부가 오히려 지적 사고력의 답보 내지는 퇴행을 가져와 이후의 고등학교 공부에 큰 걸림돌로 작용하는 경우도 많다. 앞서 말한 영어 조기 교육 역시 이와 다를 바 없는데, 만약 그것이 언어사고력에 기반한 공부가 아니라 단순히 영어라는 언어적 표현 능력을 향상시키는 데 목표를 둔 것이었다면, 고등학교에 들어와서는 반드시 국어 과목을 병행하며 두 과목의 성적을 함께, 그리고 균등하게 높일 수 있도록 공부해나가야 한다.

고등학교 1학년 때 가장 시급하고 또 중점을 두어야 할 공부가 바로 이것으로, **각 과목별 그리고 공부에 요구되는 이해력과 사고력 간의 균형을 잡아가야 하는 적절한 시기이자 절대 놓쳐서는 안 되는 중요한 시기**가 바로 이 무렵이다. 이때를 놓치면 고등학교 전반의 대학입시 공부에 상당한 어려움이 따르게 된다. 대학입시에 맞춰 공부 습관과 공부 방법 등 체질부터 확 바꾸고, 이를 통해 자기만의 '공부의 틀'을 만들어 전력을 다해 공부해나가야 하는 시기이기 때문이다. 이런 이유로, 적어도 in서울 하기를 바란다거나 명문대 합격이라는 '고3 혁명'을 꿈꾸는 학생이라면, 고등학교 1학년을 절대 소홀히 보내면 안 된다. '고3 혁명'이 가능해지려면, 그 출발은 고3이 아닌 고1이라는 것을 반드시 염두에 두고 일찍부터 그에 맞춰 공부해나가야 한다.

19. 확증편향, 근거 없는 자신감이 수능을 망친다

하지만 정작 '고3 혁명'을 가로막는 주된 요인은, 많은 학생들에게서 나타나는 '제한된 합리성'으로서의 '확증편향'과 '인지부조화' 현상이다. 사람들은 자신의 입맛에 맞는 정보는 쉽게 믿고 받아들이는 반면, 그렇지 않은 정보는 애써 무시하는 경향이 있는데, 이를 확증편향이라고 한다. 확증편향은 믿고 싶은 것만 믿으려는 선택적 지각 현상이 작동한 결과로, 고등학교 3년 내내 수능 모의시험을 치르는 과정에서 편향(bias)적 사고가 갈수록 커져, 급기야는 "모의고사 성적은 비록 낮지만 이건 내 본 실력이 아니며, 수능 시험에서 진짜 실력(성적)이 발휘되고 말거야"라며 애써 자기 위안을 삼거나 자기 과신에 빠지는 결과를 초래한다.

예를 들면 이렇다. A라는 학생이 그 동안의 수능 모의고사를 통해 받은 국어 성적이 '1등급 1회, 2등급 4회, 3등급 2회' 라고 할 경우, 이 학생의 기본 실력에 걸맞은 평균 성적은 몇 등급이라고 봐야 하며, 또 실제 수능 시험에서 몇 등급을 받을 가능성이 높을까?

> 고3_ 9월 모의: 3등급, 6월 모의: 2등급, 3월 모의: 2등급
> 고2_ 11월 모의: 1등급, 9월 모의: 3등급, 6월 모의: 2등급, 3월 모의: 2등급

아마도 많은 학생들이 생각하기를, 그리고 이것이 실제 자기 성적이라고 가정할 때, 평균 성적(기본 실력)은 2등급이라고 확고하게 여긴다. 따라서 실제 수능 시험에서 2등급을 받는 것은 지극히 당연하며, 잘만하면 1등급도 받을 수 있을 거라고 믿는다. 왜냐? '전에 1등급을 받은 적이 있었기 때문에, 못할 것도 없지 않은가'라고 생각하고, 급기야는 그런 생각이 자기 확신으로 굳어지기 때문이다.

하지만 이는 절대 그렇지 않다. 이 학생의 평균 성적(기본 실력)은 3등급이며, 실제 수능 시험에서도 3등급을 받을 가능성이 아주 높다. 성적이 고르지 않고 들쑥날쑥할 경우에는 최저등급을 그 학생의 기본 실력으로 보는 게 더 적절한데, 왜냐하면 성적이 고르지 않다는 것은 곧 그 학생의 실력이 일정하지 않음을 뜻하는 것이자, 제대로 알지 못한 채 단순히 찍어 맞힌 문제도 상당하다는 뜻이기 때문이다. 더군다나 위 사례 가운데 재수생은 물론 실력이 출중한 '반수생'이 상당수 참여하는 고3 9월 모의고사에서 3등급을 받은 것에 주목할 필요가 있는데, 이때 받은 성적이 그대로 수능 성적으로 이어지는 경우가 일반적이며, 실제 수능 시험에서 이보다 등급이

낮으면 낮았지 올라가는 경우는 극히 드물다. 그렇기에 고3 3월 모의고사에서 2등급을 받았다고 해서, 그리고 고2 때 1등급까지 받은 적이 있으니, 앞으로 남은 기간 동안 열심히 공부하면 기필코 1등급으로 올라갈 것이라고 생각하는 것은 지나친 자기 확신에서 비롯된 바람이자 착각일 뿐이다. 실제 수능을 앞두고 이런 식으로 자기 최면을 거는 학생들이 상당히 많다.

이것이 왜 그런지를 자료를 통해 살펴보면 확실해진다. 입시전문기관 김영일교육컨설팅 교육연구소에 따르면, 2012학년도 고3 재학생 15만여 명의 학생 성적을 갖고 분석한 결과, 수능 시험에서 3월 모의고사 성적과 같은 1등급을 받은 학생은 전체의 40%에도 미치지 못한 것으로 나타났다. 즉 3월 모의 1등급을 받은 학생 중에서 수능과 비교해 같은 등급을 유지한 학생의 비율은 국어, 수학(가), 영어가 각각 평균 33.4%, 30.8%, 46.2%였다. 한편, 수능 영역별로 2~3등급이었던 학생의 20% 정도가 수능에서는 1등급을 받은 것으로 나타났으며, 3등급이었던 과목에서도 15%의 학생이 수능에서는 2등급을 받았다. 전체의 약 35%의 학생이 3월 모의고사보다 수능에서 더 좋은 성적을 받은 것으로 나타났다. 참고로 이와 같은 결과는 4등급 이상의 학생에서 등급별로 균일하게 나타났다.

정리하면, 고3 들어와서 처음 실시하는 3월 모의평가에서 1등급을 받은 학생의 약 40%는 실제 수능에서 같은 1등급을 유지, 2·3등급을 받은 학생의 약 20%는 1등급으로 향상, 1등급을 받은 학생의 약 60%는 등급이 하락하는 결과를 보였다. 한편, 다른 입시전문기관인 하늘교육의 분석 결과에 의하면, 2013학년도 수능에서 과목별로 1등급을 받은 재수생의 비율은 40% 정도라고 하여, 두 분석 자료가 거의 정확히 일치함을 보여주는데, 결국 40%만큼을 재수생이 비집고 들어오면서 그에 따른 등급의 역전현상이 일어나고 있음이 확인된다.

따라서 자료는 다음과 같은 중요한 의미를 내포한다. 즉 모의고사 성적 1등급을 받은 고3 재학생의 무려 60%에 해당하는 학생들이 실제 수능 시험에서 필연적으로 등급 하락을 겪게 되고, 대신 모의고사 성적 2~3등급을 받은 학생의 20%(이 역시 같은 이치다) 정도의 재학생들이 그 자리를 채우지만, 그렇더라도 전체적으로 등급의 하향평준화를 가져오게 된다(2등급 역시 마찬가지이다). 특히 SKY 합격이 가능한 국영수 세 과목 합 3등급을 교집합으로 묶어 생각할 경우에는, 3월 모의고사 성적에 비해 수능 성적이 하락하는 재학생 수는 훨씬 더 많을 것이다(뒤집어 말한다면, 국영수 세 과목 전부 1등급을 받은 재수생의 비율이 그만큼 더 많을 거라는 얘기다). 앞서 사례로 든 학생이 실제 수능 시험에서 9월 모의고사에서 받은 성적인 3등급을 뛰어넘기 어렵다고 판단하는 이유가 이것이다.

사정이 그러한데도 많은 학생들은, 자신들은 결코 등급이 하락하는 60%(국영수세 과목을 합할 경우에는 무려 60~80%의 학생이 등급 하락)에 속할 리가 없으며, 등급이 상승하는 20% 안에 반드시 들어갈 것이라고 굳게 믿으면서 위 분석 결과에 결코 동의하려 들지 않는다. 많은 고3 학생들이 그렇게 생각하는데, 수능 시험이 끝나고 나서야 뒤늦게 사태의 심각성을 감지하고 크게 낙담한다. 모의수능에서 등급별로 구간 평균 이하, 이를테면 1등급 전체 4% 중에서 하위 2%(즉 낮은 백분위)에 속하는 점수를 받은 고3 재학생이라면, 그 학생이 받은 실제 등급은 1등급이 아니라 2등급이라고 생각하고, 백분위를 높이려고 힘써야 한다. 진짜 실력이 뛰어난 '반수생'들이 참여할 경우에, 등급 구간별 하위 2%에 속하는 학생들은 자동으로 등급이 하락할 것이 분명하기 때문이다. 사례에서 등급 컷을 내려잡은 이유를 다시 한 번 이해할 수 있을 것이다.

참고로 위 사례는 필자가 경험한 한 학생에게서 일어난 실제 상황으로, 이어지는 논술 공부와 관련한 설명에서 좀 더 설명하기로 한다. 대개 이런 유형의 학생들에게 "이번 모의고사에서 몇 등급 받았니?" 하고 물으면, "국어는 아까운 2등급이요", "영어는 90점 받았어요." 하면서 표현을 바꿔가며 애매하게 대답하는데, 이것이 바로 확증편향적인 사고의 전형이다. '아까운' 등급이란 게 도대체 뭐고, '90점' 운운하는 것은 또 뭐란 말인가. 한 문제만 틀려도 곧바로 2등급으로 밀려나는 쉬운 국어와 영어 시험에서, "나는 곧 죽어도 90점을 맞았기에, 절대 시험을 잘 못 본 게 아냐" 하는 식으로 점수 인플레에 기대어 애써 자위한다 한들, 달라지는 게 도대체 뭐란 말인가.

말하고자 하는 핵심은 이것이다. 인간은 인식과 행동의 모순이 빚어내는 고통과 불안에서 벗어나기 위해 희망 섞인 관측과 둘러대기 변명을 만들어내는 경향이 있는데, 이것을 '인지부조화' 현상이라고 한다. 그렇게 해서 학생들은 스스로를 우월하게 보이도록 비교 기준을 선택할 뿐만 아니라, 부정확한 사실일지라도 자신이 믿고 싶어하는 것만 받아들이려는 확증편향적인 사고를 따름으로써, 그만큼 현실에 대한 정확한 인식이 결여된 비현실적인 낙관성에 기대가며 공부하려 든다.

물론, 낙관성에 근거한 자기 자신감은 분명 공부의 효율을 높이고 성적을 올리는 데 크게 기여한다. 그렇더라도 그 낙관성이 현실에 대한 잘못된 상황 인식에 따른 것이라면, 이는 막연한 장밋빛 환상에 지나지 않으며, 결과 또한 실망스러울 수밖에 없다. 자기신념의 실현 가능성은 어디까지나 자신을 정확히 파악하고 평가하는 것에서부터 출발하기 때문이다.

그렇기에 자기 실력에 대한 정확한 인식 없이 근거 없는 낙관으로 일관하면서 강한 자신감을 내보이는 학생들의 경우에는, 시험 성적이 오르기는커녕 오히려 낙관적이지 못한 학생들보다도 훨씬 낮은 시험 성적을 보일 수밖에 없다. 그리고는 어쩌다 한 번 좋은 성적을 받은 것에 기대어 "이번에는 운이 나빴을 뿐이야, 다음에는 잘할 수 있을 거야" 하면서 근거 없는 자신감으로 일관하며 밑도 끝도 없이 공부하려 드는데, 이는 절대 옳지 못한 공부 태도이다.

따라서 미래에 대한 막연한 장밋빛 환상에 기대어 실질적인 노력은 기울이지 않은 채, 자신은 능력이 뛰어나기에 당연히 시험을 잘 볼 수 있을 거라는 비현실적인 생각은 진즉에 버리는 게 좋다. 어디까지나 자신의 실력과 과목별 취약점을 철저하게 분석하고 보완해나가면서 공부에 힘쓸 때, 성적은 일정한 수준을 유지하고 과목별로 고르게 향상될 수 있다.

이런 이유로, 어떤 특정 과목을 공부 잘하는(잘한다고 생각하는) 것과 실제 시험에서 높은 성적을 받는 것과는 별개라는 점을 반드시 염두에 두고 공부해야 한다. 이를테면 단지 영어 과목을 잘한다고 해서 당연히 1등급을 받을 거라고 생각해서는 안 되며, 국어와 수학과의 등급 차이를 감안하면서 파악해야 한다. 만약 이 두 과목과의 등급 격차가 심하다면(2등급 이상 차이 날 경우), 수능 시험에서 영어 과목의 등급이 하락할 수 있음을 반드시 염두에 두고, 그에 맞춰 공부해나가야 한다.

20. 수능형 학생 vs. 내신형 학생

여기 두 학생이 있다.

● 여학생 A양

지방의 한 외고에 다녔고, 학교 내신 성적에 비해 수능 모의 성적이 항상 더 높았으며, 2014학년도 수능 만점을 받았으나, 한국사 필수과목을 선택하지 않아(상대적으로 낮은 내신 성적 때문에, 지레짐작하여 서울대 전형을 포기한 결과이다) 서울대에 못가고 아쉽게 수시전형으로 연세대 ○○학과에 합격했다.

● 여학생 B양

서울 강남의 한 외고를 다녔고, 수능 모의 성적에 비해 학교 내신 성적이 상대적으로 더 좋았으며(그렇더라도 서울대에 들어갈 만큼 안정적인 등급은 아니었다), 2014학년도 수능에서 국영수 합 5등급이라는 처참한 결과를 맛봤으며, 그렇게 해서 연세대를 비롯한 최상위권 대학의 학생부교과 및 논술전형에서 줄줄이 떨어졌지만, 뜻밖에도 혹시나 하면서 원서를 넣은 서울대 수시일반전형을 통과하여 인문대학 ○○학과에 덜컥 합격함으로써, 그야말로 짜릿한 역전극을 연출했다.

A학생은 필자가 지난 해 여름방학 때 잠시잠깐 동안 논술 공부를 지도했던 학생이고, B학생은 필자의 친한 후배의 딸로 수능을 제대로 망쳐 일찌감치 재수하기로 마음먹던 차에 그야말로 인생 역전한 그런 학생이다. 물론, 둘 다 실력이 워낙에 뛰어나기에 좋은 결과를 낸 것임은 두말할 나위 없이 분명한 사실이다.

참고로 두 학생의 성적을 비교하면, 학교 내신 성적은 B학생이 조금 더 높되 둘 다 전교 성적 상위권이며, 논술 실력은 A학생이 좀 더 뛰어나고, 수능 성적은 말했다시피 확연한 차이를 보였다. 그럼에도 불구하고, 물론 A학생은 당연한(오히려 손해 본) 결과이겠지만, B학생이 좋은 결과를 낸 데에는 그만큼 현행 대입전형의 난맥상이 한 몫을 한 것임은 부정할 수 없는 사실이다(그 자세한 내용은 이 책에서 말하고자 하는 핵심을 비껴가는 것이기에 생략한다). 그렇더라도 알아두어야 할 것은, 이 두 학생이 치른 대입 수시전형은 그야말로 최상위권 학생들에게나 해당하는 것이기에, 만약에 그렇지 않은 학생들이라면 그저 참고로만 받아들이는 게 적절하다(절대 무시하는 것이 아님을 분명히 밝힌다).

결과만을 놓고 볼 때 이 두 학생은 각각 '수능형 학생'과 '내신형 학생'의 전형을 보여준다. 물론 공부를 아주 잘하는 학생들의 경우에는 내신이고 수능이고 논술이고 할 것 없이 모든 영역에서 고르게 뛰어난 실력을 보이기에 굳이 차이를 따져가며 살필 필요조차 없겠지만, 그렇더라도 세 영역 간의 차이와 그에 따른 우열을 비교하며 생각할 때 그렇다는 얘기다.

일반적으로 최상위권 학생은 내신과 수능 모두 뛰어나지만, 그렇더라도 이들을 포함한 대부분의 학생은 내신 혹은 수능 중 어느 하나를 상대적으로 더 잘하는 경향이 있다. 말하자면 학생별로 '내신형' 혹은 '수능형'으로 불리는 공부 성향을 보이는데, 그렇게 해서 드러나는 두 유형의 일반적인 특성을 살펴보면 다음과 같다.

　　내신형은 부모 말 잘 듣고 성실하게 공부하는, 한 마디로 모범생이자 우등생 스타일이 주류를 이룬다. 수업 태도가 좋고, 필기도 꼼꼼히 잘하며, 수행평가 또한 하나도 안 놓치고 최선을 다한다. 교사가 수업 시간에 강조한 내용과 교과서를 달달 외워서 학교 시험을 치르기에 전 과목 골고루 내신 성적이 잘 나오고, 성격이 꼼꼼하고 완벽성을 추구하기에 시험에 실수가 없으며, 전 과목에서 성적을 잘 받기 위해 항상 최선을 다한다. 평소 계획을 세워가며 공부하기를 좋아하고, 암기를 잘하고, 학원 공부에 상당히 잘 적응하는 경향을 보이며, 공부량 또한 상당하다.

　　반면 수능형은 자기주장이 강하고, 대충대충 공부하려 들고, 자기가 좋아하는 것에만 매달리는 수재 형의 학생에게서 많이 나타난다. 그렇기에 한 개념, 한 문제를 놓고 오래 고민하는 수학·과학 과목을 좋아하며, 머릿속에서 구조화해서 생각하거나 고난도의 사고력을 요하는 응용문제에 도전하기를 즐기는 반면, 암기를 싫어하여 영어 과목처럼 단어를 외워야 하는 과목을 좋아하지 않는다. 평소에 할 공부를 미뤄뒀다가 시험 때 '벼락치기' 공부를 하는 일이 잦기에 중학교 성적은 실력에 비해 잘 안 나오는 편이며, 학원 공부를 싫어하고 자기 주도적으로 공부하는 것을 좋아한다.

　　중학교에서 상위권인 학생들은 대부분 내신형으로, 이들은 학교와 학원 수업 시간에 배운 개별 단원의 내용을 반복해서 암기하여 이를 '단기 기억'으로 만드는 데 탁월한 능력을 보인다. 학교 시험이 다가오면 기간적으로 충분히 여유를 두고 과목별로 그야말로 성실하게 외워가며 철저히 대비하기에 당연히 내신 성적이 잘 나온다.

　　하지만 내신형의 학생 가운데 중학교 때 전교 상위권을 다투던 학생들이 고등학교에 들어가서부터 성적이 확 떨어지는 경우가 있는데, 이는 그만큼 내신형 학생의 경우에 단기 기억을 장기 기억으로 만드는 능력으로서의 정보와 지식을 분류·분석·종합하는 능력이 취약하기 때문이다. 즉 암기를 통해 만들어진 단기 기억을 장기 기억으로 전환시키지 못하고, 다시 말해 **기억작용이 이해력과 사고력의 강화로 이어지지 못함으로써 학습능력이 저하되고, 그에 따라 종합적이고 체계적인 사고를 요하는 수능 시험에서 상대적으로 약한 결과**로 나타난다.

　　반면 중학교 때는 별로 눈에 안 띄다가 고등학교 때 성적이 오르는 학생들이 있는데, 이들은 대개 수능형 학생이다. 고등학교에 올라가면서부터는 학습량이 많아지고 응용·심화 문제도 많이 나오며, 게다가 수능 시험의 경우에는 출제 범위가 넓고 이해력·사고력을 종합적으로 묻는 문제가 출제되기에, 단순 암기 식으로 공부해서는 수능 시험에서 높은 성적을 기대하기가 어렵다. 학교 교과에서 배운 지식과 개념을 구조화하는 능력이 뛰어나고, 과목 및 단원 간 연결고리를 찾아내 서로 연결시켜 가며 통합적으로 사고하는 능력이 뒷받침되어야만 좋은 성적을 받을 수 있다. 수능형 학생들은 이것을 잘한다.

이상을 염두에 두고 생각할 때, 앞 사례의 학생들을 굳이 평가하자면 A는 수능형 학생, B는 내신형 학생으로 구분할 수 있겠다. 그렇더라도 두 학생처럼 항상 최상위권을 유지하고 있는 경우에는 수능형이든 내신형이든 관계없이, 결국에는 좋은 성과를 내게 마련이다. 그만큼 학교 공부와 수능 공부는 물론 논술 공부까지도 일찍부터 차근차근 준비한 학생들이자 머리까지 매우 명석한 학생들이기에, 당연히 모든 영역에서 남들보다 더 나은 성적을 보인다. B학생이 수시전형으로 서울대에 합격할 수 있었던 것도 따지고 보면, 평소에 논술 공부를 게을리하지 않은 것이 크게 작용함으로써, 구술면접(서울대 구술면접은 다른 대학의 논술 시험보다 더 센, 한 마디로 말로 하는 논술 시험이다)을 통과했기에 가능했다(여기에 더해 이 학생의 아빠인 필자의 후배는 말하기를, 자녀가 서울대에 합격할 수 있었던 것은 일반고가 아닌 외고에 다닌 때문이라는 것인데, 필자는 이 주장에 전적으로 공감한다. 이 책에도 그 이유를 설명해 놓았다).

이런 이유로, 최상위권 학생들의 경우에는 수능형이냐 논술형이냐를 따지는 것은 그다지 의미 없다. 그냥 공부 잘하는 머리 좋은 학생들이다. 이들은 **각자의 개성에 맞춰 공부 습관과 공부 방법을 찾아가며 스스로들 알아서 공부하는 학생**으로, 결국에는 자기 자리가 어디인지를 알고 찾아가게끔 되어 있다. 따라서 공부를 놓고 이렇다저렇다 왈가왈부할 필요가 전혀 없다. 다만 수능과 내신 공부 간의 적절한 균형이 유지될 수 있도록 관심을 갖고 살필 필요는 있는데, 그것도 뒷짐 지고 물러나 있다가 묻는 말에만 조용히 지도편달하면 그것으로 충분하다.

21. 학원 몰입식 공부 vs. 자기가 주도하는 공부

하지만 정작 문제가 되는 것은 바로 중상위권 학생들이다. 이를테면 학교 내신 성적 2.5등급(반에서 5등) 전후이자 수능 국영수 각 과목이 2~3등급을 오르내리는 학생들로, 한마디로 in서울 하기에 급급한 학생들이 바로 그들이다. 지역에 따라서는 반에서 1~2등을 해도 in서울 하기 어렵다고 앞에서 누차 설명했다. 이 집단에 속하는 학생들 가운데 누가 내신형인지 수능형인지를 구별하는 것은 그다지 어렵지 않다. 예를 들어 "우리 애는 머리는 좋은데 노력(공부)을 안 해요" 한다면 그 학생은 수능형에 가까울 것이고, "우리 애는 열심히 공부하는데도 도무지 성적이 안 올라요" 하면 내신형에 가까운 학생으로 보면 된다. 어느 쪽이든 부모의 입장에서는 애가 탈 노릇이다.

중학교 때 공부 잘하는 아이들 가운데는 학교나 학원에서 착실한 태도를 보이고 공부 습관이 잘 잡혀 있는 내신형이 대부분이다. 그런 아이들의 학교 성적은 당연히 뛰어나며, 그렇기에 굳이 수능형이냐 내신형이냐를 따져가며 가르칠 필요성도, 신경 쓸 이유도 전혀 없다. 공부 잘하고 말 잘 듣는 아이, 한 마디로 엄마들이 부러워하는 아이를 뒀다는 뿌듯함에 그저 공부량을 늘리는 게 곧 공부 잘하는 거라고 생각하고 열심히 학원으로 내몰 뿐이다. 학생 또한 그런 엄마의 믿음에 보답하기 위해 더욱 더 열심히 공부한다.

그런데 그러한 믿음을 확 깨는 순간이 온다. 그때가 바로 고등학교 1학년 들어와서 처음 치르는 '3월 모의고사'다. 이 때 아이의 전국 석차가 비로소 드러나는 것이기에 장차 어느 대학에 합격할 수 있는지를 가늠할 수 있는 데다, '고1 3월 모의고사 성적이 곧 수능 성적'이라는 속설까지 더해지면서 학생과 학부모의 마음은 초조할 수밖에 없다. 결국 아이의 내신과 수능을 어떻게 균형을 맞춰가며 공부시켜야 할지에 대한 부모의 고민이 따르고, 그렇게 해서 결정하는 선택은 항상 학원 공부를 강화하는 방향이다. 학원은 그런 부모 마음을 기가 막히게 눈치 채고 3월 모의고사가 끝나기가 무섭게 신문 전단광고를 살포하고, 부모는 이것을 보자마자 득달같이 학원으로 달려간다. 급기야 학원의 '공포마케팅'에 포섭되어, 학원을 많이 다닐수록 공부를 잘할 거라면서 자기최면을 건다.

하지만 그 믿음에 뭔지 모를 불안감이 엄습하는 데까지는 그리 오랜 시간이 걸리지 않는다. 이번에는 학교 내신 성적이 말썽을 일으키는데, 대학 가려면 내신 성적 관리도 무척이나 중요하다고들 하니, 정말이지 머리가 돌 지경이다. 그렇게 해서 아이 성적이 떨어지는 것은 다 학원에서 잘 못 가르쳤기 때문이라는 생각이 들 무렵, 어느 틈엔가 학원 전단광고가 슬그머니 집안에 들어와 마주하고 있음을 알고는 다시 마음이 바빠지기 시작한다. 정작에 학생은 아무 생각이 없는데, 엄마 혼자 '북 치고 , 장구 치고' 하며 아이의 공부를 지배하려 든다. 이 엄마가 도대체 뭘 알고 이러는 걸까.

중요한 것은 이것이다. 중상위권 학생의 경우에, 특히 앞서 예로 든 두 부류에 속하는 학생의 경우에는 단순히 성적만을 갖고 '내신형이다, 수능형이다' 여부를 따지기에 앞서, 그 본질적인 부분부터 살펴 바로잡아야 한다.

먼저, 머리가 정말로 좋은 학생은 공부하는 요령을 잘 알고 있기에 설렁설렁 공부해도 성적은 뛰어나다. 그렇기에 머리는 좋은데 공부를 안 한다는 부모의 생각은 그야말로 착각임을 분명하게 깨달아야 한다. 그저 잔 머리를 잘 굴리고 요령을 부리기에 그만큼 공부 집중력이 낮은 그런 학생에 지나지 않을 뿐이며, 결국 내신과 수능 모두에 약할 수밖에 없다. 따라서 이런 학생들은 먼저 **공부를 왜 해야 하는지에 대한 철저한 자각과 공부하려는 의지부터 바로 세워야** 하는데, 만약에 그렇지 못하면 제아무리 유능한 선생을 갖다 붙인다고 한들 성적은 절대 오르지 않음을 반드시 염두에 두어야 한다.

한편, 열심히 공부하는데도 좀처럼 성적이 안 오르는 학생들은 정말이지 안쓰럽다. 더군다나 중학교 때 학교 성적이 뛰어났음에도 고등학교에 올라와 성적이 떨어진 것이라면, 그 학생은 필시 그 동안 자기주도로 공부하기보다는 학원의 주입식 공부에 길들여진 학생으로 보면 된다. 그렇기에 이런 유형의 학생에게 성적 향상은 **각자 스스로의 부단한 노력과 올바른 공부 습관에 따른 것이지 결코 사교육 때문이 아님**을 깨닫는 게 무엇보다 중요하다. 때문에 처음에는 기존에 체득된 내신형 학습 스타일로 인해 상당한 혼란과 갈등을 겪겠지만, 자기 스스로 공부하는 습관을 꾸준히 밀고나가되 내신과 수능을 적절히 병행해가며 공부해나갈 경우, 결국에는 좋은 결과를 얻게 된다. 특히 고등학교 1학년 때부터 수능 시험에서 요구하는 이해력과 사고력을 높이기 위한 글 읽기를 착실히 해나가고, 아울러 국영수의 기본을 튼실하게 쌓는 공부에 힘을 쏟는 과정에서, 자기에게 맞는 공부의 틀이 형성되면서 실력은 점진적으로 향상된다.

결국 성적이 중상위권인 학생들은 내신형이든 수능형이든 관계없이 공부를 하긴 하는데 성적이 오르지 않는 것, 바로 이것이 문제임을 깨달아야 한다. 이를 통해 **편중된 학습 태도와 공부 습관으로 인한 문제점을 바로잡는 것에서부터 진정한 공부는 시작된다.** 자기주도학습이 필요한 학생들이 바로 이들인데, 그 동안에 학원수업에 함몰되어 타율적 공부 습관에 너무 깊이 길들여져 있는 학생이라면, 하루빨리 '내 공부'를 할 수 있도록 공부 습관과 공부 방법을 전부 다 뜯어고쳐야 한다. **학교 수업에 충실하고 나머지 시간에 자기 주도적인 학습에 매진하는 것이 가장 탁월한 성과를 내는 공부 방법**임을 깨닫고, 긴 호흡으로 '공부 습관'과 '공부 방법'을 바꿔나가면서 공부의 자립심을 키운다면, 장기적으로 성적은 반드시 오르게 마련이다.

중요한 것은, 학원 공부가 옳다 옳지 않다는 식의 도식적이고 이분법적인 태도와 실행 여부가 아니다. 필요하면 학원 공부나 인강 수업도 적극 활용해야 한다. 다만 현행 수능 공부의 특성상, 그리고 학습 수준이 중학교 때와는 비교할 수도 없을 정도로 높아지고 심화되는 고등학교 공부에 대응해가며 성적을 끌어올리기 위해서는 절대 기존의 공부 습관과 공부태도로는 해결되지 않는다는 사실을 분명하게 깨달아야 한다. 즉 자기가 주도해서 머리를 싸매가며 하는 능동적인 공부가 아니라 그저 지식을 받아먹는 식의 피동적인 공부로는 절대 좋은 성적을 받을 수 없음을 깨닫고, 그에 따른 적절하고 효과적인 공부 방법으로서의 자기만의 공부법과 공부요령을 터득함으로써 실력을 길러나가야 한다. 그 해결 방안으로서의 공부법에 대해서는 뒤에 자세히 설명한다.

22. in서울을 위한 가장 효과적인 공부 전략

공부에는 두 가지가 있다. 진리 탐구를 위한 공부와 자격을 가르기 위해 어쩔 수 없이 성적을 내야 하는 공부가 그것이다. 학생들이 그토록 바라는 대학에 가기 위해 하는 공부는 후자에 해당하는데, 이런 식의 공부는 재미도 없고 또 무엇을 어떻게 공부해야 할지 잘 모르는 경우가 일반적이다. 때문에 정작 학습 당사자인 학생들은 물색없이 공부하게 된다. 그저 시키는 대로 마지못해서, 아니면 자기가 왜 공부해야 하는지조차도 모르는 채 정신없이 학교와 학원을 쳇바퀴 돌고 있을 뿐이다. 그 결과 학생들은 공부한 만큼 점수가 나오지 않는 것에 적잖이 당황하게 된다. 어떻게 해야 할까? 도대체 무엇이 문제일까?

물론 학생에 따라 다르겠지만, 크게 다음 두 가지가 문제가 된다. 무엇보다 자신의 공부 방법에 뭔가 문제가 있지 않는가 하는 의문을 품어 봐야 한다. 학원의 주입식 공부에 치이고 있는 많은 학생들의 경우에는, 학생 스스로 문제와 맞닥뜨려가며 생각하고 고민하고 해결을 모색하려 들지 않는다. 그저 꽉 짜인 틀 안에서 강의를 듣고 문제를 풀고 답을 구하려 드는데, 그렇게 해서 공부한 것이 온전히 자신의 실력으로 돌아갈 일은 만무하다.

그렇게 해서 학생들은 그저 습관적으로 문제를 풀고, 습관적으로 문제를 찍고, 그러고는 습관적으로 문제지를 책상 한구석에 처박아 놓는다. 자신이 맞힌 답을 왜, 어떤 근거로 맞췄는지도 모르고, 또 틀린 답은 왜, 무슨 이유로 틀렸는지도 모르는 채, 그저 대학 가는 데 있어서의 또 한 과정을 넘겼을 뿐이라고 하면서 애써 의미를 부여할 뿐이다.

이런 식으로 공부해서 과연 실력이 늘기는 하는 걸까? 공부의 주체인 학생들은 물론 공부를 지원하고 후원하는 학부모들이 분명하게 알아야 할 것은, 이런 식의 수동적인 공부로는 절대 기대한 만큼의 실력을 높일 수 없다는 사실이다. 지금의 학생들의 도에 넘치는 몰입식 공부는 역설적이게도 깊게 생각하고 스스로 고민해가며 문제를 해결하는 데 필요한 모든 것들을 빼앗을 뿐이기 때문이다.

그래서 학생들에게 진정으로 부탁하노니, 어디까지나 자기주도학습에 매진하길 바란다. 학원을 가지 말라는 얘기가 아니다. 학원에 전적으로 의존하려 들지 말고, 학원에서 시키는 대로 아무 생각 없이 따라 학습하지 말고, 제발 생각을 해가며 공부해달라는 주문이다. 어쩔 수 없이 학원 공부에 의존하더라도 그것이 공부의 전부가 되어서는 안 되며, **반드시 자기 스스로 되새김질하는 과정을 거쳐 가며 공부해야 한다.** 이것이 학생들에게 주문하는 첫 번째 실천 과제이다.

이와 함께 효율성을 생각하면서 공부해야 한다. 학생들은 자기가 잘하고 또 자신 있어하는 과목에 더 많은 시간을 배분하려 드는데, 이것이 바로 비효율적인 공부 방법이다. 수능 시험으로 달랑 다섯 과목을 치르면서 과목별로 편차를 크게 한다면, 절대 바라는 대학에 합격할 수 없다. **오히려 자신 없는 과목일수록 더욱 집중해서 매달려야 한다.** 특히 지금처럼 '수능, 논술, 내신'이라는 세 가지 요건을 모두 충족시켜야 하는 상황에서는 효율적인 공부의 중요성은 아무리 강조해도 지나침이 없다. 더군다나 수능 국어 과목이나 대입 논술 모두 언어의 이해력을 묻는 시험이란 점에 비춰볼 때 이 셋은 결코 분리될 수 없는 하나이다. 따라서 기왕에 공부할 거라면 **함께, 동시에 공부해야 효율성을 크게 높일 수 있다.**

예를 들어, 수능 국어 지문과 대입 논술 지문은 별반 다르지 않다. 전자는 지문과 선택지 대답과의 내용 일치와 추론을 묻는 객관식 선다형 문제이고, 후자는 이것을 주관식 서술형으로 묻는 것일 뿐, 내용적으로는 하등 다를 바 없다. 그런 점에서는 수능 영어 역시 마찬가지인데, 특히 학생들이 가장 어려워하는 '빈칸 추론' 문제 역시 선택지 대답을 지문 안으로 끌어들인 것일 뿐, 수능 국어 비문학 문제와 별반 다르지 않다. 사정이 그런데도 셋을 따로 구분해서 공부하는 것은 그만큼 비효율적이라고밖에는 달리 표현할 방법이 없다.

이것을 확인하는 것은 그리 어렵지 않다. 수능 국어 비문학 지문은 정말이지 다양한 분야에서 발췌된 것으로, 그 안에는 많은 개념적인 설명을 담고 있다. 그런데 논술을 공부하는 학생들에게 그 개념에 대한 이해는 둘째 치고, 용어에 대해 한번쯤은 들어본 적이 있느냐고 물으면, 학생들은 한결같이 "아니요, 몰라요" 하는 말이 되돌아온다. 이쯤 되면 학생들은 문제를 풀 때, 그저 지문과 선택지를 오가며 에둘러가며 답을 찍은 것이랄밖에는 다른 말로 표현할 수 없다.

무릇 공부는 쉽게 해야 한다. 어려운 공부일수록 그 핵심만을 간추려 이를 단순화하면서 공부해야 성적도 올리고 공부의 효율성도 높일 수 있다. 하지만 학생들은 이를 그저 '편하고 안이하게'라는 개념으로 받아들이는 것, 바로 이게 문제다. 그리고 그 해결을 학원 공부에서 구하려 드는 것, 이것이 요즘 학생들의 공부가 극도의 비효율을 보이는 한 단면이기도 하다.

수능 비문학 지문과 대입 논술로 출제된 지문을 연계해가며 공부했을 경우에 수업 성과가 크게 향상되는 것을, 실제 수업을 해나가는 동안에 거듭 확인하게 된다. 수능 비문학 지문을 좀 더 충실하고 세밀하게 읽어가며 공부함으로써 수능 성적이 향상되고, 그 과정에서의 논증 글쓰기가 올바른 논술 공부로 이어지면서 실력이 배가되는 것을 학생 스스로 느낌은 물론, 그 만족감도 상당하다. 그렇기에 수능 비문학 공부와 대입 논술 공부를 굳이 따로 할 것이 아니라 병행하는 것이 공부의 시너지 효과를 증폭시키고, 그것이 곧바로 공부의 효율성을 높이는 지름길로 이어진다.

그렇더라도 논술 공부와 관련해서 반드시 알고 있어야 할 것이 있다. 적어도 논술 실력만을 놓고 볼 때는 노력만으로는 결코 충족되지 못하는 그 무엇이 있는데, 그것이 바로 선천적인 능력으로서의 논리적 사고력이다. 논리적 사고력에 어려서부터의 풍부한 독서량이 더해질 때 학생들은 논술에 뛰어난 소질을 보이게 되는데, 앞서 말한 '수능형' 학생들에게서 이런 성향이 많이 나타난다.

그런데 논리적 사고력이라는 재능적인 요소라든가 어렸을 때부터의 독서 습관과 풍부한 독서량은 하루아침에 길러지는 것은 절대 아니다. 게다가 이 두 요소는 수능 고득점을 받기 위해서 또는 고도의 논리적 사고력을 요하는 문제를 풀기위해서도 필수적이다. 논술 잘하는 아이가 수능 성적도 뛰어난 이유가 이 때문인데, 실제 논술 실력과 수능 성적은 정확히 비례한다. 수능 국어 1등급을 받는 학생과 2등급을 받는 학생의 논술 실력 차이는 생각보다 크며, 게다가 국어 2등급 이하인 학생들의 경우에는 좀처럼 논술 실력이 늘지 않는 경우를 많이 목격하는데, 실제 이런 학생의 논술 실력을 끌어올리기까지는 상당한 기간을 요한다.

이는 중요한 의미를 갖는다. 앞서 강조했듯이, 논술 공부는 지문 독해력을 끌어올리는 데 더할 나위 없이 좋은 공부이기에, 수능 국어 성적의 향상에도 크게 영향을 미치는 것 또한 분명한 사실이다. 그렇더라도 논술 공부가 일단 '쓰기'의 영역으로 들어가면 그것은 일종의 논리적 사고력의 표출로 나타나는 것과 같기에 그만큼 선천적인 능력에 크게 좌우되며, 그렇기에 재능 여하에 따라 실력이 좀처럼 향상되지 않고 답보하는 양상으로 나타날 수 있다.

따라서 이를 극복하기까지에는 생각 이상으로 긴 시간을 요할 수 있음을 분명히 알고 신중하게 생각하고 사려 깊게 판단해서 공부할지 여부를 결정해야 한다. 만약 그러지 않고 그저 세간에 떠도는 상술에 현혹되어 무작정 공부해나갔다가는 그야말로 가장 어리석고 극도로 비효율적인 공부가 될 수 있음을 분명하게 경고한다.

그리고 기왕에 논술을 공부할 요량이라면, 또한 논술 공부가 '내신형'을 '수능형'으로 환골탈퇴하게 만드는 데 더할 나위 없이 좋은 공부라는 점을 생각한다면, 하루라도 빨리 시작하는 게 좋다. 선천적인 재능에 상당 부분 귀속되는 사고력의 향상과 관련한 부분은 어쩔 수 없다 치더라도, 적어도 수능 공부에서 요구하는 이해력과 독해력은 크게 높일 수 있다. 이처럼 논술 공부는 수능 공부의 기반학습이 되는 것이기에, 일찍부터 논술 공부를 병행한다면 고3 들어 수능 공부를 내팽기고 논술 공부에만 매달림으로써 결국에는 둘 다 망치고 마는 불행만큼은 피할 수 있을 것이다.

결국 수능 공부의 핵심은 '올바른 글 읽기 능력의 습득'에 달렸음을 이해한다면, **논술 공부를 일찍부터, 될 수 있으면 고등학교 1학년 때부터 착실하게 해나가는 것이 수능과 내신, 논술 성적 모두를 높이고 in서울에 확실하게 합격하는 가장 빠르고 가장 확실한 방법이자 지름길**이라는 것도 이해할 수 있을 것이다. 그만큼 논술 공부가 수능과 내신을 보정(補正)하는 깊이 있는 공부라는 의미로, 연세대를 비롯한 여러 대학에서 대입 논술을 치르는 이유가 바로 이 때문이라는 주장에서 거듭 확인된다. 다시 한번 강조하거니와, '수능 + 논술'의 조합은 상위권 대학 합격을 보장하는 일종의 보험적인 성격과, 대학 레벨을 한 단계 더 높이는 가장 확실한 공부 전략임을 반드시 염두에 두고, 이것을 놓쳐 뒤늦게 후회하는 일은 절대 없도록 해야 한다.

이때 반드시 알고 있어야 할 것은, 논술 공부란 게 거창한 그 무엇이 아니란 사실이다. 그렇기에 굳이 논술학원에서 공부할 필요 또한 없다. 국어 과목이나 독서과목을 여러 종 구입하여 열심히 읽고 주어진 물음에 답하는 한편, 고등학교 도덕 교과서 한 권을 선정하여 각 단원 앞장에 있는 '단원별 학습 목표'에 담긴 개념을 중심으로 읽고 요약하는 연습을 해나가는 것만으로도, 충분히 기대한 성과를 얻을 수 있다. 그리고 실제 이만큼 충실한 공부도 없다.

따라서 '가방 크다고 공부 잘하는 것 아니듯'이, 공연스레 첨삭 때문에라도 논술학원에 꼭 다녀야 합네 하며 어쭙잖게 폼 잡아가며 공부하려 들지 말고, 가장 쉽고 또 가장 효과적인 방법으로 공부해가면 그것으로 충분하다. 중요한 것은 끝까지 완주하는 마음가짐과 태도, 그리고 집중력을 잃지 않고 진지하게 공부하는 자세이지, 다른 그 무엇도 아니다. 자기주도학습이란 그런 것이다.

이런 이유로 간곡히 부탁하노니, 일부 몰지각한 논술학원의 상술에 편승하여 부화뇌동하는 일이 절대 없기를 바란다. 논술 공부는 대학 가기 위한 공부로 더할 나위 없이 권장할만하지만, 그렇더라도 공부의 중심은 어디까지나 학교 수업을 중심으로 한 교과학습과 수능 공부이지, 결코 논술 공부가 중심이 되어서는 안 된다. **논술 공부는 어디까지나 수능과 교과 공부를 보정하고 보완하는 차원에서 이루어질 때 진정한 가치를 발휘할 수 있는 것**이지, 논술 그 자체만으로 홀로 설 수 있는 공부가 절대 아니다. 대학은 학교 공부를 잘하는 데다가 글(이때의 글은 논증 글쓰기이다)도 잘 쓰는 그런 학생을 원하는 것이지, 학교 공부는 등한시하면서 글(이때의 글은 창작 글쓰기이다)만 잘 쓰는 학생을 원하는 것은 아니다(논술을 가르치면서 간혹 이런 학생들을 보는데, 글에 논리는 없고 어설픈 배경 지식으로 한껏 멋을 부려가며 쓴 글을 읽고 있자면, 정말이지 꼴 보기 싫다). 그리고 그런 학생은 특기자 전형을 통해 따로 뽑는다. 이것이 의미하는 바가 무엇이겠는가. 거듭 강조하거니와, 대입 논술 시험은 공부 잘하는 학생들이 겨루는 지적 경쟁이자, '수능과 논술'의 조합을 통해 대학 레벨을 한 단계 더 끌어올리려는 선택적 공부 전략이지, 그저 혹시나 하는 마음에서 안일하게 접근해서는 절대 오르지 못할 나무와도 같은 시험임을 분명히 알아야 한다.

　다음은 지방의 모 논술학원에서 운영하는 논술카페에서 여름방학을 맞이하여 회원들에게 보낸 문자로, 이것을 곧이곧대로 믿어 수능 공부는 내팽기고 논술 공부에 매달렸다가는 그야말로 처참한 참극을 빚을 것임을 분명하게 경고한다. 글의 내용 역시 다분히 작위적이고 왜곡됐는데, 이를테면 수능 성적은 수시(최저등급 기준을 적용한다)와 정시를 합쳐 전체 전형의 최소 70% 이상에서 영향력을 미치는 점, 정시전형은 36% 이상인 데다가 계속해서 확대되고 있는 점, 수시 정원 70% 가운데 논술로 선발하는 비중은 30%에 채 못 미친다는 점, in서울 대학의 전체 전형에서 논술 전형이 차지하는 비율은 20%가 안 된다는 점 등, 사실이 그러한데도 불구하고 이렇듯 자기 유리한 방향으로 논리를 펼치는 현상, 말하자면 논술학원에서 사실을 왜곡하고 어설픈 논리를 펼치는 것을 어떻게 받아들여야 할까?

● 여름방학에 들어가는 고2 학생과 학부모들이 염두에 둬야 할 대입 전략

국,영,수 중심의 기초과목(수능과목)만으로는 자신이 원하는 대학, 목표하는 대학을 갈 수 없다는 사실을 인식하는 게 중요하다. 수능만을 목표로 공부한다고 할 때는 결국 정시로 대학을 간다는 얘기가 된다. 하지만 정시 정원은 전체 정원의 30% 전후에 지나지 않는다. 70% 전후의 수시 정원을 버리는 결과가 되기 때문에 정시는 바늘구멍에 소 들어가는 격이다. 따라서 목표하는 대학보다 한참 낮은(몇 단계가 될지 가늠할 수 없을 정도로) 대학을 갈 수 밖에 없다.

게다가 고2의 재학생과 학부모들은 재수생의 위력을 모른다. 현재 모의고사 등급(성적)이 1년 반 후 수능 때 자신의 등급이 나올 것으로 착각한다. 이른바 착시현상이다. 그러나 그것은 어디까지나 재학생들 사이의 등급이다. 재수생들은 현재 사진의 성적과 등급보다 상위의 학생들이라 생각해야 한다. 그래서 자신의 등급보다 한 단계 이상씩 내려온다.

70% 정원의 수시로 대학 들어가기가 수월할까, 30% 정원의 정시로 대학 들어가기가 수월할까? 불문가지이다. 수시를 놓쳐서는 안 된다. 정원이라는 대학 문 넓이도 그렇거니와 수시는 자신의 성적, 등급, 객관적 위치보다 훨씬 높은 대학을 갈 수 있게 하는 수단이다. 정시는 패자부활전으로 인식해야 한다.

그러면 수시 전략은? 1학년 초부터 비교과활동을 해 온 학생이라면 학생부종합전형(입학사정관전형)을 염두에 두면 되겠지만, 그 준비를 해오지 못한 학생과 학부모라면 지금부터 차근차근 논술을 준비하는 게 가장 효과적이고 가장 확률을 높일 수 있는 대입 전략이다.

단, 대상이 있다. in서울을 목표로 한다면 당연히 논술을 준비해야 한다. in서울은 수시 논술전형에 가장 많은 정원을 가지고 있다. 그리고 중위권 학생으로서 지방의 시시껄렁한 대학을 가기보다는 부산대 등 국립대(경북대 포함)라도 가고자 한다면 논술을 준비하라.

이제부터 설명하는 〈단국대 2014 논술 시험〉 결과는 실제 논술 시험에서 수능 성적이 차지하는 비중이 얼마나 큰지를 확인시켜주는 좋은 사례이다. 단국대는 인문계열은 '국영수탐' 1개 2등급, 자연계열은 1개 3등급의 수능 최저등급 기준을 두고 있으며, 내신 등급 간 편차는 1등급에서 6등급까지 각각 1점씩밖에 차이 나지 않는

다. 논술 시험은 수능이 끝난 이후, 수능 성적 발표 이전인 11월 중순에 치른다.

● 단국대 2014학년도 논술 시험 결과(대학 발표 자료)

구 분	인문계열		자연계열	
	인원	비율	인원	비율
지원자	11,828명	–	7,553명	–
응시자	6,848명	52.2%	5,083명	67.3%
지원자 중 수능 최저등급 기준 충족 학생	3,820명	**25.6%**[*]	3,164명	**41.9%**[*]
응시자 중 수능 최저등급 기준 충족 학생	3,355명	49.0%	3,156명	62.1%
모집 인원	335명		265명	
실질경쟁률	35.3:1 → **11.4:1**[*]		28.5:1 → **12.3:1**[*]	
합격자 내신 평균	4.0등급(2.1~6.7)		4.4등급(2.3~7.2)	
합격자 평균 점수	76점/100점 만점		60점/100점 만점	

위의 자료에서 주목할 것이 몇 가지 있다. 먼저, 지원자 중에 수능 최저등급 기준인 '국영수탐' 1개 2등급 또는 3등급을 충족하지 못해 시험조차 치르지 못하거나 자격을 상실하는 학생이 무려 75%에 이른다는 사실이다. 이때, 지원자 중 수능 최저등급 기준을 충족한 학생의 수와 응시자의 그것이 엇비슷하게 나타나고 있는 것은 그만큼 응시자의 약 절반 가량의 학생이 혹시나 국영수탐 한 과목 2등급을 받을 수 있을지도 모른다는 기대심리에서, 그야말로 혹시나 하고 시험을 치렀다가 '역시나'가 된 결과라고 봐야 할 듯하다.

아무튼 합격자 내신 평균이 4등급대인 점에 주목할 경우, 내신 누적석차 40% 이내로 반에서 10등 전후의 성적을 보이는 학생들이 실제 수능 시험에서 국영수탐 1개 2등급 또는 그것을 약간 상회하는 성적을 보이고 있음이 확인되는데, 이것이 의미하는 바가 뭘까? 참고로 단국대의 수시 학생부교과전형의 합격자 평균 내신 성적은 인문 2.4, 자연 2.3등급이었다.

이는 앞서 누차 설명한 것처럼, in서울 하려면 국영수탐 평균 2등급 이내에 들어야 한다고 강조했다. 단국대의 경우에도 정시전형에서 과목 간 수능 평균 성적이 2.5등급 이내에는 들어야 합격이 가능하다. 즉 2개 2등급 이상이 되어야 가능하다는 얘긴데, 이것이 생각만큼 쉽지 않다. 그런데 1개 2등급에다가 내신 성적이 4등급 전후인 학생이 논술전형을 뚫고 합격한 것은, 이는 곧 합격 가능한 대학의 수준을 한 단계 더 끌어올렸음을 의미한다.

대입 논술 시험은 이처럼 목표로 하는 대학의 수준을 끌어올리는 데 더할 나위 없이 좋은 전형이다. 그렇기에 가급적 이 전형을 놓쳐서는 안 된다. 그렇더라도 수능 2등급 1개 조건을 충족하지 못해 자신의 논술 실력을 평가받을 기회조차 얻지 못하는 학생들이 전체의 무려 75%에 이른다는 점, 덧붙여 수능 등급 기준을 충족할 경우의 실질경쟁률이 10:1에 이른다는 점을 고려한다면, 절대 수능 공부도, 논술 공부도 등한시할 수 없음을 알 수 있다. 다시 말해, 논술전형으로 대학을 들어가고자 할 요량이라면, **수능 공부도 착실히 하고 논술 공부도 일찍부터 차근차근 준비해나가야 합격**할 수 있으며, 그것도 학교 공부 시에 논술을 병행해가며 공부하는 것이 가장 효율적이고 효과적인 공부라는 점을 반드시 명심해야 한다. 즉 논술 공부에 앞서 학교 공부, 국어 성적부터 2등급 이내로 확실하게 올려놓고 볼 일이다. 무슨 뜻인지 분명하게 알아들었을 것이며, 반드시 알아들어야 한다.

23. 대입전형 지원 전략을 성공적으로 짜는 방법

여기까지의 논의를 또 다시 중간정산하면, 결국 수시전형이든 정시전형이든 관계 없이 **대학입시를 위한 모든 생사여탈권은 수능 성적에 달렸음**을 알 수 있다. 대입전형 전체의 70%를 차지하는 수시전형 지원 전략을 세울 때에도 '수능최저학력기준' 부터 충족해야 하기 때문에, 수능 성적은 대학입시에서 가장 우선적으로 고려해야 할 필요충분조건이 되었다.

이는 수능 성적을 요구하지 않는(다고 말하는) 수시 학생부종합전형으로 대학에 들어가는 것보다는, 수능 준비를 잘 해 수능 성적을 사실상 100% 반영하는 정시전형이나 수능 최저등급을 적용하는 수시전형으로 대학에 들어가는 것이 현실적으로 더 쉽고 또 가능성이 높다는 의미이다. 보편교육을 지향하는 일반계 고교에 다니는 학생이 수시 학생부종합전형으로 대학 가기 위해 다양한 비교과 스펙을 쌓기란 여간 힘든 일이 아니며, 게다가 대학에서 요구하는 적성과 잠재력을 증명하는 것 또한 결코 만만치가 않다. 앞서 수시 학생부종합전형은 흡사 특목고와 자사고를 위해 특별 기획한 전형과도 같다고 말했다.

　　그렇다고 수능 최저등급을 적용하는 수시 학생부교과전형이나 논술전형이라고 해서 이것이 만만하다는 얘기 또한 아니다. 서울 상위 15개 대학의 학생부교과전형은 적어도 내신 평균성적이 1.5등급 이내에 속하는 학생들이나 겨룰 수 있는 것이기에, 고교 3년 내내 학업관리에 철저해야 한다. 논술전형 역시 그 방면의 자질이 따르지 않을 경우에는 결코 단기간의 준비로는 어림없다. 그렇기에 중하위권 대학이라면 몰라도 적어도 서울 상위 15개 대학의 경우에는 자신보다 낮은 내신 성적과 단기간의 논술 준비로 쉽게 대학에 들어갔다는 얘기는 그야말로 풍문일 뿐이며, 따라서 논술학원의 사탕발림을 절대 믿어서는 안 된다.

　　결국, 평소 수능 준비를 잘해나가며 공부하는 것이 수시든 정시든 목표한 대학에 들어가는 가장 빠른 길이자, 다른 어떤 공부보다 훨씬 수월하다는 것을 반드시 알고 있어야 한다. 설령 대학이 요구하는 수준의 스펙을 충분하게 갖춘 학생일지라도 만일의 상황에 대비해서 수능 준비를 병행해야 한다. 앞에서 설명한 연세대의 사례를 통해 알 수 있듯이, 서울 상위 15개 대학 수시 지원자의 상당수가 수능 최저등급 기준 미달로 해마다 대학입시에서 고배를 마시고 있다는 사실을 분명하게 깨달아야 한다.

　　이런 이유로, 단지 수시지원을 많이 한다고 해서 그에 비례해서 수시전형으로 합격할 가능성이 높아질 것이라고 생각하면, 이는 그야말로 어리석은 생각이다. 수시전형으로 여러 대학에 지원한다고 한들, 학생들이 체감하는 대학의 서열 및 인지도는 엇비슷한 탓에, 엇비슷한 내신 및 수능 성적과 논술 실력을 갖춘 학생들이 엇비슷한 수준의 대학에 동시다발적으로 몰리게 되고, 그에 따라 그만큼 합격할 가능성도 엇비슷해지며, 그 결과 한 학생이 복수의 대학에 합격하는 경우가 비일비재하다. 대입전형 지원과 그에 따른 합격 가능성은 마치 확률계산에 있어서의 독립시행확률과도 같아서, 지원횟수가 많다고 해서 그것이 합격할 가능성을 높이는 것은 절대 아니다. 즉 인간행동에 있어서의 제한적 합리성이 반영되기라도 하듯, 수시전형이든 정시전형이든 관계없이, 합격하는 학생은 여러 대학에 복수로 합격하고, 불합격하는 학생은 대학마다 모두 떨어지고 마는 것이 현행 대학입시를 둘러싼 불편한 진실이다.

　　그렇기에, 이와 같은 수시전형 지원 전략은 옳지 못한 바보 같은 선택이다. 여러 대학에 복수로 합격한 학생이든, 그렇지를 않고 모조리 불합격한 학생이든, 모두 전략적 선택을 잘못한 것임을 분명히 알아야 한다. **대입전형에 있어서의 최선의 전략은 자신이 그토록 들어가기 바라는 대학 딱 한 곳에, 그것도 자기 실력보다 한두 단계 더 높은 대학에 덜커덕 합격하는 것이다.** 설령 그 대학을 꼴찌로 합격한다거나, 추가

합격을 뚫고 들어간다고 해서 속된말로 쪽팔릴 이유는 하등 없다. 대학입시는 오직 합격과 불합격이라는 이분법적인 도식에서만 판단될 뿐이다. 꼴찌로 합격하거나 추가합격한 학생들은 가장 효용가치가 높은 경제적 선택을 한 것이자, 그만큼 전략적으로 뛰어난 효과를 발휘한 영민한 학생들이다.

이런 이유로, 수시전형에 있어서의 지원 대학, 지원 학과의 포트폴리오를 잘 구성해야 한다. 자칫 '수시납치'됨으로써, 머리 싸매고 드러눕는 경우가 생길 수 있기 때문이다. 수시납치란 수시에 합격한 대학보다 선호하는(대학서열이 높은) 대학(및 학과)에 갈 수 있는 수능 점수를 받아도 그 대학에 못 가는 경우를 가리키는 결코 웃어넘길 수 없는 유행어로, 실제 대학입시에서 이러한 수시납치가 의외로 상당히 많이 일어난다.

이때, 수시 합격 이후에는 정시전형으로 지원할 기회가 사라지기 때문에, 평소 수능 모의고사 성적으로 정시에서 충분히 합격 가능한 대학에 올인하는 지원 전략은 옳지 않다. 자신의 평소 수능 모의고사 성적 기준으로 합격할 수 있는 대학보다 상향지원하거나, 소신 지원하는 게 더 바람직한 대학입시 지원 전략이다.

그러다가 수시는 물론 정시까지 전부 떨어지면 그땐 어떻게 할 거냐고 따져 물을 수 있다. 지금 한 말에 책임질 수 있느냐고? 물론, 책임 못 진다. 그렇더라도 이것 하나만은 분명히 말할 수 있다. 앞서 누누이 말한 것처럼 in서울 가능한 수능 등급인 국영수 각 2등급 이내에 들 수 있도록 가능한 모든 노력을 기울여가며 공부하되, 수시와 정시 전형으로 지원하려는 대학의 포트폴리오를 좀 더 공격적이고 전향적으로 설정하는 것이 훨씬 효과적이며 바람직한 입시전략이다. 물론, 이는 상위권 대학을 지원하는 학생으로서, 그에 걸맞은 수능 성적을 기대할 수 있는 경우에 한해서라고 강조했다. 이런 학생들은 수시전형에서 강세를 보이는 경우가 일반적이며, 설령 수시에서 떨어졌다 하더라도 정시전형에서 추가합격을 통해 그야말로 대박을 터뜨리는 경우도 상당히 많다.

이는 나름 흥미롭고 또 한 번쯤은 깊게 들여다볼 필요가 있기에 사례를 들어가며 부연한다. 이투스청솔 교육평가연구소 조사 결과에 따르면, 2014 정시에서 서울지역 상위권 대학들의 합격선이 줄줄이 하락하는 현상이 나타났는데, 그에 따라 각 대학마다 추가합격으로 학생들을 대거 모집함으로써 합격선이 크게 동반 하락하는 결과를 가져왔다. 특히 연세대가 인문계와 자연계 할 것 없이, 그리고 경영(94%) · 경제(50%) · 영문(44%) · 행정(50%) · 화생공(100% 이상) 등 인기학과에서 추가합격한 학생의 비율(괄호안의 수치 참조)이 높게 나타나고 그에 따라 합격선이 크게 낮아졌는데, 이것이 의미하는 바가 무엇일까?

　이는 무엇보다, **수능 고득점자들의 상당수가 수시모집에서 합격한 때문**으로(즉 '수시납치'된 학생이 많이 발생한 결과이다), 그에 따라 기존의 정시모집 합격선에 성적이 크게 미치지 못함에도 합격한 수험생이 상당수 있었다. 일례로, 2014 정시에서 4개 영역 백분위 357점인 수험생이 연세대 화공생명공학부에 추가 합격한 경우가 있었는데(국 · 영 · 수 · 탐 각각의 등급은 1 · 3 · 2 · 2, 백분위는 96 · 79 · 83 · 89%), 이 학부의 정시 모집 예상 커트라인은 백분위 기준 387점이었다. 참고로 이 학부의 경우에는 추가합격자만으로 정원을 채웠는데(실제 우선선발 합격선은 500점 환산 기준 331.1점, 추가합격선은 320점으로 수능 성적 상위 누적 3.4% 수준이다. 500점 환산기준에 대한 계산식은 생략한다), 이는 그만큼 중복 합격자들의 연쇄이동이 많았음을 보여준다.

　한편, 연세대의 인기학과인 경영학과의 경우에는 어떠했을까? 이 학과는 모집정원의 70%를 선발한 우선선발의 합격선만큼은 수능 표준점수 500점 환산 기준 337.4점(수능 성적 상위누적 0.07%)으로 가장 높았지만, 그럼에도 총 4차에 걸쳐 94명(모집정원 100명의 무려 94%)의 추가합격자가 나옴으로써 333점으로 낮아졌다. 이와는 반대로 추가합격자가 한 명도 없는 사회학과의 경우에는 335점(상위 0.2%)으로 정시 합격선이 가장 높았고, 교육학부는 324점(상위 2.8%)으로 가장 낮았다(우선합격선은 331.5점).

　다른 상위권 대학 역시 연세대와 별반 다르지 않은데, 고려대 역시 하향안전 지원의 여파로 인문계 인기학과인 정경대와 미디어학부의 합격선이 대폭 하락하고, 많은 수의 추가합격자가 꼬리에 꼬리를 물었다. 이처럼 지난 2014학년도 대학 입시에서 추가합격자가 양산되고 합격선이 뒤죽박죽이 된 데에는 '영어 과목의 수준별 수능 시행에 따라 어느 해보다 안정적인 합격선에 대한 예측이 어려웠고, 서울대를 비롯한 상위권 대학들의 수시선발 비중이 70% 이상 높아졌으며, 그에 따라 수능 고득점자 중 상당수가 수시에 합격한 관계로 실질적인 정시 지원자 중 고득점자의 층이 엷어졌기 때문'이라는 게 전문가의 진단이다.

　이상의 결과에서 알 수 있듯이, 정시모집의 입시 결과는 당초 예상과는 다른 경우가 많다. 즉 수시모집에서 수능 고득점자의 이탈로 정시지원의 대학별, 학과별 실질적인 석차가 달라지고 그에 따른 **실제 커트라인은 크게 하락**할 수 있다. 게다가 정시모집은 '선시험 후지원'이기 때문에 **수시모집에 비해 안정적으로 지원하려는 성향이 강하다.** 그 결과 입시전문기관에서 발표하는 예상 합격선에 근접하는 학생들일수록 선뜻 지원을 망설이게 된다. 한편 예상 합격선을 뛰어넘는 학생들의 경우에는 당연히 합격하겠지만, 그렇더라도 앞서 말한 것처럼 이런 학생일수록 여러 대학에 걸쳐 중복 합격하는 경우가 일반적이어서 상당수가 상위 대학으로 이탈하려 든다. 당연히 합격권 점수보다 낮음에도 소신 지원한 학생들이 추가합격이라는 어부지리를 얻는 경우가 발생하는데, 각 대학의 인기학과일수록 그러한 현상은 더욱 뚜렷하게 나타난다. 더군다나 정시모집은 미등록 충원 기간이 길어 시간의 흐름과 함께 **중복 합격자들의 연쇄이동이 계속해서 이어지는데, 그에 따른 실제 합격선은 생각보다 훨씬 낮을 수 있다.**

이처럼 정시 추가 합격을 통해 성적의 역전을 이룬다거나, 또는 수시 학생부교과전형이나 논술전형을 통한 성적 뒤집기가 가능하려면, 어디까지나 수능 성적이 일정 수준 이상으로 뒷받침되어야 함은 물론이다. 그런데 그 열매는 생각 이상으로 크고 달콤하며, 게다가 짜릿하기까지 하다. 물론 생각만큼 도달하기 어려운 거리에 있는 것도 아니다. 따라서 현행 대학입시에서 전형을 불문하고 다양한 카드를 꺼내들 수 있고 또 많은 경우의 수를 생각해볼 수 있는 수능 공부를 게을리 한다면, 이는 그야말로 가장 어리석고 가장 우둔한 공부를 해나가는 것과 다를 바 없다. 만약에 그렇다면, 이러고도 대학입시를 준비하는 수험생이라고 할 수 있을까?

24. 현명한 부모가 아이를 대학 보낸다

학부모들의 초미의 관심사는 어떻게 하면 자녀를 공부 잘하는 아이로 만들 수 있느냐에 있다. 학부모들이 자녀의 '바른' 공부를 도울 수 있는 방법에 대해 고민하는 것은 지극히 당연하며, 이런 이유로 이웃의 우등생인 아이가 어떻게 공부하는지 알아내기 위해 동분서주한다. 하지만 다른 아이는 모두 내 아이의 경쟁자라고 생각하는 이웃집 엄마는 좀처럼 정보를 주지 않는다.

뒷장에서 자세히 설명하겠지만, 공부 잘하는 아이들은 자기만의 공부법이 있다. 그 공부법은 스스로 고민하고 노력해서 얻은 결과물이다. 그렇기에 어떤 우등생의 공부법이 반드시 내 아이에게 도움이 된다는 보장은 없으며, 아무리 좋은 학습법이라도 내 아이에게 맞지 않는다면 말짱 도루묵이다. 남의 공부법을 무조건 따라하지 말고 '내 아이에게 맞는 효과적인 공부법'을 찾아 그 방향으로 유도하는 것이 현명한 부모가 할 일이다.

여기 공부 방법과 공부 지도의 중요성을 강조한 사례가 있다. 교육학자로 재직하는 20년 동안 실천한 엘리트 교육법을 〈이제는 아버지가 나서야 한다〉에 담아 출간한 이해명 단국대 교수의 연구 결과에 따르면, 대부분의 수능 고득점자들은 지능이 높고(머리가 좋고), 초등학교 때부터 꾸준히 노력해온 학생들이었다고 한다. 그런데, 예외적으로 지능이 그다지 높지 않으면서도 수능에서 높은 점수를 받은 학생이 몇몇 있었는데, 이들을 조사해보니 이들은 모두 **초등학교 때부터 부모가 공부 방법을 지도한 경우**였다고 한다.

즉 부모가 자식과 함께 책을 읽기도 하고 숙제를 도와주면서 같이 공부해 온 경우에 수능에서 높은 성적을 받았다고 한다. 그렇더라도 부모의 학습지도가 잠시 문제를 풀어주는 수준에서 단기적인 점수 경쟁을 위한 것이어서는 결코 좋은 결과를 기대할 수 없으며, 부모가 오랫동안 아이와 함께 호흡하면서 기본 학력을 신장시키는 장기적인 계획 하에, 학습 과정에 늘 관심을 갖고 참여해야 좋은 결과를 얻는다고 그는 말한다.

이처럼 이해명 교수는, 공부는 '저 혼자 하는 것이 아니라, 부모의 노력 여하에 따라 얼마든지 달라질 수 있다'고 강조한다. 자신의 둘째 아들을 초등학교부터 고등학교까지 체계적으로 가르쳐 서울대 경제학과에 합격시켰다고 말하면서, 특히 초등학교 시기에 학교 교육만을 너무 믿지 말 것을 당부한다. 그리고 공부만 하라고 잔소리하는 엄마와 오냐오냐하는 아빠의 역할을 오늘 당장 바꾸고, 아빠가 나설 것을 주문한다.

중학교 때까지는 부모의 말을 잘 듣고 학교 공부에 충실한 학생이 공부도 잘하는 것은 분명하다. 이때까지는 엄마(아빠) 매니저가 통한다. 하지만 고등학교부터는 더 이상 엄마가 공부를 도와줄 수 없다. 공부의 질적 수준이 워낙 높아지고 또 공부량도 많아지면서, 더 이상 엄마가 개입할 여지가 없다. 이때부터는 자기 스스로 공부하는 습관이 잡혀있지 않으면, 공부 잘하는 주위의 경쟁자를 따라잡기 어렵다.

그렇기에 문제가 되는 것은, 아이가 초등학교 때부터 길어야 중학교 때까지는 어찌어찌해서 직접 가르친다거나 공부 방법을 지도할 수 있겠지만, 정작 자기주도적인 학습이 가장 필요한 시기이자 공부 수준이 확연히 높아지는 고등학교 교과과정을 직접 자식에게 가르칠 수 있는 역량을 가진 부모가 과연 몇이나 될 것이냐이다. 공부 습관을 올바르게 잡아주는 거야 어찌해볼 도리가 있다지만, 적절한 공부 방법을 찾아 지도편달하려면 뭘 알아야 하지 않겠는가?

따라서 이해명 교수의 조언은 일견 현실과는 다소 맞지 않는 주장처럼 보인다. 정작 학습지도가 필요한 고등학교 공부를 가르치고 지도하기란 여간 힘에 부치지 않고 또 현실적으로도 쉽지 않기 때문이다. 더군다나 자식이 고등학교에 들어갈 무렵이면 그 부모는 그와는 반대로 공부와는 가장 거리가 멀어지는 단계이자 경제활동에 무척이나 바쁜 시기로, 자식 가르치는 것은 언감생심 꿈도 못 꿀 일이다. 특히 아빠의 경우에는 더하다.

즉 이해명교수의 말마따나 초등학교 때부터 부모가 직접 아이를 가르칠 수 있다면야 더할 나위 없이 좋겠지만, 그것은 현실적으로 결코 쉽지 않은 일이다. 게다가 그 과정에서 아이와 많은 갈등을 겪는 등으로, 오히려 나쁜 결과를 가져올 수 있다는 사실도 한번쯤은 깊게 생각해봐야 한다.

실제 필자 주변의 지인들 중에서 그런 경우를 많이 봐왔다. 게다가 오죽했으면 맹자조차도 '군자가 자기 자식을 직접 가르치는 것은 자칫 부자 간의 정을 해칠 뿐이다'라고 하여, 아무리 뛰어난 스승도 자기 자식을 직접 가르치기는 어렵다고 했겠는가. 필자 역시 어찌어찌하여 아들 녀석을 가르치고는 있지만, 그 과정에서 녀석의 당돌함과 자기본위적인 사고에 격앙되어 '부자유친'의 관계가 위태로웠던 적이 한두 번이 아니다.

어찌됐든, 자식을 직접 가르치는 과정에서 확인한 것의 하나는, 부모가 직접 자식을 가르쳤든지 아니면 공부 방법을 지도해왔든지 상관없이, 적어도 자식이 중학교를 끝마칠 때까지 현명한 부모로서 **자녀 교육에 대한 분명한 자기 소신을 갖고 장기적인 관점에서 아이의 주도적 학습을 책임지고 이끌어 온 경우**에, 그 자녀는 고등학교에 들어간 이후에도 좋은 성과를 낸다는 사실이다. 그러한 노력만으로도 아이는 고등학교에 들어가서 자기 스스로 공부를 잘해나갈 수 있는 기본 실력과 경쟁력을 충분히 쌓았다고 봐도 틀림없으며, 또 실제로도 그렇다. 학원의 무조건적 주입식 교육에 길들여지면서 혼자서 공부할 수 없는 학원 의존형 아이로 만들지 않은 것만으로도 충분히 상황은 호전될 수 있기에 더 그렇다.

다시 말해, 부모가 초등학교 때부터 올바르게 공부 방법을 지도한 아이로 그 과정에서 자연스럽게 공부 방법을 터득하고 자기주도로 공부하는 습관을 들인 경우나, 또는 자사고·특목고에 진학하여 학교의 커리큘럼에 맞춰 열심히 공부할 수 있는 여건이 만들어진 학생들이라면, 이는 부모로서 충분히 자기 역할 이상을 다한 셈이다. 고등학교에 들어서도 공부 잘할 수 있는 기초체력을 충분히 다져주었기 때문이다.

실제, 아이 스스로 주도적으로 공부할 수 있는 습관만 제대로 갖출 수 있도록 만들고, 여기에 더해 풍부한 독서 습관을 길러주는 것만으로도, 부모의 역할은 기대이상으로 충분이 했다고 생각하면 된다. 그렇기에 고등학교 들어서서도 아이가 진정으로 공부 잘하고 열심히 공부해서 원하는 대학에 가기를 바라는 부모라면, 아이의 학교시험 성적에만 집착하지 말고 장기적인 관점에서 자기 스스로 공부하는 습관을

119

길러나갈 수 있도록 뒤에서 조용히 뒷짐 지고 살펴야 한다. 그리고 그것이 현명한 부모라면 응당 해야 할 일이자, 평범한 아이를 우등생으로 키우는 가장 효과적인 방법이다.

따라서 내 아이를 좋은 대학에 보내기 위한 가장 중요한 시기가 바로 고등학교 들어가자마자부터 임을 확실하게 깨닫고, 그에 맞춰 아이의 공부 태도와 공부 방법을 정확히 살핀 후, 일찍부터 대학 가는 공부에 맞춰 올바르게 공부해나갈 수 있도록 현명하게 대응해야 한다. 중3 겨울방학이 중요한 이유가 바로 여기 있다.

25. 자기 스스로 공부하는 학생으로 키워라

그렇다면 이제부터 우리 부모들은 어떻게 해야 하는 걸까? 여기서 고등학교 공부는 스스로가 주체가 되어 열심히 공부하는 학생들만이 실력이 올라간다는 점을 다시 한 번 환기할 필요가 있다. 고등학교 공부에서 무엇보다 중요한 것은 할 수 있다는 믿음을 갖고 스스로 공부하는 시간을 늘리는 일이다. 아무리 좋은 학원이나 실력이 뛰어난 선생에게 과외를 받아가며 도움을 구하더라도 결국 공부는 자기 자신이 하는 것이며, 게다가 공부를 잘하기 위해서는 **공부한 내용을 자기 것으로 익히는 시간이 반드시 필요하다.** 그렇기에 누가 시키거나 도와주어야만 공부하는 의존형 아이로 만들면, 그 아이는 고등학교에 올라가서 큰 어려움을 겪을 수밖에 없다. 고등학교 때 공부를 잘하려면, 부모의 관리 없이도 스스로 알아서 공부하는 습관을 일찌감치 길러놓아야 한다.

즉 자기 스스로 공부하는 습관을 익혀 완전히 자기 것으로 만들고, 자기만의 과목별 공부법을 찾아 그것을 꾸준히 노력하며 실천할 때, 학년이 올라갈수록 실력은 시나브로 향상되고 성적 또한 뚜벅뚜벅 올라간다. 이것을 아이 스스로 깨달아 정신 차리고 공부할 수 있다면야 더할 나위 없이 좋은 일이겠지만, 만약에 그렇지 않을 경우에는 부모가 나서서 반드시 바로잡아주어야 한다. 또 만약에 그렇지를 않고 '공부는 스스로 해야지 부모가 억지로 시킨다고 되는 게 아니다'라고 하면서 마치 강 건너 불구경하듯 한다거나, '내 반드시 네 성적을 올려놓고 말겠노라'고 하면서 아이를 이 학원 저 학원으로 내몰아가며 공부할 것을 강요한다면, 그것은 현명한 부모로서 할 올바른 행동이 결코 아니다.

앞서 말한 이해명 교수의 아들은 '머리', '노력', '체계적인 공부 방법과 학습 지도'

의 3박자가 들어맞은 경우로, 부모의 체계적인 지도 하에 일찍부터 공부 습관을 들인 모범생의 전형을 보여준다. 이는 아이들의 공부를 도와주는 '멘토'의 역할이 무엇보다 중요하고, 부모가 그 역할을 담당했을 때 가장 좋은 결과를 가져올 수 있음을 뜻한다.

실제 아이의 자기주도학습에 **'멘토'**의 역할은 생각 이상으로 무척 중요하다. 멘토는 단순히 아이가 공부를 잘했는지 못했는지를 따져보는 관계가 아니다. 어떻게 하면 공부를 잘 할 수 있는지를 함께 고민하고, 이를 통해 끊임없이 공부 방법과 공부 습관을 개선해나감으로써, 좋은 성과를 함께 나누는 그런 관계다.

즉 멘토는 아이에게 왜 공부를 열심히 해야 하는지에 대한 **'뚜렷한 목표의식'**을 심어주고, 공부는 스스로 해야 한다고 다그치기 전에 **'구체적인 학습 계획'**을 갖고 **'자기주도로 공부하는 습관'**을 길러나갈 수 있도록 아이에게 끊임없이 공부의지를 북돋워야 한다. 또한 공부의 효율과 효과를 높이는 '최적의 공부 방법'을 유지해나갈 수 있도록 적절한 시기에 적절한 방법으로 조언해주며, 더불어 **인생의 상담자**가 되어 아이가 슬럼프에 빠지거나 흔들릴 때마다 적절한 돌파구를 마련해주어야 한다.

그렇기에 그 역할은 부모가 담당해야 함이 옳다. 부모는 누구보다 자기 자식에 대해 잘 안다. 자식에게 부모는 마치 '영원한 패자이자 사회적 약자'와도 같아서, 그 누구보다도 자기 자식이 잘되기를 바라며, 그렇기에 자식으로부터의 온갖 핑계와 투정과 가시가 돋친 독설을 이해와 관용과 아량으로 포용하고 받아들일 수 있다. 또한 금전적 이해관계에서 절대 자유로울 수 없는 학원과, 자기 스스로 공부하는 것조차 학습을 받아야만 한다는 자기주도학습 코칭의 얄팍한 상술에 놀아나지 않기 위해서도, 그저 부모가 정확히 판단하고 올곧게 행동하는 것밖에는 다른 방도가 없다.

거듭 강조하지만, 아이가 고등학교에 들어가기 전까지 자기 스스로 알아서 공부하고 공부 방법까지 꿰차고 있다면, 그 학생은 고등학교에서도 스스로 공부 계획을 세우고 알아서 잘, 그리고 열심히 공부해나갈 것이기에, 부모는 그저 '멘토'로서의 정신적인 역할에 치중하면 그것으로 충분하다. 만약에 아이가 그렇지를 못하고 학원 공부에 치중함으로써 자기 이외의 다른 그 무엇에 의존적인 성향을 보인다면, 그것을 적극 해소하고 자기 스스로 공부할 수 있도록 해주어야 한다. 그것도 서두르지 말고 천천히, 시간을 두고 해나가면 된다. 이를테면 학원 공부를 점차 줄여나가는 한편, 배운 내용을 스스로 정리하고 이해하는 시간을 점차 늘려나감으로써, 혼자 공부하는 습관이 생기도록 차근차근 유도하면 된다.

그 핵심은, **장기적인 관점에서, 아이의 능력과 수준에 맞게, 지속성을 갖고서, 그리고 '내신—수능—논술'이라는 유형별 선택적 결합에 맞춰 공부하도록 지도하는 것**이다. 또한 학교 중간·기말고사라는 단기의 집약적 공부와 수능이라는 장기 학습 플랜 각각에 맞춰, 학습 계획과 공부 습관과 공부 방법을 끊임없이 'Plan(계획)–Do(실천)–See(평가)'하는 것, 이것이 바로 멘티(mentee)인 아이와 멘토(mentor)인 부모가 머리를 맞대가며 궁리해야 할 일이다. 이것을 굳이 자기주도학습 코칭에 기대가며 맡길 이유는 하등 없으며, 또 그럴만한 거창한 그 무엇으로서의 노하우가 담겨 있는 것도 아니다.

이는 이를테면, 공부 열심히 해서 명문대에 들어간 학생들의 수기만 살펴봐도 충분히 확인할 수 있는 것으로, 중요한 것은 **그것을 어떻게 실행하는가에 대한 의지와 노력에 달린 것**이지, 다른 그 무엇도 아니다. 그리고 스스로 계획을 세워가며 열심히 공부하는 과정에서 누적된 노력의 합이 곧 바라던 대학에 합격이라는 결과물로 나타나는 것이기에, 오직 '자기 자신'과의 싸움의 흔적만이 있을 뿐이며, 그 밖의 다른 모든 것들은 부차적인 원인에 지나지 않다. 그렇기에 다음과 같은 도식이 성립하는데, 이제부터 공부의 주체인 '나'를 도와줄 공부 습관과 공부 방법에 대해 살펴보자.

$$\int (\text{머리, 노력, 공부 습관, 공부법} = \text{공부의 주체는 '나'}) = (\text{대학 합격})$$

26. 가장 올바른 입시전략은 일관성과 지속성

이제까지의 설명을 전부 정리하면 다음과 같은 결과가 나온다. 먼저 앞서 말한 상위 1%의 학생이면서, 고등학교 들어서도 열심히 공부하여 자기 성적을 꾸준히 유지함으로써 마침내 SKY에 합격할 수 있는 학생들의 포트폴리오는 다음과 같다.

- 어려서부터 공부 습관에 길들여진, 부모 말을 잘 듣고 따르며 머리도 좋은 학생
  고등학교 1학년 때부터 '내신과 수능과 논술'을 함께 또는 선택적으로, 꾸준히, 빈틈없이 자기주도로 공부한 학생

- 공부에는 다소 꾀를 부리지만, 워낙 머리가 좋고 평소 꾸준한 독서 습관을 갖춘 학생
  고등학교 1학년 때부터 '내신과 수능과 논술'을 함께 또는 선택적으로, 꾸준히, 빈틈없이 자기주도로 공부해나간 '수능형' 학생

- **고3 들어 정말이지 작심한 바가 있어 개과천선한 학생**
  자기주도 하에 수능 공부에 몰입하여 성적이 크게 오른 학생 또는 논술로 뒤집기한 학생

반면, 앞서 말한 상위 1%의 학생 중에서 낙오하는 학생들도 틀림없이 있을 것인데, 그들이 보이는 일반적인 특성은 다음과 같다.

- **어려서부터 공부 습관에 길들여진, 부모 말을 잘 듣고 따르며 머리까지 좋은 학생이지만, 초·중학교 때부터 학원의 몰입식 공부에 '번아웃'된 학생**
  고등학교 들어서도 여전히 학원 공부에 의존하는 '내신형' 학생
- **공부에는 다소 꾀를 부리지만, 워낙 머리가 좋고 평소 꾸준한 독서 습관을 갖춘 학생**
  하지만 고등학교 1학년 때에도 여전히 정신 못 차리고 공부 안 하는 학생
- **고3 들어 정말이지 작심한 바가 있어 개과천선한 학생**
  공부 습관이 잘못 들고 공부 방법을 못 찾아, 공부 효율이 떨어지고 성적이 제자리걸음인 학생

그렇다면 위 학생들의 자리를 누가 꿰차고 들어갈까? 그들은 대학 가기 위해 진정성을 갖고 노력하는 학생으로, 고등학교에 들어가서부터 줄곧 자기주도로 공부하는 공부 습관과 자신에게 알맞은 자기만의 공부법을 갖고 열심히 공부하는 학생들이다. 그리고 그를 후원하는 훌륭한 멘토로서의 부모가 뒤를 든든하게 받치고 있는 학생들이다. 이 학생들의 경우에는 설령 SKY에는 못 미친다고 하더라도 in서울 하는 데는 큰 어려움이 없다. 그만큼 학습 습관과 공부 방법이 중요하다는 뜻으로, 실제 이것만 제대로 바로잡아 열심히 공부하면 성적은 반드시 오르고 원하는 대학에 들어갈 수 있다.

이때 중요한 것이 바로, 올바른 공부 습관과 공부법을 끊임없이 관리하고 지도 편달하는 멘토의 역할이라고 했는데, 현명한 부모는 그때그때의 성적에 일희일비하지 않고 장기적인 관점에서 흔들림 없이 공부를 지도해나간다. 즉 자녀에게 유리하고 효과적인 입학전형을 찾고, 그에 맞춰 체계적인 공부 전략을 세우고, 자녀에게 끊임없는 동기부여와 자극을 가하면서, 일관성을 갖고 차근차근 자녀 교육을 밀고나

간다. 그렇게 되면 아이 스스로 공부에 흥미를 느끼고 급기야는 공부에 욕심을 내는 단계로까지 발전할 수 있다.

그렇기에 **내 아이의 자기주도학습을 책임질 사람은 학교도, 학원도, 다른 누구도 아닌 바로 부모임을 분명히 알아야 한다.** 공부는 스스로 해야 한다고 다그치기 전에 먼저 뚜렷한 목표부터 정할 수 있게 도와주는 한편, 설령 자기주도학습을 힘들어하더라도 반드시 언젠가는 스스로 공부할 때가 온다는 믿음을 버리지 말고, 자녀가 자기만의 공부법을 익혀 공부에 힘을 쏟을 수 있도록 끊임없이 독려해야 한다.

한편, 아이가 부모나 주위 사람으로부터 충분한 정신적 지지와 사랑을 받고 있다고 믿으면, 심리적인 안정감을 갖고 공부에 집중할 수 있다. 그렇게 해서 집중력은 좋은 공부 습관을 낳고, 좋은 공부 습관은 일관된 학습 태도로 발전하며, 일관된 학습 태도는 꾸준하고 지속적인 학습 계획과 자기만의 효과적인 공부 방법으로 이어짐으로써, 급기야는 공부에 흥미를 느끼고 공부 잘하는 우등생으로 거듭나게 만든다.

뒷장의 공부 잘해서 명문대에 합격한 학생들에게서 나타나는 특성은 그렇게 해서 만들어진 것으로, 이제부터 그 하나하나에 대해 살펴보자.

제2장

공부 잘하는 학생에게서 나타나는 공통된 특성과 공부법

이제부터 기술하는 내용은 시중에 나도는 학습법과 관련한 서적은 물론 인터넷에 떠다니는 많은 학습 관련 자료와 수기에서 나타나는, 소위 명문대에 진학한 공부 잘하는 학생들이 밝히는 공부비법을 전부 하나하나 찾아 이를 일일이 직접 확인한 결과로서의 핵심만을 요약한 것이다.

이것을 살피는 과정에서 필자가 적잖이 놀란 이유의 하나는, 공부 잘하는 학생들에게서 나타나는 공부 습관 내지는 공부 방법이 평소 필자가 생각하던 그것과 정확히 궤적이 일치한다는 점인데, 더불어 나이 어린 학생들의 생각하는 바가 하나같이 알차고 당차고 기특하며 또 대견하다는 점에서, 여느 학생들과는 크게 다름이 확인됐다.

그들은 나이답지 않게 크고 분명한 비전을 가졌으며, 미래를 위해 현재 처한 역경쯤은 아무렇지 않게 이겨낼 수 있다는 강한 정신력으로 무장하였고, 그렇게 해서 진정으로 실력을 갖춘 학생이 될 수 있었다. 그렇기에 실력은 뚜렷한 목표의식과 강한 성취동기를 동반함을 알 수 있다.

그들은 공부에 대한 선택과 집중이 남달랐다. 선택하고 집중하되, 할 수 있고 또 해야만 하는 공부를 정말이지 최선을 다해 열심히 했다. 그렇기에 실력은 자신에게 알맞은 적절한 학습법을 찾아 공부하는 것에서부터 비롯됨을 알 수 있다.

그들은 자기 관리도 남달랐다. 자신의 뜻을 이루기 위해서는 무엇보다 철저한 자기 관리가 중요하다는 것을 깨닫고, 실현 가능한 현실적인 계획을 세우고 그에 맞춰 철저하게 시간을 배분해가며 공부해나갔다. 그렇기에 실력은 단순히 계획을 세우는 데 있지 않고, 자기주도 하에 이를 반드시 실천하려는 의지적 노력에 달렸음이 확인된다.

이상을 염두에 두고, 이제부터 그들의 공부 노하우를 하나하나 살펴 확인해보자.

1. 공부 잘하는 학생에게서 나타나는 특성

특성1 뚜렷한 목표의식과 강한 성취동기
자신을 컨트롤할 수 있는 공부 태도와 학습 습관을 갖췄다

공부 잘하는 학생들을 살피면서 새삼 느끼는 것이 있다. 그들은 자신이 왜 공부해야 하는지에 대한 '**목적의식**'과 '**목표 관념**'이 뚜렷하고, 스스로 공부하고자 하는 강한 '**성취동기**'를 갖고 있다. 그리고 그 강한 성취동기는 고도의 집중력으로 발현된다. 공부에 대한 **집중력**을 높이기 위해서는 우선 공부하려는 의지가 확고해야 함이 거듭 확인되는 것이다. 또 왜 공부하는지에 대해 분명한 목표를 갖는 것도 공부 집중도를 높이는 중요한 요인으로 작용하는데, 결국 목표가 바로 서고 공부하려는 의지가 충만해야 공부에 대한 몰입과 집중이 가능함을 알 수 있다.

열심히 공부해서 좋은 대학에 들어가고자 하는 뚜렷한 목표의식과 강한 성취동기는 공부 태도와 학습 습관을 바꾼다. 그렇기에 열심히 공부하여 좋은 성적을 받는 학생들에게 있어 공부는 일종의 '좋은 습관'이자 '바른 태도'이다. 열심히, 최선을 다해 공부하는 태도와 습관이 몸에 밴 덕분에 우수한 성적을 받는 것이다. 이때 부모와 교사의 격려와 믿음은 강한 동기부여로 귀결되면서, 이것이 다시 공부 태도와 학습 습관을 끌어올리는 선순환을 가져 온다.

대학 입시에는 분명한 목표가 있고, 그 목표를 이루기 위해 달성해야 할 학습량이 분명하게 제시되어 있다. 어느 대학 어느 학과에 합격하기 위해서는 어느 과목에서 어느 정도의 점수를 받아야 하는지가 통계 수치로 분명히 제시되어 있다. 학교 내신 성적 또한 마찬가지인데, 얼마만큼 공부해야 학교 석차가 어느 정도가 될지를 분명하게 가늠할 수 있다. 따라서 대학에 들어가기 위해 하는 공부처럼 방향과 목표가 분명하고 확실한 것은 없는데, 결국 공부 잘하는 학생들은 그 목표를 직시하여 무엇을 어떻게 공부해야 할지를 분명하게 정하고, 강한 의지로 차근차근 착실하게 실천해나가는 준비된 학생들이다.

목표를 분명히 세우면 또한 슬럼프를 극복할 수 있는 힘을 갖는다. 그저 남들만큼, 혹은 남들보다 조금 더 앞서가고 싶다는 생각으로 공부하는 사람은 결과가 조금만 좋지 않아도 당황하고 또 방황하게 된다. 하지만 내가 왜 공부를 하는지, 어떤 인생을 살 것인지 목표를 분명히 세운 학생은 자신이 이루고 싶은 미래를 떠올리며, 슬럼프에 빠지더라도 금방 일어서곤 한다. 이런 이유로, 슬럼프를 극복하는 가장 확실한 방법은 목표를 분명히 하는 것임을 알 수 있다. 그리고 그것을 능히 극복할 수 있다는 강한 의지를 앞세워 꾸준히 밀고나가는 것임이 확인된다.

그렇기에 목표가 분명하고 의지적 힘을 지닌 학생은 그때그때의 성적에 일희일비하지 않는다. "나는 계획에 맞춰 열심히 공부하는 학생이기에, 결국에는 내가 원하는 것을 이룰 수 있을 거야" 하는 굳은 마음가짐으로, 장기적인 관점에서 다부지게 공부함으로써 기어코 바라는 것을 성취하고 만다. 공부 잘하는 학생들은 자기 자신을 다스리는 것부터 남다르다.

특성2 집중력과 끈기

**자기주도 학습을 통해 스스로 사고하고,
자기 것으로 익히는 공부를 습관화했다.**

공부를 잘하려면 무엇보다 '**집중력**'이 뛰어나야 한다. 집중력은 공부를 위해 반드시 필요하다. 머리가 다소 나쁘더라도 공부는 잘 할 수 있지만, 집중력이 떨어지면 공부는 결코 잘할 수 없음을 명심해야 한다. 처음에는 책상에 앉는 것 자체가 고역이지만, 매일 일정 시간을 앉아서 공부에 집중하다 보면 어느새 그 시간을 소중히 여기게 되고 공부하는 즐거움을 알게 된다. 공부 잘하는 학생들은 그것을 몸으로 터득한 학생들이다.

공부 잘하는 학생들은 특히 수학을 잘한다. 수학 과목은 그만큼 공부의 집중력이 따라야만 성적이 오를 수 있기 때문이다. 공부 잘하는 학생들은 또한 국어를 잘한다. 집중력을 키우는 데 크게 도움이 되는 독서가 국어 성적을 끌어올리기 때문이다. 이는 중요한 의미를 내포한다. 꾸준한 독서와 수학 문제 풀이는 집중력을 키우는 데 아주 좋은 공부이며, 이것과 관련한 공부는 누가 도와주기보다는 스스로 집중해야 하는 공부이기 때문에 더욱 그렇다. 평소 독서 습관을 들이고 수학 공부를 매일 조금씩 또박또박 열심히 해나가는 학생들이 결국에는 공부를 잘하고 수능 시험에서 뛰어난 성적을 받게 된다.

누구나 처음부터 오랜 시간 집중할 수는 없을 것이다. 그럴 때는 집중력을 기르는 훈련을 하는 것도 좋은 방법이다. 처음부터 2~3시간씩 집중해서 공부하기란 여간 힘든 일이 아니다. 그러므로 한 번에 30분에서 한 시간씩 집중력을 높여가며 공부하고, 이후 10~20분 정도씩 쉬는 과정을 반복하면서 점차 공부하는 시간을 늘려가는 것이 효과적이다. 그렇게 하다 보면 집중력도 높아지고 실력도 향상되는 것을 느끼게 된다. 공부 잘하는 학생들은 그런 과정을 반복해가며 공부하는 과정에서 '스스로 사고하는 능력'을 갖추고, 이를 통해 학습한 내용을 완전하게 자기 것으로 익히고 숙달한 학생들이다.

선생님이나 아이들에게 '노는 것 같은데 공부는 잘한다'는 말을 듣는 학생들은 예외 없이 집중력이 강한 학생들이다. 그런 학생들은 공부를 안 하는 것처럼 보이지만, 수업 시간에 굉장히 집중하는 학생들이다. 그리고 수업 시간에 공부한 내용을 100% 소화하기 위해 마치 칠판에 판서한 내용을 머릿속에 펼치듯 떠올리며 공부한다. 공부 잘하는 학생들은 절대 학교 공부에 소홀하지 않으며, 온 집중을 다해 선생님의 말 한마디 한마디를 철저하게 새겨들으며 자기 것으로 만든다.

결국 공부 잘하는 학생들은 자기 스스로 공부하려는 의지를 갖고 자기주도학습을 착실하게 해나가는 학생임을 알 수 있는데, 스스로 문제를 해결하다보니 당연히 집중력이 남다를 수밖에 없다. 즉 이런 학생들은 학교 수업에 충실하고 나머지 시간에 자기주도학습을 하는 것이 가장 효과적이고 효율적인 공부임을 누구보다 잘 알고 이를 적극 실천하는 그런 학생들이다. 앞서 공부 잘하는 학생들이 수학에 뛰어난 실력을 보이는 이유가 이것으로, 수학 과목은 그만큼 자기 스스로 머리 싸매가며 공부해야만 실력이 오르는 과목임을 누구보다 잘 알고 있는 것이다.

이때 그 집중력은 '끈기'로부터 나온다. 반드시 자기 스스로 문제를 해결하겠다는 굳센 의지로서의 은근과 끈기가 집중력을 높이고, 이것이 올바른 공부 태도와 학습 습관으로 이어지면서 기필코 공부한 것을 자기 것으로 만들고 만다. 이를테면 교과서 내용 모두를 머릿속에 펼칠 수 있는 수준까지 집중해서 거듭 이해하고 암기하는 노력을 담은 공부 의지가 그것이다. 그렇게 해서 자신에게 맞는 효과적이고 적절한 학습법을 찾아 스스로 열심히 공부하기에, 당연히 성적은 오른다. 공부 잘하는 학생들은 또한 그렇게 해서 만들어진다.

특성3 자신만의 공부 요령을 터득

자신에게 알맞은 효과적이고 적절한 공부법을 터득하고,
그에 맞춰 전략적으로 공부했다.

공부 잘하는 상위 1%의 학생들은 자기만의 독특한 '**공부법**'을 하나씩 터득하고 있는데, 그 각각의 공부법은 본질적인 면에 있어서는 같다. 즉 그들은 혼자 스스로 공부하며, 보충 학습이 필요하거나 심화 학습이 필요할 때만 학원을 찾는 등으로 남들로부터 최소한의 도움만 구한다. 자기주도학습을 통한 자율적인 학습 태도가 몸에 배어있는 것이다.

반면 열심히 공부해도 성적이 좀처럼 오르지 않는 학생들의 상당수는 지나치게 학원과 과외에 의존하려 드는 성향을 보인다. 하지만 그런 식의 공부는 공부 자체를 마치 '남의 일'인 양 여기게 됨으로써 타율적 학습으로 이어지고, 그렇게 해서 이 학원 저 학원을 전전하면서 자기 시간을 송두리째 빼앗기고 만다. 그날 공부한 내용을 자기 것으로 익히는 시간을 잃어버림으로써 자기학습 능력을 잃고, 결국에는 스스로 공부하려는 의지를 상실하고 마는 것이다.

학생 스스로 시행착오를 거치며 자신에게 맞는 효율적인 공부법을 찾는다는 것은 곧, 공부에 대한 자기 나름의 노하우가 있음을 의미한다. 공부 잘하는 학생은 그 동안에 자신이 어떻게 공부해왔는지, 공부에 효과는 있었는지, 부족한 부분은 무엇인지 등등을 스스로 질문하면서 효과적인 방법을 찾고, 이를 다시금 자신에게 응용하면서 끊임없이 개선하고 또 개선하는 과정에서 최적의 공부 방법을 찾아낸다.

이를테면 지금, 현재 실력을 바탕으로 자신에게 부족하고 취약한 부분이 구체적으로 어디인지, 또 가장 중요한 부분이 어디인지를 정확히 찾아내고 각각에 집중해서 구체적으로 공략해나간다. 만약에 기초 실력이 부족하다고 느끼는 학생이라면 공연스레 어려운 책을 골라 머리 싸매기보다는 쉬운 수준의 책을 골라 자신이 원하는 수준에 도달할 때까지 반복해서 학습한다.

그렇기에 공부 잘하는 학생들은 **철저히 계획된 학습을 지향하며, 그 실천 방법 역시 구체적이고 실질적이며 전략적이다.** 이를테면 평소에는 수능 위주로 이해력과 사고력을 높이는 공부에 치중하다가, 학교 중간고사와 기말고사 기간이 되면 암기해야 할 내용을 한데 몰아 몰입해서 외우는 등으로, 이해와 암기의 균형을 이뤄가며 공부해나가는 것이 그것이다. 다른 예로, 영어 빈칸추론 문제를 공부할 때, 글의 전체 의미의 대강을 파악하고 그 안에 담긴 중심 주장 글을 찾아내는 연습에 집중하는 것도 효과적인 공부 방법이다. 어떤 공부 방법을 선택하든, 해답에 의존하지 않고 스스로 고민해가며 문제를 풀고 답을 구하려 노력한다는 점에서 공부 잘하는 학생들은 그만큼 양적 공부가 아닌 질적 공부를 추구한다.

그렇게 해서 공부 잘하는 학생들은 '얼마나'보다는 '어떻게' 공부하느냐가 더 중요하다는 것을 깨닫게 된다. 그리고 '스스로 공부'하는 시간을 최대한 확보하는 것이 중요하다는 사실도 알게 된다. 당연히 그 공부에는 '노력과 전략'을 통한 시너지 효과가 일어난다. 단순히 문제 풀이 기술에 젖어 많은 문제를 풀려고 들기보다는 학생 스스로 자기주도학습을 통해 문제 해결 능력이나 과제 수행 능력에 힘을 기울임으로써, 한 단계 더 업그레이드된 학업 성취 능력으로 이어지게 만든다.

무릇 공부는 '쉽고, 효율적'으로 하는 것이지, 결코 '편하고, 안이하게' 접근해서는 안 된다. 어려운 공부일수록 선택과 집중을 통해 전략적으로 접근해야 공부의 효율성을 높일 수 있다. 하지만 학생들은 자기 스스로 공부하는 방법을 찾아가며 문제를 해결하려 들지 않고 그 해결을 학원에서 구하려 듦으로써, 공부가 극도의 비효율을 보이고 게다가 타율적으로 흐른다. 그에 따라 성적 향상은 지속적인 노력과 올바른 학습법의 결과물이지 결코 학원의 몰입식·주입식 공부가 아님을 깨닫기까지에는 적지 않은 시간이 걸린다.

하지만 학생들이 반드시 지녀야 할 습관은 바로 올바른 공부 계획을 세우고 자기만의 공부법을 갖고 열심히 노력해가며 실천해나가는 것이지, 다른 그 무엇도 아니다. 이 평범한 진리를 터득했느냐 그렇지 않느냐 여부가 바로 공부 잘하는 학생들과 그렇지 못한 학생들을 구분짓는 중요한 잣대가 된다. 거듭 강조하거니와, 공부 잘하는 학생들은 공부에 대한 '전략과 노력'이 남다르다.

강조할 것은, 공부법만큼은 다른 누구의 것이 아닌, **자기만의 것을 찾아야 한다**는 사실이다. 다른 학생의 공부법은 어디까지나 그 학생의 공부법일 뿐이다. 따라서 자신이 그 동안에 해오던 공부법을 버리고 다른 학생, 이를테면 소위 명문대에 진학한 선배들의 공부법이라고 해서 그것을 무조건 맹신하고 이것저것 무분별하게 따라하려 들어서는 안 된다. 그보다는 그들이 공통적으로 강조하는 부분에 주목하되, 이를 자신의 상황과 능력에 맞춰 받아들일 것은 받아들이고 또 버릴 것은 과감하게 버림으로써, 자기 수준과 능력에 맞는 자기만의 적절한 공부법을 찾아 이를 적극 실천해나가야 한다.

특성4 실현 가능한 계획

구체적이고 실현 가능한 학습계획을 세우고
이를 꾸준히, 그리고 적극적으로 실천했다.

공부는 구체적이고 실현가능해야 한다. 구체성은 계획에서 비롯되고, 실현 가능성은 실천으로 귀결된다. 만약에 학습 계획이 구체적이지 않을 경우, 공부에 대한 목표의식이 불분명해지고 그에 따라 공부하고자 하는 의지력과 집중력은 크게 떨어진다. 당연히 공부 효과는 반감될 수밖에 없다.

만약 실현 가능성이 떨어지는 공부 계획을 세우고 무리하게 공부하려 들 경우, 이는 실천 의지의 저하를 가져오고 결국에는 성취욕을 약화시킨다. 계획만 멋지게 세우고 제대로 실천하려 들지 않는 학생들이 많은데, 그들에게서 자주 나타나는 현상이 바로 이것이다. 즉 '바보들은 항상 결심만 한다'는 의미가 그것이다.

목표의식이 뚜렷하면 필연적으로 의지력이 따른다. 의지력이 높을 경우 공부에 더욱 집중할 수 있기에, 오랜 시간 공부할 수 있고 더불어 공부의 효율성 역시 그만큼 높아진다. 하지만 공부할 내용이 구체적이지 못하고 또 실현 불가능할 정도로 지나게 많을 경우, 자칫 불규칙하고 맹목적인 공부 습관으로 이어질 수 있다. 도를 넘거나 무계획적인 목표의식이 오히려 효과적이고 효율적인 공부를 가로막는 장애 요인으로 작용하는 것이다. 많은 시간을 공부하고 또 공부 습관도 좋은 학생들 가운데 공부한 만큼의 성적이 따르지 못하는 이들이 여전히 많은 이유가 이 때문이다.

공부 전략은 순전히 개인의 의지에 따라 결정되는 것이기에, 강한 목표의식만 따른다면 단기간에 수립되고 개선될 수 있다. 이때 실현 가능한 계획을 세워 공부를 습관화하면 공부의 효율성은 높아지고 공부한 만큼 또는 그 이상으로 높은 성과를 거둘 수 있다. 공부의 절대시간과 공부의 효율성이 복합적으로 상호 작용함으로써 공부의 성과를 높이고, 성적을 비약적으로 향상시키는 결과로 나타나는 것이다.

공부 잘하는 학생들은 **실현 가능하고 구체적인 계획을 세우고 실천해가며 공부하는** 그런 학생들이다. 그들은 현실적이고 실천할 수 있는 계획을 세워 공부하지, 결코 실천 불가능한 계획을 세우는 법이 없다. 그렇기에 시간별 계획처럼 양떼기 식의 학습이 아닌, **그날 '해야 할 일'에 맞춰 학습량 위주**로 공부 계획을 세운다. 이를테면 '오늘은 국영수 각각 2시간씩 공부한다.'가 아니라, '오늘은 국어 비문학과 문학 지문 각각 3개씩, 그리고 수학 기출문제 1회분을 푼다'는 식으로 구체적으로 학습량을 정해 공부해나간다. 공부할 시간보다 공부해야 하는 분량에 맞춰 계획하고 공부해나가는 것은 시간 낭비를 줄일 수 있으며, 게다가 그 계획은 자신이 목표한 분량을 다 채울 수 있을 때에만 완결되는 것이기에 결코 실행 불가능한 법이 없다. 따라서 날마다 자기가 공부하기로 결심한 분량만큼은 반드시 지켜나간다는 계획 하에, 장기적인 '실천'에 초점을 맞춰 차근차근 착실하게 진행하는 것이 효과적인 공부가 된다.

이런 이유로, 계획은 자기가 소화할 수 있는 양만큼 적절하고도 올바르게 세워야 한다. 사람마다 각자 처한 상황이나 개성, 스타일, 역량 등이 다르기 때문에 공부는 자신에게 맞는 효율적인 방법을 찾아 계획적으로 학습해야 한다고 앞에서 강조했다. 공부 잘하는 학생들은 자신에게 최적화된 실질적인 방법으로서의 공부 전략을 세우고, 그에 맞게 집중해서 공부하는 습관을 들이는 한편, 이를 통해 스스로 공부하는 능력을 적극 키워나감으로써, 계획을 빠짐없이 그리고 차질없이 실행하고 있음을 보여준다.

만약에 학습 계획을 철저하게 세웠는데도 계획한 양을 채우지 못하는 일이 잦다면, 그 원인을 파악해 반드시 고쳐야 한다. 결국 공부는 계획 수립이 아닌 **실천 의지**에 따른 문제로, 그 실천 의지는 구체성과 실현 가능성에서 비롯되기 때문이다. 거듭 강조하거니와, 공부는 '좋은 습관'을 각자에 맞게 체화體化하는 고된 훈련이다.

특성5 분석적·전략적 접근

중요도와 우선순위를 가려서 공부함으로써,
학습의 효율성을 높였다.

이 모든 것들을 십분 고려하더라도, 공부 잘해서 명문대에 합격한 상위 1%의 학생들에게서 나타나는 가장 두드러진 특성은 **'분석적인 접근'** 태도다. 분석적인 접근이라 함은, 자신은 물론 과목별 문제 유형에 대해 철저하게 분석하고 평가하는 공부를 통해 자신의 약점과 문제점을 극복하고, 공부의 취약한 면을 보완해나가는 **전략적인 접근으로서의 적극적인 학습 태도**를 의미한다.

공부 잘하는 학생들은 과목별로 그리고 시험에서 어느 부분이 어떻게 중요하고, 그러한 부분이 시험에 어떤 식으로 출제되는지를 철저하게 분석하고, 더불어 그 분석된 결과를 명확하게 객관화시킨다. 그렇기에 그들은 각 과목별로 중요 영역을 정확히 알고 있으며, 그것에 우선순위를 두고 철두철미하게 공부해나간다. 그렇게 해서 자신의 약점을 제대로 파악하고 효과적으로 대응함으로써 공부의 효율성과 성과는 더욱 높아지고, 당연히 좋은 성적으로 이어진다.

반면 공부 못하는 학생들의 경우에는 과목 전체 또는 특정 과목에 취약한 모습을 보이는 경우가 많은데, 이는 각 과목의 어떤 부분이 어떻게 중요하고 그러한 부분이 시험에 어떻게 출제되는지 알지 못하기에, 이에 맞추어 올바로 공부하지 못한 때문이다. 그들은 평소 자기가 가지고 있는 공부 습관이라든가 공부 방법을 모든 과목에 일률적으로 적용하거나 잘못된 방향으로 공부함으로써, 번번이 나쁜 성적으로 이어진다.

이것을 예를 들어 설명하면 다음과 같다. 모의평가가 끝난 뒤 학생들이 보이는 태도는 크게 다음 둘로 구분된다. 공부 잘하는 학생들은 시험이 끝난 후 해설지를 살피거나 인터넷 해설 강의를 듣는 등으로 잘 본 과목은 왜 잘 본 건지, 못 본 과목은 왜 못 본 건지 철저히 분석한다. 그리고 틀린 부분을 정리하고 그 과정에서 무엇이 문제인지를 찾아낸다. 이어서 그 부분을 좀 더 자세히 공부하고 집중적으로 분석하여 이후 다시 틀리는 일이 없도록 공부해나간다.

반면 공부 못하는 학생들은 시험이 끝나면 채점을 통해 자신의 등급만을 확인하고는 무슨 못 볼 것을 본 것처럼 책상 깊숙한 어딘가에 시험지를 처박아버린다(심지어는 시험지를 발기발기 찢어 쓰레기통에 버리는 학생들도 있다). 오직 성적 그 자체에만 관심이 있을 뿐으로, 자신이 틀린 문제에 대한 분석은커녕, 시험을 못 볼수록 틀린 부분을 다시 살펴 확인하려 들지 않는다. 그러고는 "이번에는 운이 없어서 시험을 잘못 본 것이니까, 다음번에 기필코 잘 볼 수 있을 거야" 하면서 애써 자기위안을 하려 든다.

앞에서 공부를 잘하려면 공부법만큼은 다른 누구의 것이 아닌 자기만의 것을 찾아야 한다고 했다. 이때 분석적인 접근은 시중의 수많은 공부법들 가운데 과연 자신에게 적합한 방법이 어떤 것인지를 스스로 파악하여 적용하는 능력을 길러나가는 과정에서 자연스럽게 습득한 공부 요령이다. 이를 통해 각 과목별로 시험에서 요구하는 중요 영역들을 올바로, 효율적으로 공부함으로써, 과목별로 '균형'이 맞춰지고 그에 따라 성적은 크게 향상된다.

공부에 대한 전략적 접근은 **과목별 공부의 균형을 맞추는 데 있어 더할 나위 없이 중요하다.** 과목별 균형은 과목별 체감 난이도를 고려하여 공부 시간의 할당 비율을 조정함으로써 가능하다. 이를테면 수학처럼 체감 난이도가 높은 과목은 당연히 다른 과목보다 공부 시간을 늘려 잡고 그에 맞춰 공부해나가야 한다. 또 과목별 공부 스케줄 역시 중요한데, 이는 곧 공부하는 시간대의 조정을 의미한다. 이를테면 국어 과목이 다른 과목보다 당초 계획한 바대로의 학습량을 채우는 데 어려움을 겪는다면, 이 과목부터 먼저 공부하고 이어서 다른 과목을 공부하는 등으로, 전체 목표량을 달성하기 위한 과목별 공부 스케줄을 정하는 것이 좋다. 또는 잘하는 과목부터 집중해서 공부함으로써, 공부에 대한 강한 성취감을 맛본 후 이것이 이어지는 과목의 학습에 자연스럽게 연결될 수 있도록 하는 것도 한 방법이 된다. 어느 쪽이든 공부는 흐름이 중요하기 때문에, 과목별로 균형을 맞춰가며 꾸준히 그리고 지속적으로 진행되어야 한다.

공부에 대한 분석적인 접근은 철저한 자기주도학습을 전제한다. 자기주도학습이라고 해서 꼭 학원에 다니거나 인강을 듣지 않고 혼자 공부하는 것을 의미하지는 않는다. 외부로부터의 도움을 받더라도 자신의 취약점을 찾아 스스로 해결해서 성적을 올려야만 진정한 자기주도학습이 된다. 즉 무작정 혼자 공부하는 것이 아니라 본인의 문제점을 정확히 분석한 후, 자신에게 맞는 효율적인 공부 방법으로 목적을 달성하는 것이 진정한 자기주도학습의 포인트다. 그만큼 자기 스스로 익히는 학습과정으로서의 분석적 · 전략적 접근 능력이 중요하다.

공부에 대한 분석적 접근은 **정답보다는 답을 풀어내는 과정에 의미를 둔다.** 정답만 찍어 내는 공부를 할 경우에는 문제를 조금만 응용해도 이를 제대로 풀 수 없고, 일껏 공부해서 얻은 지식은 내 것이 되지 못한다. 따라서 공부할 때 한 가지 문제에 대해서도 여러 가지 방향으로 생각하고, 원리를 찾아내려는 노력이 필요하다.

원리(개념이라고 보는 게 더 적절하다)를 익힌다는 것은 스스로 사고하면서 공부한다는 의미와 같다. 도식과 답만 기계적으로 외우는 사람은 스스로 생각하는 능력이 떨어지고, 그렇게 해서 응용문제가 나올 때 공통된 원리를 찾아 적용하는 것이 아니라 쉽게 포기해버리고 만다. 여러 가지 문제집과 참고서를 보면서 문제와 답만 공부할 것이 아니라, 교과서에 나온 텍스트를 완전히 내 것으로 만들고 생각해서 원리를 파악하는 힘을 길러야 한다. 공부 잘하는 학생들은 그렇게 공부한다.

결국 공부에 대한 분석적·전략적인 접근은 공부 잘하는 학생들을 규정짓는 가장 큰 특징이자 실천방법임을 알 수 있는데, 그에 대한 실례를 이어지는 기출문제 공부 방법을 통해 자세히 설명한다.

공부 잘하는 학생들에서 얻을 수 있는 핵심 키워드3

계획 + 분석 + 노력

이제까지의 설명을 종합하면, 공부 잘하는 학생들은 대학 가는 시험에 '필요한' 공부에 집중했음을 알 수 있다. 즉 그들은 시험을 잘 보기 위해 집중하고, 이를 위해 중요한 것은 '어려운' 문제를 머리 싸매가며 공부하는 것이 아니라, 시험에 꼭 필요한 것만을 선택하고 집중하여 공부해야 함을 누구보다 잘 알고 이를 적극 실천했다. 그렇기에 그들의 공부 방법은 그만큼 **'전략적'**이다.

그들은 시험을 잘 치르기 위해 필요한 '공부 방법'을 꿰뚫고 있었다. 공부를 잘 하려면, 다시 말해 시험을 잘 보려면 '무엇'을 '어떻게' '실천'해야 할지 분명하게 알고 있다. 즉 시험에 출제되는 내용에 집중하되, 이를 기출문제를 갖고서 공부하면서, 필요 이상으로 어려운 문제에 집중하기보다는 자기 실력과 수준에 맞는 공부에 초점을 맞춰 반복해서 학습한다. 그렇기에 그들의 공부 방법은 그만큼 **'계획적'**이다.

그들은 누구보다 자신의 현재 실력을 잘 알고 있었다. 자신의 부족한 부분을 구체적으로 파악하고 있으며, 이를 통해 앞으로 무엇을 어떻게 공부해야 하는지도 명확히 설정하고 있었다. 그리고 어떻게 공부해야 할지에 대한 나름의 공부 방법을 숙지하고, 이를 통해 자기한테 맞는 공부 요령과 문제 풀이 방법을 찾기 위해 많은 노력을 기울였다. 그렇기에 그들의 공부 방법은 그만큼 **'분석적'**이다.

그 결과 공부를 잘한다는 것은 곧 '공부하는 방법'과 '집중력'에 달렸음을 깨닫고, 공부한 내용을 효율적으로 처리하는 사고습관으로서의 이해력과 사고력을 기르기 위해 힘썼다. 공부를 잘한다는 것은 곧 **올바른 공부 방법으로, 실력에 맞게, 필요한 분량을, 계획을 세워** 열심히, 그리고 최선을 다해 집중해서 공부하는 사고 습관에서 비롯되는 것임을 깨닫고, 부단한 반복학습을 통해 공부한 내용을 내 것으로 만드는 데 힘썼다. 이것이 공부 잘하는 학생들에게서 나타나는 공통된 특성으로, 특히 공부에 대한 '**의지적 노력**'은 열심히 공부하는 학생들에게서 나타나는 일반 특성이기에, 아무리 강조해도 지나침이 없다.

2. 공부 잘하는 학생의 특별한 공부법

특별한 공부법1. 기출문제 공부의 중요성

공부 잘해서 명문대에 합격한 학생들이 이구동성으로 강조하는 것의 하나가 바로, '기출문제'의 중요성이다. 기출문제를 분석하며 공부하는 것이 가장 효과적인 공부 방법이며, 특히 문제가 깔끔하고 반듯하여 오답 시비가 없는 수능과 평가원 기출문제를 중심으로 공부해야 한다고들 말한다. 실제 기출문제의 경우, 100% 지문과 선택지 안에 반드시 답이 있고 또 그것에 대한 근거와 논리가 객관적이기 때문에, 기출문제를 풀어가며 능히 정답을 맞힐 수 있는 실전 능력을 기를 수 있다.

일례로 공부 잘해 명문대에 합격한 어떤 한 학생은, 수능 및 모의고사 기출문제를 일단 수능 시험이라고 생각하며 문제를 풀고 채점한 다음, 이어서 문제에 적용되는 개념을 찾고, 실수하기 쉬운 부분이 무엇인지, 출제자가 요구하는 것을 찾아 문제지에 적었다. 그리고 이렇게 적은 내용 중 실수를 범하기 쉬운 것만을 다시 '오답노트'에 정리함으로써, 똑같은 실수가 되풀이 되지 않도록 노력했다. 기출문제를 분석하면서 공부하는 동안에 문제를 보는 눈이 달라지고 또 출제자의 의도를 파악할 수 있었으며, 그 결과 수능에서 고득점을 받았다고 한다.

수능 시험 문제는 매번 문제와 선택지만 바꿔 달리 출제하는 것일 뿐, 같은 개념과 엇비슷한 풀이 방법을 바탕으로 출제되는 문제들이 일반적이다. 즉 수능에 출제되는 문제들은 변형되면서 다시금 출제되는 것이기에, 기출문제를 분석하며 공부해야 하는 이유와 중요성이 다시 한번 환기된다. 이때 그 동안에 출제된 기출문제 속에 담긴 공통되고 일관된 기조로서의 그 무엇을 찾을 수 있어야 하는데, 그것이 바로 '출제 의도'이다. 이는 마치 원본의 복제를 의미하는 시뮬라크르와도 같아서, 어떤 수능 시험 문제가 몇 번이고 옷을 바꿔 입고 다시 새로운 문제인 양 출제되더라도 출제자의 일관된 지향점을 담은 출제의도는 결코 달라지는 법이 없다. 그것을 반드시 찾아가며 공부해야 한다. 이때, 수능 기출문제와 평가원 모의기출문제는 반드시 수능 시험에 다시 활용하겠다는 평가원의 약속임에 주목할 필요가 있는데, 왜냐하면 출제 의도가 이 두 시험 문제에 집약되어 있기 때문이다.

따라서 기출문제는 단순히 문제를 푸는 데 의미가 있는 것이 아니라, 그것을 제대로 **분석하며 공부**하는 데 의의가 있다. 문제를 다 풀고 난 후 한 문제씩 차근차근 분석하다 보면, 문제 유형이 보이고 출제자가 만들어 놓은 함정이 나타나기 시작한다. 앞서 공부 잘하는 학생들은 그만큼 분석적인 공부를 지향한다고 했는데, 이제 그 의미를 이해할 수 있을 것이다.

이처럼 기출문제 풀이의 핵심은 '**출제자의 숨은 의도**'를 찾아내는 것으로, 출제 의도는 곧 정답의 핵심 단서와도 같다. 수능 기출문제는 근거가 명확하게 제시되어 있기에, 먼저 문제를 살핀 후 선택지의 정답과 오답의 근거를 지문에서 찾아 밝혀야 한다. 많은 기출문제를 풀어가며 답을 찾아내고 그 답이 도출되는 과정을 분석함으로써 출제 의도를 파악할 수 있도록 부단히 연습한다면, 수능 시험에서 정답을 찾아내는 것은 그리 어렵지 않다.

기출문제 분석이 중요한 이유는 또 있다. 수능 기출문제, 특히 국어와 영어 과목은 다음 두 가지에 집중해서 문제의 정답을 찾아낼 것을 묻는다. '일치와 불일치의 문제인가', '허용의 문제인가'가 그것인데, 전자는 '맞고 틀림'에 대한 물음으로 주로 국어 비문학이나 영어 문제에서, 후자는 '적절한 가(타당한가) 더(덜) 적절한가' 하는 물음으로 국어 문학 영역에서 주로 묻는다.

이때 이를테면 국어 문학의 경우에, 정답률이 낮은 문제는 단순일치가 아니라 '허용이냐 아니냐'의 문제로 귀결되는 경우가 많은데, 보통 정답은 최대한 허용하는 쪽이다(즉 문제의 물음에 대한 답으로 최대한 가깝고 적절한 것이 정답이다). 이는 뒤에 사례를 들어가며 설명하겠지만, 그렇더라도 이것을 강조하는 이유는 분명하다. 많은 학생들은 단순히 문제를 '맞다, 틀리다'의 문제로만 사고하는 습관에 젖어 있기에, 출제자들은 선택지에 '**매력적인 오답**'을 배치시켜 낮은 정답률을 유도하려 든다. 이것이 곧 '허용의 문제'와 관련한 물음으로, 학생들은 문제를 철저하게 분석하고 출제자의 숨은 의도를 파악할 수 있어야만 이에 따른 함정에서 벗어나 정답을 정확히 찾아낼 수 있다.

문학작품의 본질로서의 '애매함과 모호함'을 객관화하여 타당한 근거를 묻는 수능 시험의 경우에 특히 그러한데, 이는 영어 독해 문제에 있어서도 마찬가지이다. 이를 테면 헷갈리는 두 선지가 남았을 때에는, 혼자만의 독특한 생각이나 선입견에 기대어 답을 선택하려 들어서는 안 된다. 어디까지나 모두가 인정하고 받아들일 수 있는 답이 무엇인지를 고민하고 답을 찾아야 하는데, 이때 기출문제 분석을 통해 그러한 문제에 대한 일련의 방향성과 풀이의 근거를 밝혀낼 수 있다.

그렇기에 맞힌 문제도 다시 살피는 습관을 들여야 한다. 대부분 문제를 풀고 채점한 후 틀린 문제만 확인하고 넘어가는 경우가 많은데, 될 수 있으면 맞힌 문제까지 전부 해설지를 보며 답을 도출해낸 과정이 옳았는지를 다시 확인하는 것이 좋다. 이와 함께, 확실하게 몰라 틀린 문제보다는 모르는 데도 운 좋게 맞힌 문제가 정작에 수능 시험에서 발목을 잡는 경우가 많은데, 따라서 운 좋게 맞힌 문제를 철저하게 분석하면서 확실하게 자기 것으로 만들어야 한다.

교과서와 기본서, 수능과 평가원 기출문제를 갖고 개념 학습과 문제 풀이 연습을 빠짐없이, 그것도 분석적으로 공부해나가는 것, 이것이 곧 올바른 공부법의 핵심이다. 수능과 평가원 기출문제를 분석하다 보면 문제 유형에도 익숙해질 수 있을 뿐만 아니라, 자신만의 문제 풀이 스킬도 자연스럽게 터득하게 된다. 이것이 가장 시간 대비 효율적이고, 노력 대비 효과적인 대학입시 공부로, 공부 잘하는 학생들은 거의 예외 없이 이 공부에 가장 우선순위를 둔다.

기출문제로 공부할 때 특히 주의해야 할 점이 있다. 기출문제를 기계적, 습관적으로 풀면 절대 안 된다. 기출문제를 자주 풀다 보면 유사한 문제가 계속해서 출제되기에, 그만큼 답을 한 눈에 찾아낼 수 있게 된다. 그리고는 무의적으로 답을 맞히는 습관에 젖어들게 된다. 하지만 이런 식으로 공부하다가는 정작 수능 시험에서 그야말로 낭패를 볼 수 있다. 무엇을 묻고 있는지, 어떻게 해서 답이 도출되는지를 정확히 분석하고, 그 과정을 되풀이해가며 학습하는 게 중요하다. 항상 문제를 제대로 풀고 있는지, 출제 의도는 무엇인지 끊임없이 생각하고 새로운 문제에 접근하듯 다가가야 한다. 중요하다.

기출문제로 공부할 때 염두에 둘 한 가지를 더 부연하면, '해설지'를 적극 활용하며 공부하는 습관을 들이는 것이 좋다. 그렇더라도 이는 주의를 요한다. 먼저 기출문제 풀이 시에는 자기 힘으로 문제를 풀어야지 답안지 풀이에 의존해서는 안 된다. 자기 힘으로 문제를 풀었으면, 그 다음에는 답안지 풀이를 적극 활용해야 한다. 답안지의 풀이를 공부하지 않는 것은 그만큼 분석적인 접근을 하지 않는 것이자, 부가적인 지식을 습득할 기회를 버리는 것이라는 점을 알아야 한다.

답안지는 단순히 문제의 답만 알려주는 것이 아니라, 그 문제를 푸는 데 필요한 이론이나 방법을 알려준다. 예를 들어 영어 과목의 경우 답안지의 해설에는 출제 의도는 물론 문법적·어휘적·어법적 요소를 정리해 놓은 경우가 많은데, 이것들을 확인하며 공부하면 자연스럽게 관련한 지식의 폭을 넓히고 사고의 확장을 가져올 수 있다. 이런 이유로, 기출문제를 풀 때 절대 답만 보려 들지 말고, 해설된 내용의 전반을 살펴 완전하게 자기 것으로 만들 수 있도록 공부해야 한다.

특별한 공부법2. 수능 국어 과목

수능 국어 과목은 전적으로 출제자의 의도에 따라 제시된 글(지문)에서 답을 도출하는 능력을 평가한다. 그렇기에 답안 선택의 근거를 지문 안에서 반드시 찾아내야만 한다. 지문 독해의 중요성이 강조되는 이유가 이 때문인데, 한정된 시간 안에 글의 핵심을 파악하는 연습과 글의 전체적인 내용을 파악하는 훈련이 특히 중요하다. 즉 문제 풀이 시에 지문과 문제 간에 가능한 한 빠르게 '1 : 1 대응'할 수 있도록 읽기 연습하는 것이 중요한데, 다시 말해 얼마나 빨리 문제의 물음에 맞춰 지문을 선택지들과 1:1 대응시킬 수 있는가가 핵심이다.

더불어 지문 분석 훈련이 강조된다. 글 전체의 주제(화제)와 핵심어를 찾아 그것에 유의하면서 읽는 한편, 단락마다 주요 내용과 그것이 글 전체에서 차지하는 역할을 파악하는 연습을 해나간다. **지문을 읽고 해석하는 능력, 선택지에 담긴 물음과 어휘를 이해하고 지문과 연계시키는 능력, 문제를 푸는 기술적 능력,** 이 세 가지 요소가 국어 문제를 풀이하는 데 있어 무엇보다 중요하다.

이때 가장 좋은 연습문제는 역시 수능 기출문제와 평가원에서 출제한 모의평가 기출문제로, 적어도 언어영역(국어와 영어)만큼은 반드시 기출문제를 반복학습함으로써 내용을 철저히 분석해야 한다. 더불어 기출문제를 통해서 유형화된 출제패턴을 찾아내고, 그에 맞는 풀이 방법을 익히는 것도 기출문제 공부 시 중요한 부분이다.

공부 잘하는 학생들은 기출문제를 통해 출제자가 제시하는 지문의 유형 및 구조를 파악하고, 정답을 지문의 어떤 부분에서 찾아내야 하는지를 훈련하고, 다양한 지문 형식에 익숙해질 수 있도록 공부하는 데 결코 소홀함이 없다. 많은 학생들은 국어문제를 풀 때 그저 감으로 푸는 경우가 많지만, 공부 잘하는 학생들은 지문에서 정답과 오답의 논리적인 근거를 찾는 데 주력한다.

그렇더라도 국어 과목은 무작정으로 문제만 많이 풀어서는 안 된다, 문제를 많이 푼다고 해서 성적이 그에 비례해서 오르는 것은 아닌 과목이 바로 국어다. 지문 하나를 공부하더라도 정확히 독해하고, 확실한 근거를 찾아 밝혀가며 공부해야 한다. 이를 위해서는 먼저 문제부터 읽은 후, 이어서 문제가 요구하는 방향에 맞춰 지문을 빠르고 효율적으로 읽어 내려가야 한다. 또한 한 문항에 속하는 문제 전체를 읽고 문제 푸는 순서를 효율적으로 정하는 등으로, 글 읽는 속도를 높여야 한다, 글 읽는 속도는 국어 과목 문제 풀이 시에 엄청난 강점으로 작용하기에 그렇다.

특히 **문학의 경우 '보기'는 문제 풀이에 아주 중요하다.** '보기'는 말하자면 논술 문제에 있어서의 '관점(논점)'과도 같은 역할을 한다. 즉 논술에 있어 '관점'이 논제에 담긴 개념을 구체화하여 제시 지문에 담긴 핵심 내용과 연결시키는 연결고리이자 논증을 더욱 구체화해주는 나침반 역할을 하듯이, 수능 문제에서 '보기'는 문학 작품이 갖는 추상성과 모호성을 구체화하고 답안을 보다 객관화하기 위해 출제자가 의도적으로 개입시킨 개념적·인식적인 사고의 틀이다. 따라서 학생들은 **주어진 보기를 문제 풀이의 중요한 힌트로 활용해야** 하는데, 다시 말해 보기에 담긴 핵심 내용(주로 개념적인 물음이다)을 찾고, 이것을 지문 안에 담긴 핵심 내용과 연계해서 문제가 묻는 바를 정확하게 분석한 후, 그에 맞춰 답을 찾아내면 된다. 이 부분에 대해서는 뒤에 예를 들어 가며 자세히 설명한다.

'발문'의 중요성 또한 결코 간과할 수 없다. 문제를 잘 읽고 답을 찾는 것은 어느 과목에서나 중요하지만, 국어 과목은 특히 더하다. 발문(문제와 선택지 대답)은 제시된 긴 지문 속에서 자칫 헤매지 않도록 방향을 제시해주는 역할을 한다. **국어 과목만큼은 지문보다 발문을 먼저 읽는 것이 효과적**인데, 발문을 통해 찾아야 할 답이 무엇인지부터 파악한 후, 이에 근거하여 지문을 읽으면 보다 효율적이고 효과적으로 문제에 접근할 수 있다. 뿐만 아니라 발문을 읽으면서 지문에 대한 힌트도 적잖이 얻을 수 있는데, 특히 '보기'가 있는 문제의 경우, 발문과 보기만 읽어도 지문의 성격과 내용이 파악되는 경우가 많다.

국어 과목은 기출문제를 중심으로 매일 꾸준하게 일정량을 풀어가며 공부하는 것이 좋다. 이때 많이 아는 것이 중요한 것이 아니라, 아는 것을 바탕으로 지문을 응용하는 능력을 몸에 각인시켜야 한다는 점을 깨달아야 한다. 즉 지문을 꾸준히 풀어가면서 지문 응용 능력을 키우는 것이 국어 과목을 공부하는 가장 효과적인 방법이다.

문학이건 비문학이건, 문제와 지문 사이에는 공통적인 논리 관계가 있다. 특히 고난도의 문제일수록 그 논리 관계는 더욱 복잡한데, 따라서 이를 효과적이고 적절하게 찾아낼 수 있도록 연습해야 한다. 또한 선택지 대답을 접할 때마다 그 선택지 대답이 어떤 의미를 갖고 있는지를 직접 느끼고 찾아보는 것도 효과적이다.

문학의 경우, 교과서에 수록된 작품을 기본으로, 주제가 비슷한 작품이나 작가의 또 다른 작품을 찾아 공부하는 것이 효과적이다. 특히 고전문학은 출제되는 양이 한정되어 있고 다루는 주제가 비슷하기 때문에, 기출문제로 나오는 지문은 빠짐없이, 그것도 상세하게 읽어가며 살피는 것이 학습에 크게 도움이 된다. 고전 장르를 해결하는 유일한 방법은 '암기'로, 고전시가나 고전소설 문제를 틀리는 이유는 **단순히 옛 어휘들을 몰라서 해석 자체가 안 되기 때문**이다. 따라서 단어장을 따로 만들어 고전이나 비문학에 나오는 어휘들을 정리하여 암기하는 것도 좋은 방법이다(고전문학에 대한 공부 방법은 이로써 다 설명했기에, 뒤에 자세히 설명하는 수능 국어 과목 분야별 공부법에서는 생략한다).

현대문학은 문학작품을 이해하기 위한 접근법을 배워야 한다. 자신에게 맞는 접근 방법을 찾은 후, 그 방법으로 현대문학을 해석해야 한다. 뒤에 자세히 설명하겠지만, 시·소설 등의 현대문학은 **'코드와 맥락'으로 읽고 해석**하는 등, 스스로 깊게 생각하는 연습을 하는 것이 중요하다.

비문학의 경우, 독해의 정확도와 읽기 속도가 매우 중요하기에, 매일 꾸준히 일정량을 푸는 것이 좋다. 이때 빠르게 읽되, 단락의 요점을 놓치지 않는 연습이 필요하다. 지문을 읽을 때는 각 단락에서 중요한 정보에 표시해가면서 정보의 위치를 파악해두는 게 좋다. 단락과 단락의 유기적 연계 구조를 파악하고, 접속사의 전후 관계에 주목하는 것도 글 읽기에 효과적이다. 더불어 글의 구조와 구성이 어떤 식으로 전개될지를 예상해가며 읽는 습관도 지문 독해에 있어서 중요한 방법이 될 수 있다.

어휘·어법의 경우에는 학교 문법 위주로 쉬운 문법책을 한 권 정해 읽는 것도 도움이 된다. 어휘는 문맥을 파악하는 능력이 특히 중요한데, **반드시 사전을 찾아가며 그 의미를 정확하게 이해할 수 있도록** 공부해나가는 습관을 들여야 한다.

결론적으로, 문학이든 비문학이든 관계없이 출제유형은 반복되기 때문에 이것을 파악하는 것은 출제 경향을 알고 공부 방향을 정하는 데 매우 효과적이다. 그렇더라도 출제유형에만 치중해서 공부하면 성적 향상에는 한계가 따를 수밖에 없다. 기본 이론, 물음과 선택지에 담긴 어휘와 개념 등 문제와 관련되는 개념 모두를 공부해야 한다. 또한 작품을 보고 해석해내는 능력도 함께 길러야 한다.

특별한 공부법3. 수능 영어 과목

영어는 '**단어 암기**'가 공부의 반 이상을 차지한다. 단어를 많이 알고 있어야 독해도 가능한 것이지, 단어를 모르고서는 절대 수능 시험을 잘 볼 수 없다. 그렇기에 먼저 단어부터 많이 외워야 하는데, 이때 가장 효과적인 방법은 문제를 풀어가면서 공부할 때 지문 안에 실린 필수단어를 함께 외우는 것이다. 더군다나 중요한 단어는 지문 안에 거듭되기 마련이어서, 문제를 풀면서 모르는 중요한 단어를 그때그때 곧바로 외우면 그것이 곧 반복학습으로 이어지면서 단어 암기를 돕는다.

그렇기에 단어 암기 능력이 부족할 경우, 문제를 풀면서 그때그때 외우는 것이 좋다. 즉 **영어 단어는 지문을 통해 외우는 것이 가장 효과적이다.** 이때 지문을 천천히 살펴 모르는 단어와 숙어가 나오면, 사전을 통해 하나하나 찾아가며 공부해야 한다. 특히 교과서에 실린 단어는 기본적으로 전부 암기해 두어야 한다. 단어를 외울 때는 단어와 뜻만 외우는 것이 아니라 '예문'을 함께 외워 머릿속에 오래 남도록 하는 것이 실제 독해에도 도움이 된다. 단어를 예문과 함께 외우면 문맥 속에서 모르는 단어를 추론하는 시간이 줄어들고 게다가 정확한 독해를 가능케 하기 때문이다.

'어법' 역시 문장이나 단락 속에서 실제 접해가면서 이해하는 것이 훨씬 기억에 오래 남고 정확하게 이해할 수 있다. 문제를 푼 뒤 지문에 실린 문장에서 구체적으로 어떤 어법(어휘와 문법)이 어떻게 적용되었는지를 지금까지 습득했던 어법 관련 사항을 총동원해서 스스로 찾아 정리해보는 것이 효과적이다. 그리고 그렇게 해서 정리한 지문 안의 어법 사항들을 다시 문법책을 참고하여 거듭 살피는 한편, 그래도 해결되지 않은 의문점은 메모해 두었다가 나중에 선생님이나 영어를 잘하는 친구들한테 물어 답을 구한다. 처음에는 이를 하나하나 정리하는 데 적지 않게 시간이 들고 또 많은 인내와 노력을 요구하지만, 꾸준히 해나가다 보면 지문 안에 담긴 문맥의 흐름과 문장 구조가 한 눈에 들어오게 되고, 더불어 지문을 읽는 시간도 크게 줄어들게 된다.

무엇보다 영어만이 갖는 언어적 특성을 이해하면서 어법을 공부하면 글 읽는 속도도 빨라지고 자연스럽게 영어를 습득해나갈 수 있다. 아무리 긴 문장이라도 주절의 주어와 동사를 정확히 찾아 살피는데 우선순위를 두고 문장을 해석해나가면서 다른 나머지 수식 어구를 처리하게 되면, 자연스럽게 어법 실력은 물론 독해 실력도 크게 향상된다.

문법은 잘 정리되어 있는 얇은 책 한 권으로 독학하거나 인터넷 강의를 통해 보완하는 것이 효과적이다. 자주 출제되거나 중요한 어법과 관련한 내용을 위주로 공부하고, 관련한 기출문제들로 최종 정리하면 된다. 더군다나 어법은 독해를 위해서도 반드시 필요하므로 절대 소홀히 해서는 안 된다. 이런 이유로, 어법은 한번쯤 체계적으로 정리해 놓는 것이 좋다. 어법을 감으로 푸는 경우가 많은데, 이는 옳지 않다. 수능 빈출 어법 사항을 빠짐없이 정리하고, 그 동안 수능에서 출제된 어법 문제의 정답과 오답을 꼼꼼히 분석해가며 공부하는 것이 좋다.

특히 **어법을 통한 구문 분석은 독해력을 기르기 위한 연습의 핵심**으로, 한 문장 한 문장을 정확히 분석하여 영어식으로 이해하는 것을 말한다. 겉으로 보기에는 자칫 시간만을 잡아먹는 비효율적인 공부법으로 생각될 수 있겠지만, 어법을 살펴가며 차곡차곡 정확히 해석하는 연습을 해나가면 나중에는 독해 속도가 자연스럽게 빨라지게 된다. 어법과 독해는 결코 분리될 수 없으며, 따라서 기초적인 어법 사항을 알고 있어야 정확한 구문 분석이 가능하다.

영어는 **문장 구조**를 파악하는 것이 가장 기본이다. 이를 위해서는 **구조 독해**가 필요하다. 많은 경우에 단순히 시간을 재서 문제를 풀고, 채점하고, 대충 단어 몇 개 찾고, 틀린 거 보고 끝내는 경우가 많은데, 이렇게 해서는 절대 실력이 늘지 않는다. 기출지문을 풀면서 문제 유형별로 하나하나 문장 구조를 분석하고, 어떤 부분에서 답이 나와야 하는가, 또 출제 의도는 무엇인가를 스스로 분석해가며 적극적으로 해석하는 방식으로 공부해야 한다.

영어 독해 문제는 유형이 명확히 정해져 있다. 그렇기에 독해력도 중요하지만, 유형별 접근법을 익히는 것도 이에 못지않게 중요하다. 따라서 기출문제와 EBS 교재를 풀면서 수능 독해 유형을 체득하고, 유형별 접근법을 충분히 익혀 실전에 활용해야, 수능에서 보다 효과적으로 문제를 풀어나갈 수 있다.

한편, 지문 독해 시에 해석은 어찌어찌하겠는데 의미를 잘 모르겠다고 생각될 때가 있다. 이해하기가 어려워 답안지를 봐도 도통 해석이 안 되는 지문들은 그만큼 '**언어 사고력**'을 요하는 경우가 일반적이다. 그렇기에 지문의 구조를 분석하면서 해석하는 실력이 따라줘야 하는데, 이때 힘을 발휘하는 것이 바로 '배경지식(엄밀히 따지면, **배경지식에 대해 이것을 개념적으로 사고하는 능력**이라고 할 수 있다)'이다. 즉 국어 과목과 마찬가지로 영어 역시 독서를 통한 다양한 배경지식의 습득이 언어 사고력을 높이고, 궁극적으로 영어 지문 독해력을 끌어올리는 요인으로 작용한다.

즉 영어도 엄연히 '언어'이기에, 문제를 풀고 그것이 왜 정답인지 논리적으로 추론하는 과정이 중요하다. 이를 위해서는 먼저 문제와 지문을 읽어 스스로 정답을 찾아보고, 이어서 정답의 근거를 찾아 지문에 정리하고, 그렇게 정리한 지문을 자연스럽게 읽으면서 문장 간의 연결고리와 전체적인 구조를 파악한 후 이를 체화體化하는 과정을 거쳐야 한다.

지문 독해력을 높이기 위해서는 자기 나름의 '리딩 스킬(독해 기술)'을 만들어 공부하는 것도 한 방법이 될 수 있다. 예를 들면 빈칸추론 문제의 경우 빈칸이 마지막이나 처음에 있다면 그 빈칸이 든 지문을 주제문으로 파악하여 주제 찾기에 집중한다든지, 어려운 단어가 나오면 이 단어를 보충할 같은 뜻의 쉬운 단어가 어딘가에 분명히 나오기에 이를 반드시 찾는다는 식으로, 몇 가지 리딩 스킬을 정리해두는 것도 효과적이다. 그렇더라도 이것이 결코 문제 풀이에 대한 만능이 될 수는 없으며, 독해 능력을 끌어올리기 위한 경험 지식의 일부임을 분명히 깨달아야 한다.

영어 독해는 꾸준히 공부하는 것밖에는 달리 방법이 없다. 만약에 영어 지문 독해 능력이 부족한 경우에는 관련한 문제의 일정량을 매일 지속적으로 풀어가면서 공부해야 한다. 한편, 영어 독해에 자신이 있는 경우에는 텝스(TEPS)의 빈칸추론 문제를 통해 고난도 문항에 대비하는 것이 좋다. 빈칸 추론 문제의 경우, 그 지문에서 핵심이 되는 부분을 빈칸으로 만들어 놓는 경우가 많은데, 이때 **지문 안에서 정답의 근거가 되는 부분을 찾아 그 부분을 집중적으로 읽고 답을 찾을 수 있어야 한다**(이는 중요하므로 뒤에 자세히 설명한다).

특별한 공부법4. 수능 수학 과목

중학교 수학과 고등학교 수학은 확연히 다르다. 중학교 수학 문제는 핵심개념과 기본공식만 외워서 이를 그대로 적용하면 풀 수 있는 경우가 일반적이다. 즉 중학교 수학은 교과과정 전반에 걸친 내용을 통합하는 문제보다는, 각 단원별 단편적인 문제가 출제되는 경우가 많다.

하지만 고등학교 수학은 그렇지 않다. 핵심개념과 기본공식만을 갖고 접근하게 되면 단순 계산 문제나 정형화된 문제 이외에는 풀기 어렵다. 따라서 공식보다 증명과 원리를 학습하는 데 집중하지 않으면, 고등학교 수학의 기초를 제대로 닦지 못하게 되고, 이후 점점 어려운 내용을 배울수록 기존에 알고 있던 공부 지식마저 와르르 무너져 내릴 수 있다.

그 경계가 바로 수학I과 수학II의 단원 구분이라고 보면 된다. 수학I의 경우에는 공식에 대한 정의와 기본개념 자체가 어렵지 않기 때문에, 그것들을 충분히 숙지한 후 많은 양의 문제를 풀게 되면, 자주 출제되는 문제 유형에 익숙해지면서 성적은 향상된다. 하지만 이후의 단계인 수학II와 미적분 및 통계, 그리고 기하와 벡터는 과목의 성격 자체가 확연히 다르다. 누가 더 깊이 있게 개념 이해와 원리 중심으로 학습했느냐에 따라 제대로 그리고 정확히 풀이할 수 있는 문제의 양이 급격하게 차이나기 시작한다.

이처럼 수학에서 가장 중요한 것은 **기초**와 **개념**이다. 개념을 명확히 알고 적용만 잘 한다면 수학은 결코 어렵지 않다. 이 공식은 왜 이렇게 만들어졌고, 이 공식은 어떻게 쓰이고, 이 공식의 수학적 원리는 무엇인지를 정확히 파악한다면, 어떠한 수학 문제를 만나더라도 풀이 방법이 저절로 머릿속에 그려지게 된다. 따라서 '**완벽한 개념 학습**'을 위해 최선의 노력을 기울여야 한다. 수학은 특히 기본 개념의 이해에서부터 그 개념의 확장 및 적용, 그리고 응용까지 단계적으로 충실하게 공부해나가야 하는 과목이다. 개념 이해에 바탕을 두고 기본 개념들을 확장하고 또 개념을 서로 연결시키면서 문제 풀이에 적용할 수 있어야 실력은 향상된다.

당연히 문제 풀이 과정은 완벽한 개념 이해를 토대로 이루어져야 한다. 개념 정리가 제대로 되어 있지 않으면 아무리 문제를 많이 풀어도 실력은 늘지 않는다. 먼저 개념부터 단단히 다져 놓고, 이후 계속해서 반복 연습해야 한다. 즉 개념 학습에 기초하여 많은 유형을 풀어보는 것이 성적을 올리는 가장 효과적인 공부 방법이다. 이런 이유로, 수학은 **매일매일 정해진 양을 꾸준하게 풀어가며 공부**하는 것이 무엇보다 중요하다. 그렇더라도 문제 풀이는 양보다 질이 우선한다. 한꺼번에 많은 문제를 풀려고 하기보다는 하나를 풀어도 제대로 풀어서 자기 것으로 완벽하게 만들어야 한다. 특히 수학 과목은 여러 번 풀어보며 자기 것으로 만드는 게 무엇보다 중요하다. 따라서 틀린 문제는 반복적으로 풀어 완전하게 익히고, 문제를 풀다가 헷갈리거나 기억이 나지 않는 개념은 반드시 다시 복습해야 한다.

이때 문제를 풀다 막혀도 절대로 해답을 보려고 해서는 안 된다. 해답을 보지 않고 그 문제를 진정으로 열심히 풀어 자기 스스로 답을 찾아낼 수 있도록 노력해야 한다. 그렇게 되면 성취감과 동시에 그 순간의 영감이 오래토록 기억나면서 실력은 향상된다. 개념 이해에 바탕을 둔 창의력의 발현이 문제를 해결하는 수준을 한 뼘 더 높이게 되는 것이다. 수학 실력은 그렇게 해서 상승한다.

기본에 바탕을 둔 문제 풀이는 아무리 강조해도 지나침이 없다. 문제 하나하나에 여러 기본 개념이 엮여 출제되기 때문에, 기본에 충실한 공부를 해야만 실력이 향상되고 성적이 오른다는 것을 명심해야 한다. 무턱대고 문제만 많이 푼다고 해서 실력은 늘지 않는다. 개념을 올바르고 확실하게 체화시킨 이후에 문제를 풀고, 그렇게 해서도 틀린 문제는 스스로 무엇이 잘못됐는지를 철저히 분석함으로써, 이후 다시는 틀리는 일이 없도록 해야 한다.

수학적 개념이 어느 정도 잡혀 있는 상태라면, 이후 고난도의 응용문제를 푸는 연습을 해나간다. 4점짜리 한 문제 차이로 등급이 갈릴 수 있기 때문에, 고난이도의 응용문제를 맞힐 수 있어야만 고득점이 가능하고 수능에서 확실하게 1등급을 받을 수 있다. 따라서 개념을 완벽히 이해하고 적용하는 능력을 길렀다면, 이후부터는 고난이도의 응용문제를 풀며서 실전감각을 익히도록 한다.

수학 과목 역시 역대 수능 기출문제와 평가원 모의문제를 직접 풀면서 철저히 분석하는 것이 가장 효과적이고 효율적인 공부가 된다. 수학은 범위가 확실하게 정해져 있고, 게다가 역대 기출문제에서 변형된 유형의 문제를 수능에 출제한다. 따라서 기출문제를 철저히 공부하고 분석함으로써 수능에서 출제될 가능성이 높은 문제유형을 익혀나가야 한다. 그리고 기출문제를 푸는 동안에 틀렸던 부분이나 몰랐던 내용을 거듭 살펴가며 자신의 취약점을 발견하고, 이를 해결하기 위해 적극 노력해야 한다.

덧붙여 말한다면, 수학은 성적이 좀처럼 오르지 않는 듯 보이지만, 그렇더라도 꾸준히 제대로 공부한다면 **반드시 성적이 오르는 과목**이다. 따라서 당장의 성적에 연연하지 말고, 그리고 성적이 나쁘다고 해서 절대 포기하지 말고, 확신을 갖고 꾸준히 공부하다 보면 높은 점수를 받고 바라던 대학에 합격하는 영광을 누릴 수 있다.

거듭 강조하거니와, 수학은 교과서를 바탕으로 기본 개념을 명확히 학습한 다음, 많은 문제를 풀어가며 이해력과 사고력을 기르고, 이를 통해 문제와 관련한 개념과 공식을 정확히 찾아내고 적절하게 적용하는 능력을 향상시키는 것, 이것이 곧 수학 문제 풀이의 핵심이다. 공부 잘하는 학생들은 예외 없이 그 원칙을 충실히 지켜가며 공부한 결과, 남들보다 뛰어난 성적을 기록했음을 분명히 깨닫고, 끝까지 최선을 다해 공부해야 한다.

특별한 공부법5. 학교 내신 과목

내신(교과)은 공부의 기본으로, 내신과 수능은 별개가 아니라 하나로 연결된 공부이다. 즉 내신과 수능은 따로따로 하는 공부가 아니라, 내신 공부가 곧 수능의 바탕이 되고 수능 공부는 내신에 도움을 주는 상호 보완적인 관계이다. 그렇기에 내신을 철저히 준비하면 수능에도 도움이 된다. 또한 수능을 염두에 두고 내신을 준비하면 좀 더 수월하게 학교 공부를 해나갈 수 있다. 더군다나 내신은 수시 학생부교과전형 뿐만 아니라 논술전형, 심지어는 학생부종합전형에도 반영되는 만큼, 심혈을 기울여가며 끝까지 챙겨야 할 부분이다. 더욱이 1, 2학년 때 받아 둔 좋은 내신 성적은 상위권 대학 지원의 발판이 된다. 따라서 시간이 아깝다는 핑계로 눈앞의 내신을 놓치지 말고 성실히 준비해서 남들보다 유리한 위치에 자리해야 한다.

내신 성적을 올리기 위해서는 무엇보다 수업 시간에 배우는 내용을 절대 놓치지 말아야 한다. 이를 위해서는 선생님과 눈을 맞추면서 수업을 듣는 것이 좋다. 수업 시간에 선생님은 학생들이 수업 내용을 제대로 이해하고 있는지를 몇몇 학생들의 표정을 보고 판단하게 되는데, 이때 선생님과 눈을 마주하고 있으면 그만큼 선생님이 나를 중심으로 수업할 가능성이 높다. 선생님과 눈을 맞추면서 수업을 듣는다는 것은 그만큼 집중해서 공부한다는 것과 같으며, 따라서 학습 효과는 다른 어떤 경우보다 높다.

학교 내신 공부에서 중요한 것은 **수업 시간 동안의 집중과 배운 내용에 대한 복습**이다. 학교 내신을 평가하는 시험의 출제자는 다름 아닌 학교에서 수업하는 선생님들이다. 학교 내신 시험의 출제자인 선생님들은 수업 시간에 가능한 모든 출제의도를 말씀해주시므로, 수업 시간에 집중해서 듣고 열심히 필기하며 공부하면 무난히 좋은 성적을 거둘 수 있다. 그만큼 출제자인 선생님의 의도와 출제 스타일을 파악하면 충분히 고득점을 받을 수 있는 게 바로 학교 내신 시험이다. 따라서 선생님들이 수업 시간에 말씀하시는 것이 시험에 반영되어 출제될 수 있다는 사실을 명심하고, 무엇보다 수업 시간에 집중해야 한다.

또 복습하는 습관이 중요하다. 고등학교에서는 1교시 당 50분씩 수업한다. 그 50분 동안 배운 내용을 복습하는 데는 고작 10분에서 20분 정도밖에 걸리지 않는다. 따라서 학교 수업을 그날 배운 것은 그날 무조건 복습하는 습관을 들여야 한다. 즉 평소에 수업을 잘 듣고 받아 적은 내용을 꾸준히 복습한다면, 학교 내신 성적을 높이는 것은 그리 문제되지 않을 것이다.

결국 학교 수업과 교과서 공부, 그리고 수업 자료에 집중하는 것이 내신 준비의 전부라고 볼 수 있다. 그것만 제대로 한다면 좋은 내신을 받을 수 있다. 그렇기에 내신공부법은 거창한 그 무엇이 아니다. '오늘 배운 내용을 오늘 모두 끝낸다'는 각오로 그날 공부한 내용을 그것도 가능한 수업 시간에 해결할 수 있도록 집중해서 수업을 들으면, 그것으로 충분하다.

학교 내신 시험 공부는 대개 시험 2~3주 전부터 시작하는 것이 좋은데, 평소 수업을 열심히 듣고 배운 내용을 빠짐없이 복습한 경우라면 준비 기간이 더 짧아도 된다. 내신을 준비하는 기간을 길게 잡는다고 해서 그에 비례하여 성적이 오르는 것은 아니다. 오히려 공부의 집중력이 흐트러지면서 성적이 떨어지는 경우가 있으므로, 시험 기간을 앞둔 어느 특정 시점부터 집중해서 준비하는 것이 더 효과적이다. 거듭 강조하거니와, 내신 성적은 평소 얼마만큼 수업에 집중하느냐에 달렸지, 내신을 준비하는 기간의 길고 짧음에 달린 것이 아님을 분명하게 깨닫고, 각자의 상황에 맞춰 적정한 준비 기간을 정하고 그 기간 동안 최대한 집중해서 공부해야 한다. 그것으로 충분하다.

제3장

학습 효과를 높이는 공부법에 대한 이론적 고찰

　앞장에서 우리는 공부 잘해 명문대에 들어가는 학생들에게서 나타나는 공통된 특성에 대해 살펴보았다. 그리고 그 핵심은 '**계획 + 분석 + 노력**'이라는 키워드로 집약된다고 했다. 즉 공부를 잘하기 위해서는 대학입시 공부의 의미를 정확히 알고 공부하는 목적을 바로 세워야 하며, 이를 통해 '공부를 하고 싶게 하는 마음'으로서의 **학습 동기**가 따라야만 **공부 습관**이 올바르게 잡히고 **자기주도학습 계획**을 올바르게 세울 수 있다. 학습 동기가 형성된 학생은 공부에 흥미를 느끼고, 그렇게 해서 주의력과 집중력은 크게 높아진다. 당연히 학습 의욕이 높고 학습 활동에 적극적이며, 지속적인 학습 욕구를 가지면서 스스로 열심히 공부하게 된다. 그리고 마침내는 자기만의 '공부 방법'을 찾아 분석적·전략적으로 공부함으로써 공부의 효율성이 높아지고 그에 따라 성적은 급상승한다.

　결국 뚜렷한 비전과 공부에 대한 열정을 바탕으로 한 '학습 동기'가 진정성 있는 '공부 습관'을 형성한다. 그렇게 형성된 올바른 '공부 습관'을 토대로 실현 가능한 '학습 계획'을 세우고, 그 '학습 계획'을 꾸준히 그리고 차근차근 실천함으로써 자신에게 최적화된 '공부 방법'으로 체화體化되고, 그 공부 방법이 다시 학습 동기를 고취하는 반복되고 순환적인 과정, 그것이 곧 공부 잘하는 학생에게서 나타나는 공통된 속성으로서의 우월한 '학습 능력'임을 알 수 있다.

　여기서 다시 논의의 초점을 제1장으로 돌이켜서 생각해보자. 학부모들은 공부를 잘해서 좋은 대학에 들어간 학생들의 공부 방법을 지나치게 맹신하는 경향이 있다. 이는 자기 아이를 그 학생들처럼 공부시키면 그들처럼 성공할 수 있을 거란 굳센 믿음에서 비롯되는데, 시중 서점가에 공부법을 알려주는 학습서가 넘쳐나는 이유가 이 때문임을 어렵지 않게 짐작할 수 있을 것이다. 하지만 정작 문제가 되는 것은, '수업도 열심히 듣고 학습서에서 강조하는 공부 방법으로 열심히 공부하는데도 불구하고, 결과는 꼭 좋지 않게 나온다'는 식의 하소연이다. 학습서가 알려주는 대로 열심히 공부했는데도 결과는 그리 만족스럽지 않다는 것이다. 왜일까?

　그 이유는, 말했듯이, 자신에게 맞는 공부 방법을 제대로 찾지 못하고 그저 남들이 좋다고 하는 방법을 무작정 좇아가며 공부했기 때문이다. 만약에 다른 성공한 학생들의 공부법을 곧이곧대로 따라 했음에도 원하는 만큼 성적이 향상되지 않는다면, 자신의 공부 방법에 대해 한번쯤 의심해볼 필요가 있다. 그 과정에서 자신의 공부법과 학습 태도에 문제가 없는지 살펴보고 이를 적극 해결해야 한다. 그렇지 않고는 아무리 좋은 공부법이라고 해도 자신에게는 맞지 않는 것이고, 결국 시간만 낭비하고 나쁜 결과만 가져올 뿐이다.

　사실, 학습 효과를 높이고 성적을 끌어올리는 실천학습법으로서의 보편적인 공부법, 다시 말해 누구에게나 알맞은 일반화된 공부법이란 존재하지 않는다. 많은 학생들이 자신에게 맞는 학습법을 하나하나 찾아가는 부단한 노력, 그리고 그 과정에서의 많은 시행착오를 거쳐 '자기만의 공부 스타일'로 최적화한 학습법만이 존재할 뿐이다. 이런 이유로, **공부법에 왕도는 없다.** 앞서 설명한 공부 잘하는 학생들의 공부법이란 결국 그들 각자의 공부 습관과 학습 태도 그리고 공부법을 형편과 상황에 맞게 되짚어보고 가다듬기를 거듭한 끝에, 자기의 성향과 수준에 최적화시킨 저마다의 '공부 노하우'일 뿐이다. 그렇기에 공부 잘하는 학생들이 제시하는 공부법을 '나'에게 적용한다고 한들, 그것이 옳게 적용되고 통용될 수 있으리란 보장 또한 없다. 오히려 잘못 적용했다가는 그야말로 '뱁새가 황새 쫓아가다 가랑이 찢어지는 형국'이 될 수 있음은 물론이다. 많은 학생들이 공부 잘하는 학생들을 따라하다 '작심삼일'로 끝맺는 이유가 이 때문이다.

그렇더라도 한 가지 분명한 것은, 공부의 본질로서의 보편성을 갖는 올바른 '공부 습관', '학습 태도', '공부 방법'에 있어서만큼은 마땅히 받아들이고 따를 만한 그 무엇이 반드시 있게 마련이다. 그렇기에 이것을 적극 받아들이되 이에 더해 자신의 성격과 자신을 둘러싼 주변 환경 및 이용 가능한 자원, 그리고 자신의 과목별 학업 능력과 성취도 등을 면밀히 고려하여 자기만의 알맞은 방법을 찾아나갈 때, 자기만의 최적화된 공부법이자 올바른 공부법은 만들어진다.

바로 이 지점에서, 학습 효과를 높이는 공부법에 대한 이론적 고찰이 요구된다. 무릇 어떤 현상이나 결과에 대한 의견과 주장이 분분할수록, 그 안에 내재된 일반화된 보편가치 내지는 절대지식으로서의 이론적인 핵심 내용을 파악하는 노력이 필요하다. 보편타당성을 갖는 지식·인식·가치라 함은 다수에 의해 인정되고 받아들여질 수 있는 기본 원리임을 의미하는 것이자, 그만큼 오랜 세월 동안 축적되고 발전한 이론적·경험적 가치로서의 일반 원칙임을 뜻한다. 그렇기에 그 이론적 지식은 단순한 정보와는 다르며, 우리가 세상을 살아가는 안목을 얻을 수 있는 가치 판단의 준거를 제공한다.

공부법 역시 마찬가지다. 우리는 이제부터 기억(학습한 내용)이 어떻게 지식으로 전이되고, 그 지식에 기반한 이해력의 향상이 어떤 원리로 사고력을 끌어올리는지에 대해 이론적으로 고찰함으로써, 학습 효과를 높이는 바람직한 공부법에 대해 살펴볼 것이다. 그리고 이를 통해 공부 우등생들의 학습법이 얼마만큼 원칙적이고 일반적이며, 게다가 상식적인 보편지식으로서의 일반 통념을 담고 있는지를 확인할 수 있을 것이다. 따라서 학생들은 이를 토대로 기본 공부법에 보다 충실하되, 그 위에 각자가 갖는 개별성으로서의 특수 지식 내지는 경험을 더함으로써 자기만의 공부법을 찾아내야 한다. 물론 수능 공부의 일반원칙에 입각한 기본 공부법은 제4장에 실려 있으니, 그것을 적극 참고해가며 자기만의 공부법을 찾아 가다듬기 바란다.

그렇더라도 중요한 것은, 그 어떤 공부 방법보다도 공부하려는 의지와 올바른 습관부터 먼저 형성되어 있어야 한다는 점이다. **공부에 대한 열정**과 **올바른 공부 습관**이 형성되어 있지 않을 경우, 아무리 좋은 공부 방법을 적용한들 소용이 없다. 공부가 무엇인지 그리고 왜 공부해야 하는지를 정확히 알아야 자기만의 분명한 목표와 학습 계획을 세울 수 있으며, 그렇게 해서 공부하는 좋은 습관이 형성되어야 공부의 재미를 느끼고 성적은 향상되는 것이다. 즉 **공부를 잘하기 위해서는 공부하는 좋은 습관부터 길들이는 게 무엇보다 중요하다.**

참고로, 이제부터 설명할 이론적인 내용은 미국 버지니아 대학교에서 인지심리학을 가르치고 있는 대니얼 T. 윌링햄 교수의「왜 학생들은 학교를 좋아하지 않을까? Why don't students like school?」(도서출판 부키)를 참고하여 이를 필자가 대학입시 공부법에 맞게 적용하여 서술한 것임을 밝힌다. 따라서 이론적 내용을 좀 더 살펴볼 요량이면 책을 직접 구입해서 탐독할 것을 적극 권장한다.

1. 학습 능력은 어떻게 향상되는가

'**기억**'은 사건과 사실과 경험을 머릿속에 특정 형태로 저장하였다가, 나중에 이를 용도나 목적에 맞게 재생 또는 재구성하는 작업(과정)이다. 기억은 새로운 경험을 **저장(정보 · 지식의 습득)**하고, 기억된 내용이 망각되지 않도록 **유지(축적)**하고, 유지하고 있는 사항을 **회상(활용)**할 수 있는 세 가지의 정신활동으로 구성된다.

기억은, 시간적 측면에서 고찰할 때, 불필요하면 잊게 되는 단기기억과, 장시간 때로는 평생 동안 유지되는 장기기억으로 구분된다. 단기기억(short-term memory)은 '작업기억'과 동일한 것으로 볼 수 있는데, 단기기억이라는 용어가 기억 시간이 짧다는 의미를 강조하는 것이라면, 작업기억은 현재 주의를 기울여 의식하고 있는 기억, 즉 '**판단 과정에 동원된 기억**'을 일컫는다.

그렇다면 생각은 머릿속에서 어떻게 일어나는 것일까? 먼저 머릿속에는 '**작업기억**(working memory)'이라는 구성요소가 있는데, 이는 생각하는 내용을 일시적으로 저장하는 공간이자 각종 인지 과정을 수행하는 작업장으로, 환경을 지각하는 마음의 한 부분으로서의 '의식'과 동일한 개념으로 생각하면 된다. 이를 의학적으로 표현하면, 작업을 지시하는 건 '의식'을 담당하는 전두엽이고, 판단에 필요한 모든 정보, 기억, 지식 등은 '잠재의식'의 창고인 측두엽에서 나온다고 한다. 그리고 이 두 신경세포의 접합부분이 곧 '시냅스'다. 그저 참고 사항이므로 외울 필요는 없다.

한편 **'장기기억**(long-term memory)'은 세계('나'를 둘러싼 모든 것)에 관한 사실적 지식을 보관하는 방대한 저장소이다. 사실적 지식은 특정 경험처럼 구체적일 수도 있고 일반 개념처럼 추상적일 수도 있는데, 장기기억에 저장된 모든 정보는 의식 너머에 있다. 이를 '잠재의식'이라고 하는데, 이 잠재의식이 조용히 있다가 필요한 시간에 작업기억으로 올라와서 의식에 지각되는 것이다. 예를 들어, "북극곰의 털은 무슨 색깔입니까?"라는 질문을 받으면 곧바로 흰색이라는 답이 떠오르는데, 이는 불과 몇 초 전만 해도 장기기억에 보관된 채 의식되지 않았지만 질문을 받자 주어진 질문 내용과 연관되어 작업기억으로 올라온 것이다.

생각(사고)은 환경이나 장기기억에서 입력된 정보를 새롭게 결합하는 과정에서 일어난다. 정보를 결합하는 과정은 작업기억에서 일어난다. 장기기억에는 '사실적 지식'뿐만 아니라 이를테면 학습 과제를 수행하는 데 필요한 정신적 활동으로서의 **'절차적 지식'**이 들어 있다. 생각이 작업기억에서 정보를 결합하는 과정이라면, 절차적 지식은 어떤 정보를 언제 결합할지 알려주는 목록이다. 이를테면 요리할 때 필요한 조리법처럼 특정 유형의 생각을 끌어내는 방법으로, 정보의 성격과 내용에 따라 그 **정보를 분류·분석·종합하는 능력**이라고 보면 된다.

필요한 절차적 지식이 장기기억에 저장되어 있으면 생각에 도움이 된다. 그리고 작업기억을 담을 충분한 공간이 확보되어야 생각은 보다 원활해진다. 생각할 때는 **작업기억에서 정보를 결합**한다고 설명했는데, 환경에서 주어진 정보만으로는 문제를 풀지 못하기 때문에 장기기억에 들어있는 정보를 보충해야 할 때가 많은 것이다.

이상을 고려할 때, 효과적으로 생각하려면 다음 4가지 요소가 필요하다. 환경에서 정보(**지식**)를 얻고, 장기기억에서 **사실**(사실적 지식)을 불러내고, 장기기억에서 **절차**(절차적 지식)를 불러내고, 장기기억 안에 **공간**을 확보하는 것이 그것이다. 이 4가지 중 하나만 부족해도 생각에 실패할 수 있다. 즉 어떠한 문제를 해결하려면(학습과제를 해결하려면) 환경에서 필요한 정보를 얻고(즉 공부를 통해 필요한 지식을 얻고), 작업기억에 공간을 마련하고(즉 주의력을 집중하여 선택적으로 지식을 받아들이고), 장기기억에서 필요한 사실과 절차를 불러내야 한다(즉 머릿속에 축적된 지식을 효과적으로 끄집어낼 수 있어야 한다). 특히 공부를 잘하려면 **'머릿속에 축적된 지식을 효과적으로 끄집어내고, 그 지식을 새로운 지식과 연결**함으로써 이해력과 사고력을 끌어올려야' 한다.

결국 '생각'은 정보(지식)를 새로운 방식으로 결합하는 작업이다. 정보는 한 번 암기한 장기기억에서 올라올 수도 있고 공부를 통해 들어올 수도 있다. 생각을 잘하려면 '사실'에 대해 잘 알아야 하는데, 특히 추론이나 문제해결과 같은 비판적 사고 과정은 (공부를 통해 들어오는 정보만이 아니라) **장기기억에 저장된 사실적 지식**과 긴밀히 연결된다. **'사고 과정과 지식이 서로 연결되면서 생각은 고도화'**되는 것이기에, 비판적으로 사고하려면 배경지식이 있어야 한다(이때 어느 정도의 경험이 쌓이면, 이후 배경지식은 그만큼 적어도 된다).

이런 이유로 인지과학이론에 따르면, 학생들은 배경지식을 배우는 동시에 비판적 사고 기술도 함께 익혀야 한다는 결론에 도달한다. 즉 **지식은 기억을 강화하고**(새로운 지식에 대한 단기기억 → 장기기억으로의 사실적 지식), **기억은 이해력을 높이며**(장기기억으로서의 절차적 지식 → 작업기억), **이해력은 사고력을 끌어올리는**(작업기억 →장기기억으로서의 배경지식과 새로운 지식의 연계) 선순환이 일어날 때, 학습능력으로서의 사고력은 향상된다.

한편, 인지과학이론을 '공부(工夫, 學習)'라는 사전적 의미에 적용하여 살펴도 같은 결론에 도달한다. 공부의 궁극적인 목적은 지식을 사용하고 활용하는 것으로, 공부의 첫 번째 단계는 정보와 지식을 열심히 '습득'하는 데서부터 시작된다. 즉 열심히 공부(學)하여 익힌(習) 지식과 정보를 내 것으로 만드는 노력이 그것이다.

두 번째 단계는 정보와 지식을 내 머릿속에 쌓되, 그 타당성과 필요성을 판단해 버릴 것은 버리고 묶을 것은 묶어 '축적'하는 일이다. 필요 없는 정보는 애초부터 머릿속에 집어넣지 않거나 머릿속에서 지워버림으로써, 머릿속에서 막상 필요한 정보를 찾는 것을 방해받지 말아야 한다. 이때 많은 지식과 정보를 잘 끄집어낼 수 있도록 분류하고 묶어서 정리하면(즉 정보의 분류·분석·종합), 축적된 지식과 정보의 활용도는 더욱 높아진다.

세 번째 단계는 지식과 정보를 '활용'하는 것이다. 일단 저장해 둔 정보는 그것을 쉽게 끄집어낼 수 있어야 하고, 더불어 그 정보를 실제 시험문제 풀이 시에 활용할 수 있어야 한다. 지식을 단지 쌓아두는 것만으로는 아무런 의미가 없다. 지식과 정보를 완전히 소화하여 내 것으로 만든 후, 이를 끄집어내 잘 활용해야 그에 따른 응용력과 사고력은 향상된다.

결국 공부는 정보와 지식의 '습득-축적-활용'이라는 일련의 학습과정 전부를 아우르는 개념임을 알 수 있는데, 이 과정을 반복해서 공부해나가는 과정에서 학습능력으로서의 이해력과 사고력 그리고 응용력은 향상된다. 이것이 공부의 일반 이론으로, 인지과학이론과 궤를 같이 한다. 이제, 지금까지 살핀 학습이론을 토대로, 학습능력을 높이기 위한 구체적인 방법에 대해 살펴보자.

2. 학습 능력을 높이려면 어떻게 해야 하나

방법1 배경지식을 쌓아야 한다

글에는 듬성듬성 틈이 있는데, 이는 논리적 흐름을 이해하는 데 필요한 정보를 글쓴이가 생략해서 생기는 간극이다. 글쓴이는 독자가 틈을 메울 수 있을 만큼 충분한 지식을 갖추고 있다고 가정하고, 정보를 과감하게 생략하면서 간결하고 깔끔하게 글을 써나간다. 이때 '배경지식'은 말과 글을 이해하는 데 유용하다. 장기기억에 어휘나 개념이 저장되어 있지 않으면 우리는 그만큼 문장을 제대로 이해하기 어렵다. 그렇기에 책을 읽어 그 안에 담긴 의미를 올바로 이해하지 못하는 것은 글쓴이가 기대한 만큼의 배경지식을 읽는 이가 갖고 있지 못하기 때문이라고 보면 된다.

'배경지식'이란 공부를 통해 입력된 다양한 정보를 서로 결합하고 연결하는 '**의미단위 짓기**' 작업을 통해 우리의 머릿속에 '**장기기억으로 저장한 사실적 지식**'이다. 정보를 의미단위(의미덩이, sense group)로 묶으면 더 많은 정보량을 작업기억에 저장한 후 이를 장기기억으로 보낼 수 있을 뿐만 아니라, 각종 인지과정의 순차적·선별적인 수행이 수월해짐으로써 글에 담긴 의미를 개념적으로 이해하기가 훨씬 쉬워진다.

이때 정보를 의미단위로 만들려면 장기기억에 관련 지식이 들어있어야 하는데, 이것이 배경지식이 되어 작업기억으로 올라오고, 이후 작업기억에서 배경지식과 새로운 정보를 한데 묶어 생각하는 작업이 실행되면서 개념적 이해의 점화가 일어난다. 그렇기에 정보를 의미단위로 묶는 능력은 **독해력**을 돕는다. 개념을 읽고 이를 서로 연결해야 그 의미를 이해할 수 있기 때문이다. 이런 이유로 글을 읽을 때는 개념을 하나씩 이해하는 것이 아니라 단락 안에서 이해하는 것이 가장 중요하다. 글의 맥락적인 이해가 이를 두고 하는 말로, 그 바탕에는 개념화할 수 있는 능력으로서의 독해력이 깔려있다.

이처럼 주어진 주제에 관한 배경지식이 있으면 글을 훨씬 쉽게 이해할 수 있는 이유의 하나가 곧 의미단위 짓기임을 알 수 있다. 즉 배경지식이 있어야 의미단위를 만들 수 있고, 의미단위를 만들어야 작업기억에 공간이 생겨서 개념을 쉽게 생각하고 글을 잘 이해할 수 있다. 결국 **이해력을 높이기 위해서는 의미단위로 끊어가며 빠른 속도로 글을 읽을 수 있어야 함**을 알 수 있다.

작업기억에 공간이 생긴다는 의미는 그만큼 지식에 대한 선택적·선별적 기억을 통해 단기기억으로 들어올 수 있는 정보의 양을 제한하고 그것에 집중해서 생각한다는 의미이다. 이는 말하자면 **글의 중요한 부분과 그렇지 않은 부분을 구분한 후, 그 중요한 부분에 집중해서 생각**하기 위해서는 그만큼 작업기억 공간에 여유가 있어야 함을 뜻하며, 만약에 그렇지를 않고 중요한 정보(또는 지식)와 그렇지 않은 정보가 서로 뒤엉켜 있을 경우에는 기성 배경지식(사실적 지식과 절차적 지식)과 서로 연결되지 않고 제각각으로 따로 놀게 된다는 의미이다. 독해력이 떨어지고 개념화하는 능력이 떨어지는, 한 마디로 공부 못하는 학생들에게서 나타나는 전형적인 현상의 하나가 바로 이것으로, 이를 개선하지 않으면 학습능력은 결코 향상될 수 없다.

문장을 독해하는 연습 시에 한 문장(또는 단락)을 '빨리' 읽되, 이를 '하나의 생각'으로 뭉뚱그리는(즉 의미단위를 만드는)' 작업이 중요한데, 이렇게 해야 분석적인 사고력과 직관적인 사고력으로서의 종합능력이 향상된다. 즉 문단을 구조적으로 빨리 바르게 읽으려면, 문장(문단) 하나를 하나의 생각(즉 의미단위)으로 뭉뚱그린 다음, 하나하나의 생각, 즉 문장의 의미를 서로 이어서 문단 전체의 의미를 다시 하나로 뭉뚱그리는 과정을 필요로 한다. 이는 부단한 연습을 통해 가능한데, 풍부한 독서 활동이 필요한 이유가 이것이다.

배경지식은 또한 모호하고 혼란스러울 수 있는 정보들을 명확히 구분할 수 있게 한다. 우리가 평소에 읽는 글은 그다지 모호하지 않으며, 게다가 우리는 독자로서 어떤 배경지식을 동원해야 할지 잘 알고 있다. 이는 모호한 문장이 나와도 그러한 사실조차 깨닫지 못하고 곧바로 배경지식을 끌어와서 해석하기 때문으로, 말하자면 배경지식이 정보의 명확성을 돕는 것이다.

독해에서 배경지식이 중요한 이유를 거듭 정리하면 다음과 같다. 배경지식은 **풍부한 어휘**를 제공하고, 저자가 생략한 **논리적 틈을 메워준다**. 또한 배경지식을 바탕으로 의미덩이를 만들어 **작업기억의 공간을 늘리고 개념을 쉽게 연결**할 수 있으며, 아울러 배경지식이 있으면 **모호한 문장을 명확히 해석**할 수 있다. 배경지식이 풍부할수록 독해력이 향상되는 이유가 이것이다.

배경지식이 있으면 독해력은 물론이고 사고력까지도 향상된다. 배경지식이 없으면 비판적이고 논리적으로 사고하기 어렵다. 우리는 논리적으로 생각하는 동안에 주로 기억을 검색한다. 기억은 우리가 맨 먼저 찾게 되는 인지과정으로, 문제를 보면 우리는 먼저 관련한 기억부터 검색하고, 그렇게 해서 기억을 떠올리면 그것을 이용해서 답을 찾는다. 이러한 방법은 매우 쉽고 효과적인데, 우리가 흔히 접하는 주제일수록 그리고 그에 대한 배경지식을 갖고 있을수록 굳이 논리적으로 추론할 필요가 없이 기억을 더듬어 문제를 해결하게 된다.

즉 배경지식의 도움을 받아 정보를 의미단위로 만들면, 각 항목을 한 단위로 묶어 작업기억으로 밀어 올림으로써 정보처리 공간을 늘리게 된다. 그에 따라 글(지문)을 읽으면서 단락별 핵심 내용을 담은 의미단위가 만들어지고, 더불어 작업기억에 공간이 생겨서 의미를 보다 긴밀히 연결할 수 있다. 이처럼 기억 공간이 늘어나면 추론하는 데 도움이 됨을 알 수 있는데, 이는 결국 배경지식의 도움을 받아 논리적 사고력이 향상됨을 의미한다.

이로써 학습능력을 높이는 데 있어 **교과 지식의 부단한 학습과 축적**이 중요한 이유가 밝혀졌다. 앞서 누차 강조했듯이, 비판적으로 사고하려면 배경지식이 필요하다. 배경지식 없이 기술적으로 사고하는 방법(이를테면 학원에서 강조하는 원리 학습이나 직독직해의 부호화강의법 등등)만 연습한다고 해서 논리적·비판적으로 생각할 수 있는 것은 아니다. 사실적 지식이 진가를 발휘하려면 깊이 있는 지식이어야 한다. 즉 글을 의미단위로 묶어 읽을 수 있을 만큼 내용을 정확하고 자세히 알아야 하는 것이다.

방법2 집중해야 한다

지식은 많이 알수록 기억으로 더 많이 쌓인다. 배경지식이 있는 사람은 그렇지 못한 사람보다 훨씬 많은 정보를 기억해내는데, 더불어 이는 **집중력**의 차이에서 비롯되는 것이기도 하다. 해당 주제에 관해 많은 지식을 쌓은 집단(전문가)이 적게 배운 집단(초보자)보다 새로운 정보를 쉽고 빠르게 학습하는데, 이는 특정 주제에 관해 많이 알수록, 그리고 집중할수록 새로운 정보를 쉽게 이해하고 또 더 잘 기억하기 때문이다.

배경지식이 있으면 새로 읽는 글을 **자기도 모르게 원래 알던 지식과 연결해서 이해**하게 되는데, 이런 연결 덕분에 더 잘 기억할 수 있게 된다. 이때 기억을 잘하려면 기억을 끌어내는 단서가 있어야 하는데, 왜냐하면 우리는 기억하려는 정보와 연관된 정보를 떠올리면서 기억을 뒤지려 들기 때문이다. 전에 읽은 글에서 기억나는 문장과 기존 배경지식을 결합해서 쉽고 정확하게 기억을 떠올리게 되는 것이다.

장기기억에 사실적 지식이 들어 있으면, 더욱더 많은 사실적 지식을 습득할 수 있다. 우리가 기억하는 정보의 양은 **이미 축적된 지식의 양(즉 학습량)에 따라 달라진다**. 다시 말해, 지식은 누적될수록 비약적으로 확장된다. 이런 이유로, 특히 논리적 사고력이나 문제해결 능력과 같은 높은 수준의 인지과정은 지식과 떼려야 뗄 수 없는 관계이다. 정보를 써먹을 수 있는 사고 기술이 없다면 그 정보가 아무 소용없는 것과 마찬가지로, 사실적 지식을 갖추지 못하면 사고 기술을 제대로 써먹을 수 없으며, 반대로 사실적 지식이 늘어날수록 사고 기술은 점점 더 고도화된다.

사실적 지식이 있어야 인지 과정(즉 학습능력)이 제대로 작동한다면, 학생들은 부단히 공부해가며 많은 지식을 습득해야 한다. 어떻게 해야 할까? 수능이 이해력과 사고력을 묻는 시험임을 고려한다면, 우선 학생들은 글을 읽으면서 저자가 당연히 누구나 알 것이라고 판단해서 생략한 정보를 찾아내야 한다. 그리고 **글에서 중요한 정보(핵심 내용)와 중요하지 않은 정보를 가려낼 수 있어야 한다.** 이를 위해서는 많은 기존 지식을 배워야 한다. 그러한 지식을 배우지 못하면 아는 것이 많은 (공부 잘하는) 학생들이 쉽게 읽는 글임에도 이를 아예 못 읽거나, 글의 내용을 제대로 이해하지 못할 것임에는 분명하다. 한 마디로, 공부를 못한다는 얘기다.

특히 각 교과과목의 **핵심 주제**에 대해 빠짐없이 공부해야 하는데, 그 이유는 각 과목에서 지식을 활용하는 방법은 일반 독서에서 지식을 활용하는 방법과 다르기 때문이다. 평소 책을 읽을 때는 얕은 지식만 갖추고 있어도 크게 문제될 게 없지만, 교과에 실린 전문 지식을 배울 때에는 그 지식에 대해 깊게 알고 있어야 내용을 올바로 이해할 수 있다. 따라서 교과 공부의 경우에는 **관련한 지식을 좀 더 심층적으로 파고들어가며 공부해야** 하는데, 공부에 집중력이 필요한 이유가 이것이다.

이것을 감안이라도 하듯, 인지과학이론에서는 학교 교과 과정에서 여러 번 등장하는 개념, 곧 어떤 한 과목을 관통하는 통일된 개념을 교사들은 가르치고, 학생들은 이를 배워야 한다고 주장한다. 그러한 개념은 저학년부터 시작해서 몇 해에 걸쳐 교과과정에 포함시키고, 아울러 여러 가지 주제를 하나의 개념틀로 바라보고 이해하도록 가르쳐야 한다고 말한다. 현행 대입 통합논술이 그에 대한 좋은 사례이다. 단순히 학생들 머릿속에 많은 지식이 들어있는지를 살피자는 것이 아니라, 효과적이고 심층적으로 사고하는 데 필요한 지식을 학습했는지에 대해 묻고 측정하는 것이 곧 대입 논술 시험의 요체인 점을 고려한다면, 지식의 심화학습이 얼마만큼 중요한지를 가늠할 수 있을 것이다.

하지만 모든 경험과 사실적 지식을 기억 속에 저장할 수는 없다. 그렇다면 우리의 기억 체계는 어떤 정보를 받아들일까(들여야 할까)? 과연 기억 체계는 나중에 다시 기억해야 할 정보가 무엇인지 어떻게 판단할까? 왜 학생들은 어떤 사실은 잘 기억하고 어떤 사실은 까맣게 잊어버리는 걸까? 먼저 정보를 기억하지 못하는 이유부터 살펴보자.

앞서 말했듯이 작업기억은 의식의 장소로, 내가 주목하기 전에는 어느 것 하나 작업기억(그러니까 내 의식) 속에 들어오지 않는다. 즉 작업기억 안으로 들어오지 않는 정보는 장기기억으로 넘어가지 못한다. 결국 '집중하지 않으면 학습되지 않는다'는 말에서 알 수 있듯이, 기억하지 못하는 첫 번째 이유는 **집중력이 떨어져 공부한 내용을 장기기억으로 보내지 못했기 때문**이다.

기억하지 못하는 두 번째 이유는 **장기기억에서 작업기억으로 기성 정보(사실적 지식과 절차적 지식)를 끌어올리지 못했기 때문**인데, 이 역시 집중력 부족에서 비롯된다. 기억하지 못하는 세 번째 이유는 **장기기억에 정보가 없기 때문**이다. 한마디로 잊어버린 것으로, 이 역시 집중력이 부족하여 학습한 내용을 제대로 인지하지 못한 결과이다.

그렇다면 똑같이 집중했다고 생각하는데도 학습이 될 때가 있고 그렇지 않을 때가 있는데, 이는 왜일까? 내가 관심을 기울이고 열심히 공부해서 어떤 정보(지식)를 비록 작업기억에 머물게는 했지만 그럼에도 불구하고 그 정보(지식)를 끝내 장기기억으로 밀어 넣지 못했다거나, 내가 배우려 하지도 않았고 관심도 없었는데 쓸모없는 잡지식이 장기기억에 들어 있는 경우이다. 어느 것이든, 집중력 부족 때문에 일어나는 현상이다. 그런 점에서 볼 때 공부의 집중력은 곧 학습한 지식을 선별해가며 취사선택하는 능력이자, 버릴 것은 과감히 버리고 기억할 것은 보다 심층적이고 체계적으로 머릿속에 축적함으로써, 궁극적으로는 학습능력을 끌어올리는 기제로 작용함을 알 수 있다.

학습능력을 올리는 데 중요한 또 하나의 요소는 '반복'이다. 기억하고 싶거나 기억하려고 애쓰는 정보가 저장되는 것이 아니라, **여러 번 생각한 정보가 기억에 저장되기 때문**이다. 따라서 반복이 학습에 중요하기는 하지만, 그렇다고 그것이 전부는 아니다. 무한정 반복해서 보고 또 읽어도 기억에 남지 않는 경우가 있는데, 집중하지 않는 경우가 이에 해당된다고 앞서 말했다. 이와는 반대로 단어와 문장의 의미를 생각하고 떠올려가며 공부할 경우, 이것이 기억에 도움이 되고 그에 따라 장기기억으로 저장될 수 있다. 이를 통해 알 수 있듯이, **학습능력을 올리려면 반복해서 학습하되, 그것도 집중해서 공부해나가야 한다.**

정리하면, 어떤 정보나 자료(지식)를 학습하려면(즉 장기기억에 넣으려면) 한동안 이를 작업기억에 보관하는(자료에 집중해가며 공부해야) 과정이 따른다. 이때 학습된 경험을 생각하는 방식에 따라(다시 말해, 절차적 지식이 작동하여) 장기기억으로 넘어갈 경험지식이 결정된다. 따라서 이를 위해서는 정보와 자료의 의미를 생각하도록(즉 작업기억 안에서 새로운 지식과 장기기억으로서의 사실적 지식 및 절차적 지식이 서로 연결되어가며 작동할 수 있도록) 학습방법을 고안해야 한다. 스스로 이해하고 기억하는 데 도움이 되는 방식으로 공부 방법을 계획하는 능력이 필요한 이유가 이 때문이다. 결국 가장 **바람직한 공부 방법은 '집중력'을 갖고 핵심 내용을 반복학습**하는 것이고, 그 과정에서 학습능력은 크게 향상된다.

방법3 깊게 생각해야 한다

학생들은 새로운 개념을 쉽사리 이해하지 못한다. 특히 이전에 배운 지식과 연결되지 않는 완전히 새로운 개념은 선뜻 이해하지 못한다. 그렇다면 어떤 식으로 새로운 개념을 이해하는 걸까? 학생들은 새로운(모르는) 개념을 기존(아는) 개념과 연결해서 이해하게 되는데, 이때 적절한 비유나 구체적인 사례를 들어 사전 지식을 끄집어내면 효과적으로 개념을 이해할 수 있다. 즉 새로운 개념을 이해할 때는 기존 개념을 작업기억으로 불러내서 다시 배열한 후, 이를 전과 다르게 비교하거나 또는 기존에 눈여겨보지 않았던 특징들을 새롭게 조명함으로써, 개념적인 이해를 높여나가는 과정을 밟아나간다.

그렇기에 새로운 개념은 학생이 알고 있는 기존 개념 위에서 싹튼다. 이를 위해서는 먼저 학생의 **장기기억에서 적절한 개념을 찾아서 이를 작업기억으로 끌어내야** 한다. 더불어 장기기억과 작업기억의 특징에 주목하여 기억된 개념을 비교하거나 결합하거나 조작해야 한다. 즉 개념을 작업기억으로 끌어올리는 것과 함께 **이를 적절히 비교하고 분류하고 분석하고 종합함으로써 개념적인 이해의 정도를 높여야** 하는데, 이것을 두고 '개념적 사고화의 과정'이라고 한다. 결국 기억은 생각(이해)의 잔여물이며, 이해는 기억의 다른 이름이라고 할 수 있는데, 그 공통분모가 곧 '개념'과 '개념적 사고'이다.

학생들이 개념에 대한 이해를 높이려면, 다시 말해 **개념적으로 사고하려면, 얕은 지식과 단순 암기**가 갖는 문제점을 해결해야만 한다. 전자는 이해의 정도 차이, 후자는 적용 능력 부족에 따른 문제로, 둘 다 학생들의 올바른 개념 이해와 개념적 사고를 방해한다. 단순 암기보다는 '얕은 지식'이 더 그러한데, 지식이 얕으면 이해와 사고의 과정은 거기서 끝나버린다. 앞서 학생들은 새로운 개념이 나오면 자신이 알고 있는 개념과 연결해서 이해한다고 했는데, 딱히 아는 지식이 없으니 개념적으로 이해하고 사고할 여지가 없는 것이다. 정리하면, 학생들이 얕은 지식 단계에 머무르고 사고력이 떨어지는 이유는 무엇보다 **수업에 집중하지 못해서이고, 또한 무작정으**

로 단순 암기하려 들기 때문이다.

반대로 지식이 풍부하면 주어진 주제를 충분히 이해하고 지식의 단편들을 훨씬 풍부하고 충실하게 연결할 수 있다. 즉 단편적 지식뿐만 아니라 전체를 이해할 수 있다. 전체를 볼 줄 알기 때문에 하나의 지식을 다양한 맥락에 적용하고 다양한 방식으로 사고하며, 일부가 변하면 전체 시스템이 어떻게 변하는지 예측할 수 있다. 그렇기에 풍부한 지식을 쌓는다는 것은 전체를 이해한다는 것으로, 추상적 개념과 사례, 그리고 이 둘이 어떻게 부합하는지 이해한다는 뜻이다.

이렇듯 개념 이해(개념적으로 생각하는 태도)는 **지식의 전이를 통한 사고력의 확장**을 가져온다. 지식이 전이된다는 말은 **기존 지식을 새로운 문제에 적용**할 수 있다는 뜻이다. 전이가 일어나는 데는 여러 가지 요인이 작용하지만, 그 중에서 특히 중요한 것이 몇 가지 있다. 앞서 말했듯이, 새로운 문제의 표층구조가 **기존의 익숙한 문제의 표층구조와 유사할 때** 전이가 잘 일어난다. 그리고 **연습(학습)은 지식의 전이를 일으키는 또 하나의 중요한 요인**이 된다. 한 가지 유형의 문제를 많이 풀어 보면 비슷한 문제를 본 적이 없어도 기본 구조를 파악할 수 있으며, 그에 따라 지식의 전이가 일어난다.

사람들이 지식을 전이시키지 못하는 이유는 정보를 이해하는 방식에 있어서의 차이 때문이다. 우리는 글을 읽거나 말을 들을 때 그와 비슷한 주제를 떠올리고 관련 배경지식에 비추어 해석한다. 다시 말해, 사전지식이 있어야 이해가 가능한데, 문제는 지식(정보)의 표층구조는 겉으로 명확히 드러나는 반면, 심층구조는 그렇지 않다는 데 있다.

우리의 뇌는 새로운 정보를 읽거나 들으면 조금 전에 읽거나 들은 정보와 관련이 있다고 가정한다. 그 덕분에 쉽고 빠르게 이해할 수 있지만, 심층구조를 간파하기는 더 어려워진다. 인지체계(뇌)는 현재 읽고 있거나 듣고 있는 정보를 이해하기 위해 단어나 구절, 또는 문장을 해석하는 데 도움이 될 만한 정보를 찾는다. 하지만 대개 표층구조만 보기에, 지식의 전이가 제대로 이루어지지 않는다. 예를 들어 전쟁과 관련한 문제를 읽을 때는 군인, 군대, 무기에 관한 지식만 동원하기 때문에, 전쟁이 발발한 원인이라든가 배경 등 심층구조에 대해서는 제대로 파악하지 못하는 것이다.

따라서 인지체계를 작동할 때 **글(내용)의 심층구조를 파악하기 위해 노력해야** 하는데, 심층구조는 명확히 드러나지 않을뿐더러, 게다가 문제 하나에 적용되는 심층구조는 무수히 많다. 심층구조를 찾으려면 문제의 모든 구성요소가 어떻게 연결되는지 이해하고, 중요한 부분과 그렇지 않은 부분을 파악할 수 있어야 한다.

한편 새로운 문제와 이미 풀어 본 문제의 심층구조가 같은 줄 알면서도 지식을 제대로 전이시키지 못하는 경우도 있다. 어려운 수학문제처럼 어떤 문제의 구성요소가 많고 해답에 이르는 과정이 복잡하면, 이미 해결한 문제를 새로운 문제와 연결시키는 도중에 방해를 받는다. 국어 문학작품 또한 마찬가지인데, 문학작품을 제대로 이해하려면, 글을 읽는 과정에서 거듭해서 강조되고 되풀이되는 말이나 이리저리 순서를 바꾸어 쓴 말, 비유와 상징으로 표현한 것들이 담은 의미를 찾아낼 수 있어야 한다. 그래야만이 글쓴이의 의도를 정확히 파악하고 이를 문제 풀이에 적용할 수 있는데, 이때 기존 지식으로서의 편견과 선입견이 올바른 이해와 해석으로서의 지식의 전이와 확장을 가로막게 된다. 결국 글의 심층구조를 파악하기 위한 노력은 지식의 전이와 확장을 위한 일련의 시도임을 알 수 있다.

여기까지의 논의를 종합하면, 지식을 전이시킨다는 것은 어찌 보면 불가능하며, 문제의 표층구조를 넘어서 심층구조를 간파하는 것은 어려운 일처럼 들리지만, 꼭 그렇지는 않다. 어떻게 해서든 **배경지식을 통해 습득한 경험을 작업지식으로 끌어와 심층적으로 사고함으로써, 지식을 전이시키려고 노력하면 된다**. 그러면 비슷한 문제를 본 적이 없다는 생각이 들어도, '항상' 사실에 관한 지식과 문제 해법에 관한 지식을 전이시켜 생각할 수 있다. 즉 **지식의 전이를 통한 이해력과 사고력의 확장**이 일어나는 것이다. 이때 반복된 학습은 글과 글, 개념과 개념의 심층구조를 파악하는 데 유용하므로, 학생들은 다양한 예제를 통해 학습경험을 풍부하게 쌓아야 한다. 그 과정에서 지식이 연쇄작용하면서 개념 이해의 폭을 넓히고, 그에 따른 개념의 심층구조의 파악이 사고력을 끌어 올리고, 그렇게 해서 학습능력은 지속적으로 향상된다.

이를 위해서는 평소 **독서 습관**이 중요하다. 지식의 효과는 독서가 얼마나 중요한지 일깨워준다. 책은 그 어떤 활동보다 풍부한 사실과 어휘를 제공한다. 그리고 다양한 분야의 지식과 교양을 두루 갖출 수 있도록 한다. 게다가 독서는 집중력을 유발하며, 독서로 얻어진 풍부한 정보는 기억력을 강화하는 밑거름이 된다. 평소 독서를 하다 보면 간접경험이 풍부해지고, 지식을 쌓는 것은 물론, 논리성과 창의성, 분석력이 좋아진다. 이렇게 자발적·능동적으로 쌓은 독서 습관은 글쓰기와 논리를 바탕으로 하는 논술 공부는 물론, 이해력과 사고력을 묻는 수능 공부와도 직접 연결된다.

그렇더라도 독서라고 해서 아무 책이나 좋은 것은 아니다. 각자의 독서 수준에 알맞은 책을 읽어야 한다. 그렇지 않고 아이의 수준에 비해 지나치게 어려운 책을 읽도록 강제하면, 내용을 이해하지 못하고 좌절감만 느낄 뿐이다. 제1장에서 초등학교 5학년 무렵의 선택적 독서 습관이 중요하다는 얘기를 상기하면, 이 말이 무슨 뜻인지를 짐작할 수 있을 것이다.

방법4 부단히 반복학습해야 한다

앞서 작업기억 공간은 제한적이라고 말했다. 한꺼번에 많은 사실을 떠올리거나 너무 다양하게 비교하면 무엇을 하고 있는지 금세 잊어버린다. 작업기억에 공간이 부족하다는 사실은 인지에 있어서의 근본적인 장애물이다. 인지능력을 향상시키기 위해서는 기억력을 기르고, 집중력을 강화하고, 날카로운 눈썰미를 갖추는 등 여러 가지 방법을 생각해볼 수 있다. 그렇더라도 작업기억 용량을 늘리는 것이 가장 중요한데, 왜냐하면 **작업기억 용량이 커질수록 사고력도 향상되기 때문이다**. 따라서 작업기억의 한계를 극복하기 위해서는 사실적 지식을 늘리거나(즉 **부단하게 학습해서 지식을 쌓거나**), 작업기억의 정보를 효율적으로 조작하는 과정을 개발해야(즉 **학습 효과를 높이는 공부 방법을 찾아야**) 한다.

작업기억은 우리의 마음에서 생각(사고)이 일어나는 공간, 곧 여러 가지 정보를 결합해서 새로운 생각으로 변형하는 공간이다. 다만 용량이 정해져 있어서 한꺼번에 많은 정보를 집어넣으면 혼란에 빠져 무슨 문제를 풀려 했는지, 무슨 이야기를 들으려 했는지, 복잡한 문제를 판단하고 결정할 때 어떤 요인을 고려했는지를 잊어버린다. 하지만 작업기억 용량이 큰 사람은 이런 과제를 잘 해결하는데, 이때 말하는 작업기억 용량은 이를테면 문제해결을 위한 '**논리적 사고력의 정도 차이**'라고 이해하면 된다.

그런데 문제는 작업기억 용량을 늘리기가 어렵다는 것이다. 이때 작업기억의 크기를 키울 수는 없어도 기억할 내용을 압축(논리적으로 생각)함으로써 용량을 늘릴 수 있는데, 그 방법에는 다음 두 가지가 있다. 첫 번째는 지식을 받아들일 때 이를 **의미단위로 만들어 개별적인 사실적 지식이 차지하는 공간을 줄이는 것**이다. 그러려면 장기기억에 관련한 배경지식이 들어 있어야 하는데, 왜냐하면 그래야만 새로운 지식을 기존의 배경지식과 결합하여 의미단위로 묶을 수 있기 때문이다. 두 번째는 **정보를 작업기억으로 곧바로 끌어올 수 있도록 사고 과정의 조작 절차를 압축하는 방법**이다. 이는 작업기억에서 지식을 효과적으로 선별하고, 그 선별된 지식만을 곧바로 장기기억으로 넘어가게 만드는 일련의 고도화된 사고 과정을 일컫는다.

그렇다면 사고 과정을 효과적으로 압축하려면, 다시 말해 사고를 체계화하고 유연화하려면 어떻게 해야 할까? '**연습**', 즉 **공부**만이 방법이다. 반복하고 또 반복해야 깊이 있는 학습이 가능하고, 그에 따라 논리적인 사고에 기반한 사실적 지식의 축적(즉 장기기억의 습득)이 가능하다. 물론 기억이 오래 지속되는 이유가 연습을 많이

해서인지, 아니면 오랜 기간에 걸쳐 연습해서인지는 명확하지 않다. 그렇더라도 분명한 것은 이것이다. 단기간에 많은 양을 공부하면 당장 시험은 잘 보겠지만 금세 잊어버린다. 반면에 시간 간격을 두고 여러 번 공부하면 시험 결과는 좋지 않아도 공부한 내용을 이후 오랫동안 기억할 수 있다. '**간격효과**', 곧 시간 간격을 두는 방법이 효과적인데, 벼락치기보다는 여러 번 나누어서 공부해야 기억에 오래 남는다. 정리하면, 기억에 오래 남기려면 연습이 중요한데, 그것도 시간 간격을 두고 연습하는 것이 효과적이다. 이런 이유로, 한 번에 몰아서 연습하기보다 간격을 두고 연습하면 적은 양으로도 큰 효과를 볼 수 있다.

매일매일 해야만 하는 공부이더라도 집중해서 의식적으로 기억하려고 노력하지 않으면 잘 기억되지 않는 법이다. 따라서 기억하려는 대상에 주의를 집중하고 기억하고자 노력해야 한다. 그리고 학습 내용을 **장기기억에 옮겨 놓으려면 되풀이하여 연습(공부)해야 한다.** 주의를 집중한 정보는 짧은 시간 동안만 기억된다. 여러 번 연습한 것만이 오랫동안 기억에 남는다. 그렇기에 여러 권의 책을 한 번 읽는 것보다는, 한 권의 책을 여러 번 읽는 것이 훨씬 더 기억에 오래 남는다. 공부에 있어서의 가장 평범한 진리이자, 가장 정확한 이론적 근거가 이것이다.

공부하다가 새로운 정보를 만나면 우리의 뇌는 과거에 저장된 정보와의 연관성을 찾는 작업을 시작한다. 새로 들어온 정보가 기존의 정보와 관련이 있으면 뇌는 기존의 정보 체계를 바탕으로 새 정보를 받아들이게 되고, 이런 과정을 통해 받아들여진 정보는 더욱 오래 기억된다. 하지만 아무런 관련이 없는 정보가 들어오면 연결 고리가 쉽게 잊혀진다. 따라서 평소에 독서를 통해 지식을 다방면으로 습득해 놓으면 당연히 공부에 큰 도움이 된다.

그렇기에 공부(연습)는 단순히 어떤 활동을 하는 것 이상의 의미를 지닌다. 개인의 더 나은 발전을 이루려고 노력하는 행위다. 그러려면 어떻게 노력해야 할까? 우선 지식이 풍부한 사람에게서 의견을 들어야 한다. 요컨대 공부를 잘하려면 단순히 공부하겠다는 의지만 앞서서는 안 된다. 공부에 매진해야 한다. **자신에게 알맞은 공부법을 개발하려고 의식적으로 노력하고**, 자신의 공부법에 관한 평가를 확인하며, 공부법과 직접 관련은 없어도 간접적으로 도움이 되는 정신활동을 게을리하지 말아야 한다. 이를테면 충분한 휴식과 수면이 그것이다.

여기까지를 정리하면, 매일매일 해야만 하는 공부이더라도 공부한 내용에 집중해서 의식적으로 기억하려고 노력하지 않으면 잘 기억되지 않는 법이다. 따라서 기억하려는 대상에 주의를 집중하고 기억하기 위해 가능한 모든 노력을 기울여야 한다. 그리고 **학습한 내용을 장기기억에 옮겨 놓으려면 되풀이하여 연습해야 한다.** 주의를 집중한 정보는 짧은 시간 동안만 기억된다. 여러 번 연습한 것만이 오랫동안 기억에 남는다. 그것이 곧 장기기억으로서의 이해력과 논리적 사고력이다.

방법5 자기주도로 학습해야 한다

인지심리학에서 말하는 인지능력(학습 능력)과 인지양식(학습 방식)을 설명하면 다음과 같다. 먼저 '인지능력'이란 특정한 사고에서의 능력이나 성공률을 의미한다. 가령 철수가 수학 능력이 뛰어나다면, 철수는 새로운 수학 개념을 다른 학생보다 빨리 배울 것이라고 생각할 수 있다.

한편 '인지양식'은 인지능력과는 달리 특정한 방식으로 생각하거나 학습하는 편향 또는 경향을 의미한다. 이를테면 한 번에 한 가지씩 순차적으로 생각하거나 또는 동시에 여러 가지를 통합적으로 생각한다는 뜻이다. (인지)양식은 개인의 학습능력을 가늠하는 척도가 아닌 각자가 선호하는 학습방식을 의미할 뿐이기에, 인지양식이 사고와 학습에 대한 개별 능력을 의미하는 것은 아니다.

학습 능력과 학습 방식 사이에는 몇 가지 중요한 차이가 있다. 학습 능력은 (수학이나 언어 등 학습할) 내용을 어떻게 받아들이는지를 의미하며, **각자가 이해하고 받아들일 수 있는 수준(학습량)**을 반영한다. 한편 학습 방식은 생각하고 학습함에 있어서의 **각자가 선호하는 방식(학습 방법)**을 의미한다.

사람들은 일반적으로 능력이 뛰어난 것이 능력이 떨어지는 것보다 낫다고 생각한다. 그러나 어느 한 가지 방식이 다른 방식보다 바람직하다 그렇지 않다고 따지지는 않는다. 이는 특정 방식이 특정 문제를 해결하는 데 효과적일 수는 있지만, 그렇더라도 원칙적으로는 모든 방식이 동등하게 유용함을 의미한다. 그렇기에 학습 방식, 즉 공부 방법(학습 방법)을 갖고 그것에 어떠한 절대적인 공부 방법이 있는 것처럼 믿고 이를 맹목적으로 받아들여서는 안 된다. 학습 방식으로서의 공부 방법은 어디까지나 개인적인 취향과 선호에 따른 선택적 결과일 뿐이다. 다시 말해, 공부에 왕도는 없다는 얘기다.

학생들의 학습 방식과 학습 능력은 저마다 다르다. 학생들의 차이를 이용해 교육 효과를 끌어내려면, 다음 두 가지 방법이 사용된다. 첫 번째는 '학습 방식'의 차이에 바탕을 둔 방법이다. 학생의 학습 방식에 맞게 가르치면 그에 따른 학습 효과가 나타난다는 것으로, 그렇더라도 이에 대한 타당한 이론적 근거는 없다. 두 번째 방법은 '학습 능력'의 차이에 바탕을 둔다. 학생에게 한 가지 학습 능력이 부족하면 다른 뛰어난 능력으로 부족한 능력을 메우거나 적어도 향상시킬 수 있다는 논리다. 하지만 능력을 대체할 수 있다는 논리 역시 잘못된 것으로, 학생들은 각자의 학습 능력에 따라 각기 다른 방법으로 공부할 뿐이다. 이상을 통해 알 수 있듯이, 학습 능력과 학습 방식에 따라 교수법(가르침)을 달리해야 효과적이라는 이론적 근거는 약하다.

실제, 학생들의 학습 방식(학습 방법)은 다르기보다는 엇비슷한데, 학습 방식을 규정하는 타당한 이론적 근거가 없다고 말한 이유가 이 때문이다. 그럼에도 일부 학생들 사이에는 학습 방식에 뚜렷한 차이가 나타나는 것 또한 사실이다. 이것을 감안하듯 인지이론에서는, 교수법이 학생의 인지양식(학습 방식, 학습 방법)과 일치할 때, 다시 말해 교사가 **학생의 수준(학습 방식)에 맞춰 가르쳐야 학습 효과가 높아진다**고 주장한다. 하지만 현행 교육여건 상 그런 식으로 가르치기란 사실상 불가능하다.

그렇더라도 이는 뒤집어서 생각해볼 필요가 있다. 말하자면, 공부의 주체는 어디까지나 학생이 되어야지, 그렇지를 않고 교사가 주체가 되어 일방적으로 가르쳐서는 개별 능력에 따른 학습 효과를 기대할 수 없다는 것이다. 바로 이 지점에서 자기주도학습이 강조되는데, 중요한 것은 이것이다. 즉 학습 방식 이론을 학생들에게 적용하여 지도하면 효과가 없거나 불분명하지만, 이를 학생 스스로 **학습 과제(공부 방법과 학습 습관)를 수행할 수 있도록 유도**하면 상당히 유용할 수 있다. 즉 학생들이 **학습 내용과 수준에 따라 다양한 공부 방법으로 찾아** 접근함으로써, 스스로 문제를 해결할 수 있도록 하는 학습법이 그것이다.

이때 학생들에게 자기주도로 공부할 것을 무조건적으로 강요하기보다는, 학생 스스로 공부하고자 하는 의지적인 변화가 일어나게끔 마음가짐을 새롭게 하고 정신을 집중하도록 유도해야 한다. 공부법을 통해 학습 능력을 끌어올리기 위해서는 **학습 동기**가 무엇보다 중요하다는 얘기다.

앞에서 배경지식이 흥미를 이끌어내는 결정적인 역할을 하며, 다소 어렵지만 그럼에도 풀 수 있을 정도의 난이도가 호기심을 불러일으킨다고 했다. 또한 배경지식이 성적 향상의 중요한 요인이라고 설명했다. 분석, 종합, 비판과 같은 인지 과정은 홀로 작동하지 않는다. 배경지식이 있어야 인지 과정이 돌아간다. 그리고 인지 과정을 숙달하려면 연습과 노력 역시 필요하다고 강조했다.

이런 관점에서 보면 공부 잘하는 학생은 학습 평가 항목에 포함된 제 유형의 과제를 연습해서 똑똑해진 것으로 볼 수 있다. 다시 말해서 복잡한 개념(그리고 개념에 관한 설명)을 자주 접하고 스스로 공부하려는 학습 동기가 충분하게 만들어진 환경에서, 이를 응용해가며 학습할 기회를 자주 접한 학생이다. 공부 방법에 앞서 올바른 공부 습관부터 먼저 형성되어 있어야 한다는 의미가 타당성을 갖는 이유가 이것이다. 그 올바른 공부 습관이 바로 **자기주도학습**인데, 이는 다음 장에서 자세히 설명한다.

3. 학습 능력을 높이는 핵심 키워드3 : 기억 + 이해 + 사고

이제까지의 논의의 핵심을 정리해보자. 공부를 잘하려면 '정보→기억→이해→사고력→지식의 확장'이 선순환되면서 지식과 사고의 연쇄반응이 일어나야 한다. 즉 학습을 통한 지식과 정보의 습득, 습득한 지식을 선별하여 장기기억으로 저장, 그리고 머릿속에 저장된 지식을 다시 작업기억으로 끄집어내 새로운 지식과 결합함으로써 지식에 대한 개념적인 이해와 사고(논리적 추론능력)의 확장이 일어날 때, 학습효과는 높아진다. 다시 말해, **지식은 기억을 강화하고, 기억은 이해력을 높이며, 이해력은 사고력을 끌어올리는 과정이 선순환**하면서, 학습 능력은 향상되고 성적은 오르는 것이다.

이런 이유로 공부 잘하는 학생들은 다음과 같은 두뇌 회전을 보인다. 첫째, 공부한 내용을 무작정이고 무계획적으로 머릿속에 집어넣는 것이 아니라, 그 **핵심만을 가려 선별적으로 장기기억으로** 밀어 넣는다. 즉 공부를 통해 습득한 지식의 핵심만을 가려 장기기억에 저장한다. 따라서 공부 잘하는 학생들은 글을 읽어 중요한 부분과 중요하지 않은 부분을 가려내고, 그 **중요한 내용의 핵심을 파악하는 능력**이 뛰어나다. 반면 공부 못하는 학생들은 공부할 때 중요한 부분이 어디인지에 대한 사리분별을 못하는지라, 아무 정보나 마구잡이로 머릿속에 집어넣으려 든다.

이 부분은 좀 더 설명이 필요할 듯하다. 학습을 통한 여러 정보·지식의 기억은 분명 필요하지만, 그럼에도 필요 없고 또 쓸모없는 잡지식 또는 비활성적인 지식이 머릿속에 들어차는 게 문제된다. 혹자는 열심히 공부하여 기억한 내용을 너무 빨리 잊어버리는 게 문제라고 하면서 이 무슨 정신 나간 얘기냐고 반박할지도 모르겠다. 하지만 이는 그렇지 않다. 심리학에서 망각은 어찌할 수 없이 생기는 소극적인 정신작용이 아니라, 필요해서 생기는 적극적인 정신작용으로 본다. 인간 정신활동에서 머리가 해야 할 일은 너무 많기 때문에 많은 지식을 쓸데없이 머리에 다 담고 있기엔 역부족이다. 따라서 꼭 필요한 지식만을 머릿속에 담되 그것을 제때 꺼내 쓸 수 있어야 한다. 그렇기에 기억한 많은 것들을 망각하는 것은 인간의 자연스런 정신현상이라 할 수 있다.

그렇더라도 필요한 것은 외워 기억해야 한다. 머릿속에 꼭 필요한 지식을 습득하고 축적하고 활용할 수 있어야만이 이해와 사고의 선순환을 가져오고 그에 따라 학습 능력은 향상될 수 있기 때문이다. 그렇다면 꼭 필요한 것만을 선별해서 기억하려면, 무엇을, 어떻게 외워야 할까? 이를 위해서는 우선 **'암기'와 '이해'를 구별해야 한다.** 자신이 왜, 무슨 이유로 외우는지에 대해 잘 모르거나 설령 알면서도 덮어놓고 외우는 것을 암기라고 하고, 그 뜻을 잘 알면서 외우는 것을 이해라고 할 수 있다. 이를테면 논어의 첫머리인 '학이시습지 불역열호'를 외우면 맛있는 과자를 준다는 부모의 사탕발림에 어린 아이가 이를 잘도 외우는 것은, 그 깊은 뜻을 알고 외우는 게 아니기에 단순한 암기에 불과하다.

이 말은 곧 **'정보'와 '지식'을 구분해야 한다는 의미**로도 이어진다. 정보는 그저 토막토막 나 있는 사실·개념·법칙이고, 지식은 그 사실·개념·법칙이 다른 것들과 이어지고 관련되어 있음을 학습자가 깨달아 알고 있다는 의미이다. 정보는 아무리 많이 알아도 그 자체로는 별 소용이 없다. '구슬이 서 말이라도 꿰어야 보배'라는 말이 있듯이, 정보가 지식이 되려면 반드시 '이해'라는 과정이 따라야 한다. 그럴 때만이 정보가 단순히 정보에 그치지 않고 활용 가능한 지식으로 거듭날 수 있는 것이다. 만약에 그렇지를 않고 무조건 암기하는 것은 정보의 파편으로서의 잡지식을 머릿속에 잔뜩 쓸어담는 것이기에 그만큼 지식의 단절을 불러올 뿐이다.

그렇게 해서 단순 암기가 아닌 이해에 기반한 암기, 단순한 정보의 습득이 아닌 이해에 기반한 지식의 습득이 따라야만이 기억에 오래 남고 쓸모 있는 지식으로 거듭날 수 있게 된다. 그리고 그 지식은 이해력과 사고력은 물론 창의력을 높이는 지적 능력의 발원(發源)으로 작용한다.

이때 중요한 것은 필요해서 외워야 할 지식과 그렇지 않은 지식의 구별이다. **중요한 것, 기초적인 것과 그렇지 않은 것의 구별은 그만큼 학습 내용을 철저하게 이해하고 있음**을 시사한다. 즉 학생들은 학습을 통해 얻은 새로운 지식에 대해 철저히 이해하고, 그 지식과 기존 지식, 다른 지식 영역과의 다양한 관련을 파악함으로써 지식의 전망을 넓히는 것, 이것이 바로 이해와 사고의 선순환을 통해 기억의 강도를 높이고 학습 능력을 높이는 바람직한 지식 교육의 실체이자 지향점이다.

둘째, 그렇게 그래서 이를테면 컴퓨터의 디렉터리(Directory) 구조를 시스템화함으로써 대량의 파일을 체계적으로 정리·관리하는 것과 만찬가지로, 장기기억으로 축적되는 지식은 **머릿속에서 체계적으로 정리되어 보관되어야**만 더 많은 지식을 축적하고 또 그것을 그때그때 용도와 목적에 맞게 효과적으로 끄집어내 쓸 수 있다.

앞서 망각에 대해 말했는데, 우리가 공부한 내용으로서의 지식이 머릿속에 기억되지 않고 '망각'하는 현상은 내용을 불완전하게 저장했기 때문에 생기는 현상이기도 하다. 그렇기에 학습 내용을 얼마만큼 일목요연하게 정리하는가에 따라 상당 부분 망각되지 않고 기억으로 저장될 수 있는데, 요는 이 저장된 지식을 어떻게 하면 다른 지식의 방해를 받지 않은 채 빠르고 정확하게 불러낼 수 있는가 하는 것이다. 실제, 공부 잘하는 학생들에게서 나타나는 가장 큰 특성이 바로 이것으로, 머리회전이 빠르다는 말은 곧 **머릿속에 들은 체계적인 지식을 신속하고 정확하게 끄집어내는 능력이 특출하다**는 의미와도 같다. 또한 그만큼 **정보를 성격과 내용에 따라 분류하고 분석하고 종합하는 능력이 뛰어나다는** 의미와도 같다.

이런 이유로, 공부 잘하는 학생들은 공부할 때 중요한 부분이 어딘지를 염두에 두고 공부해나간다. 이를테면 공부할 때 항상 **목차와 색인을 찾아 이를 살펴가며 파악**함으로써, 핵심을 찾는 데 주력한다. 이때 목차와 색인(이를테면, 사탐 과목에 있어서의 '단원 안내' 부분)을 따로 한 부 복사해서 곁에 놓고서는, 현재 내가 공부하는 부분이 무엇이며 이것이 전체적으로 어디에, 어떻게 연결되는 것인지 생각해가며 공부하는 습관을 들이게 되면, 학습에 매우 효과적이다. 책의 큰 흐름과 핵심을 파악할 수 있고, 부분과 전체의 조화를 이룰 수 있으며, 그렇게 해서 지식의 핵심(즉 주제개념과 세부개념)만을 머릿속에 체계적으로 정리할 수 있기 때문이다.

반면 공부 못하는 학생들은 글을 읽어 내용을 제대로 이해하지 못했음에도 무작정으로 암기부터 하려 든다. 그렇게 해서 필요없거나 중요하지 않은 잡지식을 머릿속에 잔뜩 쌓아놓음으로써, 지식의 체계가 두서없이 뒤죽박죽으로 엉켜버리고 만다. 그 결과, 시험을 치른 후에 답안을 맞춰보고는, "아! 내가 아는 문제였는데, 아깝게 틀렸네."라고 말하는 학생이 있는데, 그 학생은 열심히 공부했음에도 불구하고 학습한 지식이 머릿속에서 체계적으로 정리되어 있지 않다고 보면 틀림없다.

참고로, 이해하는 과정 없이 무작정으로 암기하는 식의 공부가 갖는 폐단은 또 있다. 어떤 지식을 이해하는 과정 없이 무조건 암기하여 이를 장기기억에 집어넣을 경우, 이후 그 지식을 작업기억으로 끌어올리더라도 새로운 지식과 연결되지 않음으로써 서로 간에 논리적으로 불일치를 보일 수 있을 뿐만 아니라, 기본지식이 선입견으로 작용함으로써 자칫 논리적 추론을 가로막을 수 있다. 예를 들어 특정 배경지식을 학생들에게 가르쳤을 때, 어떤 학생은 그 지식을 새로운 지식에 적절하게 결합함으로써 전체 논리가 일관되고 개념적으로 부합하는 사고를 펼치지만, 이와는 달리 어떤 학생은 그렇지를 못하고 논리적으로 이치에 맞지 않는 사고를 펼침으로써 개념적 이해의 허결함을 보이게 된다. 칸트가 말한 "내용(사실적 지식) 없는 사고는 공허하고, 개념(절차적 지식) 없는 직관은 맹목이다"는 말이 이를 두고 하는 말로, 개념적 이해 없이 무턱대고 암기할 때 그 지식이 오히려 논리적 추론을 방해할 수 있음을 깨달아야 한다.

셋째, 이제까지의 설명이 이해됐다면, 앞서 말한 작업기억 용량이 커질수록 사고력도 향상되기에 학습 효과를 높이려면 작업기억 용량을 늘리는 것이 가장 중요하다는 주장에 대한 근거를 이해할 수 있을 것이다. 작업기억은 실제 생각이 일어나는 공간이다. 작업기억에는 새로운 지식(정보)과 장기기억에 저장된 배경지식으로서의 사실적 지식, 그리고 문제 해결을 위해 동원되는 절차적 지식이 함께 뒤섞여 이해와 추론적 사고라는 인지적 과정을 수행한다.

그렇기에 작업기억 '용량'이 커진다는 것은 다음 두 가지 의미를 내포한다. 먼저, **부단하게 반복학습하는 과정에서 사실적 지식을 늘림으로써**, 이것이 새로운 지식에 대한 개념적 이해와 사고력을 높이고 그에 따라 학습 능력이 향상되는 것을 의미한다. '많이 알수록 더 많이 보인다'는 의미가 이를 두고 하는 것으로, **지식의 '전이'를 통한 사고력의 확장**이 일어나는 것이다.

또한, 장기기억에서 **절차적 지식을 끌어와 작업기억의 정보(지식)를 효율적 · 효과적으로 결합**함으로써, 이것이 또한 새로운 지식에 대한 개념적 이해와 사고력을 높이고 그에 따라 학습능력이 향상됨을 의미한다. 절차적 지식이라 함은 부단한 연습을 반복하는 과정에서 터득한 문제해결을 위한 방법적 지식을 말하는데, 이는 **학습 효과를 높이는 공부 방법을 스스로 터득**했다는 말과도 일맥상통한다.

따라서 작업기억 '용량'이 커진다는 것은 곧 자기 스스로 부단히 학습하는 과정에서, 특히 집중력을 높여가며 글의 심층구조를 파악할 수 있도록 반복학습하는 과정에서나 가능한 것이지, 학원식의 일방적인 주입식 학습으로는 결코 용량은 늘어나지 않는다. 한 번 생각해보라. 내 머릿속의 생각의 주체가 내가 아닌 남으로 하여 지식이 들어앉았을 경우에, 그렇게 해서 쌓인 피동적인 지식이 어떻게 나를 움직여 사고력의 확장으로 이어질 수 있겠는가.

이런 이유로, 공부 잘하는 학생들은 자신이 공부 주체가 되어 주도적으로 학습해 나감은 물론, 자기만의 공부법을 터득하여 깊이 있고 체계적인 방법으로 공부한다. 반면 공부 못하는 학생들은 그렇지를 못하고 남에게 지나치게 의존하는 수동적인 공부를 하려 들기에, 그만큼 이해력과 사고력이 약화되고 그에 따라 문제 해결 능력은 더욱 떨어진다. 결국 공부를 잘하려면, 학습한 지식이 기억을 강화하고, 기억은 이해력을 높이고, 이해력은 사고력을 끌어올리는 과정이 선순환하면서 학습능력이 향상될 수 있도록 머리구조를 확 바꿔야 한다. 이때 그 핵심이 되는 것이 바로 자기주도학습을 통한 이해력과 사고력의 향상인데, 이제부터 그에 대한 바람직한 공부 방법에 대해 살펴보자.

제4장

학습 효과를 높이고 성적을 끌어 올리는 실천 학습법

이제까지의 논의를 살핀 결과, 학습 능력을 높이기 위한 공부의 핵심은 다음과 같이 정리된다.

학습 능력을 높이기 위한 공부의 포인트

- **공부 습관 : 자기주도학습, 계획 Plan**
  '기억 → 이해 → 사고'의 선순환을 통해 학습 능력을 끌어올리기 위해서는, 자기주도학습으로 배경지식을 충실하게 쌓아야 한다.

- **학습 태도 : 집중력, 노력, 실행 Do**
  학습한 지식을 장기기억으로 보내기 위해서는, 단순 암기식의 공부를 지양하고 집중력을 높임으로써, 이해력(완벽한 지문독해력)을 높여야 한다.

- **공부 방법 : 심화학습, 분석, 평가 See**
  장기기억(사실적 지식과 절차적 지식)을 작업기억으로 끌어내 새로운 지식과 결합하기 위해서는, 글의 심층구조를 파악할 수 있도록 반복학습함으로써, 사고력(정확한 개념 이해에 근거한 논리적 추론능력으로서의 사고력)을 끌어올려야 한다.

공부를 잘하려면 스스로 공부하는 습관에 더해 집중력을 높여가며 학습하기 위해 노력해야 한다. 이를 통해 교과과목과 관련한 지식을 머릿속에 차곡차곡 쌓고, 그 지식이 완벽한 지문독해력으로서의 이해력을 끌어올릴 때 학습 능력은 시나브로 향상된다. 실제로 이것을 제대로 행하는 것만으로도 성적은 크게 오른다. 왜냐하면 수능 시험은 대부분 이해력을 묻는 문제를 위주로 출제되기 때문이다.

그렇기에 학습한 지식에 대한 이해 없이 무조건 암기하여 이를 장기기억으로 욱여넣는다고 한들, 그 지식이 온전히 지식으로 기능할 수 없을뿐더러, 오히려 정확한 개념 이해를 방해함으로써 혼란만 가중시킬 뿐이다. 왜일까?

그 이유는, 거칠게 비유하자면, 다음 이치와도 같다. 예를 들어 어떤 목적지를 찾아 나설 때, 자동차 네비게이션이 지시하는 대로 아무 생각 없이 길을 따르는 것과, 그렇지 않고 직접 지도나 약도를 살펴가며 길을 찾아 헤맨 것과는, 이후에 그 목적지까지의 여정을 기억함에 있어서 크게 차이 난다. 전자의 경우에는 출발지와 도착지라는 장소 외에는 달리 기억나지 않지만, 후자의 경우에는 출발지에서 목적지로 가는 과정까지 집중력을 잃지 않음으로써, 일련의 기억을 돕는 기제로서의 정보(지식)가 끊어지지 않고 연결됨은 물론, 그에 따라 의식의 흐름은 계속해서 이어진다.

그 결과 다음번에 다시 길을 나설 때에는 한 결 쉽게 목적지에 도달할 수 있게 된다.

　마찬가지 이유로, 이를테면 학교 교사나 학원 강사가 일방적으로 설파하는 강의를 아무 생각 없이 피동적으로 받아들인다고 해서 그 지식이 온전히 자기 것이 되는 것은 아니며, 그렇게 해서 머릿속에 제대로 자리잡을 리는 만무하다. 더군다나 그 지식에 대한 완전한 이해가 따르지 않은 채 무턱대고 암기하려 들 경우, 그렇게 해서 장기기억으로 보낸 머릿속에 축적된 지식은 올바르게 끄집어내기도, 효과적으로 활용하기도 어려움은 물론, 자칫 새로운 지식과 엉뚱하게 결합함으로써 논리적인 사고를 방해하는 나쁜 결과를 가져온다. 정확한 개념 이해 없이 무조건 암기하는 폐단이 바로 이걸 두고 하는 얘기다.

　따라서 유의해야 할 것은, 스스로가 공부 주체가 되어 집중력을 높여 공부해야지, 그렇지를 않고 단순히 남에게 의존하는 식으로 지식을 구하려 들어서는 절대 안 된다. 또한 확실한 개념 이해 없이 무턱대고 외우려만 들어서도 안 된다. 오직 자기주도로 학습하는 공부 습관과 집중력을 높여가며 공부하는 학습 태도만이 올바른 지식의 습득과 이해력의 향상을 가져오고, 그에 따라 성적은 확실하게 오른다.

　하지만, 이것만으로는 충분하지 않다. 사고력, 다시 말해 논리적 추론능력이 뒷받침되지 않고는 결코 최상위권으로 도약할 수 없다. 수능 고난도의 문제는 논리적 사고력으로서의 추론능력을 묻는 문제로, 이것을 해결하기 위해서는 이해에 기반한 부단한 반복학습을 통해 사고력을 향상시켜야만 한다.

　특히 기존 지식을 새로운 문제에 적용할 수 있는 지식으로서의 '절차적 지식'을 끌어올리기 위해서는, **완벽한 지문독해와 정확한 개념 이해를 통해 글의 심층구조를 파악할 수 있도록 반복학습해야 한다.** 글의 심층구조 파악은 오직 '연습'과 '노력'을 통해 가능하다. 즉 연습과 노력을 통해 학습의 깊이를 더할 때, 논리적 추론 능력으로서의 사고력은 향상되고, 학습 효과는 더욱 높아지며, 성적은 최상위권으로 뛰어오른다.

　공부 잘하는 학생들은 그렇게 해서 만들어진다. 무릇 구슬이 서 말이라도 제대로 꿰어야 보배이듯이, 공부를 잘하려면 올바른 학습 태도와 공부 습관에 더해 학습 효과를 최대한으로 높일 수 있는 공부 방법을 따라야 한다. 만약에 그렇지를 않고 비효율적이고 비합리적인 공부에 함몰될 경우, 이는 오히려 올바른 사고를 방해하고 학습 효과를 낮추는 나쁜 공부로 이어질 수 있음은 물론이다.

　이제부터 부단한 학습을 통해 습득한 지식이 '기억과 이해와 사고'의 선순환을 가져올 수 있도록 만드는 바람직한 실천학습법에 대해 살펴보자. 단, 수능 고득점을 받기 위한 올바른 공부법에 집중해서 설명하기로 한다.

1. 공부의 주체는 '나'

공부 잘하려면 올바른 공부 습관부터 형성되어 있어야 한다
자기주도학습의 중요성

이제까지의 논의를 통해 우리는 단순히 지식을 암기하는 학습과 교수(가르침) 중심의 일방적인 주입식 교육을 무조건적으로 받아들이는 학습이 가장 효율성이 낮은 공부임을 확인했다. 지식의 맹목적인 암기는 추가적인 지식을 생성할 수 있는 가능성을 낮추고, '스스로 지식을 생성하고 창출하는 능력'으로서의 이해력과 사고력의 저하를 초래함으로써, 결과적으로 학습 능력의 질적 하락을 불러온다. 학생들이 수학 문제를 능히 풀어낼 수 있는 것은 그들이 지식을 단순히 외우고 있었기 때문이 아니라, 수학적 사고방식을 개념화하여 머리와 몸으로 익혔기 때문임을 생각한다면, 그 의미를 이해할 수 있을 것이다.

물론 문제 해결 능력을 키우려면 학습을 통한 지식의 습득에 많은 노력을 기울여야 한다. 그렇더라도 학습한 지식은 그것에 대한 개념적인 이해가 뒷받침되어야만 진정한 지식으로 거듭날 수 있으며, 논리적 추론능력으로서의 고차원적인 사고력이라는 보다 나은 지적 능력으로 나아간다. 지식보다는 사고방식과 사고의 과정이 중요한 이유가 이 때문이다. 따라서 어떤 문제에 대해 단순히 답을 찾으려고만 들기보다는 문제 해결 능력을 높여나가도록 힘을 쏟아야 하며, 마땅히 그래야만이 학습은 보다 교육적인 의미와 의의를 갖는다.

따라서 대학 가는 공부의 궁극적인 목적을 학문적 진리탐구보다는 공부에 대한 기술적·방법적인 부분에 포커스를 맞추고, 그에 맞춰 학생 스스로 능동적이고 자율적이며 철저하게 공부해나갈 수 있도록 조처할 필요가 있다. 이를 위해서는 공부하려는 마음가짐이 특히 중요한데(왜냐하면, 그만큼 재미없는 공부이기에 그렇다), 학습자인 학생은 자신의 학습 활동(공부)에 대해 상당한 자신감을 가지고, 한번 시작한 공부는 끝까지 자신의 힘으로 밀고나가는 끈기와 노력을 보임으로써, 그에 따른 성취감을 느낄 수 있어야 공부는 비로소 완전해지기 때문이다.

이를 위해서는 공부의 주체인 학생이 직접 자신의 수준에 맞는 학습 계획을 세우고, 스스로 평가하고, 그 평가에 맞춰 다음 계획을 세워 실행할 수 있어야 한다. 이처럼 공부 계획을 세울 때 최종 목표의(이를테면, 나는 어느 대학 어느 학과에 합격하겠다는 식의) 설정도 중요하지만, 처음에는 '수능 성적을 몇 등급으로 올리겠다'는 식으로 실현 가능한 단순하고 작은 학습 목표를 세우고 그것을 달성하는 데 역점을 두어 시작하는 것이 좋다. 그리고 자신의 현실적인 능력과 여건을 고려하여 공부를 계획하고 실행하는 역량을 키워나가고, 잘못된 점은 스스로 고쳐나가도록 한다. 그렇게 공부하는 과정에서 학생들은 각자가 가지고 있는 비전, 학습 동기, 공부 습관과 학습 태도, 예습과 복습 습관, 암기와 이해 방법 등등에 대해, 자신의 장점은 무엇이고 또 단점은 무엇인지, 어느 분야가 강한지 부족한지를 깨닫게 된다. 그리고 이를 통해 자신에게 맞는 적절한 공부 방법을 터득하고, 스스로 학습하는 과정에서 많은 지식과 정보를 습득함은 물론, 이해력과 사고력을 더욱 높여갈 수 있게 된다.

학생 스스로가 세운 계획에 따라 공부하는 것을 '**자기주도학습**'이라고 한다. 자기주도학습은 전체적인 학습 과정을 학습자인 학생이 공부의 주체가 되어 자발적으로 이끌어가는 것이다. 즉 **학습을 계획**하고 **실행**하고 **평가**하는 일차적인 책임을 학생 자신이 맡는 학습 과정이다. 그렇기에 자기주도학습은 학습 내용보다는 공부 방법에 보다 초점을 두고 있다.

자기주도학습은 학생 자신이 학습의 주도권을 갖고 하는 공부이기에 그만큼 **능동적이며 적극적으로 계획하고 실행**한다. 따라서 가만히 앉아서 수동적으로 배우는 학생들보다 더 많은 것을 학습하고, 학습한 내용을 더 잘 활용하게 된다. 학생들은 뚜렷한 목적의식과 동기를 가지고 학습에 임하기 때문에, 수동적 태도를 지닌 학습자보다 내용을 더 잘 이해하고 활용하는 경향을 보인다.

자기주도학습의 핵심은 학습자의 독립성이 아니라, 학습자의 '**주도성**'과 '**자기 관리**'이다. 다시 말해 학습자가 자신에게 맞는 학습 활동을 찾아 수행하는 능력 및 자율성에 학습의 성패가 달렸다. 이것을 염두에 두고 학교·학원 수업과 야간자율학습, 자기주도학습의 차이를 비교하면 자기주도학습이 왜 효과가 뛰어난지를 보다 명확히 파악할 수 있다.

수업은 교과를 직접 지도하는 교사(또는 강사)가 있는 반면, 자율학습과 자기주도학습은 교과를 지도해주는 교사 없이 혼자 공부한다. 따라서 수업에서는 교사가 학습을 주도하지만, 자율학습과 자기주도학습은 학생이 주도한다. 이때 수업이나 자율학습은 교사가 시간을 관리하는 반면(어찌 보면, 자기주도학습에 비해 자율학습의 가장 큰 강점이자 단점이기도 하다), 자기주도학습은 학생 **스스로 시간 관리**한다. 한편 수업에서는 교사가 학습 목표를 세우고, 자율학습에서는 학습 목표 없이 공부하며, 자기주도학습에서는 학생이 직접 학습 목표를 세워 공부한다. 공부에 대해, 수업에서는 학생들이 수동적으로 참여하는 반면, 자율학습은 학생의 자율에 맡기며(실제로는 강제하는 것이기에, 그만큼 수동적으로 참여한다), 자기주도학습은 학생이 **능동적이며 자발적으로 참여**하게 된다.

학습전략 면에서 볼 때, 수업은 교육은 따르되 학습전략은 없고, 자율학습은 뚜렷한 학습전략 없이 무계획적으로 이루어지며, 자기주도학습은 학생 **스스로 학습 계획과 공부 전략을 세워 그에 맞게 공부**한다. 공부할 때 학습전략은 매우 중요하다. 공부하는 방법을 잘 모르거나, 또는 공부에 대한 동기와 목적 그리고 전략 없이 무작정 해나갈 경우, 자칫 비효율적인 공부가 될 수 있다, 또한 도중에 공부를 포기하거나 게으름을 피우는 경우가 발생할 수 있다. 자율학습이 갖는 가장 큰 문제점이 바로 이것이다.

학습평가 측면에서 볼 때, 수업은 나름의 평가와 피드백이 이루어지지만 학습에는 크게 영향을 미치지는 못한다. 자율학습에서는 평가가 없으며 피드백도 주어지지 않는다. 반면 자기주도학습에서는 스스로 학습한 것에 대해서 얼마만큼 목표에 도달했는지, 무엇이 중요하고 중요하지 않은지 등에 대해 스스로 분석하고 평가하며, 그 평가 결과를 가지고 다음 학습 시에 부족한 부분을 보충하거나 잘못된 부분을 수정하는 피드백이 적절하게 이루어짐으로써, 공부에 대한 선택의 폭과 집중도가 높아진다.

그렇기에 수업이나 자율학습은 공부가 습관으로 굳어지기 어려우며, 그에 따라 학습에 능동적으로 참여하기보다는 수동적으로 참여하는 경향을 보인다. 반면, 자기주도학습은 능동적이고 자발적으로 참여하기 때문에, **열심히 공부하는 올바른 습관**으로 굳어진다.

학습한 내용에 대한 기억효과에 있어서도 차이 난다. 수업은 들을 때만 기억하기 쉽고, 주의 깊게 듣지 않으면 기억효과가 생기지 않는다. 자율학습은 스스로 공부하는 정도에 따라 기억으로 남기에, 기억효과는 높다. 한편 자기주도학습은 학습 목표를 분명하게 세우고 전략적·분석적으로 학습하는 것이기에 그만큼 높은 이해력과 집중력을 요하며, 따라서 **장기기억으로의 기억효과**는 가장 크다.

결과적으로 수업보다는 자율학습이, 자율학습보다는 자기주도학습이 많은 부분에서 학습 효과가 뛰어남을 알 수 있다. 특히 스스로 학습 계획과 목표, 공부 전략을 세워가며, 그것도 학습 동기에 충만하여 능동적이며 자발적으로 참여하는 것이기에 가장 효율적이며 효과적인 공부로 자리매김한다. 다만, 많은 학생들은 공부에 대한 의지가 들쑥날쑥 하는 양상을 보이기에 그만큼 주위에서 강력하게 시간을 관리해줄 필요가 있다. 그 점에 있어서는 교사가 직접 시간을 관리하고 학습의 일정 부분을 통제하는 자율학습이 더할 나위 없이 효과적이다.

따라서 학습 동기가 제대로 서 있지 못한 초기의 단계에서는 다음과 같은 공부 습관과 학습 태도가 효과적이다. 즉 학생들이 주어진 시간 동안에 아무 공부나 하기보다는 **학습 목표와 학습 계획을 세워서 체계적으로 공부해나갈 수 있도록 자율학습으로 강제**하는 한편, 그 과정에서 학생 **스스로 공부한 결과를 분석·평가**하고 이후의 이어지는 공부에 반영하도록 유도함으로써, 올바른 공부 습관이자 완전한 자기주도학습으로 이어지게 만들어야 한다.

그 과정에서 학생들은 '공부를 하고 싶게 하는 마음'으로서의 '학습 동기'가 형성되고, 학습과 공부에 대한 관심과 흥미가 높아진다. 그에 따라 보다 학습 활동에 적극성과 집중력을 보이고, 지속적인 학습 욕구가 학습 능력의 향상을 가져오며, 결국에는 성적 향상을 통한 자기성취감으로 이어지게 된다. 그리고 마침내는 공부의 주체는 '자신'임을 깨닫게 됨으로써, 자기주도학습을 올바른 공부 습관으로 내면에 체화體化하게 된다.

수능 고득점은 학습 태도에 달렸다
'얼마나'보다 '얼마만큼' 집중해서 공부하느냐가 중요하다

공부 잘하는 학생에게서 나타나는 공통점의 또 하나는, 그들은 모두 '**집중력**'이 높다는 것이다. 그들은 항상 공부만 하는 것은 아니다. 시간 관리를 잘하고, 놀 때와 공부할 때를 철저히 구분한다. 그리고 몰입해서 공부한다. 그것도 효과적인 공부 방법이 무엇인지를 끊임없이 생각하면서 몰입한다.

학생들은 공부에 많은 시간을 할애하지만, 그렇더라도 실제 집중해서 공부하는 시간은 그리 많지 않다. 공부를 하면서 문득문득 다른 생각을 한다거나, 휴대폰에 끊임없이 눈길을 준다거나, 쓸데없이 들락날락 하면서 시간만 축내는 경우가 일반적이다. 이 모두가 공부에 몰입하지 못한 때문인데, 그래 놓고는 나름 열심히 공부했다고들 하면서 마음 뿌듯해한다.

다른 잡생각을 하면서 책상 앞에 10시간을 앉아있는 것보다 1~2시간이라도 집중하면서 공부하는 것이 더 효과적이다. 그렇기에 시간 단위로 공부 계획을 짜는 것은 학습에 그다지 효과적이지 않다. **시간보다는** 공부해야 하는 **분량을 정해 놓고** 그것에 맞춰 학습 목표량을 관리하는 것이 훨씬 시간 낭비를 줄일 수 있을 뿐만 아니라, 집중력도 한층 높일 수 있다. 무엇보다 공부는 **실천적 성과**가 우선해야 하는데, 따라서 얼마나 오랜 시간 공부했느냐보다는 **얼마만큼 집중해서 목표한 분량을 다 채워가며 공부했느냐가 훨씬 더 중요**하며, 학습의 질적·양적 성과를 결정짓는다.

이런 이유로, 공부하는 동안만큼은 최대한 집중력을 유지해야 한다. 공부하는 시간이 길어도 공부하는 동안 졸거나 멍한 상태로 있으면 아무 소용없다. 공부하는 동안은 맑은 정신을 가지고 최대한 집중해가며 공부해야 한다. 졸리면 차라리 잠시 잠을 청한 후에, 맑은 정신으로 공부하는 게 더 낫다.

그렇다면 집중력을 높이는 가장 좋은 방법은 무엇일까? 많은 연구 결과에 따르면, **독서**를 많이 하는 아이가 집중력이 높다고 한다. 책을 많이 읽은 아이는 내용을 분석하고 종합하는 훈련이 잘 되어 있기 때문에, 책에 담긴 내용과 글의 요점을 쉽게 파악하고 중요한 부분만을 빨리 골라냄은 물론, 그 내용을 머릿속에 체계적으로 저장한다. 독서 능력이 뛰어난 아이는 풍부한 독서 경험으로 글을 요약하고 종합하고 판단하는 능력이 남다르며, 학습 활동에 의욕을 갖고 적극적으로 참여한다.

독서는 기본적으로 글을 읽어 내용을 이해하고 핵심을 파악하는 좋은 습관이며, 당연히 수능 공부에 기본이 되는 지적 훈련이기도 하다. 이는 다음 이유에서 특히 그렇다. 수능이 단순 지식을 묻는 게 아니라 이해력이나 분석력 등의 지적 능력을 측정하는 시험으로 전환되면서, 지문과 문항은 상당히 길어졌다. 그에 따라 정해진 시간 내에 지문을 충분히 읽고 그 내용을 이해하는 것은 쉽지 않으며, 상당수의 학생들은 지문을 제때 다 읽지 못하여 좋은 점수를 받지 못하는 경우가 많다.

결국 수능에서 좋은 점수를 받으려면 정해진 시간 안에 지문을 충분히 읽고 이해할 수 있는 **독해력**이 중요한데, 그것은 평소 독서를 얼마만큼 많이 하느냐에 달렸다. 그리고 독서를 많이 하면 속독이 가능해진다. 이때 단순히 빨리 읽기만 하면 되는 게 아니라, 내용을 완벽하게 파악하면서 빨리 읽는 게 중요하다. 즉 글을 읽는 내내 집중력을 잃지 말아야 한다.

따라서 학습 효과를 높이고 성적을 올리기 위해서는 학습의 효율성이 떨어지는 단순암기나 밑도 끝도 없는 문제 풀이 기술에 집착하기보다는, 부단한 독서활동을 통해 집중해서 공부하는 태도와 습관을 들이는 한편, 자기주도학습을 통해 스스로 공부하는 능력을 키워나가야 한다. 집중력이 따르지 않고서는 이해력도 사고력도 결코 끌어올릴 수 없으며, 아무리 철두철미하게 학습 계획을 세운다고 한들 이것이 올바르게 실현되기 어렵다. 따라서 공부하는 동안만큼은 집중해가며 내용을 정확히 이해해야만이 수능 고득점을 받을 수 있다는 점을 절대 명심하고, 평소 꾸준한 독서와 함께 강한 몰입을 요하는 수학 문제를 풀어가면서 공부의 집중력을 키워나간다면, 자신만의 공부 요령으로서의 올바른 공부법의 절반은 이미 터득한 셈이다.

수능 고득점은 공부 방법이 달라야 한다
자기만의 전략적 학습 방법을 찾아 공부하라

수능과 내신의 가장 큰 차이는 '**사고력**'과 관련한 부분이다. 개념 이해의 확장으로 서의 논리적 사고력은 학교 내신 시험에서는 그다지 측정하지 않는 영역이지만, 수능에서는 반드시 묻고 측정한다. 국어 과목에서 언어사고력을 묻거나 영어 과목에서 빈칸추론 능력을 묻는 3점짜리 문제가 그것인데, 이것을 옳게 맞출 수 있느냐가 최상위권과 상위권을 가르는 결정적인 능력 차이라고 보면 된다.

그렇다면 학교 내신 성적을 가르는 시험은 왜 사고력을 묻는 문제를 출제하지 않는 걸까? 그 가장 큰 이유는, 물론 전적으로 그렇다는 것은 아니지만, 학교 선생님들은 사고력을 묻는 문제를 만들어낼 수 있는 능력이 떨어지기 때문이다. 아니, 그보다는 문제 출제를 위한 시간적인 여유가 없다고 보는 편이 좀 더 적절할 듯하다. 수능이나 평가원 모의 문제처럼 정교한 문제를 만들려면 어지간한 집단지성 갖고서는 해결되지 않는다. 그만큼 많은 노력과 시간과 머리와 검증을 거치면서 공들여 만들어야 가능한데, 이것을 각 학교별로, 게다가 과목별로 단지 몇 명의 선생님들이 모여 머리를 싸매가며 논의한다고 한들, 문제를 제대로 만들어낼 리 만무하다.

그렇다고 시중의 학습서나 문제집에서 문제를 끌어와 출제하기도 어렵다. 점수 1점을 갖고서도 말이 많은 교육 환경에서, 학부모들이 이를 수수방관한다는 것은 있을 수 없는 일이다. 행여나 지역 내의 학원에서 똑같은 문제를 꺼내들고 '족집게 강의입네 뭐네' 해가며 가르치고 있는 것을 보았다면, 그 뒷감당은 둘째치고 학교에 대한 불신과 불만만 잔뜩 높아질 뿐이다. 우리나라의 수험생을 둔 학부모들이 어떤 엄마들인가.

학교 내신 시험 문제가 천편일률적으로 암기 위주의 문제로 구성되고 출제되는 이유가 이 때문인데, 그 중심에는 선생님들의 편의주의적인 사고가 크게 한 몫 한다. 말하자면, 지금의 학교 중간고사와 기말고사는 교사의 무능 내지는 무소신과 학교의 보신주의가 적당한 선에서 타협한 결과로, 그렇게 해서 대충 절충하면서 어쭙잖은 형태로 출제되는 것, 그것이 바로 학교에서 출제하는 시험이다.

즉 '**암기**' 일변도의 내신 시험이 그것인데, 그럼에도 선생님들은 변별력을 묻기 위해서는 어쩔 수 없이 문제를 그런 식으로 출제할 수밖에 없다고 하소연하듯이 에둘러서 말한다. 세상의 모든 이해타산(이를테면 학교 시험)을 둘러싼 불편한 진실은 늘 그렇듯이 항상 그리고 오히려 당당한 모습으로 우리와 마주선다.

그렇더라도 좋게 생각하자. 학교 시험 볼 때 암기하지 않으면 언제 암기하겠는가. 따지고 보면 외우는 것도 공부의 한 방법이며, 경우에 따라서는 아주 좋은 공부법이 될 수 있다. 물론 무턱대고 외우기만 하는 방법은 분명 무리가 따르지만, 아무것도 모르는 상태에서는 아무것도 기억할 수 없기 때문에 기초가 되는 지식은 무조건 외워놓고 볼 일이다. 기본 지식이나 문구를 외우다 보면 어느새 그것을 내 것으로 받아들이고 응용해볼 수 있는 힘이 생겨나기 때문이다.

하지만 거기까지다. 이해력이 뒷받침되지 않는 암기는 오히려 올바른 사고를 방해한다고 앞서 누누이 강조했다. 진짜 공부는 생각(이해와 사고)하는 방법을 배우는 것이다. 지식을 어떻게 남보다 먼저 그리고 많이 얻느냐가 아니라, 잘 모르는 문제이더라도 스스로 해답을 찾아가는 방법을 익히는, 다시 말해 지식을 '만드는 방법'을 배우는 데 있다.

책을 읽어 그 내용을 이해하는 것은 시간에 집중력이 더해지면 가능하지만, 논리적 추론능력으로서의 사고력은 많은 시간을 들여 공부한다고 하여 쉽게 만들어질 수 있는 능력이 아니다. 공부하며 하나하나 깊게 생각하는 시간이 많아야 시나브로 늘어가는 능력이다. 그러므로 어쩔 수 없이 암기 위주의 공부를 하더라도 암기에 앞서 깊게 생각하고, 스스로 문제를 해결하려는 노력을 기울여야 한다.

따라서 이렇게 공부하면 된다. 먼저, 공부할 때 가장 중요한 것은 배운 내용을 **스스로 정리하고 이해하는 시간**을 충분히 갖는 것임을 깨달아야 한다. 스스로 깊게 생각하며 공부하는 습관을 들이고, 공부하고(문제를 풀고) 난 후 자신의 부족한 부분을 정확히 진단하고 자신의 약점을 분석해낼 수 있어야 한다. 이를테면 과목별, 단원별로 분석하여 자신이 가장 취약한 과목과 단원이 어디인지 또 중요한 부분이 어디인지 찾아낸 후, 이 부분부터 이해의 수준을 높여가면서 하나하나 공략해나가야 한다.

또한 **시험의 특성에 맞춰** 공부 방법을 달리해야 한다. 말했듯이, 측정하고자 하는 평가 영역은 시험마다 다르다. 암기된 지식이 중요한지, 또는 체계화된 지식이 중요한지, 아니면 이해 능력과 사고 과정이 중요한지는 시험의 특성에 따라 달라진다. 그렇기 때문에 내신의 경우라면 암기와 반복학습에 집중해야 하고, 수능의 경우에는 이에 더해 충실한 이해와 체계화된 지식을 바탕으로 문제 해결 능력과 사고력을 기르는 데 집중해야 한다. 논술 시험과 같은 대학별 고사나 경시대회는 깊은 이해와 적용 능력을 바탕으로 한 사고력 향상에 더욱 집중해가며 공부해야 한다.

이와 함께 **시험의 출제 범위**를 따져가며 공부해야 한다. 학교 내신 시험처럼 출제 범위가 좁은 시험일수록 더 깊고 자세한 내용을 묻게 된다. 전체적인 흐름과 폭넓은 이해에 바탕을 둔 논의보다는 단순 암기된 지식과 세부 교과 내용을 위주로 하여 출제되기에, 이에 맞춰 공부해야 한다. 이때 학교 내신 시험은 시험 기간과 출제 범위가 정해진 탓에 시험에 임하는 집중력 또한 남다를 수밖에 없고 또 무엇을 어떻게 공부해야 할지를 스스로가 잘 알고 있다. 따라서 세부 공부 계획을 짜느라 골몰해가며 시험에 매달리기보다는, 그저 시험 기간에 맞춰 순차적으로 공부해나가는 것이 오히려 더 효과적일 수 있다.

이와는 반대로, 시험 범위가 넓어질수록 단순 암기된 단편 지식보다는 이해를 바탕으로 한 체계화된 지식과 그 지식 체계의 전체 흐름을 묻는 문제가 출제된다. 특히 수능(및 모의고사)은 출제 범위가 넓은 시험이기 때문에 전체적인 흐름에 대한 이해를 바탕으로 한 체계화된 지식과 그것에 대한 개념적인 물음, 그리고 그 개념을 적용하고 응용하는 복합문제가 출제됨으로써, 그만큼 변별력의 정도는 커진다. 특히 수학 과목에서 여러 단원의 내용을 통합하여 종합문제 해결 능력을 묻고 평가하는 문제로 출제될 경우, 그 난이도는 상당히 높을 수 있다.

그렇기에 이런 유형의 시험에 대비하려면, 평소 꾸준히 반복학습해나가는 것 외에는 달리 방법이 없다. 과목별로 핵심 내용을 정확하게 판단하고 이해하고 사고하는 연습을 통해 중요 내용을 숙지하고 전체 흐름을 파악하는 한편, 그 과정에서 공부의 집중도를 계속해서 높여나가야 한다. 특히 교과과정 전체를 파악하고 개념과 지식을 연계해가며 학습하는 수능 중심의 공부는, 싫든 좋든 자기주도학습으로 이어질 수밖에 없기에 그만큼 학습 효과가 높다.

이런 이유로 수능 중심의 공부를 대학 가는 공부의 핵심 전략이자 올바른 학습 방법으로 받아들여도 괜찮은가 묻는다면, 그렇게 생각해도 좋다. 그만큼 수능에 맞춰 학습 계획과 공부 전략을 적합하게 세우고 공부할 때, 보다 효율적인 공부가 이뤄지고 그에 맞춰 성적은 차곡차곡 올라간다.

그럼에도 많은 학생들은 범위가 넓고 내용적으로도 불분명한 수능(및 전국모의고사) 시험보다는, 범위가 명확하게 정해지고 석차가 바로바로 드러나는 내신 시험을 중시하고 또 그에 맞춰 공부하는 경향이 높다. 하지만 이는 옳지 않다.

앞서 말했듯이 암기 위주의 공부는 학습의 효율성을 떨어뜨리며, 또한 출제 범위가 한정된 시험 공부는 개념 이해를 단절시키고 학습의 흐름을 끊는 등, 자칫 체계적인 공부를 방해할 수 있다. 게다가 시험 기간이 끝나고 이어지는 일련의 휴지 기간이나 방과 후 활동은 그만큼 학습 태도를 느슨하게 만들고 공부 습관을 불규칙하게 함으로써, 나쁜 학습 효과로 귀결될 수 있다.

따라서 대학 가는 가장 빠른 지름길이자 수능 고득점을 받기 위한 올바른 공부 방법으로서의 다음과 같은 발상의 전환이 요구된다. 내신 중심의 공부에서 벗어나 **수능 중심으로 공부 방법을 전환**하는 것이 그것인데, 이 둘의 가중치를 뒤바꿔서 공부하는 것이 훨씬 학습 효과도 높고 또 장기적으로도 이득이다.

즉 평소에는 수능 중심의 공부에 주력하다가 중간·기말고사가 다가오면 약 2주 정도의 시간을 정해 내신 시험 공부에 전념토록 한다. 그렇게 해서 수능과 내신 두 마리 토끼를 모두 잡을 수 있도록 장기적인 공부와 단기적인 공부를 구분하고 그에 맞춰 공부해나가는 것, 이것이 가장 효율적이며 전략적인 공부라 할 수 있다.

2. 수능 고득점을 받기 위한 자기주도학습의 포인트

포인트1
수능 기출문제를 중심으로 공부하라

수능은 대학입시에서 가장 중요한 시험이다. 수능은 단순히 지식의 습득 능력을 묻는 게 아니라, 그 적용 능력으로서의 이해력과 사고력을 따져 묻고 측정·평가한다. 그렇기에 수능 성적을 잘 받기 위해서는 무엇보다 기본 공부에 충실해야 한다.

이를테면 수능 영어 과목에서 고득점을 받기 위해서는 열심히 어휘(단어)를 외우고, 어법(문법)을 공부하고, 구문독해 능력을 길러야 한다. 또한 국어 과목의 경우에는 지문을 빨리 이해하고 적절한 해답을 찾기 위해 우리말과 글에 대한 독해 능력부터 키워야 한다. 수학 과목의 경우에는 개념 이해에 기반한 꾸준한 반복학습과 심화학습이 중요하다. 즉 새로운 개념을 깨우치고, 개념을 적용하며 기본 문제를 숙달한 후, 그 여세를 몰아 심화 문제를 푸는 게 핵심이다. 이렇게 놓고 볼 때, 모든 수능과목은 과목별 기본 학습에 중점을 두고 공부해야 함을 알 수 있다.

하지만 이에 못지않게 중요한 것은 '**출제자의 의도**'를 파악하는 것이다. 즉 출제자들은 어떤 생각으로 문제를 출제하며, 어떤 글감을 고르고, 어디에 어떤 식으로 정답을 놓고 또 매력 있는 오답을 어떻게 만드는지에 대한 출제 패러다임을 이해하는 것이다(물론 수학 과목은 예외다). 출제자는 문제 속 어딘가에 분명히 출제의도를 드러내놓고 있는 경우가 많은데, 예를 들어 국어 과목에서 문제 안에 특별한 수식어나 제한적 조건을 달거나 또는 지문 및 선택지와 관계되는 보기를 함께 제시하는 경우가 그것이다.

문제 풀이에 앞서 출제의도부터 파악해야 하는 중요한 이유는, 수능은 성적 등급을 갈라가며 자격을 따지는 시험이기 때문이다. 수능은 일정 비율의 수험생들만 1등급을 받을 수 있는 시험이기 때문에, 출제위원들은 전체적으로 쉬운 문제를 출제하면서도 다른 한편으로는 모든 학생들이 다 맞출 수 없는 문제들을 일정 부분 출제해야 한다. 변별력이 높은 고난도의 문제가 그것이다.

또한 수능은 5개의 선택지 대답 중에서 반드시 답이 한 개가 되도록 문제를 만들어야 한다. 이때 출제위원들은 변별력을 높이는 문제를 만들기 위해, 수험생들이 정답으로 선택할 수 있는 유인요인이 충분한 매력적인 오답을 만들어내고자 노력한다. 그래야만 일정 비율 안에 드는 학생들에게만 좋은 등급을 맞게 할 수 있는데, 수능에서 말하는 변별력의 허상이 이와 같다.

어찌됐든, 그리고 이런 이유로, 출제위원들은 왜 그 선택지 대답이 정답이고 왜 그 선택지 대답은 오답인지에 대한 확실한 근거를 가지고 있어야 한다. 당연히 모든 문제와 답에는 반드시 그 이론적인 근거와 그것을 뒷받침하는 논리적인 이유가 분명하며 또 확실하다. 만일 문제와 선택지 대답 사이에 논리적 근거가 명확하지 않을 경우에는 이로 인해 큰 사회적 문제가 야기될 수 있기에(지난해 수능 세계지리 8번 문제에 대한 대법원의 오류 판결을 생각하면 이해될 것이다), 수능으로 출제되는 문제는 그만큼 철저히 객관성을 지향한다.

그리하여 출제위원이 문제를 만들 때 가장 중점을 두는 것은 바로, 논란이 발생할 수 있는 부분은 없애고 변별력을 줄 수 있는 문제를 출제하는 일이다. 이를 위해 출제위원들은 문제를 출제할 때 나름의 일정한 원칙을 따르게 마련이다.

예를 들어 영어와 국어 과목의 경우, 대부분의 문제 유형이 지문의 요지와 관련되어 있기 때문에, 출제위원들은 지문을 선정할 때 **요지가 명확한 지문을 선별**하여 출제하거나, 윤문(潤文) 과정을 거치면서 의도적으로 그렇게 만든다. 또한 문제에 대한 답은 반드시 하나가 되도록 만들되, **그 답이 철저하게 지문과의 관계성을 갖도록** 함으로써, 그 누구라도 납득할 수 있도록 조처한다.

그럼에도 만점자의 수와 1등급의 비율을 조절하기 위해 변별력을 갖는 문제를 반드시 1~2개 정도는 출제하기 마련이다. 이때 그 변별력을 갖게 하기 위해 어법이나 어휘 부분에서 문제를 출제하기보다는, 국어영역의 언어사고력을 묻는 문제, 영어영역의 빈칸추론 문제처럼 읽기 능력으로서의 이해력을 평가하되 이에 더해 사고력의 확장을 묻는 문제를 고난도의 3점 문제로 구성하여 출제한다.

이때 변별력을 확보하기 위해 선택지에 **매력적인 오답**을 배치하게 된다. 이를 테면 영어 빈칸추론 문제의 경우, 주로 글의 요지인 중심문장에서 사용된 일부 핵심어휘를 사용하거나, 또는 뒷받침문장에 나온 어휘를 사용하거나, 또는 이 둘을 적절하게 섞어 사용하면서 언어의 함정을 파게 된다. 당연히 글의 이해력이 떨어질 경우에는 그 선택지의 구절이 마치 정답처럼 느껴지고, 그렇게 해서 그 선택지 대답을 정답으로 간주하고 덥석 물어버리고 마는 것이다.

따라서 문제를 생각해내고 정답을 만들어내는 데 있어서의 기술적이고 방법론적인 사고로서의 출제자의 심리를 읽을 수 있어야 답이 보인다. 말하자면, '이에는 이, 눈에는 눈, 기술(技術)에는 기술'로 대응해야지, 그렇지를 않고 어쭙잖은 지적 편견과 선입견을 들이댄다거나 학문적 진리 탐구를 합네 뭐네 해가면서 어설프게('진지하게'의 역설적 표현이라고 보는 게 더 적절할 듯하다) 접근하려다가는 그야말로 낭패를 볼 수 있다. 말했듯이, 수능 답안은 때로는 지나치게 객관성의 강박에 사로잡힘으로써 그에 담긴 자구적 표현이 마치 말장난하는 식으로 읽힐 수 있다. 따라서 이것을 정색하고 들여다본다거나 또는 자구에 너무 함몰되어 생각하다가는 어처구니없게 틀리는 경우가 발생할 수 있음을 반드시 염두에 두어야 한다.

우습지 않은가? 한편으로는 수능은 이해력과 사고력이라는 지적 판단 능력을 묻는 시험이라고 하면서, 다른 한편으로는 그 답을 찾아가는 과정은 기술적으로 접근해야지 그렇지를 않고 보편적인 진리를 탐구하듯이 했다가는 시험을 망칠 수 있다는 모순되고 이율배반적인 상황, 이것이 바로 현행 수능 고득점을 맞는 데 있어서 학생들이 가장 혼란스러워 하고 또 쉽게 적응되지 않는 상황이다. 그리고 수능 기출 문제를 면밀히 분석해야 하는 이유가 여기에 있다.

그렇게 해서 혹자는 유형과 패턴 위주의 공부, 특정 원리·원칙에 기초한 공부를 해나가야 한다고 말하고, 또 어떤 학생들은 공부에 무언가의 스킬(기술)이 따라야 한다고 굳게 믿고 있는데, 단언컨대 그런 것은 없다. 사실 유형이란 것도 따지고 보면 같은 지식을 표현만 달리해서 나타낸 것이기 때문에, 유형 위주의 학습은 의미 없다. 게다가 그런 식으로 공부해서 얻은 지식을 두고 공부의 스킬입네 비법입네 하면서 무조건으로 맹신하고 맹목적으로 따를 경우, 그에 따른 고정관념이나 선입견은 자칫 문제 해결을 방해하는 요인으로 작용할 뿐이다.

중요한 것은 출제자의 심리를 파악하고 출제의도를 찾아내는 과정으로서의 기술적인 접근(그렇기에 분석적인 접근에 가깝다)이지, 지식의 섣부른 일반화를 통한 획일적인 접근(그렇기에 맹목적이고 무비판적인 접근이다)이 결코 아니다. 생각해보라. 내가 출제자의 생각에 맞춰가며 공부해야지, 출제자가 내 학습 방법에 맞춰가며 문제를 출제할 수는 없지 않겠는가. 물론 출제자의 생각이 그때그때 다를 것임은 당연한 얘기이겠고.

그렇다면 어떻게 해야 할까? 어쩔 수 없이 답안을 맞히기 위해 기술적으로 접근해야 하는 공부를 위해 학생들은 반드시 이미 출제된 수능 기출문제와 평가원 모의문제를 **철저히 분석**해가며 공부해야 한다. 철저한 분석이란 결국 모든 문제와 답에 대한 **논리적 이유와 이론적 근거**를 꼼꼼하게 찾아보고, 생각하고, 이해해가면서 공부하는 것이다. 그 논리적 이유와 근거가 곧 출제의도이며, 그것을 제대로 파악하는 것에서부터 수능 공부는 시작된다.

기출문제를 중심으로, 그것도 수능과 평가원 모의를 중심으로 공부해야 하는 이유는 또 있다. 무엇보다, **비슷한 유형의 문제가 반복해서 출제된다**는 분명한 사실 때문이다. 또한 기출문제에 실린 **지문 역시 거듭해서 발문**되기 때문이다(엄밀히 말한다면, 자주 출제되는 글감에서 지문만 바꿔가며 발췌·출제된다). 게다가 오답 시비를 없애기 위해서는 문제의 정교함에 더해 누구라도 수긍할 수 있는 객관성을 확보해야 하는데, 수능과 평가원 모의는 그것에 가장 근접한 문제이기에, 그만큼 공부자료로 더할 나위 없이 좋다. 거듭 강조하지만, 수능을 출제하는 평가원은 EBS교재를 연계 출제할 뿐만 아니라, 수능 기출문제와 평가원 모의(6·9월) 문제(엄밀히 말해 기출지문을 말한다)를 반드시 재활용하여 출제한다는 것이 줄기차게 주장해 온 수능 출제방침이다. 따라서 이 말에 담긴 행간의 의미를 잘 새겨들어야 한다.

결과적으로, 수능 시험에서 매년 옷차림을 바꿔가며 출제하는 것은 오직 **문제의 물음과 선택지 대답**에 국한된다. 선택지 물음만 살짝살짝 바꿔가며 수험생들을 현혹시키고 있는 것일 뿐, 문제의 본질로서의 내용적인 측면은 전혀 바뀐 게 없다. 그런데 선택지에는 반드시 하나의 답만 들어 있고, 그것도 출제의도만 정확히 파악하면 어렵지 않게 답을 맞힐 수 있다고 거듭 강조했다. 그리고 이것이 무엇을 의미하는지 구구절절 설명했다. 모든 정답은 제시 지문에 있다는 사실을 분명하게 깨닫고, 기출지문을 통해 정·오답의 근거를 찾아가며 공부해야 한다.

이로써 수능 고득점을 받으려면 왜 기출문제를 중심으로 공부해야 하는지에 대한 모든 설명이 끝났다. 따라서 이제부터는 그 공부 방법의 핵심에 대해 살펴보아야 할 듯하다. 그 핵심은 시험에 출제되는 근본 지식에 대한 정확한 개념 이해에 기반한 논리적 추론능력으로서의 사고력을 끌어올리기 위해 심화 학습과 반복학습에 힘을 쏟는 한편, 이를 통해 스스로 해답을 찾아가는 방법으로서의 기술적 요령을 터득하는 데 있다.

포인트2
찾아 살피는 공부를 하라

기출문제를 중심으로 공부함에 있어, 답이 도출되기까지의 이유와 근거를 찾는 연습 과정에서 수능과 평가원 모의고사에서 즐겨 사용하는 논리의 정합·부정합 관계와 용어의 일치·불일치 관계를 정확히 이해하고, 이것이 문제 풀이를 반복해가며 공부하는 동안에 완전히 익숙해지도록 한다면, 수능 준비는 한결 수월해질 것이다. 그렇기에, 이해력과 사고력을 묻고 측정하는 수능 시험 자체의 특성을 이해하고, 기출문제를 반복해서 공부해나가면서 자신의 약점을 파악한 후, 이를 통해 자신의 실력을 다지는 것이 수능에 대비하는 가장 기본적인 노하우이자, 수능 고득점을 올리는 가장 효과적인 방법이다.

공부에서는 누구에게나 취약한 부분이 있다. 특히 수능 시험은 교과 내용의 모든 범위가 다루어지기 때문에 처음에는 각 과목의 어떤 부분이 어떻게 중요하고, 또 시험에 어떤 식으로 출제되는지를 알지 못한다. 따라서 그에 맞추어 공부하기가 결코 쉽지 않다.

수능처럼 공정성과 객관성이 중시되는 시험의 경우에는, 각 과목별로 중요 영역에 해당하는 부분만 계속해서 문제로 출제되는 경향이 아주 높다. 하지만 그럼에도 그것에 화답이라도 하듯, 시험 후 채점하면 매번 틀렸던 문제를 또 틀린다. 이를 통해 알고 있어야 할 것은, 공부하는 동안에 자신도 모르게 생긴 학습의 취약한 부분은 반복학습하는 동안에는 여간해서는 드러나지 않다가, 실제 시험에서 틀리고 나서야 비로소 파악되는 경우가 많다는 사실이다.

그렇기에 기출문제를 거듭해서 풀어가며 공부하는 동안에 드러나는 자신의 취약점을 파악하고 살피는 데에 다른 무엇보다 힘을 쏟아야 한다. 오답을 줄이고 정답을 찾기 위해 끊임없이 고민하고 노력하는 과정에서 자신의 공부 약점을 적극 줄여나갈 수 있음은 물론, 그것을 찾아 메우는 심화학습을 통해 성적은 거듭 향상된다. 실제 수능 시험에서 평소보다 높은 성적을 이끌어낸 학생들은, **공부하는 동안에 자신의 취약한 부분을 가능한 한 많이 찾아내고, 그 취약점을 착실히 보완해나가면서 성적을 꾸준히 끌어올린** 학생들이다.

그 실천적인 학습 방법의 하나는, **기출지문을 최대한 자세히 반복해서 읽어가며 내용의 핵심을 거듭 확인**하는 것이다. 수능 기출지문은 다양한 분야를 다루고 있어 풍부한 배경지식을 얻을 수 있는 뛰어난 지적 재료임은 물론, 실제 수능 시험에 빈번하게 실린 글감(문학 및 비문학작품)의 일부를 발췌한 것이기에, 이후 그 글감의 다른 부분을 지문으로 구성하여 출제될 가능성이 매우 높다. 따라서 기출지문을 자세히 들여다보는 것은 곧 그 글감의 전체를 유추해서 생각할 수 있는 지적 능력을 기르는 것이자, 수능 시험문제의 핵심을 미리 들여다보는 것과 같다.

이런 이유로, 수능 기출지문을 깊이 있게, 그리고 반복해서 읽는 것은 수능 공부에 있어 아주 중요하다. 그런데, 그럼에도 불구하고 많은 학생들은 그렇지를 않고 그저 문제만 살펴가며 푸는 데 급급하다. 그렇게 해서 문제를 풀고 난 후에 볼라치면 지문에는 한줄 그어짐 없이 깨끗한데, 그래 놓고도 많은 문제를 풀어가며 열심히 공부했다고 뿌듯해한다.

그것이 과연 진정으로 수능에 도움이 되는 공부이기는 하는 걸까? 그런 식으로 공부한 학생들에게서 나타나는 현상의 하나는, 그저 습관적으로 문제를 풀어온 까닭에, 비슷한 선택지가 나오기만 하면 아무 생각 없이 답지를 선택하는 경향이 짙다. 하지만 말했듯이, 문제의 물음과 선택지의 대답은 이제까지 한 번도 동일하게 출제된 적이 없으며, 만약에 같을 경우에는 그야말로 난리난다. 그리고 국가에서 시행하는 시험에서 이런 경우는 결단코 일어나지 않는다.

사정이 그와 같음에도 불구하고 지문은 대충 읽고 문제만 풀려고 든다면, 이는 그야말로 숲(전체)은 안 보고 나무(부분)만 보려 드는 형국과 전혀 다를 바 없다. 학생들이 그토록 많은 문제를 풀어가며 공부함에도 불구하고 매번 틀린 문제를 또 틀리는 이유가 이 때문인데, 이래가지고는 절대 1등급을 받을 수 없다. 그만큼 내면의 깊이가 없는 공부, 영혼 없는 공부이기 때문에 그렇다.

그렇다면, 어떻게 공부해야 할까? 장기적인 관점에서 꾸준하게 공부해야 한다. 그러려면, 어떤 식으로 공부해야 할까? 핵심을 깊게 들여다보는 공부를 해야 한다. 그렇다면 핵심을 깊게 들여다보는 공부란 또 뭘까?

그 핵심은 '**찾아 살피는 공부**'이다. 즉 중요한 부분, 모르는 부분을 중점적으로 깊게 들여다보며 심화 학습해나가는 것이다. 기출문제를 풀어가며 공부하는 동안에 자기 자신이 모르는(몰랐던) 부분이나 이해가 잘 안 되는 부분, 그리하여 틀린 문제나 대충 찍어 맞힌 문제를 기본서나 교과서에서 직접 찾아가며 철저히 살피고 확인함으로써, 답의 근거와 이유를 명확히 찾아 밝히고 그 논리적·이론적인 틈을 철저하게 메워가는 공부가 그것이다.

그러려면 이제까지의 공부 방법을 뒤바꿔야 한다. 그 동안 학원식의 수동적인 공부를 해왔다면, 스스로 자발적 공부 주체가 되어 능동적으로 학습해야 한다. 시간 단위로 학습 계획을 세워 그저 시간 때우기에 급급한 공부를 해왔다면, 이제부터는

187

학습량 위주의 학습 계획을 세우고 목표한 분량을 어떻게든 끝내야 한다. 한마디로 '양'보다 '질'을 추구하는 공부, 수박 겉핥기식의 공부가 아닌 모르는 부분을 끝까지 찾아 해결하는 심화학습을 해나가야 한다.

대학 가는 공부를 해나감에 있어 스스로 '찾아하는 공부'의 중요성은 아무리 강조해도 지나침이 없다. 무엇보다도 찾아하는 공부는 외부의 강요가 아니라 자발적 의지, 즉 학습 본능을 통해 자신의 목표를 설정하고, 학습 활동 전반을 계획하며, 특정 방법에 치우치지 않는 자신만의 공부 방법을 찾아 효율적인 학습 활동으로 발전하기까지의 모든 과정을 전적으로 자기 책임 하에 둔다. 따라서 그만큼 공부의 **집중력**이 강할 수밖에 없으며, 그 과정에서 습득한 지식의 많은 부분을 장기기억으로 효과적으로 밀어넣음으로써, 이후 관련한 유사 문제를 풀어나가는 데 있어서의 논리적 추론을 돕는다.

또한 찾아 하고 찾아 살피는 공부는 글(문제)을 읽어 중요한 부분과 중요하지 않은 부분을 명확하게 구분할 수 있을 뿐만 아니라, 중요한 부분에 담긴 사상적 지반에 대한 심화학습을 통해 근본 물음의 본질에 한걸음 더 다가갈 수 있다. 앞서 말했듯이 수능은 교과과정의 중요한 부분이 계속해서 반복 출제되는 경향을 보이되, 다만 질문을 바꿔가며 묻는 것이기에, 내용의 핵심을 이해하고 파악하는 것이 다른 무엇보다 중요하다고 강조했다. 따라서 문제와 지문을 읽고 그에 담긴 주제와 핵심 내용을 완벽하게 이해하고 파악하기 위해 노력해야 하는데, 이때 그 핵심 내용을 개론서(기본서)와 교과서를 읽어 확인함은 물론, 부족한 부분은 책에 별도로 정리해 넣음으로써, 수능 공부에 필요한 내용이자 취약한 부분을 책 한 권에 빠짐없이 채워넣는 단권화 작업까지 함께 해나갈 수 있다.

물론 찾아하는 공부는 처음에는 많은 시간과 노력이 따르기 마련이다. 하지만 공부를 거듭할수록 그것이 효율적이며 효과적이라는 것을 깨닫게 된다. 일례로 처음 기출문제에 담긴 핵심 내용과 개념·이론을 공부할 때에는 일일이 문제에 대한 이유와 근거를 생각하고, 찾고, 핵심 내용을 정리해야 하므로 상당한 시간과 노력이 필요하다. 하지만 이후부터는 그렇게 공부하며 축적한 자료만으로도, 또는 그것에 약간의 노력을 추가하는 것만으로도 충분히 학습 효과를 높일 수 있기 때문에 처음에 비해 좀 더 수월하게 공부할 수 있다. 그리고 이해를 바탕으로 작성된 자기만의 학습 내용을 담은 자료(이를테면 오답노트나 핵심 정리 같은 것)를 반복해서 공부할수록, 수능에서 즐겨 사용하는 출제 논리에 대한 이해의 완성도는 점점 높아진다.

그리하여 기출문제 풀이가 거듭될수록 공부한 내용이 **기출문제, 기본서(개론서), 교과서**에 집약된다. 그리고 그것에 집중해서 공부하고 또 정리한 핵심 내용을 반복해서 학습함으로써, "출제자는 어떠한 의도로 이런 문제를 냈을까?", "이 문제를 내기 위해 출제자는 어떠한 발문을 했으며 또 어떻게 선택지를 만들어냈을까?" 하는 식으로 출제자의 의도와 문제 유형에 대해 고민하는 한편, 이를 통해 자신의 문제 풀이 과정과 정답을 비교한 후 그 차이를 정확히 파악하고 보정해나간다.

수능 고득점은 이러한 선택과 집중을 통한 심화학습 과정에서 만들어지는 것이며, 그것도 자기주도학습으로서의 찾아하는 공부가 되어야 가능하다. 따라서 그 점을 분명하게 인식하고, 찾아 살피는 공부가 올바른 공부 습관으로 체화할 수 있도록 거듭 노력하며 공부해야 한다. 그럴 때만이 출제자의 의도가 분명하게 파악되고, 문제와 지문 분석도 가능해지며, 자칫 헷갈리게 만드는 매력적인 오답을 찾아낼 수 있다. 만약에 그렇지를 않고 막연한 추측에 기대어 정답을 찾는 식으로 공부할 경우에는 그만큼 섣부른 답안 도출로 이어지기에, 결국에는 참담한 결과를 불러올 뿐이다.

정리하면, 수능에서 고득점을 올리려면 **장기적인 관점에서 수능 기출문제를 중심으로 공부**하되, **수능에 반복 출제되는 핵심 주제에 담긴 개념 이해를 높이기 위한 심화학습**, 그리고 **수능 지문으로 자주 출제되는 글감의 핵심 내용을 찾아 밝혀가며 공부하는 적극적인 학습 태도**로 각자 최선의 노력을 다하며 공부해야 한다. 이것이 수능 고득점을 받는 두 번째 핵심 포인트이자 효과적인 자기주도학습법이다.

결국 공부를 잘하려면 자신이 현재 무엇을 알고 있고 또 무엇을 모르고 있는지, 그리고 자신의 학습 방법이나 학습한 내용 가운데 보완해야 할 점이 무엇이지를 정확히 '자기진단'하는 습관을 들여야 한다, 그리고 그러한 비판적 사고를 통해 학습 방법에서 드러나는 문제점을 적극 바로잡는 한편, 학습한 내용 중에서 잘 모르거나 이해되지 않는 부분은 교과서와 참고서를 찾아가며 공부하는 적극적인 학습 태도를 길러야 한다.

포인트3
스스로 분석하고 평가하며 공부하라

앞서, 공부의 취약한 부분은 문제 풀이 과정에서 잘 드러나기 때문에, 수능 기출문제를 중심으로 공부하면서 그 취약한 부분을 찾아 내용을 충실하게 보완해나가야 한다고 강조했다. 그래야만이 이후 같은 유형이나 비슷한 내용을 묻는 문제가 출제되더라도, 그것이 이전에 풀어본 문제와 근본 개념이나 이론적 근거 상의 차이가 없음을 알아채고는, 다시금 틀리는 일 없이 정확히 답을 맞힐 수 있다고 말했다.

따라서 정답 시비가 없고 내용 면에서도 깔끔한 수능 기출문제와 평가원 모의 기출문제를 중심으로 공부하면서, 문제 풀이를 통해 드러난 자신의 취약한 부분을 찾아 정리하고, 부족한 부분을 보충하고, 틀린 문제나 찍어 맞힌 문제를 가지고 그것이 왜 틀렸는지 또 어떤 이유로 찍어 맞혔는지에 대한 이유와 근거에 대해 꼼꼼하게 따져가며 분석하는 작업을 병행하며 공부해야 한다고 했다.

실제, 공부하는 동안에, 그리고 문제를 푸는 동안에 틀린 문제와 애매하게 맞힌 문제가 바로 내가 실제 수능에서 추가로 얻을 수 있는 점수라고 생각하면 된다. 그런 문제는 곧 나의 취약한 부분을 그대로 드러내는 것이고, 따라서 그 부분에 대한 심화학습을 통해 그 간극을 채워넣을 때, 실력은 부쩍 향상되고 성적이 오르는 것이다. 만약에 그렇지 않고 대충 풀어가며 공부했다가는 앞서 말한 것처럼 '틀린 문제 또 틀리는' 패턴을 습관화할 뿐이다.

단순히 '몰라서 틀렸다', 혹은 '실수해서 틀렸다'면서 이를 대수롭지 않게 여기고, 그렇게 해서 해설지를 대충 훑어보며 스리슬쩍 넘어가는 학생들이 생각보다 많은데, 그러한 공부 습관은 절대 옳지 않다. 몰라서 틀린 건지 아니면 실수로 틀린 건지, 그 원인을 끝까지 찾아가며 생각하고 분석하는 공부 습관을 들여야 한다. 만약 몰라서 틀렸다면 개념을 제대로 이해하지 못한 때문인지 아니면 배우지 않아 아예 관련 지식이 없기 때문인지, 또한 실수로 틀렸다면 사고 과정에서 오류가 생겨 정답과 거리가 생긴 건지 아니면 문제와 지문을 대충대충 읽고 물음에 답하는 습관적인 행동에서 비롯된 것인지 등등에 대해 정확하게 파악하고 그것을 해소하기 위해 가능한 모든 노력을 기울여야 한다.

여기서 **기본에 충실한 공부**의 중요성이 다시 한 번 강조된다. 각 과목별로 학습의 기초가 되는 공부 방법을 깨닫고, 그에 맞춰 곧이곧대로 열심히 공부해야 한다. 물론 수능 기출지문을 중심으로 공부하되, 여기에 기본서와 교과서를 추가하여 깊이 있게 공부해나가는 것이 핵심이다. 이를테면 영어 과목의 경우에 기출지문에서 이해가 안 되는 부분은 정확한 구문 독해를 통해 이해를 높이는 한편, 그 안에 실린 핵심어휘(단어)를 직접 사전을 찾아 밝힌 후 반드시 이를 외워나간다. 국어 과목의 경우에는 글을 읽으면서 핵심 내용과 핵심어를 파악하는 데 주력하는 한편, 이를 바탕으로 문장의 논리적인 구조를 파악하고 전체를 이해한다. 실제 공부 잘하는 학생들의 핵심 공부법이 이것인데, 어찌 보면 이 부분이 이 책에서 가장 중요한 부분이자 수능 고득점을 올리는 핵심 공부 방법으로, 이는 뒤에 자세히 설명한다.

어쨌든, 그렇게 해서 왜, 무슨 이유로 답이 틀렸는지를 알았다면 이제부터는 그것을 보완해야 할 차례이다. 이를 위해서는 먼저 자신의 문제 풀이 과정과 정답의 선택 과정을 비교하고, 그 차이 나는 부분을 정확히 파악할 필요가 있다. 단순히 관련 지식이 없거나 개념에 대한 이해가 부족하여 문제를 틀린 것이라면, 이는 찾아 하는 공부를 통해 보완할 수 있다. 하지만 사고 과정에서 잘못된 생각이나 주관에 치우친 판단으로 말미암아 오답을 고른 것이라면, 다시 말해 논리적 추론능력으로서의 사고력에 문제가 생긴 때문이라면, 이를 둘러싼 모든 것들을 되짚어봐야 한다.

이를테면 지문이나 보기를 제대로 읽지 않고 문제와 선택지를 살핀 것은 아닌지, 출제자의 의도를 잘못 파악한 것은 아닌지, 막연한 추측이나 선입견에 기대어 주관적인 판단을 하지는 않았는지, 자신이 정답을 도출했던 과정을 꼼꼼하게 되짚어보면서 확인해야 한다. 그렇게 해서 문제를 보는 순간 출제자가 문제를 만들기 위해 동원한 개념과 판단에 필요한 지식이 정확히 떠오르고, 올바른 문제 풀이 과정이 머릿속에 떠오를 수 있을 정도까지 기출문제를 계속 풀어가며 반복학습함으로써, 문제를 완전히 자기 것으로 만들어야 한다.

정리하면, 수능 고득점을 받으려면 무엇보다 기본에 충실한 공부 습관을 들임으로써 **개념을 이해하고 글의 핵심을 파악하기 위해 노력**해야 한다. 또한 시험에 꼭 나오는 부분에 대한 **심화학습을 통해 사실적 지식을 확장**하는 한편, 정답을 찾아내기까지의 절차적 지식으로서의 **논리적 사고력을 높일 수 있도록 끊임없이 반복학습**해야 한다. 그 과정에서 공부에서 취약 부분은 대부분 해소되고, 출제 의도는 명확히 파악되며, 문제와 답에 대한 연결고리로서의 이유와 근거는 분명하게 드러나게 된다.

알고 있어야 할 중요한 포인트는 이것이다. 즉 기출문제를 '분석'한다는 것은 단순히 기출문제를 '풀어 답을 맞춰본다'는 것과는 다른 차원임을 분명하게 알고 있어야 한다. 공부 잘하는 학생들은 답이 맞았는지 틀렸는지의 여부보다는, **자신이 진정으로 그 문제를 이해하고 풀었는지를 끊임없이 되물어 확인**한다. 그렇기에 그들은 공부했던 내용이 완벽하게 자기 것으로 될 때까지 반복학습하는 데 결코 소홀함이 없다.

그럼에도 여기서 끝이 아니다. 문제는 학생들이 이런 식으로 공부한다고 한들 자신이 옳게 그리고 제대로 공부하고 있는지에 대해 정확히 파악하기 힘들뿐만 아니라, 학습 계획과 공부 방법 또한 올바른 방향으로 나아가고 있는지를 몰라 우왕좌왕 갈피를 못 잡을 수 있다. 이때 모의고사 성적이 지난번에 비해 조금 떨어지기라도 할라치면 이내 당황하고는 다른 공부 잘하는 학생들의 공부법을 찾아 기웃거리게 된다.

하지만, 이래가지고는 학습 효과도 떨어지고 성적도 늘지 않는다. 처음부터 방향을 올바르게 잡아, 한 방향으로 올곧게 나아가야 한다. 공부는 자기와의 싸움이자 누적된 학습량의 결과임을 분명하게 인식하고, 마라톤을 뛰 듯이 마지막까지 자기 페이스를 유지하며 긴장을 늦춰서는 안 된다. 이를 위해서는 수시로 자신이 계획하고 실행한 공부의 모든 것들을 확인하고 분석하고 평가하는 작업을 통해, 계속해서 잘못된 부분을 바로잡도록 노력해야 한다.

여기에는 학습 계획이라든지 학습 태도, 공부 방법 등과 관련한 거시적인 부분도 해당하겠지만, 기출문제를 풀고 기본서와 교과서를 찾아 뒤져가며 심화학습하고 문제 풀이 과정을 분석하는 과정에서 잘못된 부분을 바로 잡는 등의 미시적인 부분, 다시 말해 과목별로 공부한 내용을 세세하게 바로잡아나가는 과정까지를 포괄한다. 공부를 해나갈수록 이 부분이 더욱 더 중요해지는데, 앞서 말한 것처럼 꾸준한 반복 학습과 부단한 분석 과정을 통해 문제에 대한 이해력과 출제의도를 간파하는 능력을 높이는 전략적이고 효율적인 공부를 꾸준히 실천할 때, 실력은 반드시 오르게 마련이다.

이제부터 그 실천적인 공부 방법으로서의 과목별 핵심 포인트를 예를 들어가며 상세히, 그렇더라도 특정 부분에 집중해서 설명한다. 무릇 대학입시 공부처럼 자격을 가르는 공부란 선택과 집중을 통해 효과와 효율을 극대화할 때, 오히려 더 나은 성과를 볼 수 있기 때문이다. 모름지기 어렵다고 느끼는 공부일수록 핵심은 단순하면서도 명료하기 마련인데, 그럼에도 학생들이 실력 차이를 보이는 이유는 그것을 찾아 살피는 능력이 다르기 때문이다. 현명해지자.

3. 수능형 학생이 되려면 수능과 논술을 함께, 일찍부터 공부하라

논술 공부는 공부 습관과 학습 태도를 바꾸는 가장 좋은 학습이다

논술 공부는 마치 계륵(鷄肋)과도 같다. 공부하기 무척 힘들 뿐만 아니라 자칫하다가는 '공염불'하는 공부가 될 것 같고, 그렇다고 공부를 포기하자니 수시전형 기회를 그냥 날려버리는 것 같고, 이래저래 따져볼 게 많은 공부임에는 틀림없다.

그래서 서울 중상위권 이상의 대학을 노리는 일부 학생들만이 비교적 일찍부터 논술 공부를 시작한다. 하지만 수능이 가까워올수록 상황은 달라진다. 수능 모의고사 성적이 좀처럼 오르지 않는 데다 오히려 성적이 예전보다 더 떨어지는 현실 앞에서, 학생들은 논술로 수능을 뒤집어보겠다고 굳은 결의를 다지면서, 혹시나 하는 마음으로 논술학원을 기웃거리게 된다. 그렇더라도 알아두어야 할 것이 있다. 입시전문기관의 분석에 따르면, 다음과 같은 흥미로운 결과가 나타난다.

첫째, 적어도 대입 논술 시험에 있어서는 공부한 기간의 길고 적음에 관계없이, 합격할 학생들은 합격하게 마련이고, 불합격할 학생들은 제아무리 머리 싸매가며 공부해도 대부분 낙방하게 마련이라는 불편한 사실이다. 논술 시험을 오래 착실히 준비한 학생들도 낙방하는가 하면, 수능이 끝난 후에 대충 공부하고 시험 치른 학생이 덜컥 합격하는 게 논술 시험이다.

그 이유가 뭘까? 가장 큰 이유는 논술에서 요구되는 사고력, 다시 말해 **논리적 추론능력은 일종의 재능과도 같아**서, 단순히 의욕만 앞세워 공부한다고 한들 실력으로 이어지는 것은 아니다. 물론 오랜 기간에 걸쳐 착실히 준비하여 공부한다면 그리 문제될 것 없겠지만, 그렇더라도 논리적 사고력이 떨어지는 학생이 고3 들어와서, 그것도 논술 시험을 코앞에 두고서 급하게 준비한 경우에는 대부분 좋은 결과로 이어지지 못할뿐더러, 자칫하다가는 수능까지 망치는 불상사를 초래할 수 있다.

그런데 문제는, 그런 식으로 논술 공부하는 학생들은 대다수가 논리적 사고력이 떨어지는 학생들이라는 점이다. 우습지 않은가? 엉망인 수능 국어 성적부터 끌어올리려 하지 않고, 수능 국어 과목보다 훨씬 높은 이해력과 언어사고력을 요구하는 논술 시험을 뚫고 합격하겠다는 맹목적 의지도 그렇거니와, 그것이 가능하리라는 막연한 기대심리 역시 이치에 들어맞지 않기는 마찬가지이다. 이것을 어떻게 받아들여야 할까?

둘째, 논술 시험으로 합격한 학생들은 한결같이 수능 성적도 뛰어나다는 분명한 사실이다. 수능 이후에 서둘러 공부해서 논술 시험을 치른 학생들의 경우 역시 마찬가지인데, 이것이 의미하는 바가 뭘까? 제1장에서 말했듯이, 대학은 단지 논술 실력만 뛰어난 학생을 선발하려 들지 않는다. 더군다나 지금처럼 논술 지문을 교과서와 EBS에서 그대로 끌어와 쉽게 출제하는 상황에서는, 논술 시험의 변별력은 필연적으로 떨어질 수밖에 없다.

사정이 그러한데도 대학이 논술 성적만을 갖고서 학생을 선발할 것이라고 생각한다면, 이는 그야말로 순진한 생각이다. 대학은 어디까지나 수능 성적이 확실하게 뒷받침되면서, 여기에 논술 실력까지 어느 정도 갖춘 학생을 선발하기를 원한다. 말하자면, '위험의 분산'을 통해 리스크를 줄이는 방향에서, 보다 다양한 잠재력과 가능성을 갖춘 최적의 학생을 선발하려 든다. 그리고 대학은 그 간의 학생 선발을 통해, 리스크를 최소화하는 노하우까지 이미 갖추어 놓은 터다.

물론 여기에는, 그리고 필자가 보기에는, 채점 기준과 평가 방법에 있어서의 모호함도 어느 정도는 작용하는 것 같다. 이런 식으로 말하면 대학은 발끈하겠지만, 그렇더라도 그런 의구심을 떨칠 수 없다. 일례로 대학은 좀처럼 학생 합격 답안을 공개하지 않을 뿐만 아니라, 설령 공개한다고 하더라도 평가와 관련한 타당성과 객관성의 정도가 옅다. 다른 무엇보다, 대학은 논술 합격 커트라인에 해당하는 학생들의 답안을 공개함으로써 나름의 준거를 제시할 필요가 있음에도 불구하고, 지금까지 단 한 번도 그런 적이 없다. 적어도 논술 시험에 있어서의 합격·불합격을 가르는 채점 기준은 그만큼 오리무중이며 게다가 애매모호하기까지 하다.

말하고자 하는 핵심은 이것이다. 논술 공부는 공부 습관과 학습 태도를 수능형으로 바꾸는 가장 좋은 학습법이다. 논술은 자기 스스로 머리 싸매가며 읽고 쓰는 공부이기 때문에 그만큼 **자기주도학습으로서의 최적화된 공부 습관**을 기를 수 있도록 한다. 뿐만 아니라 가능한 모든 노력을 기울여 **생각하고 집중하고 몰입할 수 있어야만 제대로 된 논술 공부가 이뤄질 수 있는 것**이기에, 그만큼 학습 태도까지 확 바꿔버린다.

수능과 논술은 둘 다 **글 읽기 능력을 측정**하는 시험으로, 본질적으로 언어능력과 언어사고력이 뒷받침되어야 고득점이 가능하다. 즉 수능 국어와 영어 그리고 대입 논술 모두 언어의 이해력을 묻는 시험이란 점에 비춰볼 때, 이 셋은 결코 분리될 수 없는 하나이다. 따라서 기왕에 공부할 거라면 함께, 동시에 그것도 일찍부터 공부해 나가야 공부의 효율성은 물론 공부 성과를 크게 높일 수 있다.

그런데 사실, 논술 공부란 게 거창한 그 무엇이 아니다. 수능과 논술의 공통분모가 되는 부분, 이를테면 기출지문을 깊이 있게 읽고 그 안에 담긴 핵심 내용을 파악하는 데 힘쓰는 한편, 그 핵심 내용을 간략히 요약하는 연습을 꾸준히 해나가는 것만으로도 충분하다. 말했듯이, 이런 식의 공부는 자기주도학습이 따라야만 효과를 볼 수 있으며, 따라서 공연스레 논술 공부한답시고 논술학원을 기웃거릴 필요가 하등 없다. 매일 조금씩, 꾸준히 공부해나가는 것만으로도 충분하다.

이런 이유로 앞서 제1장에서 말했듯이, **내신형에서 수능형으로 탈바꿈하기 위한 최적의 공부이자, in서울 하는 데 가장 효율적이고 효과적인 공부 전략**이 바로 수능과 논술을 일찍부터, 동시에 그리고 함께 공부해나가야 한다고 강조했다. 대학에서 수시 논술전형(대학별 고사)을 통해 학생들에게 기대하는 것은 논술을 완벽하게 잘하는 학생이 아니라, 수능 성적도 좋고 게다가 논술 실력까지 어느 정도 갖춘 학생이다. 따라서 이 점을 분명하게 인식한다면, 굳이 이 공부를 마다할 이유는 하등 없다.

무릇 어렵고 힘든 공부일수록, 충분한 시간을 가지고 꾸준히, 곧이곧대로 공부해야 남들과의 경쟁에서 승리하고 또 그에 따른 달콤한 결실을 맛볼 수 있는 법이다. 만약에 그렇지를 않고 그저 남들이 한다고 무작정 따라하는 식의 공부는 쓰디쓴 결과만을 불러올 뿐이다.

그래서 다음 사실을 명심할 것. 어떤 한 학생이 (수시전형으로 6회까지 지원할 수 있으므로) 논술 시험으로 대학에 합격할 가능성으로서의 누계합격률이 상당히 높을 것 같지만, 실제 합격률은 고작 5.8%(메가스터디 분석 자료로, 중복 합격자를 포함한 수치다)밖에 안 된다는 사실을 분명하게 이해하고, 논술 공부를 할지 말지를 결정해야 한다. 이는 학생부 교과전형의 합격률이 24.0%, 학생부 종합전형의 그것이 19.7%인 점에 비춰 생각할 때 매우 낮은 수치인데, 그만큼 '선지원 후시험' 방식으로 치러지는 논술전형에 논술 실력을 제대로 갖추지 않은 많은 학생들이 일단 질러 놓고 보는 식으로 무분별하게 지원하고 있음을 여실히 보여 준다.

혹자는 어차피 수시로 논술전형밖에는 달리 지원할 게 없기에 그렇게 하겠다는데 뭐가 문제냐고 따질 수 있겠지만, 이는 절대 그렇지 않다. 논술학원을 기웃거리면서 상당한 시간을 논술 공부를 위해 할애할 수밖에 없기에, 그만큼 수능 공부를 방해받게 되고 경우에 따라서는 아예 수능을 내려놓고 논술 공부에 올인하는 등, 결국에는 가장 나쁜 결과를 가져올 수 있기 때문이다.

따라서 기왕에 논술 공부를 할 요량이라면 내친김에 수능 성적까지 끌어올리는 방향으로 일찍부터 차근차근 준비해나가든가, 아니면 논술에 대한 기초 실력이 모자라는 학생으로 논술을 준비하는 기간까지 촉박한 경우에는 논술 공부를 과감하게 접고 수능 공부에 좀 더 힘을 쏟는 등, 현실적이고 실질적인 방향에서 대학입시를 준비해야 한다. 거듭 강조하거니와, 논술전형은 자칫 '모 아니면 도'가 되는 고약한 전형임을 명심하고, 신중에 또 신중을 기해서 공부할지 말지를 결정해야 한다.

수능과 논술, 유사점과 차이점
유사점①. 평가 영역이 같다

수능에서 요구하는 평가영역과 대입 논술에서 요구하는 평가영역은 같다. '분석적 이해-비판적 평가-창의적 적용' 능력을 중점적으로 묻는 대입 논술은 수능에 비해 비판적 사고력, 과정 중심, 영역 전이와 관련한 부분을 좀 더 세분해서 심층적으로 묻는 점에서 차이 날 뿐, 근본적으로는 **지문 독해력(이해력)**과 **논리적 추론능력(사고력)**을 측정하고 평가하는 점에서 같다. 현행 대입 논술이 교과서를 기반으로 한 통합교과형의 논술 시험을 지향하는 점에서 볼 때 특히 그렇다.

즉 대입 논술이나 수능이나 둘 다 **언어 이해**를 기반으로 한 사고력 테스트로, 수능에서 묻는 언어 이해의 인지 활동 영역인 '분석적 이해, 추론적 이해, 비판적 이해, 창의적 이해'는 논술 시험에서 묻는 '분석적 이해-비판적 평가-창의적 적용' 영역과 그대로 합치된다. 그리고 이 모든 평가영역은 근본적으로는 논리적 사고력과 관련된다.

그렇기에 수능이든 논술이든 생각, 특히 논리적 사고력을 높이기 위해 노력해야 하는데, 이를 위해서는 먼저 글을 읽는 능력부터 길러야 한다. 글을 읽되, 논리적으로 치밀하게 읽어야 한다. 특히 글을 읽어가며 글의 **'부분-전체'의 구조를 단번에 파악할 수 있는 능력**을 길러야만이 논술은 물론이고 수능 성적을 끌어올릴 수 있는데, 그 생각의 힘이자 생각하는 기술이 바로 논리적 사고력이다. 이것이 수능과 논술을 동시에, 함께 공부해야 하는 가장 큰 이유이다.

수능과 논술, 유사점과 차이점
유사점②. 사고 능력을 측정하는 시험이다

수능 비문학의 경우, 교과서 안의 지문을 그대로 끌어와 출제하는 경우는 드물다. 교과과정 범위 내에서 출제하되, 교과서 밖의 글을 끌어들여 지문을 구성하고 문제로 출제한다. 물론 최근에는 EBS 교재와 연계하여 출제하기에 그 지문을 그대로 출제하는 빈도가 높아졌지만, 그렇더라도 그것 역시 교과서 밖에서 따온 글감이란 점에서는 마찬가지이다. 이는 중요한 의미를 갖는다. 대입 수능 시험이 말 그대로 대학에 들어와 수학할 능력이 있는지를 묻고 측정하는 시험인 점을 고려할 때, 수능 시험은 단순히 학생들이 습득한 지식(knowledge)이 얼마 만큼인지를 묻는 게 아니라, 이해력, 분석력, 논증능력 등에 대한 역량(competence), 즉 **사고 능력**을 따져 묻고 측정하는 시험임을 분명하게 보여주기 때문이다.

이런 이유로 수능 국어의 평가영역 역시 대입 논술 시험에서 묻는 '분석적 이해-비판적 평가-창의적 적용' 능력을 묻는 것과 내용적으로 그대로 일치하되, 다만 문제가 주관식의 서술형이 아닌 객관식의 선다형으로 출제되는 점에서 차이를 보일 뿐이다. 이쯤 되면, 대입 논술은 수능의 연장이라고 볼 수 있다. 즉 수능 시험이든 논술 시험이든 지적 사고 능력을 묻는다는 점에서는 매한가지임을 알 수 있는데, 결국 그 밑바탕에는 **지식을 체계화할 줄 아는 능력으로서의 논리적 사고력**이 관건임을 확인할 수 있다. 다시 말해, 학생들이 학교 교과과정의 학습을 통해, 그리고 풍부한 독서 활동을 통해 축적된 지식을 올바르게 활용하고 적용할 수 있는지에 대한 지적 사고 능력을 평가하기 위해서는, 관련한 지식을 얼마만큼 올바르게 파악하고(수능 시험에서 묻는다) 체계적으로 정리할 수 있는지(논술 시험에서 묻는다)를 평가하는 것이 가장 효과적인 방법이라는 것이 지금의 대학입시 관계자들의 생각이다.

이처럼 현행 수능 시험이나 논술 시험 모두, 이를테면 미국의 대입 시험의 하나인 에세이(Essay) 쓰기처럼 사고 능력을 측정하는 과정 중심의 시험을 지향함에도 불구하고, 현실의 공부는 이와는 반대로 가고 있는 게 문제이다. 즉 현행 학교 수업이나 학원 수업은 철저하게 예전의 결과 중심의 주입식 교육으로 일관하고 있는데, 그렇게 해서 학생들은 관련한 지식을 줄기차게 외우는 데 열중하게 된다(앞서, 이런 식의 암기 공부는 체계적인 지식의 습득이 아닌 단편적인 정보의 축적이라고 했다).

이것이 가져오게 되는 비효율은 둘째치고, 학생들은 생각 없이 무작정 외우려고만 드는데, 그렇게 해서 사고력을 동원해가며 문제를 푸는 것이 아니라 축적한 지식(단편적인 정보라고 보는 게 적절하다)을 사용하여 감각적, 기계적으로 문제를 풀게 된다. 한마디로 별 생각 없이 습관적으로 문제를 풀게 되는데, 그리고는 그렇게 해서 맞춘 문제를 온전히 자기 실력으로 여기게 된다. 하지만 이는 착각일 뿐이다.

실제 이것을 확인하는 것은 그리 어렵지 않다. EBS의 지문을 그대로 끌어들여 문제를 출제했음에도 불구하고, 질문의 내용을 조금만 비틀어도 여지없이 틀리고 마는 학생들이 적지 않다. 특히 문제의 난이도를 조금만이라도 높이게 되면 그런 현상은 더욱 커진다. 이것이 의미하는 바가 뭘까? 바로 생각 없이 공부하고, 생각 없이 문제를 풀고, 생각 없이 답을 찾음을 의미한다.

수능과 논술, 유사점과 차이점
유사점③. 독해 능력이 절대적이다

언어 이해는 기본적으로 독해 능력에 달렸다. 독해란 제시된 글을 읽고 이해하는 능력이다. 독해 능력은 평소 읽기 연습에서 비롯된다. 즉 독해 능력은 독서력을 통해 연마된다. 평소 꾸준한 독서 활동을 통해 글을 이해하는 능력을 길러야 한다.

수능이나 논술 모두 독해력을 측정하기 위해 제시지문의 길이를 상당히 길게 가져간다. 그렇기에 지문을 보자마자 덮어놓고 당황부터 하는 학생들이 의외로 많다. 하지만 이것을 뛰어넘을 수 있어야 하는데, 이것만큼은 온전히 학생 몫이다. 그렇게 해서 제시지문을 읽고 그것에 담긴 **주제와 논리 구조를 파악**할 수 있어야 한다. 또한 문제를 푸는 데 **도움이 되는 정보와 부적절한 정보를 분리**할 수 있어야 한다. 이것만 제대로 해내면, 논술이든 수능이든 관계없이 문제 해결에 큰 어려움은 없다.

제시지문은 크게 인문·철학, 사회과학, 자연과학, 문화·예술 영역의 주제 범위 중에서 주로 발췌된다. 어느 분야든 수능 국어 과목과 대입 논술에서 출제되는 지문은 같으며, 따라서 관련한 다양한 영역의 지문을 읽고 그 해석 능력을 길러야 한다.

이때 글은 목표 지향적으로 읽어야 한다. 중요하다고 확신하는 정보만을 찾아 자세히 꼼꼼히 읽어야 한다. 실제 이 부분을 가려낼 수 있는 능력이 독해력의 핵심이라고 할 수 있는데, 이 역시 논리적으로 생각하는 훈련이 선행되어야 한다. 수능이나 논술이나 모두 생각하는 능력을 측정하는 시험이란 점에서 일치하기 때문이다.

수능과 논술, 유사점과 차이점
차이점①. 지문의 가독성이 차이난다

수능 국어 비문학 지문과 대입 논술 지문은 비슷하면서 다르다. 둘 다 인문·사회·과학·예술 등 폭넓고 다양한 영역에서 지문을 발췌하여 출제한다는 점에서 공통적이지만, 다음 면에서 차이를 보인다.

먼저 수능 국어 비문학 지문을 살펴보면, 수능 국어로 출제되는 지문은 '**완결성**'을 지향한다. 즉 글의 구성이 '서론-본론-결론' 내지는 '기-승-전-결'의 형식을 띠는 등, 글의 구조가 뚜렷하다. 또한 문단의 열린 전개, 즉 단락과 단락이 명확하게 구분되어 있어 그만큼 주제에 대한 파악은 물론, 내용적인 이해가 쉽다.

이는 그만큼 출제자가 글을 보정하고 교열하는 작업, 즉 **윤문**潤文 과정을 거쳐 어지러운 문장은 바로잡고, 어려운 용어는 풀어쓰는 등으로 최대한 학생들이 이해하기 쉽게 바꾸어 작성함을 의미한다. 그 과정에서 글이 추가 또는 삭제되기도 하고 적절한 사례를 새로이 집어넣기도 하는데, 그에 따라 글의 내용은 더욱 선명해지고 주제 또한 보다 분명하게 드러나게 된다.

덧붙여, 수능 국어 비문학 문제는 사실적 판단 능력을 묻는 문제가 많기에 **설명글**이 주종을 이루며, 그에 따라 구체적이면서도 다양한 **사례**를 들어가며 자세히 설명하는 경우가 일반적이다. 한 지문 안에 이론과 사례 모두를 담아야 하기에 지문이 길게 주어지는 경우가 많은데, 따라서 지문을 효율적·효과적으로 읽어낼 수 있는 방법적 요령이 중요하다.

논술 제시지문은 이와 반대라고 보면 된다. **원문**을 발췌하여 그대로 출제하기에 그만큼 글이 자유 분망하고 또 형식에도 얽매이지 않는다(요즘에는 교과과정 내의 지문을 출제하기에 반드시 그렇지는 않다). 이는 독해와 요약 능력을 평가하기 위한 대학의 의도적인 목적과 필요에 따른 것이기도 한데, 학생들이 이런 날것 그대로의 글을 해석하기란 결코 쉽지 않다. 또한 논술지문은 출제자의 출제의도에 맞춰 원문의 필요한 부분만을 끌어와 각색한 것이기에 그만큼 **중략**이 많은데, 이 때문에 글의 흐름이 자주 끊기면서 내용적인 이해를 더욱 어렵게 만든다.

최근 논술 시험이 너무 어렵다는 지적이 잇따르면서 교과과정 내에서 지문을 출제하는 비율이 높아졌는데, 그에 따라 수능으로 출제되는 지문과 논술지문 간의 차이가 엷어졌다. 설령 지문은 다르더라도 그 내용적인 부분을 중복해서 출제하는 경향이 높아졌기에, 수능과 논술을 병행해가며 공부해야 할 당위성은 더욱 커졌다.

수능과 논술, 유사점과 차이점
차이점②. 주제 파악(수능)과 논제 분석(논술)

앞서 언어이해를 위해 가장 먼저 가다듬어야 할 능력은 독해력이고, 이를 기반으로 제시지문을 읽고 핵심 정보를 파악하는 능력, 주어진 정보를 바탕으로 논리적으로 추론하는 능력을 길러야 한다고 했다. 따라서 제시지문에 담긴 핵심 내용을 파악하고 해석하는 능력은 곧 독해력이라고 봐도 무방한데, 그 독해력은 다름 아닌 글의 주제를 정확하게 파악하는 기술이라고 보면 된다.

글의 주제를 파악하는 능력은 특히 수능 국어시험에서 요구되는 항목이다. 지문의 핵심 단어를 이용한 주제 파악, 주제 문장을 이용한 주제 파악, 글의 구조를 이용한 주제 파악 등을 중점적으로 묻고 출제하는 것이 바로 수능 국어 문제이기 때문이다.

수능 국어 시험 문제 풀이 시에는 문제에 대한 정확한 이해와 출제자의 의도 파악이 중요하다. 문제에 대한 정확한 인식이 선행되어야 하고, 문제 해결을 위한 배경지식을 끌어와야 하며, 또한 사실 판단으로서의 관련 정보를 효율적으로 처리하는 절차를 밟아야 한다. 그리고 이 모든 과정은 부단한 연습을 통해 숙지되어야 하는데, 그 핵심은 하나의 지문을 꼼꼼하게 독해하여 그 안에 담긴 **글쓴이의 생각이자 글의 주제를 정확하게 파악**하는 능력이다.

대입 논술 시험은 이보다는 훨씬 복잡하다. 대입 논술의 가장 큰 특징은, 공통주제를 담은 다수의 제시지문이 주어진다는 점으로, 그 공통주제를 문제에 담아 출제하는 경우가 많다. 이는 주제가 중요한 게 아니라, 그 주제에 담긴 논쟁점들 가운데 가장 핵심이 되는 사안을 명확하게 밝히는 데 논술 평가의 진정한 가치와 의미를 두기 때문이다. 그만큼 논제 분석이 중요하며 또 문제 해결의 위한 핵심 관건이 된다. 논제 분석이란 주제에 대한 문제의식과 그 주제에 담긴 쟁점·관점에 대한 일련의 해결방안까지도 함께 논쟁할 것을 주문하는 논리적 사고의 총체라고 보면 된다.

이런 이유로 논제 분석은 곧 출제의도를 파악하는 것이기도 한데, 이는 제시지문 독해, 정확히는 제시지문 간의 연관관계의 파악에 있다. 즉 제시지문 간에는 필연적으로 공통주제가 지향하는 특정 관점·쟁점을 담기 마련인데, 지문을 읽고 이것을 파악한 후 논제 서술 유형에 맞춰 서술해야 한다. 따라서 논제 분석력은 수능 국어는 물론 영어 과목의 **'내용일치'**와 관련한 문제를 해결하는 데 더할 나위 없이 도움이 된다. 수능 국어·영어의 내용일치 문제가 지문내용과 선택지 문항 간의 일치·불일치 관계를 묻는 것이라면, 대입 논술은 제시한 지문과 지문 간의 연관 관계를 묻는 점에서 차이를 보일 뿐, 근본적인 면에서는 같다.

수능 시험이나 대입 논술 모두 교과과정에서 습득한 지식을 문제 상황에 적용할 수 있는 사고력을 평가하는 데 그 목적이 있음을 고려할 때, 수능과 논술을 함께 공부하면 주제 찾기, 내용일치, 추론 등 핵심 평가 영역별 공부를 빠짐없이 해나갈 수 있다. 그리고 그 과정에서 논리적 사고력을 높임으로써 공부의 시너지 효과가 일게 된다.

정리하면, 수능 국어 시험은 단일 지문을 통해 글과 글, 단락과 단락 간의 구조와 구성을 분석하여 그 핵심주제를 파악하는 데 중점을 둔다. 반면, 대입 논술은 지문과 지문 간의 논리적 연관관계를 파악하는 논제 분석에 중점을 둔다. 그렇더라도 둘은 내용은 물론 풀이 과정 면에서 분리될 수 없는 하나이며, 지문 독해력이 문제 해결의 주된 관건이자 핵심 해결 과제라는 점에서 공통된다.

왜 동시에, 한꺼번에 공부해야 하나

저는 고1 때 학교 우수반에서 강남 최고학원인 ○○학원 선생님이 일주일에 한번 씩 오셔서 논술 수업을 하는 것을 들었거든요. 정말 소위 말발이 장난이 아니시고, 나는 생각지도 못한 해석을 하시고, 정말 멋있었지요. 그리고 2, 3학년이 되어서 수능 국어를 공부하는 자세(글을 정말 글답게 대하며 읽는)나 논술에 대해 이것저것 알고 배워가면서 1학년 때 선생님이 하셨던 수업이 어쩌면 잘못된 것일 수도 있겠다는 생각을 했어요. 이제 수능이 끝나고 결과를 기다리는 입장이 되니 후회되는 것이 한두 가지가 아니지만, 가장 후회되는 것 중 하나는 '글을 읽는 것을 왜 제대로 알지 못했을까' 하는 거네요. 1학년 때 논술 선생님의 수업을 들으며 "와! 멋있다!"라는 생각을 했었듯이, 그냥 수업하는 대로, 알려주는 대로 따라가기만 했을 뿐, 스스로 생각하는 것이 부족했다는 생각이 듭니다. 국어든 논술이든, 심지어는 영어든 간에 다 글인데, 그냥 문제만 풀려고 했는데, 이것이 잘못되었음을 수능 시험이 끝나고 뒤늦게 깨닫게 됩니다.

해마다 대입 논술 시험이 끝나면 필자가 운영하는 논술카페에 이런 식으로 하소연하는 글이 올라온다. 도대체 뭐가 문제일까.

앞서 대입 수능 시험과 논술 시험은 그 평가기준과 방법에 있어서의 본질적인 방향을 같이한다고 말했다. 그렇기에 수능 국어 성적과 논증 글쓰기 능력은 거의 정확하게 비례하여 나타난다. 다른 부분은 제쳐놓고 논증 글쓰기와 관련한 부분만을 살펴 생각할 때 특히 그렇다. 이는 다음의 중요한 의미를 내포한다.

첫째, 논증 글쓰기에 앞서 **글 읽기** 능력의 중요성이 새삼 강조된다. 무슨 뜻인가 하면, 잘 된 논증 글을 쓰려면 지문을 읽고 그 안에 담긴 핵심 내용, 즉 '중심 주장 글'과 그것을 '뒷받침하는 글(전제이자 근거에 해당하는 부분)을 제대로 찾아낼 수 있어야 하는데, 논리적 사고력이 떨어지면 그만큼 어떤 글이 이에 해당하는지에 대한 사리분별이 안 된다. 추론을 요할 경우에는 특히 그런데, 그렇게 해서 주변부의 글을 잔뜩 긁어모아 논증을 구성하는 경우가 허다하다.

둘째, 이 점에 있어서는 수능 국어·영어의 추론형의 문제 역시 마찬가지이다. 선택지 내의 적절하지 않은 답안을 선택하는 것은, 지문과 선택지 간의 논리적 연관관계가 없는 답안을 에둘러 찍는 것과 다를 바 없다. 이것 역시 글의 핵심을 제대로 짚어내지 못한 데 따른 당연한 귀결로, 글쓰기에 앞서 **올바른 글 읽기가 선행되지 않은 때문**이다.

그럼에도 불구하고, 수능 및 논술 공부에 있어서의 가장 기초이자 내용적인 근간이 되는 글 읽기는 외면하고, 오로지 형식적인 글 읽기와 글쓰기에만 몰두하는 것이 또한 지금의 학생들의 공부 방법이기도 하다. 그 기초이자 근간이 바로 글의 내용적인 핵심을 꿰뚫는 올바르고 정확한 글 읽기이다. 따라서 부단한 논술 공부의 결과가 수능 성적까지도 필연적으로 동반해서 향상시키는 방향으로 공부해나갈 필요가 있다. 이를 위해서는 수능 비교과 지문과 논술 기출지문의 공통되는 부분을 집중적으로 읽고 생각하고 요약하는 훈련을 해나가야 한다. 실제 이것만 제대로 해도 수능과 논술 두 마리 토끼를 잡는 것은 어렵지 않다.

대입 논술, 국어 비문학 추론문제, 영어 빈칸 채우기 추론문제의 공통점은 다음과 같다.

첫째, 대입 논술은 물론, 대입 수능에서 반드시 극복해야 할 고난이도의 3점짜리 문제이다. 따라서 이것을 해결하지 않고서는 절대 1등급을 받기 어렵다. 둘째, 독해력과 추론능력을 요하는 문제여서, 이에 대한 체계적인 공부가 따라야 한다. 즉 글을 읽고 그 안에 담긴 핵심 내용을 뽑아낼 수 있는 능력, 그리고 그 내용을 바탕으로 추론하는 능력을 길러야만이 제대로 정답을 찾아 밝힐 수 있다.

따라서 이렇게 생각하면 된다. 적어도 현행 수능 국어·영어 추론 문제나 대입 논술 문제로 출제되는 제시지문은 같은 개념과 이론을 놓고 그것을 선택형으로 묻느냐, 그렇지를 않고 서술형으로 묻느냐의 차이만 있을 뿐, 그 사고력의 측정 영역에 있어서는 근본적으로 같다.

이는 매우 중요한 의미를 갖는다. 왜냐하면 현행 교과과정과 관련한 다방면의 지문을 읽고 통합해서 이를 해석하고, 요약하고, 심층적으로 사고하는 과정에서, 그만큼 문제 해결에 한 발 더 다가갈 수 있기 때문이다. 말하자면, 단순한 정답 찍기 식의 공부가 아닌, 제대로 된 공부를 하게 된다.

대입 논술 시험의 가장 중요한 관건인 논제 분석이 제시지문 간의 연관관계 파악에 있음을 고려할 때 역시 그렇다. 논술로 출제되는 공통주제를 다양한 관점에서 다룬 글들을 읽어 통섭할 수 있어야만이 제대로 된 논술 공부를 하는 것이다. 또한 수능의 부족한 점을 보완하고자 하는 논술 시험의 취지와도 부합되기에, 그만큼 목적 지향적으로 공부하는 결과를 낳는다.

특히 지금처럼 무려 70% 이상이 EBS 지문과 연계되어 출제되는 현행 수능 시험에서, 문제의 내용을 조금만 비틀어 출제해도 학생들이 느끼는 체감 난이도는 상당하다. 그에 따라 답안을 틀리는 경우가 비일비재한데, 이것을 해결하는 데 있어 지문을 심층적으로 들여다보는 것만큼 효과적인 공부 방법도 없다. 게다가 앞으로의 논술 시험이 교과서와 EBS 교재를 중심으로 지문을 뽑아 출제된다는 점을 고려할 때, 수능 비문학의 독해 실력을 늘리고, 영어 빈칸 추론형의 에세이 지문의 독해 능력을 기르며, 이것을 그대로 논술 문제 풀이와 글쓰기까지 연결할 경우, 그 시너지 효과는 크다. 더군다나 앞으로의 대입 논술 출제 방향을 보면, 수능과 논술의 연계 학습이 얼마나 중요한지를 가늠할 수 있을 것이다. 지난 대입 논술에서 드러난 특징 중의 하나는 이른바 **'수능의 주관식 출제'**이다. 즉 수능 시험의 핵심 평가 문제인 '내용일치' 문제와 '사례추론' 문제 등을 그대로 따와 서술형으로 답할 것을 요구했다.

상위권 대학 역시 교과과정 내에서의 지문 출제로 지문 난이도가 쉬워지는 상황에서, 학생의 심층 사고력을 정확히 판단하기 위해 새로운 유형의 문제를 개발할 필요성을 느끼고 있음은 물론이다. 그에 따라 고정된 기출문제 형식에서 벗어난 다양한 유형의 문제가 출제될 것으로 보이는데, 그렇더라도 이 역시 수능 평가 영역의 연장선상에서 출제되는 문제이기에 결코 수능 평가 범위를 벗어날 수 없을 것으로 보인다.

이런 이유로, 수능 언어 영역 비문학 공부와 영어 공부, 그리고 논술 공부를 따로 해나갈 게 아니라 그것의 **중첩된 부분을 뽑아 함께 공부**하는 것이 학생들에게 가장 최적화된 공부이다. 무릇 오랜 시간이 걸리는 어려운 공부일수록, 충분한 시간을 두고 그 핵심만을 차근차근 해나가야 한다. 수능과 논술을 병행해나가는 공부가 바로 그런 공부이다.

'대입 논술, 수능 영어·국어'의 평가 영역과 그 합치 관계

● 중점적으로 공부해야 할 내용

논술	영어	국어
개념 정의	주제 찾기 (주제·제목 찾기, 요지·주장 찾기)	주제 파악(주제 찾기)
논증 구성	논리 추론(지칭추론, 빈칸추론)	추론(유추적 사례 적용)
내용 일치	내용 일치 (글의 순서 배열, 관계 없는 문장 고르기)	내용 일치(내용 이해)

수능 공부를 열심히 해도 점수가 오르지 않는다면, **공부 습관**을 살펴볼 필요가 있다고 앞에서 여러 차례 강조했다. 문제를 풀긴 풀었는데 그것이 왜 틀렸는지, 왜 자신이 선택한 답이 다른 것들보다 적절한지 또는 그렇지 않은지에 대한 정확한 인식과 판단이 따르지 않는다면, 이는 문제를 제대로 푼 게 아니다.

논리적 사고력을 기반으로 문제의 내용을 사실적으로 인식하고 판단하려 들지 않고, 자기만의 지레짐작 식의 가치관 내지는 선입견에 따라 문제를 푼 것이다. 특히 선택지 두 개를 놓고 고민하다가 선택한 답이 오답일 경우가 많다면, 이는 십중팔구 틀림없다. 어떻게 해야 할까?

결론부터 말한다면, 수능 공부나 논술 공부나 결국 독해가 관건이 되며, 그 중심에는 논리적 사고력이 크게 작용한다. 따라서 다음과 관련한 부분에 특히 주목해서 공부해나간다면, 그것도 논술과 수능을 병행해서 공부해나갈 경우에 논리적 사고력은 크게 확장될 것이며, 당연히 성적은 향상될 것이다.

다음은 수능과 논술의 핵심 평가영역별 사례인데, 각각의 시험이 얼마나 같은 차원에서 출제되고 있는지를 확인할 수 있을 것이다. 그 부분만큼은 중점적으로 병행해가며 공부해야 좋은 결과를 기대할 수 있다.

글에는 핵심 개념을 담게 마련이다. 그리고 그 핵심 개념은 중심 단어나 주된 어휘(용어)로 표현된다. 핵심어는 주어진 글에서 가장 중요한 단어로, 글을 이해하는 데 키워드가 된다. 따라서 핵심어(중심 단어)를 이용해 글의 전체를 이해하고 **핵심 개념으로서의 주제를 파악**하는 것은 아주 중요하다. 아래의 〈사례〉는 이를 보여준다.

핵심어(핵심 내용을 담은 술어를 포함한다)를 찾는 방법은 의외로 간단하다. 지문에 자주, 빈번하게 나오는 단어가 핵심어일 가능성이 높기 때문이다. 특히 수능에 출제되는 지문은 완결적인 내용을 담기에, 글에서 중요한 내용은 반복되기 마련이고, 그것도 핵심어로 표현될 수밖에 없다. 오히려 지문 안에 핵심어로 보이는 단어들이 너무 많은 것처럼 보이는 게 문제인데, 따라서 이에 대한 변별력을 기르는 것이 지문 독해의 또 다른 관건이다.

수능 국어의 경우, 이것을 해결하는 요령은 있다. 선다형으로 주어진 선택지 대답을 참고하면 된다. 즉 선택지의 내용들은 지문 안의 핵심 주장이나 주제를 이리저리 비틀어가며 또는 자세히 풀어가며 서술한 것이 대부분이기에, 이것과 지문을 맞추어가며 추론하면 된다. 수능 국어 시험에서 특별한 경우를 제외하고는, 핵심어를 파악하면 그것을 통해 글의 전체에 담긴 의미를 파악하는 것은 그리 어렵지 않다. 그리고 이는 지문에 쉽게 드러나 있는 것이 일반적이다.

하지만 대입 논술 시험의 경우에는 핵심어만 가지고 지문의 주제를 단번에 파악하기란 쉽지 않다. **핵심어를 담은 문장에 밑줄을 그어가며, 그 문장이 전체 지문에서 어떠한 관계를 갖는지를 살펴 확인해야 한다.** 만약에 그것이 주제를 담은 '중심 주장 글'이라면, 이는 전체의 결론(주장)이 된다. 만약에 그것이 중심 주장 글을 '뒷받침하는 글'이라면, 이는 전체의 전제(근거)가 된다. 그리고 이것을 논리적으로 정리하면, 그것이 곧 논증(주장과 근거)을 담은 요약 글이 된다. 요약 글에는 핵심어, 주제, 근거, 요지가 다 담겨있게 마련이다.

지문이 여러 단락으로 구성된 경우, 주제 단락을 찾아내면 그 안에 중심 주장 글, 즉 결론(주장) 부분이 담겨 있다. 나머지 단락의 중심 주장 글은 그 결론의 전제(근거)가 되는 것이 일반적이다. 따라서 주제 단락의 내용을 중심으로 다른 단락들과의 관계를 생각하며 제시지문 전체의 구조와 내용을 파악하면, 전체를 다 이해하는 것이다.

이런 이유로 수능 국어 문제와 영어 문제를 풀 때, 단지 답을 맞히는 데 급급하기보다는 핵심 단락을 찾고, 중심 주장 글을 찾고, 그것의 전제가 되는 글을 찾고, 이렇게 해서 전체를 요약하는 연습을 병행할 필요가 있다. 이렇게 연습하는 동안에 글의 핵심을 정확하게 파악하는 법과 글을 올바르게 읽고 쓰는 방법 등, 논술의 기본이 되는 '독해와 요약'을 함께 깨우칠 수 있다.

사례1-1 2013 고3 6월 국어 평가원 모의 문제 30번

다음 물음에 답하시오.

(가) 성현의 경전을 읽고 자기를 돌이켜 보아서 환히 이해되지 않는 곳이 있거든, 모름지기 성인이 준 가르침이란 반드시 사람이 알 수 있고 행할 수도 있

는 것에 대하여 말한 것임을 생각하라. 성현의 말과 나의 소견이 다르다면 이 것은 내가 힘쓴 노력이 **철저하지 못한** 까닭이다. 성현이 어찌 알기 어렵고 행하기 어려운 것으로 나를 속이겠는가. 성현의 말을 더욱 믿어서 딴 생각이 없이 간절히 찾으면 장차 얻는 바가 있을 것이다.　　　　　　　　　 −이황, 《독서》−

　(나) 《사기》의 〈자객열전〉을 읽다가 "조(祖)를 마치고 길에 올랐다."라는 구절을 보게 되었다고 하자. "조(祖)가 무엇인가요?"라고 물으면 스승께서는 "떠나보낼 때 건강을 기원하는 제사다."라고 하실 것이다. 다시 "하필 그것을 '할아버지 조(祖)'로 쓰는 것은 무엇 때문인지요?" 하면, "그것은 확실하지 않다." 라고 하실 것이다. 그러면 나중에 집에 돌아와서 자전(字典)*을 꺼내 '조(祖)'의 본뜻을 알아보아라. 그리고 자전을 바탕으로 다른 책으로 나아가 그 책의 주석과 풀이를 살피면서 **그 뿌리의 끝을 캐고** 가지와 잎까지 줍도록 하여라.　　　　　　　　　　　 −정약용, 〈둘째 아들에게 부침〉−

문제30. (가), (나)에서 **공통적**으로 강조하는 **독서 태도**로 가장 적절한 것은?
① 책의 내용을 올바르게 파악하고 그것을 삶에서 실천하려는 자세로 읽는다.
② 책을 읽다가 의문이 생기면 자신의 소견으로 성현의 말씀을 헤아리며 읽는다.
③ 책을 읽다가 알기 어려운 부분이 있으면 **철저히 이해하기 위해 노력**하며 읽는다.
④ 책을 읽다가 낯선 단어가 나오면 관련 자료를 활용하여 그 의미를 파악하며 읽는다.
⑤ 책을 읽다가 동의하지 않는 부분이 생기면 비판의 근거로 삼을 만한 책을 찾아 읽는다.

해설

지문에 공통적으로 담긴 핵심 내용을 찾으라는 요구로, '공통 주제'를 찾는 것과 다를 바 없다.
　→ **'중심 주장 글'**을 찾고, 그것에 담긴 내용과 선택지를 비교하면 적절한 답이 드러난다. 글의 공통 주제는 '정독(精讀), 즉 **세밀하게** 따져가며 의미를 파악해 읽는 방법의 중요성'이다.

【정답】 ③

사례1-2 단국대 2013 인문 수시 논술 문제1-1

[가]에서 주제가 드러나는 문구를 찾고, 그런 입장이 왜 필요한지 간략히 설명하시오.(300자 내외)

[가] 세종 때 사람 황희는 인품이 원만하고 청렴하기로 소문이 난 정승으로 오늘날에도 공무원의 사표로 추앙을 받고 있는 터이나, 젊은 날의 그는 남에게 너그럽고 원만했던 인물은 아니다. 그 역시 혈기 왕성한 젊은이로서 남의 허물을 따지기 좋아하고, 남의 생각을 비판하기를 서슴지 않았던 터이다.

그러던 그가 한번은 시골길을 가다가 흑황(黑黃)의 두 마리 소를 몰고 밭갈이하고 있는 농부를 보고 두 마리 가운데 어느 소가 일을 더 잘하는가를 물었던 일이 있었다. 이때 농부는 일손을 멈추고, 황희에게 다가와 귓속의 말로 아무 소가 더 일을 잘한다고 귀띔을 하였다. 아무리 사람의 말을 못 알아듣는 미물인 짐승이라도 자기가 남보다 못하다는 소리를 듣고 좋아할 까닭이 없을 것이라는 것이 늙은 농부의 변이었다. 이 말에 크게 깨달은 황희는 그 동안의 자신의 처신을 깊이 반성하고 남의 처지가 되어 관용을 베푸는 것의 중요성을 알게 되었다.

그가 나라 일을 맡아보고 있을 때, 제각기 찾아와 갑이 을을, 을이 갑을 헐뜯어 이야기하면 으레 갑과 을에게 똑같이 "당신의 말이 지당하오이다." 하고 시비하는 일을 하지 않았다. 이로 말미암아 대사를 그르치거나, 말을 옮겨 두 사람 사이에 시비가 일어나게 하는 일은 결코 없었다.

해설

(가)의 주제 '남의 처지가 되어 관용을 베푸는 것의 중요성'을 견지하는 입장이 왜 필요한가(주장이자 이 글의 주제), 이러한 입장이 필요한 이유는(근거)?

→ '타자의 윤리'에 대한 개념을 주제로 하여 이를 개념 정의하여 서술할 것을 요구하는 문제로, 그 서술의 근거가 되는 논증 형식(주장과 근거)을 문제 안에서 이미 친절하게 밝혔다. 따라서 지문을 읽고 이것을 찾아 그대로 일치시켜 서술하면, 답이 된다. 독해의 중요성이 강조되는 아주 기초적인 문제이다.

필자 예시 답안(300자 내외)

(가)의 주제가 드러나는 문구는 '남의 처지가 되어 관용을 베푸는 것의 중요성'이다. 황희 정승 역시 젊었을 때 남의 허물을 따지고 비판하기를 서슴지 않았으나, 시골길

에서 만난 늙은 농부가 소를 대하는 태도를 보고 그 동안의 자신의 처신을 깊이 반성하여 깨닫고, 이후부터는 나라의 일을 공명정대하게 처리하여 시비가 일어나는 일이 결코 없었다. 이처럼 우리가 삶을 살아가는 데 있어 타인의 입장에 서서 타인을 배려하는 태도가 필요한 이유는 <u>나와 타자의 상호 이해 부족으로 일어날 수 있는 시비를 애초부터 차단할 뿐만 아니라, 더 나아가 더 큰 일을 그르치거나 분쟁이 일어날 수 있는 소지를 미연에 방지할 수 있기 때문이다.</u>

내용 일치

논술 문제의 핵심(2) : 논증(주장 + 근거) 구성 – 독해와 요약 – 수능 문제의 핵심(2) : 내용 일치 – 독해와 요약

주제를 파악하는 유형의 문제가 글의 전체적인 이해를 묻는 문제라면, 내용 일치 유형의 문제는 글의 세부적인 정보를 제대로 파악했는가를 묻는 문제이다. 즉 내용 일치는 지문이나 자료에서 필요한 정보를 파악하는 데 주안점을 둔다. 주어진 정보를 주어진 그대로 받아들였는가를 확인하는 것이 바로 내용 일치 문제로, 더불어 주어진 정보를 제대로 해석했는가를 묻는다. 따라서 가장 기초적인 읽기 훈련만으로도 능히 문제를 해결할 수 있다. 수능에서 묻는 내용 일치 유형의 문제를 해결하기 위해서는 **선택지 대답에 주어진 내용을 지문의 구절과 정확히 연결시키는** 매칭의 기술이 포인트인데, 이때 관건이 되는 것이 비교적 긴 제시지문을 어떻게 빠르고도 정확히 읽어가며 관련한 내용들과 비교·대조해나갈 것인가이다.

이를 위해서는 먼저 글의 전체적인 개요부터 파악해야 한다. 글의 전체적인 흐름과 대략을 알면 선택지에 제시된 내용이 어디쯤에 위치하는지 파악하기 쉬워지며, 그에 따라 글을 전부 읽어 매칭하지 않고 그 부분만을 집중적으로 살필 수 있다. 따라서 이를 위해서는 전체적인 맥락 하에서 세부적인 내용을 이해할 수 있도록 연습해야 한다.

이때 주의할 것은 선택지에 해당하는 구절을 지문에서 찾았다 하더라도 모두 끝난 것이 아니라는 점이다. 지문에 주어진 글(어휘) 그대로 똑같이 써 놓은 선택지 대답은 거의 없기 때문에, 선택지의 글(어휘)과 지문의 글(어휘)이 같은 뜻인가를 비교·대조해서 판단해야 한다. 단어와 어휘에 집착하기보다는 **전체적인 맥락으로 의미를 이해하고 그 뜻하는 바가 같은가를 거듭 확인해야 한다.**

　　최근 중위권 대학의 논술 시험에서 자주 출제되는 문제 유형의 하나가 바로 내용 일치 유형의 문제인데, 이는 수능시험의 연장선상에서 출제되는 문제의 전형을 보여준다. 이는 그만큼 글의 핵심을 파악하고 요약할 수 있는 능력으로서의 기초적인 독해 능력을 중시하고 있음을 여실히 드러낸다. 그리고 그 핵심은 논리적 사고에 기반한 내용 이해와 그에 따른 각각의 내용을 논증 형식(전제와 결론)에 맞춰 서술하는 것이다.

　　따라서 수능 국어 내용 일치 유형의 문제를 공부할 때 그저 지문과 선택지를 훑어가며 대충대충 읽어 답을 찾기보다는, 매칭이 되는 부분에 밑줄을 그어가며 찾아낸 후, 미세한 부분까지 비교·대조해가며 꼼꼼하게 살펴야 한다. 실제 이것만 제대로 연습해도 글 읽기 실력과 논증 글쓰기 실력은 충분히 끌어올릴 수 있다. 이를 아래의 〈사례〉를 통해 확인할 수 있을 것이다.

사례2-1　2013 수능 국어 문제 25번

다음 물음에 답하시오.

　　전통적 의미에서 영화적 재현과 만화적 재현의 큰 차이점 중 하나는 움직임의 유무일 것이다. ①영화는 사진에 결여되었던 **사물의 운동**, 즉 시간을 재현한 예술 장르이다. 반면 만화는 공간이라는 차원만을 알고 있다. 정지된 그림이 의도된 순서에 따라 공간적으로 나열된 것이 만화이기 때문이다. 만일 만화에도 시간이 존재한다면 그것은 읽기의 과정에서 독자에 의해 사후에 생성된 것이다. 독자는 정지된 이미지에서 상상을 통해 움직임을 끌어낸다. 그리고 인물이나 물체의 주변에 그어져 속도감을 암시하는 효과선은 독자의 상상을 더욱 부추긴다.

　　②만화는 **물리적 시간의 부재**를 공간의 유연함으로 극복한다. 영화 화면의 테두리인 프레임과는 달리, 만화의 칸은 그 크기와 모양이 다양하다. 또한 만화에는 한 칸 내부에 그림뿐 아니라, 말풍선과 인물의 심리나 작중 상황을 드러내는 언어적·비언어적 정보를 모두 담을 수 있는 자유로움이 있다. 그리고 그것이 독자의 읽기 시간에 변화를 주게 된다. 하지만 ③영화에서는 이미지를 영사하는 **속도가 일정하여** 감상의 속도가 강제된다.

　　영화와 만화는 그 이미지의 성격에서도 대조적이다. 영화가 촬영된 이미지라면 만화는 수작업으로 만들어진 이미지이다. ④빛이 렌즈를 통과하여 필름에 착상되는 **사진적 원리에 따른 영화의 이미지 생산 과정**은 기술적으로 자동화되어 있다. 그렇기에 영화 이미지 내에서 감독의 채취를 발견하기란 쉽지 않다. 그에 비해 만화는 수작업의 과정에서 자연스럽게 세계에 대한 작가의 개인적인 해석을 드러내게 된다. 이것은 그림의 스타일과 터치 등으로 나타난다. 그래서 만화 이미지는 서명된 이미지이다.

촬영된 이미지와 수작업에 따른 이미지는 영화와 만화가 현실과 맺는 관계를 다르게 규정한다. 영화는 실제 대상과 이미지가 인과 관계로 맺어져 있어 ⑤본질적으로 사물에 대한 **사실적인 기록**이 된다. 이 기록의 과정에는 촬영장의 상황이나 촬영 여건과 같은 제약이 따른다. 그러나 최근에는 촬영된 이미지들을 컴퓨터상에서 합성하거나 그래픽 이미지를 활용하는 디지털 특수 효과의 도움을 받는 사례가 늘고 있는데, 이를 통해 만화에서와 마찬가지로 실재하지 않는 대상이나 장소도 만들어낼 수 있게 된다.

만화의 경우에는 구상을 실행으로 옮기는 단계가 현실을 매개로 하지 않는다. 따라서 만화 이미지는 그 제작 단계가 작가의 통제에 포섭되어 있는 이미지이다. 이 점은 만화적 상상력의 동력으로 작용한다. 현실과 직접적으로 대면하지 않기에 작가의 상상력에 이끌려 만화적 현실로 향할 수 있는 것이다.

문제25. 윗글의 내용과 일치하는 것은?
① 영화는 사물의 움직임을 재현하는 예술이다.
② 만화는 물리적 시간 재현이 영화보다 충실하다.
③ 영화에서 이미지를 영사하는 속도는 일정하지 않다.
④ 만화 이미지는 사진적 원리에 따라 만들어진다.
⑤ 만화는 사물을 영화보다 더 사실적으로 기록한다.

해설

위의 예에서 알 수 있듯, 대개의 경우 선택지는 지문에 배열된 글의 순서와 유사하게 배열되어 있기 때문에, 선택지를 따라 글을 순차적으로 읽되, 필요한 부분을 집중적으로 찾아 읽으면 된다. 이때 그 필요한 부분은 핵심 단어나 개념어를 담고 있는 경우가 일반적인데, 이것을 집중적으로 살피면 된다.
→ 지문의 핵심 개념은, '시간 vs. 공간', '사실적 기록 vs. 상상력'으로, 이것을 중심으로 글을 요약하면 논술에서 요구하는 사실적 글쓰기, 즉 개념 정의가 된다

【정답】①

사례2-2 아주대 2014 인문 모의 논술 문제1-2

제시문 [가], [나], [다]를 통괄하여 '귀납법'과 '가설·연역법'을 비교·대조하되, '관찰', '실험', '가설'을 중심으로 비교·대조하시오.(400±50자).

[다] 한편 가설·연역법은 포퍼가 1934년에 출판한 『과학적 발견의 논리(The Logic of Scientific Discovery)』에서 귀납법의 문제점을 해결하기 위한 대안으로 제시한 방법이다. 포퍼는 **귀납법**은 과학지식의 성립 과정에는 결코 적용되지 않으며, 과학지식은 절대적이고 확실한 것이 아니고 잠정적이고 가설적이라고 주장했다. **가설·연역법**은 인식된 문제 해결을 위해서는 귀납에 의해서가 아니라 창조적 과정에 의해 가설을 설정하고, 잘 고안된 합리적 방법을 통해 이 가설을 검증하여 새로운 지식을 획득하는 것이다. **가설**을 검증하고 논박하기 위하여 **실험**과 **관찰**을 한다. 가설에 맞지 않는 실험 결과가 나오면 처음의 가설은 폐기되거나 새로운 가설로 대체되어야 한다. 가설의 검증 과정에서 얻은 결론도 일단 가설로 제시될 수 있으며, 이에 따라 새로운 실험과 관찰, 가설의 검증, 그리고 결론의 유도의 과정이 반복된다. 결론이 확실시 될 때에 비로소 보편적 개념의 새로운 법칙이 발견되는 것이다. 가설·연역법에 의한 과학적 지식은 가설에 부합되는 가설적 지식이고, 그 가설적 지식은 과거의 지식을 대치하거나 새로운 지식으로 축적된다. 가설·연역법에서 **실험**은 가설을 입증하기 위한 것이라기보다는 가설을 논박하기 위한 것으로 볼 수 있다. 이러한 탓에 현대 과학의 탐구와 과학 법칙의 유도 과정에서 귀납법은 그 방법상의 한계 때문에 사용이 제한되고, 가설·연역법이 보편적인 과학적 탐구의 논리와 방법으로 사용된 이런 관점에서 사려 깊은 과학자는 연구 중인 가설들을 '증명하였다'는 표현 대신에 실험적 발견과 관찰이 가설과 '부합된다. 또는 '부합되지 않는다.'라고 말한다. 사회과학에서의 설문조사를 포함한, 실험에서는 실험 대상의 현상과 성질에 대한 어떤 인자의 영향을 주로 보게 된다. 이때 그 인자가 존재하거나 영향을 나타내도록 한 것(실험 군)과 그렇지 않은 것(대조 군)을 비교해야 하는 것이 반드시 필요하다. 물론 '실험 군'과 '대조 군'은 검토 대상인 인자 외에는 모든 것이 같아야 한다. '대조 군'이 없는 실험은 그 결론의 객관성을 인정받기가 어려우며, 잘 고안된 대조 실험은 과학 연구의 가장 기본적인 요소로 간주된다. (＊제시문 [가]와 [나]는 생략)

해설

(가)의 '귀납법'과 (나)의 '가설 연역법'의 개념 이해와 개념 정의를 바탕으로, 이를 (다)의 사례에 적용하되 각각을 '관찰', '실험', '가설'을 중심으로 비교·대조하면서 내용을 일치시키라는 문제이다.

→ 논리적 사고에 기반한 내용 이해와 그에 따른 각각의 내용을 논증 형식(전제와 결론)에 맞춰 서술하라는 요구로, 결국 독해로 귀결된다. 이때, (가),(나),(다)의 귀납법과 연역법에 대한 개념적 차이는 논증의 결론(주장)이며, (다)의 그것에 대한 내용적 설명은 각각의 전제(근거)에 해당된다.

필자 예시 답안(400±50자 내외)

(가), (나), (다)는 일련의 과학적 지식을 도출하기 위해 가설을 세우고, 실험하고, 관찰하여 일련의 결론을 도출한다는 측면에서 유사하지만, 그 세부 방법에 있어서는 다음과 같은 차이를 보인다. 귀납법은 자료 수집을 통해 일정한 유형을 발견한 후 이를 바탕으로 가설을 세우고 이론을 확정하는 반면, 가설·연역법은 먼저 가설부터 설정한 후 자료 수집을 통해 가설을 합리적인 방법으로 검증하여 새로운 지식을 획득한다. 귀납법은 부분적이고 특수한 사례로부터 일반적인 결론을 이끌어내기 위해 관찰과 실험을 하는 반면, 가설·연역법은 가설을 검증하고 논박하기 위해 실험과 관찰을 한다. 즉 귀납법은 개개의 구체적인 사실이나 현상에 대한 관찰로서 얻어진 인식을 전체에 적용되는 일반적인 법칙으로 이끌기 위해 실험을 한다. 반면, 가설·연역법은 가설을 입증하기 위한 것이라기보다는 가설을 논박하기 위해 실험을 하며, 실험과 관찰이 가설과 부합되어 확실한 결론을 얻게 되면 보편적 개념을 갖는 새로운 법칙이 된다.

논리 추론

논술 문제의 핵심(3) : 논거(합당한 근거) 제시 – 논리적 사고력 – 수능 문제의 핵심(3) : 내용 추론 – 논리적 사고력

추론은 논증하는 방법에 따라 '귀납추론', '연역추론', '유비추론(유추)' 등으로 구분된다. 또한 추론의 결과에 대한 개연성 측면에서 볼 때 '논리추론'과 '화용話用추론(말하기의 쓰임에 따라 의미를 달리하는 맥락적·상황적인 해석 또는 판단을 말한

다)'으로 나뉜다. 논리추론은 내용들 간의 연관관계 또는 인과관계에 기초하여 어떠한 사실을 이끌어내는 것을 말하고, 화용추론은 그것이 일어난 상황에 기초하여 어떠한 사실을 이끌어내는 것을 말한다. 예를 들어, '철수는 벽을 향해 컵을 던졌다.'라는 문장이 있을 때, 컵이 깨졌을 것이라고 생각하는 것은 화용추론이라 할 수 있다.

대입 논술 시험의 논증 글쓰기는 논리적 추론 능력을 묻는 것이지만, 수능시험에서 선택지를 읽어 매력적인 오답으로 이끄는 추론 문제는 바로 화용추론과 관련된 것이다. 무슨 뜻인가 하면, 추론은 주어진 정보 외에 평소 가졌던 생각과 경험을 바탕으로 이루어지는데, 이것이 자칫 편견과 선입견으로 작용하여 논리적 추론을 방해한다는 것이다. 그만큼 지레짐작하여 답안을 선택한다는 것이자, 말 그대로 답안 찍기에 치중한다는 얘기로, 논술에서 말하는 '자의적 해석'과 다를 바 없다.

그렇기에 수능 국어 비문학과 대입 논술의 경우에는, 어설픈 화용추론에 빠져서는 결코 정답을 맞히거나 올바르게 서술해나갈 수 없다. 화용추론을 통해 제시되는 명제는 지문에 드러난 정보를 통해 직접적으로 밝혀진 것이라기보다는 암시된 것에 불과하며, 그렇기에 상황과 맥락에 따라 의미를 달리할 수 있음은 물론, 심지어는 왜곡될 수 있다. 출제자는 이것을 노리고 선택지에 화용추론과 관련한 내용을 마치 정답인 것처럼 함정을 파놓고 있는 것이다.

다음의 예를 보자.

유리컵이 바닥에 떨어졌다.   → (가) 컵은 깨졌을 것이다.
                              → (나) 컵에 중력이 작용했다.

(가)는 화용추론으로, '유리컵이 바닥에 떨어졌다'는 정보에서 반드시 이끌어낼 수 있는 정보가 아니다. 반면 (나)는 이 지구상의 어디에서도 중력이 미치지 않는 곳이 없기 때문에, 충분히 원인으로 이끌어낼 수 있는 추론이며, 그것도 논리적으로 참이 되는 추론이다. 하지만 많은 학생들은 이를 논리적으로 따져보지 않고 그저 지레짐작하여 (가)가 더 옳을 거라고 생각하기 마련이다.

이는 중요한 의미를 갖는다. 수능 비문학 문제나 논술 문제는 **오로지 사실적 판단에 근거하여 답을 찾거나 서술해야** 하기에, 지레짐작식의 화용추론이 비집고 들어설 틈은 없다. 어디까지나 상식선에서 추론을 전개하고, 상식적인 전제를 가진 것만을 논리적으로 추론해내야 한다. 다시 말해, 모든 판단의 근거를 지문 안에서 찾고 구해야 한다는 것인데, 대입 논술에서 논거의 설득력, 타당성을 그토록 강조하는 이유가 이 때문이다.

추론문제 해결 방법은 내용 일치 문제풀이 과정과 대부분이 일치하지만, 다만 한 가지 강조할 것은 이것이다. 추론과 관련한 문제는 내용 일치처럼 그 구절이 지문 안에 그대로 드러나는 것이 아니기에, 제시지문을 읽고 추론의 단초가 되는 해당 구절을 찾아낸 후, 이를 전후를 살펴가며 맥락으로 이해해야 한다. 그렇기에 추론 문제는 무엇보다 내용의 이해가 선행되어야 하며, 그만큼 유추 능력으로서의 복합적인 사고력을 필요로 한다.

거듭 강조할 것은, 추론 문제의 핵심은 **논리적 추론과 화용추론을 적절하게 구별**할 수 있어야 하며, 따라서 자기만의 사고에 갇혀서 문제를 풀려고만 들지 말고 논리적 사고를 습득하기 위해 노력해야 한다. 그리고 **모든 문제의 답은 제시지문에 있음을 깨달아야** 한다. 아무리 지문에 드러나지 않는 문장이나 사실이라 하더라도 결국에는 지문의 내용을 따라가다 보면 만나게 되는 내용들이며, 따라서 지문을 거듭해서 읽어 그 내용을 전체적으로 이해하고 파악해야 한다.

일반적으로 볼 때, 올바른 추론을 방해하는 요인은 다음과 같다.

(가) 선입견이나 배경지식에 의존하는 진술

원래 알고 있는 배경지식이나 사실이 문제 풀이에 방해가 될 수 있는데, 만약에 지문의 내용과 자신이 알고 있는 지식의 내용이 다르다면, 지문이 먼저다. 오직 지문의 내용을 근거로 논리적으로 추론해내야 한다.

(나) 가치판단이 들어간 진술

지문 안에 가치판단의 근거가 될 수 있는 진술이 담겨 있을 경우, 이것을 지레짐작으로 가치판단하면 안 된다. 오직 사실판단에 근거하여 내용을 파악해야 한다.

(다) 인과관계가 잘못 연결된 진술

원인과 결과의 혼돈, 우연과 원인의 혼돈, 공통원인의 무시 등 인과관계가 잘못 연결되어 논리적 오류가 따른다면, 이를 바로잡아야 한다.

(라) 개연성은 높지만 필연성은 떨어지는 진술

개연성이 높다는 것은 그만큼 사실일 가능성이 높다는 의미이지만, 그렇더라도 개연성이 높다고 해서 반드시 사실로서의 필연성을 갖는 것은 아니다. 사실처럼 보여서 오히려 헷갈리기 쉬운 개연성은 기각되어야 한다.

사례3-1 2012 수능 영어 문제 27번

다음 빈칸에 들어갈 말로 가장 적절한 것을 고르시오.

The truth is that everyone has a story. Every person we meet has a story that can, in some way, inform us and help us as we live the story of our own lives. When we acknowledge this truth and begin to look at others as ________________________, we open ourselves up to new possibilities in our lives. In reality, the people who are most different from us probably have the most to teach us. The more we surround ourselves with people who are the same as we are, who hold the same views, and who share the same values, the greater the likelihood that we will shrink as human beings rather than grow.

① rivals competing against us

② reliable guidelines for conformity

③ potential sources of valuable information

④ members of the same interest group

⑤ attentive listeners of our life stories

지문 해석

모든 사람들은 저마다의 이야기를 가지고 있다. 우리가 만나는 개개인들은 모두, 우리가 각자의 삶에 대한 이야기를 갖고 살아가는 데 있어 어떤 식으로든 정보와 도움을 주게 마련이다. 다른 사람들이 우리에게 값진 정보를 제공해 주는 잠재적인 원천임을 인식할 때, 우리의 삶에 있어서의 새로운 가능성은 활짝 열린다. 실제, 우리와는 전혀 관련 없을 것이라고 생각되는 사람들이 우리에게 많은 가르침을 줄 가능성이 높다. 우리와 같은 생각을 하고 또 공통적인 가치관을 공유하는 그런 사람들과 함께하면 할수록, 성숙된 인격체로 성장하기보다는 오히려 퇴보할 가능성이 더욱 커진다.

① rivals competing against us

다른 사람들을 우리의 경쟁자로 인식할 때

② reliable guidelines for conformity

다른 사람들을 신뢰할 수 있는 타자로 인식할 때

③ potential sources of valuable information

다른 사람들을 <u>정보 제공의 잠재적인 원천</u>으로 인식할 때

④ members of the same interest group

다른 사람들을 <u>우리와 이해관계를 같이하는</u> 사람들로 생각할 때

⑤ attentive listeners of our life stories

우리의 삶을 귀담아 들어주는 궁극적인 조력자로 인식할 때

글의 구조 해설

The truth is that everyone has a story. [Every person we meet has a story that can, in some way, **inform** us and **help** us as we live the story of our own lives.] → **(전제)** [When we acknowledge this truth and begin to look at others as <u>potential sources of **valuable information**</u>, we open ourselves up to new possibilities in our lives] → **(결론)** [In reality, the people who are most different from us probably have the most to teach us. The more we surround ourselves with people who are the same as we are, who hold the same views, and who share the same values, the greater the likelihood that we will shrink as human beings rather than grow.] → **(해설)**

- **전제** : 다른 사람들은 우리의 삶에 어떤 식으로든 **정보와 도움**을 준다.
- **결론** : 다른 사람들이 우리에게 주는 **정보와 도움**은 우리의 삶의 지평을 넓혀주는 잠재적 원천이다.
- **함축**(숨은 결론) : 우리와 <u>이해관계가 없는 다른 사람들과도 활발하게 교류함으로써 정보와 도움을 받아야</u> 한다. → 오답률이 높은 ④가 적절하지 않은 이유가 분명해진다.
- **문제 풀이 요령**

  지문을 읽고 해석하여 결론(주장)과 그 결론을 뒷받침하는 전제(근거)를 찾아내면, 각각에는 **공통된 핵심 단어나 어휘**가 반드시 들어 있게 마련이다. 만약에 빈칸 추론 부분이 전제 또는 결론부에 해당할 경우, <u>그 핵심 단어가 들어간 선택지를 찾아 좀 더 심층적으로 해석하면, 그것이 그대로 적절한 답안으로 이어</u>

지는 경우가 많다. 지문과 선택지를 보면, 각각에 드러나는 'inform', 'valuable information'이 그것이다.

헌데 문제는, 많은 학생들이 가장 어려워하는 것이 바로, 글을 읽어 지문 안에 담긴 논증(주장글과 뒷받침글) 구조를 파악하는 게 어렵다는 점인데, 이 부분이 바로 수능과 논술이 합치되는 부분으로, 그럴수록 둘을 함께 공부해나가는 것이 바람직하다.

【정답】 ③

사례3-2 한양대 2014 인문 모의1차 논술 문제1

〈가〉에 찬성 또는 반대하는 글을 쓰되, ㉠과 ㉡에 대한 자신의 견해를 포함하도록 하시오.(600자)

> 〈가〉 진(秦)의 치수 사업을 맡고 있던 정국(鄭國)이 한(韓)에서 파견된 첩자임이 밝혀지자 진시황은 모든 외국 국적의 관리들을 추방하도록 명을 내렸다. 이에 대해 초(楚)나라 출신의 관리로서 추방될 운명에 처해진 이사(李斯)가 간언하기 위해 쓴 글이 아래의 '간축객서'이다.

물 항아리를 치고 질장구를 두드리며 쟁을 퉁기고 넓적다리를 치면서 소리를 높여 노래를 불러 귀와 눈을 즐겁게 하는 것이 진나라의 참 음악입니다. 정·위·상간·소·우·무·상은 모두 다른 나라의 음악입니다. 그런데도 지금 진나라에서 물 항아리를 치고 질장구를 두들기는 것을 버리고 정나라와 위나라의 음악을 취하며, 쟁을 퉁기는 것을 물리치고 소·우의 음악을 연주합니다. 이것은 무슨 이유 때문입니까? 그것이 곧 현실적으로 마음을 즐겁게 하고, 귀에 듣기 좋은 소리이기 때문입니다.

그런데 지금 사람을 뽑아 등용하는 일만은 그렇지 않습니다. 그 사람됨과 능력이 옳은지 그른지도 묻지 않고 성품이 굽었는지 곧은지도 말하지 않은 채, 진나라 사람이 아니라는 이유만으로 물리치고 다른 나라에서 온 인재들을 내쫓으려고 하십니다. ㉠그렇다면 진나라가 소중히 여기는 것은 음악일 뿐, 인물은 아니라는 이야기가 되고 맙니다. 이것은 천하 위에 군림하며 제후들을 제압할 수 있는 방법이 될 수 없습니다.

　신은 '땅이 넓으면 곡식이 많이 나오고, 나라가 넓으면 사람도 많고, 군대가 강하면 병사 역시 용감하다.'라고 들었습니다. 태산은 한 움큼의 흙도 소홀히 하지 않아야 높은 산을 이룰 수 있고, 큰 강과 바다는 작은 물줄기의 냇물이라도 가리지 않고 받아들여야만 깊어질 수 있으며, 왕자(王者)는 어떠한 백성도 뿌리치지 않아야 자신의 덕을 천하에 밝힐 수 있습니다. 이 때문에 왕자가 있는 땅은 온 천하가 구분이 없고, 백성들은 다른 나라 사람이라고 차별을 받지 않습니다. 그래서 사계절은 조화를 이루어 아름다움으로 가득 차고, 하늘과 땅의 신령들께서도 태평성대를 칭찬하고 복을 내리게 됩니다. 이것이 바로 오제(五帝)와 삼왕(三王)에게는 적이 없었던 이유라고 할 수 있습니다.

　그런데 지금 진나라에서는 백성들을 돌보지 않고 내쫓아 적국(敵國)을 이롭게 합니다. 외국에서 온 빈객을 물리쳐 다른 나라의 제후들을 도와 공을 세우도록 합니다. 천하의 선비들을 물러가게 하여 서쪽 진나라로 오지 못하도록 하고 있습니다. ⓛ한마디로 '원수에게 군대를 빌려 주고, 도적에게 양식을 내주는' 격입니다.

　무릇 진나라에서 생산되지 않는 물건도 보배로 삼을 것이 많고, 진나라에서 태어나지 않은 선비들 중에도 진나라에 대해 충성을 바치고자 하는 사람이 많습니다. 이제 외국에서 온 빈객을 내쫓아 적국을 이롭게 하고 밖으로는 제후들한테 원망을 산다면, 나라가 위태로움에 빠지지 않기를 바란들 어떻게 무사할 수 있겠습니까?

지문 해설

지문(가)에 담긴 내용을 읽고 추론하여, 이를 자신의 견해에 맞춰 풀어내라는 문제이다.

→ 추론 문제는 **내용의 이해**가 선행되어야 하는데, 해당 구절을 찾아 읽으며 동시에 이해를 병행해야 한다. 그만큼 글의 **맥락적인 이해**가 중요하다.

필자 예시 답안_찬성 글(600자±50자)

(가)는 외국 국적 관리에 대한 추방 명령을 내린 진시황에게 그 부당함을 간언한 글로, 외국인 출신 관리들을 차별 없이 등용해야 한다고 주장한다. (가)의 주장은 다음 면에서 지지된다. 문화가 다양성에 기초하여 확대되고 발전하듯이, 인적 자원에 대한 다양성의 확대는 국가 발전의 시금석이다. 특히 (가)의 춘추전국 시대처럼 무한경쟁 시대를 살아가는 오늘날, 국내외의 다양한 인적 자원의 폭넓고 다

양한 활용은 국가의 실질적인 경쟁력으로 이어진다. 그렇기에 고려 광종은 초기 고려의 발전을 다지기 위해 중국인 쌍기를 귀화시키면서까지 관료로 중용한 것이며, 이것이 국가 발전에 결정적인 역할을 한 것임을 우리는 역사를 통해 배웠다. 이런 이유로 ⊙처럼 사람됨과 능력의 옳고 그름을 묻고 따지지 않은 채 단지 다른 나라 사람이라는 이유만으로 배척하는 것은 옳지 않으며, 누구든지 예외 없이 등용되어야 한다. 더군다나 인적자원은 국가 발전과 지속 성장에 결정적 역할을 하는 가장 중요한 전략적 자원임을 고려할 때, 더군다나 글로벌 경쟁이 갈수록 치열해지고 있는 현실에서 외국의 유능한 인재를 추방하는 것은 오히려 ⓒ처럼 국가를 위태롭게 하고 외국을 이롭게 하는 행위가 된다. 그렇기에 설령 (가)처럼 '첩자'라는 의심이 들더라도 그들을 무조건적으로 배척하려 들기보다는 관용과 아량으로 흡수·동화시키는 한편, 관리·감독 체계를 강화하는 등으로 현실적인 해결방안 및 보완대책을 모색하는 게 더 적절하다.

수능 지문으로 이렇게 논술 공부하라
수능 지문을 읽고 해석한 후, 논증 요약 글을 쓰는 공부

대입 논술은 공통된 주제 개념을 담은 지문, 그 주제에 종속되는 쟁점·관점을 담은 지문 등 복수의 지문을 구성하여 출제하며, 따라서 각각의 지문을 전부 읽고 제시지문 간의 논리적 연관관계를 파악해야 논증 글을 쓸 수 있다. 반면 수능 국어 비문학의 경우에는 주제 개념과 관점은 물론 논증까지 전부 한 지문에 담아 출제한다. 따라서 수능 비문학으로 출제되는 지문은 그만큼 완결성을 지향하며, 글의 체계와 구성이 일목요연하다. 이를 이어지는 〈사례〉를 통해 확인할 수 있을 것이다.

즉 수능 국어 비문학 지문은 주제·관점·논증 각각을 단락별로 구분하여 명확하게 제시하는데, 이때 지문의 대부분은 주제와 그 주제에 대한 개념적 설명(관점·논점)을 담은 단락으로 구성된다. 이 부분이 바로 논증의 전제를 뒷받침하는 글, 즉 **'해설(설명)'**과 관련한 글로, '정의, 분석, 비유, 예시, 비교, 대조, 묘사, 서사, 인용'이라는 설명의 방법을 통해 기술한 글이 이에 해당된다. 이를 〈사례4〉를 통해 확인하면, 해설 부분은 '정의', '예시', '비교·대조'가 혼합된 설명글, 마지막 두 단락은 전체 내용의 주장과 근거를 담은 논증 글로 구성되어 있음을 알 수 있다(물론 글 전체로 보면 '설명문'의 형식을 띠고 있다). 결국 수능 문제는 각각의 내용과 선택지 대답 간의 사실적 관계를 묻고 따지는 것이라고 보면 된다.

따라서 수능 지문 역시 논술 지문과 마찬가지로 '**주장—근거—해설(이유 + 뒷받침)**'이라는 논증 형식에 맞춰 각각을 구분하고 파악할 수 있는데, 많은 경우에 '주장과 근거'를 담은 단락, 즉 글의 핵심 내용을 담은 단락을 지문의 맨 마지막 부분에 배치함으로써 글의 형식적 구성은 물론 내용적 구성 역시 최대한으로 단순화시켜 출제한다. 그렇더라도 이것을 갖고서 글이 '서론—본론—결론'을 지향한다느니, '두괄식' 또는 '미괄식'을 지향한다느니 하면서 형식적으로 파악해서는 절대 안 된다. 수능 국어 과목은 글의 이해력을 묻는 것이기에, 이런 식의 형식을 따지는 문제는 출제되지 않기 때문이다.

수능 국어 비문학 지문의 경우에는, 먼저 '해설' 부분에 해당하는 단락(첫째 단락에 주제 개념, 두 번째~마지막 단락 바로 앞 단락까지 주제의 하위개념이자 세부관점을 담아 출제하는 게 일반적이다)부터 살펴 따로 떼어내면, 핵심 내용을 담은 단락(논증을 담은 단락으로, 거의 예외 없이 맨 마지막 단락에 배치한다)이 쉽게 드러난다. 따라서 핵심 단락에서 중심 주장 글을 나타내는 문장을 찾아 결론부터 내세우고, 이어서 이를 뒷받침하는 글을 전제로 찾아 밝히면, 전체 논증을 담은 요약 글이 된다.

한편, 수능 영어 지문은 5~10줄 정도의 단문으로 구성되어 있기에, 지문에서 중심 주장 글을 찾아 결론으로 내세우고, 이어서 그 근거를 뒷받침하는 글을 찾아 전제로 밝히면, 그것이 곧 글의 논증을 담은 요약이 된다.

따라서 수능 문제 풀이 시에 제시지문에 담긴 핵심 내용을 논증 요약 글로 써나가는 연습을 병행하는 한편, 이를 통해 지문 해석력은 물론 논증 글쓰기 실력을 늘려나가도록 노력한다. 다음은 그것에 대한 예시인데, 아울러 제시지문을 꾸준히 읽어가며 글의 주제를 파악하고, 그에 담긴 핵심 개념을 이해하고 개념적으로 생각하는 습관을 들이도록 꾸준히 연습해나가기 바란다. 고등학교 1·2학년 논술공부로 이보다 더 좋은 방법은 없다고 단언하며, 게다가 수능 국어 실력까지 부쩍 향상된다.

사례4 2010년 3월 시행 고 국어 모의

【오늘날 상표는 소중한 자산 가치로 인정받고 있지만, 상표가 그 가치를 인정받기 시작한 것은 그리 오래된 일이 아니다. 그런데 상표 가치를 인정하게 되면서 '상표권'과 관련한 상표 보호 문제가 불거졌다. 상표 보호와 관련한 이

론은 크게 **혼동 이론**과 **희석화 이론** 두 가지로 나눌 수 있다.

　상표는 특정 상품이나 서비스의 출처를 표시하여, 상표가 부착된 상품과 그렇지 않은 상품을 식별하게 해 주는 기능을 한다. → ①**(주제에 대한 개념 설명)** 이에 근거해서 **혼동 이론**은 타인이 동일하거나 유사한 상표를 사용하여 출처에 대한 혼동을 불러일으키는 경우에 **상표권자의 상표가 보호받아야 한다**고 보았다. → ②**(관점 설명)** 이 이론에 따르면 소위 '짝퉁'에 해당하는 동종(同種) 상품의 경우, 상표의 식별이 어려울 수 있어 상표를 침해하였다고 판단할 수 있다. 그러나 상품의 종류가 달라서 타인의 동일하거나 유사한 상표의 사용이 혼동을 일으키지 않는다면, 상표권이 침해받지 않은 것이므로 그 행위를 규제할 수 없다.

　예를 들어 '아사달'이라는 상표의 가방이 큰 인기를 끌어 '아사달'이 유명상표가 되었다고 하자. 이럴 경우 '아사달'이라는 상표는 상품의 인지도를 높여 판매를 촉진함과 동시에 이미지를 제고하게 된다. 그런데 누군가가 '아사달' 구두를 만들어 팔 경우, '아사달' 구두는 '아사달' 가방의 상표를 침해한 것인가? 이러한 경우에 혼동 이론에서는 '아사달' 구두가 '아사달'이라는 상표의 혼동을 일으킨다고 볼 수 없다고 판단한다. 왜냐하면 '아사달' 구두와 '아사달' 가방을 동일하거나 유사한 상표로 보지 않기 때문이다.

　반면 희석화 이론에서는 비록 타인의 동일하거나 유사한 상표 사용이 혼동을 불러일으키지 않는 경우에도 상표권이 침해받을 수 있다고 본다. → ③**(관점 설명)** 위의 경우에 '아사달' 가방을 구입한 소비자는 '아사달'이라는 상표의 이미지를 떠올리며 '아사달' 구두를 구매한다. 이때 '아사달' 구두의 품질이 형편없거나 조잡할 경우 '아사달' 가방 자체에 직접적인 피해를 입히지는 않지만, '아사달'이라는 상표의 이미지는 큰 타격을 받고 상표 가치가 심각하게 훼손될 수 있다. 나아가 '아사달' 가방의 매출이 떨어질 가능성도 배제할 수 없다.**】** → **【해설(전제의 뒷받침 글)】**

　【이와 같이 희석화 이론은 유명 상표의 이미지, 광고 선전력, 고객 흡입력 등이 이종(異種) 상품에 흡수되어 상표의 식별력이 희석되는 현상에 주목한다. 이러한 희석화 현상은 상표의 식별력을 약화시키거나 오염시키는 두 가지 형태로 나타난다. → ④**(근거, 전제)** 전자는 '상표 약화에 의한 희석', 후자는 '상표 손상에 의한 희석'이라고 한다. '상표 약화에 의한 희석'은 이종(異種) 상품에 상표를 무단으로 사용함으로써, 어떤 상표가 그 상표가 부착된 상품을 연상하게 하는 힘을 약화시키는 것을 의미한다. → ⑤**(전제의 뒷받침1)** '상품 손상에 의

한 희석'은 타인이 유명 상표를 부적절하거나 혐오감을 느끼게 하는 방법으로 사용함으로써, 해당 상표의 긍정적인 이미지를 손상시키는 것을 의미한다. → ⑥(전제의 뒷받침2)】→【근거, 전제】

자본주의가 급속하게 팽창하던 1920년대에 처음 등장한 희석화 이론은, 초기에 혼동 이론을 중심으로 하는 상표 보호의 근간을 흔드는 이론으로 평가 절하되며 많은 비판을 받았다. 그러나 이 이론은 미국의 판례법을 통해 꾸준히 발전하면서 상표 보호와 관련한 법리적 해석에 기초를 제공하여 부당한 상표 침해 여부를 판단하는 데 활용되었다. → ⑦(중심 주장 글)】→【주장】

- **전제1** : 상표는 특정 상품이나 서비스의 출처를 표시하여, 상표가 부착된 상품과 그렇지 않은 상품을 식별하게 해 주는 기능을 한다. → 개념 정의
- **전제2** : 혼동 이론은 타인이 동일하거나 유사한 상표를 사용하여 출처에 대한 혼동을 불러일으키는 경우에 상표권자의 상표가 보호받아야 한다고 본다. → 관점1
- **전제3** : 희석화 이론에서는 비록 타인의 동일하거나 유사한 상표 사용이 혼동을 불러일으키지 않는 경우에도 상표권이 침해받을 수 있다고 본다. → 관점2
- **전제4** : 희석화 현상은 상표의 식별력을 약화시키거나 오염시키는 두 가지 형태로 나타나기에, 상표 보호와 관련한 많은 문제를 불러 온다. → 전제(전제)
- **결론** : 희석화 이론은 상표 보호와 관련한 법리적 해석에 기초를 제공하여 부당한 상표 침해 여부를 판단하는 데 활용되었다. → 결론(주장)
- **논증 요약** : 상표권 보호와 관련한 희석화 이론은 상표의 식별력을 약화시키거나 오염시키는 두 가지 문제와 관련한 법리적 해석에 기초를 제공함으로써, 부당한 상표 침해 여부를 판단하는 데 널리 활용된다.

4. 수능 지문 읽는 법

핵심(1) 핵심 주제어를 파악하고 중심 주장 글을 찾는다

* 핵심 키워드를 찾아라

수능 국어와 영어 과목의 경우, 하나의 문제는 지시문, 제시지문, 문항, 선택지로 구성되어 있다. 그렇다면 무엇부터 먼저 읽어야 할까? 수능시험은 결국 문제를 풀어 맞히는 데 목적이 있지, 문장을 읽고 그 내용을 통해 지식과 가르침을 받기 위해 읽는 것은 아니다. 게다가 정해진 시간 안에 많은 문제를 풀려면 그만큼 지문을 빠르게 읽어야 한다. 따라서 일반적으로 다음과 같이 읽는 게 적절하다.

먼저 문제의 질문(발문)부터 읽고 이어서 제시지문을 한 번 훑어 본 다음, 이어서 문제(및 보기)와 선택지를 빠르게 읽어내려 간다. 이때 선택지의 문항을 기억하려고 애쓰지 말고 그냥 쉽게 읽어내려 가야 한다. 제시지문을 읽으며 대강의 내용을 알아차릴 수 있도록 그냥 빠르게 읽어내려 간다. 그러면서 핵심 단어와 용어를 파악하고 이것에 동그라미를 친다. 이것들을 파악하기 위해서는 문제부터 먼저 보고 가는 것이 필수적이다. 문제부터 먼저 읽어라.

이런 식으로 아래의 〈사례〉를 빠르게 읽어 보라.

사례1 다음 글을 읽고 물음에 답하시오.

모든 것이 자본주의적 '문화 상품'으로 변모하는 시대의 흐름과 함께, 미술에서는 이전의 내면적이고 초월적인 회화에 대한 반동으로 객관적인 경향의 미술이 발전한다. 이런 경향 중의 하나로 시뮬라크르의 예술을 들 수 있다.

시뮬라크르는 ㉠플라톤이 이데아와 반대되는 개념으로 제시한 것으로 현실의 복제물, 다시 말하면 **허상, 순간적인 것, 혹은 사라지는 것**을 의미했다. 하지만 미디어의 발달로 복제에 대한 다양한 철학적 의미가 부여되면서, 시뮬라크르의 의미는 원본의 지위를 흔드는 복제, 원보보다 더 실제적인 복제, 원본이 없는 복제 등 다양한 의미로 분화하였다.

시뮬라크르를 원본의 지위를 약화시키는 복제로 해석한 ㉡벤야민은 복제는 그저 원작을 베끼는 수준을 넘어 그것의 의미와 가치를 약화시키는 일, 더 나

아가 <u>원본의 **아우라**(예술작품에서 흉내낼 수 없는 고고한 분위기)를 **사라지게**
하는 것</u>으로 해석하였다.

시뮬라크르를 원본보다 더 실제적인 복제로 해석한 ⓒ보드리야르는 오늘날
을 시뮬라크르가 원본을 압도하는 시대로 본다. 다시 말하면 미디어의 발달로
인해, 원본과 복제의 구별이 사라지고 <u>복제가 원본보다 **더 중요하게** 여겨지는
현상이 발생한 것</u>이다.

이러한 흐름 속에서 시뮬라크르는 ⓔ르네 마그리트에 의해 예술의 방법론
으로 차용된다. 그의 작품 세계는 '유사'가 아니라 '상사'를 지향하고 있다. 현
실에 실재하는 대상을 재현하는 전통적인 예술은 유사성의 원리를 따른다. 이
에 반해 마그리트의 작품들은 <u>상사성의 원리, 즉 **원본을 전제하지 않은** 복제들
사이의 서로 닮음을 지향하는 원리를 따르는 것</u>이다.

상사성의 예술은 ⓜ앤디 워홀에 의해 팝 아트의 주요한 예술적 방법으로 발
전한다. 그의 작품들은 전통적인 예술 소재 대신 일상의 소재를 바탕으로 **끊임**
없는 복제를 반복한다. 전혀 새로울 것 없는 통조림, 콜라병, 전화기 등 일상의
소재를 복제함으로써 거기에 뭔가 새로운 것이 있을 것 같은 느낌을 자아내지
만, 거기에는 <u>전통적 예술에서의 고상함</u> 같은 **새로운 것들은 들어 있지 않다**. 숱
하게 반복되는 그의 작품 속 이미지들은 현대 산업사회의 허상을 냉담하고 무
미건조하게 비추어 주고 있을 뿐이다. 그는 이러한 방식으로 예술의 독창성,
고상함 등을 비웃으면서 <u>원본이 지닌 아우라를 무너뜨렸다</u>. 모든 아우라가
사라지는 현대 사회의 기계성, 상품성, 일상성 등을 예술화하고 있는 것이다.
(수능 특강 국어B형 p150~151, EBS)

문제. '원본-복제'와 관련하여 ㉠~㉤의 견해와 서로 통하는 것은?
① ㉠ ⇒ "원본은 복제를 **영속적으로** 존재하게 한다."
② ㉡ ⇒ "원본의 **아우라까지도 복제**가 가능하다."
③ ㉢ ⇒ "복제를 원본보다 못한 것으로 **경시하는 것은 온당하지 않다.**"
④ ㉣ ⇒ "원본 없이는 복제도 존재할 수 없다."
⑤ ㉤ ⇒ "복제는 원본을 **지향하고**, 원본 또한 복제를 **지향한다.**"
【정답】③

〈사례1〉의 지문을 읽어 핵심 개념어가 '시뮬라크르'인 것을 파악하는 것은 어렵지
않다. 그런데, 도대체 이 개념어에 담긴 의미가 무엇일까? 이것부터 파악해야 글 전

체에 담긴 의미를 읽고, 그 개념어와 선택지 대답에 담긴 각각의 의미 관계를 제대로 해석해낼 수 있게 된다.

이것을 파악하는 것은 어렵지 않다. 지문 안에 그것을 담은 문장이 반드시 그것도 여러 문장 안에 들어 있기 때문이다. 사례 지문의 둘째 단락을 보면 '시뮬라크르의 의미는 원본의 지위를 흔드는 복제, 원보다 더 실제적인 복제, 원본이 없는 복제 등 다양한 의미로 분화하였다.'라고 분명하게 명시되어 있다. 따라서 시뮬라크르는 '원본 없는 모방, 복제의 복제'로서 갖는 의미로서의 그 무엇이라고 생각하면 되겠다.

그렇게 해서 그 개념적 의미에 대한 깊이 있는 이해는 차치하더라도, 지문을 읽고 "이 개념어를 놓고서 많은 철학자와 예술가들이 서로 대립되는 어떠한 관점을 지향하고 있으며, 그것이 현대 예술과 문화 분야에서 다양한 방식으로 표출되고 있구나." 하고 파악하면, 그것으로 전체의 개략적인 의미 파악은 충분하다. 수능 시험의 질문의 주종을 이루는 것이 곧 지문과 선택지 대답 간의 의미 관계에 대한 사실적 판단 여부이기 때문에, 심오한 철학적 의미가 담긴 개념 이해에 골몰할 이유는 하등 없다.

중요한 것은 글의 핵심 주장을 담은 키워드(주제어나 개념어)를 찾고 그것에 담긴 의미를 생각하지 않은 채 지문을 읽어서는 안 된다는 것이다. 이는 마치 전체를 파악하지 못한 채 부분에 함몰되는 경우와 다를 바 없기 때문이다. 글을 읽어 그 의미를 파악하지 못하는 가장 큰 이유가 이 때문인데, 우리가 생각 없이 글을 읽는다고 할 때 일컫는 의미가 바로 이것이다.

글쓴이는 어떤 특정한 단어를 특정한 의미로 사용하여 서술해나가는 경우가 일반적이며, 그것도 다소 이해하기 어려운 단어(이것을 '개념어'라고 한다)를 사용하는 경우가 많다. 글쓴이의 사고나 주요 개념을 표현하는 소수의 단어들은 그 글쓴이가 사용하는 특정 어휘라고 할 수 있는데, 글쓴이는 그 단어들을 사용해서 주제의식을 담아 표출하고 논의를 전개해나가는 등으로 매우 특별하게 사용한다.

따라서 글을 읽으면서 그 단어에 동그라미를 둘러 표시를 했다면, 그것은 바로 글쓴이가 특별한 의미로 사용하고 있는 단어를 찾았다는 의미이며, 저자가 가장 중요하게 사용하는 단어이자 다른 단어와는 달리 특별히 강조하는 단어를 찾았다는 뜻과 같다. 즉 주제어이자 그 주제를 포괄하는 의미를 담은 핵심 개념어와 세부 개념어를 찾아낸 것이다.

그러한 단어는 저자가 특정한 고유명사를 사용해서 글에 직간접적으로 드러내며, 그것도 그 단어가 의미하는 것을 문장으로 구성하여 서술하게 되는데, 이것이 곧 그 단어를 정의내리는 핵심 문장이다. 중요한 것은, 이 모든 것들이 지문 안에 다 주어진다는 점이다. 따라서 학생들은 그 단어를 중심으로 글을 읽어가며 내용을 분석하거나 논점을 압축해나가면, 문제해결의 반은 그것만으로도 얼추 끝난 셈이다.

핵심(2) 중요한 단어와 용어를 찾아 어떤 의미로 사용되고 있는지 파악한다
* 단어와 용어의 구분을 통해 세부 의미를 파악

글의 주제를 모른 채 글을 읽는 것은 목적 없이 길을 나서는 것과 다를 바 없다. **글은 철저하게 그 안에 담긴 주제의식에 근거하여 읽어야 한다**. 그렇게 함으로써 문장과 문장, 단락과 단락의 전체 내용구조와 그것에 담긴 의미의 대강을 파악할 수 있게 된다.

핵심 주제어를 담은 중요한 단어를 찾고 그것이 의미하는 바를 파악했다는 것은 곧 **전체의 의미 파악**을 위한 기본 전제를 충족했음을 뜻한다. 그에 따라 글의 내용 가운데 어느 곳을 잘 읽어야 할지를 빠르고 쉽게 찾아낼 수 있다. 따라서 이제 그것에 근거하여 선택지의 각각의 내용(대답)과 관련되는 문장을 지문에서 찾아내는 일이 남았다.

이때 문장 안에 담긴 다른 중요한 단어(술어를 포함한다)들을 살피고, 글쓴이가 그 단어들을 어떻게 사용하고 있는지를 파악하는 것이 문제풀이의 핵심이다. 그것에 기초하여 정답을 알려주는 정보를 본문에서 찾은 후, 그것과 선택지의 내용을 비교해가며 확실한 연관관계를 갖지 않는 것부터 지워나간다. 그것들은 대부분 틀린 오답이거나 출제자가 수험생을 혼란시키기 위해 선택지들을 고의로 모호하게 서술한 것이다. **고의로 모호하게 서술했다는 점을 반드시 기억해야** 당황하지 않게 된다.

이 경우의 포인트는, 단어와 용어(어휘)의 구분이다. 문법적인 면은 단어와 관계있고, 논리적인 면은 그 의미, 정확히 말해 용어와 관계가 있다. 문법은 생각이 담겨 있는 언어를 파악하는 기능이고, 논리는 언어가 전달하는 생각을 파악하는 기능이다. '한 가지' 단어는 '여러 가지 뜻'을 가질 수 있고, '한 가지 용어'는 '여러 가지' 단어로 표현될 수 있다. 이를 뒤집어 말하면, 여러 가지 단어가 같거나 유사한 의미를 가질 수 있으며, 여러 유사 또는 다른 의미를 갖는 단어를 사용해서 하나의 의미를 갖는 용어를 만들어낼 수 있다. 정확한 비유는 아니지만, 영어의 단어와 숙어와의 관계 또는 한자의 사자성어를 생각하면 이해하기 쉬울 것이다.

수험생들이 답을 고를 때, 특히 **선택지 대답을 고의로 애매하고 모호하게 서술해 놨을 때**, 지문과 매칭해가며 관련한 정보를 찾아냈음에도 불구하고 답을 틀리는 경우가 종종 있는데, 이 경우가 바로 위에서 말한 단어와 용어의 정확한 구분과 의미 파악을 못한 때문이다. 이를 〈사례1〉을 통해 설명하면 다음과 같다.

〈사례1〉의 선택지 ①②③④에 담긴 내용을 각각의 지문에서 찾아 그 단어(서술어를 포함한다)를 매칭하면, 밑줄 친 굵은 글씨의 '허상, 순간적인, 사라지는 ≠ 영속적으로', '아우라를 사라지게 ≠ 아우라까지도 복제하게', '더 중요하게 = 경시하는 것은 옳지 않다', '원본을 전제하지 않은 ≠ 원본 없이는'이 되어 그 정답과 오답 여부를 쉽게 구분할 수 있다. 이렇게 놓고 보면, 답을 고르기 참 쉬운데, 요령만 터득하면 실제로도 그렇다.

하지만 ⑤의 경우에는 약간은 간단치가 않다. 왜냐하면 선택지의 '……원본을 지향하고, ……복제를 지향한다'는 양방향적인 의미를 갖는 내용을 담은 문장을 지문에서 다 찾아내고, 이것을 서로 꿰맞춰 유추해내야 하기 때문이다. 지문 안의 '끊임없는 복제를 반복한다', '복제한 것에는 원본의 고상함 같은 새로운 것들이 들어있지 않다', '복제품이 원본이 지닌 아우라를 무너뜨렸다'는 주장을 종합하여, '복제가 원본을 전제하거나 원본을 지향하지 않고 그저 독립적으로 존재할 뿐'이라는 결론을 유추할 수 있어야 한다. 즉 각각의 의미를 갖는 여러 가지 단어를 사용해서 그것을 종합하는 하나의 용어가 갖는 의미를 논리적으로 유추해내야 한다. 그 용어가 '양방향을 지향한다.'임을 굳이 밝히지 않아도 짐작할 수 있을 것이다.

중요하기에 좀 더 자세히 설명하면 이렇다. 선택지가 묻는 내용(대답)이 지문 내의 여러 단어를 조합해서 하나의 유의미한 결과를 이끌어낼 것을 요구한다거나, 반대로 지문 내에서 여러 의미를 갖는 단어가 선택지의 내용과 서로 어떤 연관관계가 있는지를 알아내야 하는 경우, 이를 어떻게 파악할 것인가가 관건이 된다.

그에 대한 답은 **같은 문맥 속에 있는 다른 단어들의 의미를 사용해서 이해하라**는 것이다. 글쓴이는 자신의 생각을 좀 더 명확하게 나타내고 싶을 때 이를 하나의 단어보다는 여러 단어를 담은 문구나 문장으로, 그것도 다발적으로 표현하고자 한다. 그렇게 해서 자세히 풀어 쓴 글에는 비록 다른 여러 단어들이 들어있지만 궁극적으로는 같은 의미를 담게 마련이다. 글의 맥락적인 이해가 필요한 이유가 이 때문인데, 특히 주제에 대한 개념 정의를 위해 동원된 단어들을 잘 파악하면, 이를 둘러싸고 있는 낯익은 단어들이 문맥이 되어 해석을 돕게 된다.

따라서 다시 〈사례〉의 문제로 돌아와서, 글의 주제인 '원본과 복제의 관계'를 놓고 생각해보자. 선택지⑤의 "서로가 서로를 지향한다."는 의미와 제시지문의 해당 단락에 들어 있는 여러 단어(서술어)들과의 관계, 즉 단락에 담긴 단어 전체의 맥락이 '상호성을 갖는가', 아니면 '일방향적인가'를 파악했다면, 그것으로 충분히 선택지의 오답 여부를 파악할 수 있을 것이다.

실제 수능 국어 문제에서 학생들에게 요구하는 추론 능력은 이 정도 수준이며, 따라서 단어들이 정확히 어떤 의미로 사용되고 있는지를 파악하는 것만으로도 얼마든지 정답을 맞힐 수 있다. 대입 논술의 경우에도 마찬가지겠지만, 평소의 독서 습관을 통해 어휘력을 풍부하게 쌓은 학생들이 문제를 푸는 능력이 뛰어남은 불문가지다.

지문을 읽는 방법은 수능 영어 시험의 경우도 마찬가지인데, 특히 영어 과목의 경우에는 단어에 대한 이해가 문제 풀이에 절대적임을 모르는 학생들은 없다. 이것이 의미하는 바가 무엇이겠는가. 그만큼 단어에 대한 의미 파악과 이해가 중요한데, 특히 다음 두 가지에 집중된다.

하나는 다른 단어들과 **구별되는 중요한 단어를 찾아내는**(특히 영어 시험의 경우) 일이며, 다른 하나는 그 단어들이 정확하게 **어떤 의미로 사용되고** 있으며 **또 선택지에 드러난 단어와 어떤 연관관계를 갖고** 있는가를 파악해내는(특히 국어 시험의 경우) 것이다. 실제 이것만 제대로 갖추고 있어도, 지문 읽기와 답 맞추기는 문제없다. 이때 더불어 중요한 것은, 제시지문을 읽고 해석할 때, 그리고 단어에 담긴 의미를 파악할 때, 어디까지나 **지문에 담긴 주제이자 핵심 주장을 파악하고 그것에 근거해서** 읽는 것이다. 중요하다.

이제까지의 설명을 정리하는 의미로, 다음 〈사례2〉의 빈칸추론 문제를 풀어보자.

사례2 2011 수능 영어 25번 문제

One of the little understood paradoxes in communication is that the more difficult the word, the shorter the explanation. The more meaning you can pack into a single word, the fewer words are needed to get the idea across. Big words are resented by persons who don"t understand them and, of course, very often they are used to confuse and impress rather than clarify. But this is not the fault of language; it is the arrogance of the individual who misuses the tools of communication. The best reason for acquiring a large vocabulary is that ___________________________.

A genuinely educated person can express himself tersely and trimly. For example, if you don"t know, or use, the word "imbricate," you have to say to someone, "having the edges overlapping in a regular arrangement like tiles on a roof, scales on a fish, or sepals on a plant." More than 20 words to say what can be said in one.

① it keeps you from being long-winded
② you can avoid critical misunderstandings
③ it enables you to hide your true intentions
④ it makes you express yourself more impressively
⑤ you can use an easy word instead of a difficult one
【정답】 ①

지문 해석

의사소통에 있어 이해하기 어려운 역설의 하나는, 단어의 의미가 어려울수록(즉 내용적으로 많은 내용을 포괄하고 함축할수록) 설명은 오히려 더 짧아진다는 것이다. 즉 한 단어에 많은 의미를 담아 전달할수록, 의사소통하는 데 있어서 필요한 단어 수는 그만큼 줄어든다. 하지만 그러한 함축어들(Big words)은 그 의미를 이해하지 못하는 사람들을 종종 당혹스럽게 하는데, 사람들은 그러한 단어에 담긴 의미를 명확하게 이해하기보다는, 오히려 더 많은 혼동과 자괴감(to confuse, and impress)에 빠지게 된다(왜? 이들은 그 언어를 제대로 이해할 수 있을 만큼의 언어학습을 받지 못했으니까). 그렇더라도 이는 언어적인 잘못이 아니라, 언어적 의사소통을 위한 도구로서의 단어를 잘못 사용한 개인(발화자)의 지적 오만함 내지는 무지 arrogance(왜? 상대방의 입장을 헤아리지 않고, 자기만의 언어를 구사하니까)에 기인한다. 왜냐하면 사람들이 (풍부한 어휘력을 위해) 단어를 폭넓게 습득하는 가장 큰 이유는, 그것이 (의사소통에 있어서의) 장황한 단어 사용(long-winded)을 줄여주기 때문이다(즉 단어를 장황하게 사용하지 않아야 그만큼 올바른 언어적 의사소통을 할 수 있다).

따라서 언어를 제대로 학습한 사람이라면, 간결하고 간명한 단어로 표현할 수 있어야 한다(즉 풍부한 어휘력을 바탕으로 의사소통에 적합한, 간결한 단어를 구사해야 한다). 예를 들어, 만약에 당신이 'imbricate'라는 단어를 모르거나 사용해본 적이 없다면, 당신은 이를 상대방에게 '지붕 위의 기와나 물고기 비늘, 또는 식물의 꽃받침처럼 규칙적으로 배열된 곁가지를 가지고 있는 그 무엇'이라고 말해야 한다. 즉 한 단어로 말해도 될 것을 무려 20개 이상의 단어로 말해야 한다.(이것, 의미가 명확하게 전달될까?, 제대로 의사소통될까?)

〈사례2〉의 지문을 '주장 – 근거 – 해설'의 논리구조로 파악하고, 이를 중심으로 문제풀이의 핵심을 설명하면 다음과 같다.

(A) 【One of the little understood paradoxes in communication is that the more difficult the word, the shorter the explanation. The more meaning you can pack into a single word, the fewer words are needed to get the idea across. 【Big words are resented by persons who don"t understand them and, of course, very often they are used to confuse and impress rather than clarify. But this is not the fault of language; it is the arrogance of the individual who misuses the tools of communication】】 → (전제의 부연 =해설) 【The best reason for acquiring a large vocabulary is that <u>it keeps you from being long-winded</u>】】 → (전제)

【A genuinely educated person can <u>express himself tersely and trimly</u>】 → (결론) 【For example, if you don"t know, or use, the word "imbricate," you have to say to someone, "having the edges overlapping in a regular arrangement like tiles on a roof, scales on a fish, or sepals on a plant." <u>More than 20 words to say what can be said in one</u>】 → (예시=해설)

① it keeps you from being long-winded
② 풍부한 어휘력은 – you can avoid critical misunderstandings (잘못된 이해에 빠지지 않게 한다)
③ 풍부한 어휘력은 – it enables you to hide your true intentions (속내를 드러내지 않게 한다)
④ 풍부한 어휘력은 – it makes you express yourself more impressively (단어를 보다 심도 있게 표현할 수 있게 한다)
⑤ 풍부한 어휘력은 – you can use an easy word instead of a difficult one (어

려운 단어보다는 쉬운 단어를 사용할 수 있게 한다)

- **핵심 논지** : 정확한 언어적 의사소통을 위해서는 풍부한 어휘력을 바탕으로, 단어를 간결하고 간명하게 표현할 수 있어야 한다. 즉 많은 단어를 사용하여 장황하게 설명하지 말라! 그리고 이를 위해 언어학습을 제대로 하라!
- **전제1** : 풍부한 어휘력을 통한 핵심어의 구사는, 단어의 장황한 사용을 막는다.
- **전제2** : 단어의 장황한 사용을 막아야, 의사소통은 정확해진다. – 숨은 전제
- **결론** : 따라서, 정확한 의사소통을 위해서는, 단어를 간결하고 간명하게 표현할 수 있어야 한다.
- **함축** : 정확한 내용을 함축한 핵심어를 올바르게 사용할수록, 의미전달이 보다 명확해진다.

수능 영어 추론 문제, 특히 빈칸 채우기 유형의 해결은 의외로 쉽다. 즉 중심 주장 글과 그 근거를 담은 글을 찾아낸 후, 둘에 담긴 핵심 단어 또는 어휘를 서로 줄긋기 하여 개념적으로 일치시키면, 그것에 적합한 선택지가 정답이 된다. 수능 영어 문제의 경우, '전제(근거)–결론(주장)'은 지근거리에 위치하고 있는 경우가 일반적인데, 이는 그만큼 답을 찾기 쉽도록 장치해 놓았다는 뜻이다(물론 다 그런 것은 아니다). 따라서 각각에 담긴 핵심 단어는 다음과 같다.

keeps you from being long-winded = not long-winded (장황하지 않게)
express himself tersely and trimly (간결하고 간명하게)

이것을 추론해내기 위해서는 각각의 단어에 대한 이해가 앞서야 함은 물론이다. 단어 공부의 중요성이 강조되는 이유가 이것인데, 지문 안의 'long-winded'의 의미를 정확히 알고 있거나, 글의 전후를 파악하며 그 의미를 유추해낼 수 있어야 정답을 맞힐 수 있다. 즉 단어를 많이 알고 있어야 올바른 답을 고를 수 있다는 얘긴데, 이 또한 지문의 내용에 맥락으로 상응한다. 즉 단어를 많이 안다는 것은 곧, 상황에 맞는 적절한 단어를 이해 또는 파악할 수 있다는 뜻이기에 그렇다.
　이때, 논술공부의 중요성을 강조하기 위해 논의를 조금 더 깊숙이 밀고 들어갈 필요가 있다. 대입논술 공부에 있어서는 첫 문장의 '단어의 의미가 어려울수록 설명은 더 짧아진다는, 의사소통에 있어서의 역설이 의미하는 바'를 반드시 이해하고 넘어가야 한다. 물론 이 역시 글의 전체를 읽어 이를 추론해내면 되지만, 이때 역설

(paradox)이 '이면의 진실을 담고 있는 진술'이란 점에 주목할 필요가 있다.

그 의미는, 단어의 의미가 어려울수록 또는 복잡할수록 **(그만큼 많은 내용을 포괄하고 함축하는 정확한 단어를 선택해서 사용해야 잘된 언어적 소통으로 이어지며**, 그럴 경우 오히려) 설명은 더 짧아진다는 것이다. 그리고 그 소통의 힘은 간결하고 간명한 단어의 사용에서 나온다는 것이다. 한 마디로, 단어 실력이 부족하면 그만큼 장황하게 설명할 수밖에 없다는 것으로, 그에 따라 알듯 모를 듯 자기만의 언어로 중언부언한다는 얘기다.

이때 지문에서 주목해야 할 것은 '많은 의미를 담은 함축어들은 자칫 이를 듣고 받아들이는 사람들을 곤혹스럽게 만든다'는 사실이다. 이는 언어적 잘못이 아니라 발화자가 남들이 이해하지 못할 어려운 단어를 남발하는 지적 오만함 내지는 자기 과시욕에서 비롯된 것이라고 하여, 올바른 언어구사를 위한 언어학습의 중요성을 강조하고 있다.

결국 '단어의 의미가 어려울수록 설명은 오히려 더 짧아진다'는 역설이 의미하는 바는, '정확한 설명을 위해서는 단어를 올바르게 선택해야 한다'는 의미와도 같다. 그리고 올바른 단어의 선택은 그만큼 명확한 의미를 갖는 단어를 사용하는 것이기에 그 설명 역시 간결하고 간명할 수밖에 없고, 이는 결국 바른 언어학습에서 비롯된다고 보면 된다. 즉 글의 핵심 주제는 올바른 '언어학습의 중요성' 논지는 '간결하고 간명한 단어를 사용하여 표현하라'라고 보면 된다.

좀 더 깊은 공부를 위해, 여기서 조금 더 나아가보자. 이를테면 오답 가능성이 가장 높은 선택지⑤의 경우(오답률: 26%), '(풍부한 어휘력은) 어려운 단어보다는 쉬운 단어를 사용할 수 있게 한다.'는 서술은 일견 적절한 답이라고 생각할 수 있을 것이다. 하지만 글의 논지는 어디까지나 '간결하고 간명한 단어'를 구사함으로써 언어 소통에 있어서의 혼동을 없애라는 것이므로 ①이 더 적절하며(정답률은 39%이다), 또한 지문의 어디에도 쉬운 단어를 사용해야 한다는 내용은 나와 있지 않다.

이제, 선택지⑤에 근거하여 한 학습지에서 설명한 해석상의 오류를 살펴보고, 지문을 어떻게 해야 올바르게 읽는지에 대해 파악해보기 바란다. 이를 통해 수능 기출 지문을 갖고 어떻게 논술 공부를 병행해나갈 수 있을지, 논술에서 가장 중요한 논증(주장과 근거)의 파악과 요약 글쓰기의 핵심에 대해 이해할 수 있을 것이다. 논증 파악과 요약 글쓰기는 국어 지문의 경우에도 마찬가지다.

어떤 학습지 해석을 보니까, 지문에 따르면, '어려운 단어를 쓰면 적은 단어로도 생각을 전달할 수 있으므로, **여러 개의 쉬운 단어 대신에 하나의 어려운 단어를 써야 한다**고 말하고 있다.'고 하여, 어려운 단어 대신 쉬운 단어를 쓴다는 ⑤는 지문의 요지와는 정반대의 내용이라고 설명하고 있다. 하지만 이는 옳지 않다. 무엇보다, 지문에는 그런 내용이 없다.

아마도 '한 단어에 많은 의미를 담아 전달할수록, 의사소통하는 데 있어서 필요한 단어 수는 그만큼 줄어든다(The more meaning you can pack into a single word, the fewer words are needed to get the idea across).'는 지문을 두고서 하는 말 같은데, 한마디로 얼토당토않은 설명이다. 여기서의 'a single word'는 '어려운 단어'를 의미하기 보다는, **내용적으로 많은 설명을 포괄하고 함축하는 결정적인 '한 단어'**로서의 '함축어'를 뜻한다고 봐야 하기 때문인데, 이를테면 '주제어', '개념어', '핵심 단어' 등이 그것이다.

이 해설에 있어서의 가장 큰 오류는, 중심 주장 글, 즉 아래의 설명에서 알 수 있듯이 주제문을 잘못 찾고, 그렇게 해서 이것에 모든 것을 꿰맞추려고 든다는 데 있다. 아래에서 설명하는 주제문 부분은 어디까지나 '전제를 부연하는 비유 글에 해당하는 설명 글'의 일부로, 결론의 내용을 가늠할 수 있는 함축을 담은 글이지, 결코 중심 주장 글을 담은 주제문이 될 수 없다.

물론 지문의 전체 내용이 주제를 향해 한 방향으로 흐르기에 이것을 주제문으로 간주하여 전체 내용을 가늠하고, 그에 맞춰 판단해도 빈칸을 추론해내는 데에는 별 무리가 없겠지만, 그렇더라도 정확하게 알아야 할 것은 알아가며 공부해야 한다. 아래는 그 참고서에서 설명한 지문 구조와 그 내용적인 도해이다.

이를 보면 'ⓐ, ⓑ : 어려운 단어를 잘못 사용한 경우로서, **혼동을 주고 관심을 끌기 위해 사용**'한다고 설명하고 있는데, 이는 결코 옳은 해설이 될 수 없다. 이 세상에 타인에게 언어소통에 혼동을 주고 관심을 끌기 위해 어려운 단어를 사용하고자 하는 사람이 어디에 있겠는가? 언어력이 부족함에도 불구하고 아무 언어나 마구잡이식으로 남발하니까 사람들에게 혼동을 주고 헷갈리게 만드는 것이지, 달리 무엇으로 해석될 수 있겠는가?

어느 학습지에 게재된 설명

● **지문 구조**

주제문 : 단어가 어려울수록 설명은 짧아진다.

주제문 재진술 : 한 단어에 의미를 많이 집어넣을수록, 더 적은 단어로 생각을 전달할 수 있다.

구체적 진술 : ⓐ, ⓑ는 어려운 단어를 잘못 사용한 경우 → 혼동을 주고 관심을

끌기 위해 사용했다.

ⓒ~ⓕ는 어려운 단어를 제대로 사용한 경우 → 장황해지는 것을 막기 위해 사용했다.

(B) 【**One of the little understood paradoxes in communication is that the more difficult the word, the shorter the explanation**】 → (주제문)

【The more meaning you can pack into a single word, the fewer words are needed to get the idea across】 → (주제문 재진술) ⓐBig words are resented by persons who don"t understand them and, of course, very often they are used to confuse and impress rather than clarify. ⓑBut this is not the fault of language; it is the arrogance of the individual who misuses the tools of communication】 → (어려운 단어의 잘못된 사용)

【ⓒThe best reason for acquiring a large vocabulary is that _________________________. ⓓA genuinely educated person can express himself tersely and trimly. ⓔFor example, if you don"t know, or use, the word "imbricate," you have to say to someone, "having the edges overlapping in a regular arrangement like tiles on a roof, scales on a fish, or sepals on a plant." ⓕMore than 20 words to say what can be said in one】 → (어려운 단어의 올바른 사용)

독해 기술

주제문에서 알 수 있는 이 글의 요지는 '어려운 단어를 쓰면 원하는 것을 더 짧게 표현할 수 있다.'이다. 뒤에 이어지는 구체적 진술은 크게 둘로 나눌 수 있는데, 먼저 ⓐ와 ⓑ에서는 어려운 단어를 잘못 사용하는 경우를 보여주고 있다. 더 적은 단어로 생각을 전달하기 위해서가 아니라 "to confuse, and impress'를 위해 어려운 단어가 쓰이는 것은 잘못된 사용이라고 말하고 있다.

ⓒ부터가 요지를 직접적으로 뒷받침한다. 'a large vocabulary를 익혀야 하는 이유'라고 했는데, 여기서 'a large vocabulary'는 ⓐ의 'big words'에 대한 재진술이다. 즉 빈칸에는 어려운 단어를 익혀야 하는 이유가 들어가면 된다.

주제문에서 어려운 단어를 쓰면 '설명이 더 짧아진다'고 했다. 또 주제문의 재진술에서 '더 적은 단어로 생각을 전달한다'고 했다. 이에 대한 재진술인 것은 'ⓘ상황해지는 것을 막아준다(it keeps you from being long-winded)'이다...(풀이기술 27). ⓓ에서도 재진술을 확인할 수 있다. '간결하고 단정하게 표현한다'는 것도 결국 이와 똑 같은 의미이다.

→ 위 주제문, 즉 '단어가 어려울수록 설명은 짧아진다'처럼, 특히 '비유'의 방법을 사용한 설명 글이 전체의 중심 주장 글을 담은 문장이 될 수는 없다.

이것(B)과 필자의 제시지문 분석(A)을 통해 글을 핵심 주장을 파악하고 이를 비교하면, 논리적 · 논증적 실체관계가 단박에 드러나게 된다.

● (B) : 단어가 어려울수록 설명은 짧아지기에, <u>여러 개의 쉬운 단어 대신에 하나의 어려운 단어를 써서 표현해야 한다.</u> → 논리적인 인과성이 떨어지는 이른바 '인과적 설명'의 한 예이다. 따라서 올바른 논증이 아니다.

● (A): 정확한 언어적 의사소통을 위해서는, <u>많은 단어를 사용해가며 장황하게 설명하지 말아야 한다.</u> → 올바른 언어학습의 필요성이 분명해진다(지문의 주제).

이처럼 추론 문제의 경우에는 중심 주장 글과 그 전제에 해당하는 글을 찾아 논리적 인과관계를 살피는 것이 매우 중요한데, 당연히 이는 **독해력**, 즉 지문해석 능력에서 나오고, 그 지문해석력은 **어휘력**에서 나온다. 그리고 그럴 때만이 논증은 올바르게 구성되고 글의 주제 역시 정확하게 파악된다.

참고로, 시중의 많은 참고서를 보고 있자면 이런 식의 해설이 자주 등장하는데, 왜일까? 바로 글의 형식에 집착하여 도식적이고 도해적인 설명에 치우친 데 따른 귀결이다. 이를테면, 글은 두괄식이나 미괄식을 지향하기에, 주제문(중심 주장 글)은 지문의 맨 앞이나, 또는 맨 뒤 문장에 나온다는 식의 '억지춘향'으로 꿰맞추려 들기 때문이다. 이는 적어도 논리적 추론 문제를 해석함에 있어서는 옳지 않기에, 반드시 지양해야 한다. 어디까지나, 스스로 노력해가며 치열하게 글을 읽고 생각하는 과정으로서의 올바른 글 읽기만이 요구될 뿐이다.

여기까지를 정리해서 수능 국어와 영어 제시지문을 읽는 방법의 핵심을 요약하면 다음과 같다.

● 핵심 단어, 즉 주제어와 개념어를 파악하고 핵심 주장(주제)을 찾아낸 후, 이를 중심으로 지문을 읽는다. → 지문 전체의 개략을 파악

● 이렇게 해서 파악된 주제에 근거하여 읽되, 지문과 선택지에 담긴 단어와 용어를 구분해 살피면서 세부 의미를 파악하고, 비교하고, 대조한다. → 세부 내용의 파악

수능 국어와 영어 과목 지문 읽기의 핵심 정리

수능 국어의 언어이해 영역이나 영어의 빈칸추론 문제는 특정한 주제에 대한 수험생의 지식을 묻고 검증하는 것이 아니다. 제공된 제시지문에 나타난 정보에 기초하여 문제에 답하는 것이 중요하다. 대답 선택지에서 새로운 판단을 묻는 문항 역시 제시지문에 이미 진술되어 있거나 추론할 수 있는 내용에 근거해야 한다.

수능 국어 시험에 출제되는 비문학 지문들은 대부분이 논리적이고 잘 정리된 글이다. 따라서 일관성이 있고 주장이 뚜렷하며, 체계적으로 쓰여진 글이다. 중요한 것은 그 지문에 담긴 주제에 대한 개념적 이해이지, 그것에 대한 세세한 배경지식이 아니다. 더군다나 지문은 글의 일부가 발문되는 경우가 많아, 자칫 배경지식을 동원해서 문제를 풀다가는 오히려 방해가 될 수 있다.

제시지문 독해에 논리학적인 지식을 동원해가며 풀거나, 논리적인 구조만을 강조해서 도식적 · 도해식으로 지문을 구분지어가며 읽어서는 안 된다. 구조 독해를 한답시고 순접, 역접을 갖는 접속사에 세모나 동그라미 표시를 하는 등으로 단순하게 읽어서는 절대로 올바른 독해로 이어질 수 없으며, 오직 전체를 읽어가며 그 안에 담긴 의미를 파악해야 한다. 수능시험에 구조 독해가 비집고 들어갈 틈은 없다.

글을 읽으면서 가장 먼저 눈여겨보아야 할 것이 **핵심 단어**이다. 특히 고유명사에 주목해야 하는데, 이것이 핵심 개념을 담은 개념어이자 글의 중심 주장을 담은 **주제어**일 확률이 높기 때문이다. 따라서 핵심 단어에 밑줄을 치고, 문제에서 묻고 요구하는 내용으로서의 핵심 주장을 파악하면서 지문을 읽어 내려가야 한다.

단락을 구분지어 가며 읽을 수 있다면 주제 파악은 한결 쉬워진다. 주장의 요지, 반론, 논증, 증거 제시 등에 따라 모든 문장은 줄바꾸기를 하며, 또한 큰 주제와 세부 주제(관점)에 따라 단락이 주어진다. 그리고 이 모든 것은 '**주장 – 근거 – 해설**'로 귀결되며, 이때 글의 대부분을 차지하는 해설(설명) 부분부터 찾아 따로 떼어내면 주장 글 찾기는 한층 쉬워진다.

많은 경우, 한 단락에는 하나의 개념이 중심을 이루고 그에 따라 논증을 구성하는 경우가 많다. 따라서 만약 어느 단락에서 개념어가 바뀌거나 화제가 바뀔 경우, 그

전후 맥락에 특히 신경써가며 글을 읽어야 한다. 진정한 단락 구분은 바로 이 부분으로, 개념적·논리적 전환이 이뤄지고 있다는 증거이다.

따라서 긴 문장이 지문으로 주어진다고 해서 겁먹을 이유는 하등 없다. 이런 장문으로 구성된 지문일수록 문장을 읽어가면서 단락을 나누다보면 저절로 문장 구조가 드러난다. 또 자연스럽게 주제도 드러나게 마련이다.

정리하면, 문장을 읽으면서 '주장 – 근거 – 해설' 부분으로 단락을 구분 짓고, 그 안의 핵심 단어를 찾아 동그라미 치고, 그것을 포괄하는 주요 문장에 밑줄을 긋고, 그렇게 해서 중심 주장 글과 그것을 뒷받침하는 글을 찾아내면, 그것으로 독해와 요약은 완결된다. 이는 대입 논술과 관련한 제시지문 읽기의 경우에도 마찬가지인데, 수능 문제의 경우 고도의 추론 문제를 제외하고는 이러한 과정도 그다지 필요치 않다. 지문과 선택지 간의 단어와 단어, 문장과 문장 간의 단순한 내용적인 연결만으로도 충분히 답을 맞힐 수 있다. 요는 그것을 파악할 수 있는 읽기 능력과 그것을 가능케 하는 약간의 논리적 사고력에 달렸다.

5. 수능 국어 공부의 핵심 포인트

관건은 독해력이다

국어 능력은 곧 **언어 능력**이다. 언어를 이해하고 언어적으로 사고하는 능력이 그 것이다. 수능 국어과목은 대학 수업에 필요한 언어 능력을 측정하기 위한 목적을 갖고, 범교과적인 소재로 구성된 언어 자료를 활용하여 학생들의 이해력과 사고력을 측정한다. 즉 수능 국어과목은 '**이해와 사고**'의 과정을 중시하는 시험이다.

그렇기에 수능 국어과목은 지식 그 자체를 묻지 않는다. 국어 시험에서 지식을 측정하는 수준은 어휘력과 문법 지식을 묻는 몇몇 문제에 국한될 뿐이다. 대부분의 문제들은 단편적인 지식을 묻는 게 아닌, 글의 내용을 정확히 파악하고 **이해하는 능력**(국어과목 전체)을 묻는 한편, 그렇게 해서 파악된 사실적 지식을 출제의도에 맞게 **비판적으로 사고**할 수 있는 능력(비문학 부문), 언어 이해와 표현, 작품 감상 등 언어 활동의 과정에서 자료나 텍스트의 표면에 제시되지 않은 요소들을 코드와 맥락으로 이해하고 **논리적으로 추론**하는 능력(문학 부문)을 묻는다.

　이런 이유로, 수능 국어과목은 알아야 할 기본 지식이나 근본 개념의 범위가 달리 정해져 있지 않고, 학습과정도 정형화되어 있지 않다. 내용면에서는 우리가 일반적으로 생각하는 국어, 즉 문학작품이나 언어와 관련된 문제만을 지문으로 출제되는 것은 아니다. 정치, 경제, 사회, 역사, 철학 등 교과와 관련된 것뿐만 아니라 자연과학 및 문화·예술과 관련된 글들도 발췌하여 출제된다.

　이처럼 수능 국어과목은 범교과적인 소재를 활용하여 문제가 만들어지는 것이기에 학교에서 치르는 국어 시험처럼 달달 외워서 해결될 문제가 아니며, 그렇다고 해서 다방면으로 관련한 많은 지식을 쌓는다고 해서 성적이 오르는 것도 아니다. 수험생들이 아무리 공부해도 성적에 변화가 없으며, 오히려 수능에서 성적이 떨어지면서 크게 좌절하는 과목이 바로 국어과목인 것이다.

　거듭 강조하거니와, 수능 국어과목은 단순한 교과과정의 공부를 넘어선다. 언어적 **이해력과 사고력**을 묻되, 그것도 전적으로 출제자의 의도에 따라 제시된 글에서 출제자가 의도하는 답을 도출해내는 능력을 평가한다. 따라서 수능 국어과목을 공부할 때에는 좀 더 근본적인 관점에서 접근해야 한다. 어떻게 해야 할까?

　그것을 생각하기에 앞서 알고 있어야 할 것이 있다. 수능시험의 다른 과목에도 해당되는 것이지만, 국어과목 역시 쉽게 출제된다. 그럼에도 학생들이 국어과목을 어렵다고 생각하는 가장 큰 이유는, **지문이 길게 출제**되기 때문이다. 즉 출제자는 문제의 난이도를 지문의 길이로 조절하려 드는데, 따라서 지문을 빠르게 읽어 정보를 해석할 수 있어야 한다.

　이때 학생들이 알아야 할 것은, 단순히 지문이 짧다고 해서 문제가 쉬운 것은 아니며 또 길다고 해서 무조건 어려운 것은 아니라는 사실이다. 지문이 짧을수록 오히려 심층적인 사고 능력을 측정하는 문제이기 쉽고, 반대로 지문이 길수록 문제는 단순할 수 있다. 지문 안에 담긴 내용을 찾아 선택지 대답과 일치시키는 문제로 출제되는 경우가 일반적이기 때문이다. 그럼에도 수능 국어과목에서 지문이 조금만 길게 나와도 문제가 어렵다고 느끼는 것은 바로 **독해 능력이 부족**하기 때문인데, 당연히 지문을 빠르게 읽어 내는 학생이 그만큼 유리할 수밖에 없다. 어찌 보면, 수능 국어과목은 '**읽기 능력**'을 묻고 측정하는 시험이라고 봐도 무방한데, 그것도 빠른 시간 안에 얼마나 많은 정보를 정확히 해석할 수 있는가를 묻는 시험이라고 보면 된다.

　많은 경우, 학생들이 답을 틀리는 이유는 문제 풀이 방법을 몰라서라기보다는, **내용의 그릇된 이해나 사고력의 부족**에 따른 실수에서 비롯된다. 특히 수능 국어과목은 짧은 시간 내에 많은 문제를 풀어야 하기에, 상당수의 학생들은 긴 지문에 담긴 내용의 핵심을 이해하려고 노력하지 않는다. 다시 말해 지문에 대한 정확한 이해 없이 그저 빨리 답을 찾기 위해 방법적 노하우를 들먹여가며 습관적으로 문제를 풀려고 든다. 하지만 그런 방법적 노하우나 원리·원칙은 없다. 오직 글을 읽어 '이해와 사고'하는 능력을 길러야만 문제를 제대로 풀 수 있다.

따라서 이렇게 생각하면 된다. 수능 국어 공부의 핵심은 **'지문의 독해 능력'**을 키우는 데 있으며, 그것도 **'얼마만큼 빠르고 정확하게'** 글을 읽을 수 있는가에 대한 역량으로 집약된다. 이를 위해서는 무엇보다, 교과서 글은 물론 더 나아가 보다 차원 높은 글까지 독서의 지평을 넓혀야 한다. 국어 실력은 읽는 만큼 쌓이기 때문에, 열심히 읽는 것만큼 좋은 국어 공부는 없다. 따라서 어릴 때부터 **'꾸준히 책 읽는 습관'**을 들이는 것이 국어 실력을 늘리는 가장 확실한 방법이자 국어 공부의 핵심이다.

지문을 정확히 읽는 방법적인 요령에 대해서는 앞장의 '수능 지문 읽는 법'에서 설명했으므로 생략하고, 여기서 강조할 것은 이것이다. 즉 지문을 빠르게 읽기 위해서는 그만큼 **평소에 꾸준히 책을 읽는 습관을 들이고, 이를 통해 빠르고 정확하게 글을 읽는 능력으로서의 독해력을 길러야 한다.**

이를 위해서는 교과서에 나오는 작품들은 될 수 있으면 빼놓지 않고 찾아 읽도록 한다. 수능 국어과목, 특히 문학부문은 교과서에 실린 작품을 중심으로 지문을 구성하게 되는데, 이는 그만큼 그 작품의 문학적·사상적 가치가 뛰어나기 때문이다. 그렇더라도 실제 출제지문은 교과서에 수록된 내용 밖에서 발췌되는데, 출제자는 학생들이 작품 전체를 다 읽었으리라는 전제하에 **교과서에 수록된 내용 외의 다른 부분**에서 지문을 끌어와 문제를 낸다. 당연히 작품을 읽은 학생과 그렇지 않은 학생과는 내용적인 이해의 폭이 다를 수밖에 없다.

이것은 수능 국어 공부에 있어서의, 그리고 고득점을 받는 데 있어서의 중요한 힌트가 된다. 앞서 말했듯이, 매년 계속해서 출제되는 수능시험에서 바뀌는 것은 질문과 선택지라고 했고, **바뀌지 않는 것은 지문(글감)**이라고 했다. 이때 지문이 바뀌지 않는다는 것은 지문의 출전(出典)이 그렇다는 것이지, 발췌되는 부분이 같다는 의미는 아니다. 지문으로 발췌되는 부분은 해마다 내용을 달리할 수밖에 없지만, 그리고 그에 맞춰 질문과 선택지 역시 차이날 수밖에 없지만, 그럼에도 지문에 담긴 주제 개념과 중심내용, 그리고 평가영역은 결코 달라지지 않는다.

이는 수능 비문학의 경우에도 마찬가지인데, 그렇더라도 워낙 다양한 부분을 포괄하는 것이기에 권장도서나 추천도서 등 관련한 모든 책을 다 읽을 수는 없다. 어떻게 해야 할까? 바로 수능 기출 지문과 논술 기출 지문, 그리고 EBS 지문을 깊이 있게 읽어가며 공부함으로써, 독해력과 이해력을 높여야 한다. 그렇기에 문제를 풀면서 답만 찾으려 들고 지문을 열심히 읽지 않는 태도는 옳지 않다. 머리 싸매가며 집중해서 글을 읽고, 글의 핵심 내용을 파악하는 훈련에 힘을 쏟아야 한다.

이때, 지문으로 실린 글을 읽어 전체를 이해한 학생의 경우에는 어떨까? 당연히 글을 읽어 내용을 이해하기 쉬울 뿐만 아니라, 빠르고 정확하게 핵심을 파악할 수 있게 된다. 여기에 더해 그 지문을 수능 기출문제로 풀어가며 공부한 학생의 경우라면, 설령 출제 지문의 발췌부분이 다를지라도 그것에 담긴 중심내용을 출제자의 의도에 맞게 분석할 수 있는 능력으로서의 논리적 추론능력까지 더할 수 있다. 앞서 '이해에 기반한 지식의 부단한 학습이 사고력을 높인다.'는 의미가 이를 두고 하는 말로, 평소 다양한 분야의 글을 꾸준히 읽고, 이와 병행하여 수능 기출문제를 분석적으로 풀어가며 공부한 학생들이 수능 고득점을 받는 이유가 여기에 있다.

거듭 강조하지만, 수능 국어과목의 경우, 물론 다른 과목도 마찬가지겠지만, 동일한 문제와 선택지는 출제되지 않는다. 기출문제 풀어가며 공부할 때 **문제는 지문을 해석하는 근거로만 삼으면 되며, 집중해야 할 것은 어디까지나 지문**이다. 지금 수능 기출문제와 EBS 문제집을 풀이할 때 어디에 포커스를 맞추고 공부해야 하는지에 대한 중요한 힌트를 말하고 있다. 국어과목 공부 시에 흔히 범하기 쉬운 나쁜 습관의 하나가 바로 단순히 양적 문제 풀이에 치중하는 것임을 깨닫고, 문제를 풀고 난 후 지문을 다시 한 번 독해하고, 아울러 문제와 지문의 관계를 분석하는 심층적인 공부를 해야 한다.

언어 능력과 독해 능력을 높이는 데 있어 염두에 두어야 할 또 하나는, **글에 담긴 정확한 의미를 이해하고 파악할 수 있도록 어휘력을 높여야** 한다는 점이다. 한국교육과정평가원의 분석 결과에 따르면, 수능시험에서 어휘 문제의 변별력이 가장 높은 것으로 나타났다. 즉 어휘 문제를 잘 푸는 학생일수록 공부를 잘하고, 어휘 문제를 잘못 푸는 학생일수록 국어 성적이 낮다는 것이다.

그렇기에 어휘력은 국어성적이 높은 학생과 그렇지 않은 학생을 구분하는 척도가 된다. 어휘 개념에 대한 이해가 얼마나 바로 서 있느냐에 따라 학생의 국어 능력을 가늠할 수 있는데, 이는 **평소에 사전을 활용하여 어휘의 정확한 뜻을 짚고 넘어가는 공부 습관이 얼마나 중요한지**를 보여준다.

더군다나 학생들이 한자를 공부하지 않는 상황에서 사자성어가 출제되고, 선택지의 대답 또한 이해하기 어려운 전문용어를 그대로 끌어다 쓰고, 지문 역시 난해한 핵심 개념어가 그대로 실리는 등으로, 학생들에게는 어찌 보면 국어 어휘가 영어 어휘보다 더 이해하기 어렵고 심지어는 낯설기까지 하다.

따라서 지문과 선택지 대답을 읽어 모르는 단어나 이해하기 어려운 어휘는 반드시 **사전**을 찾아 정확한 의미를 파악하는 습관을 기르도록 해야 한다. 수능에 나오는 지문은 평소 사전을 찾아 적확한 의미를 확인하면서 글 읽는 습관을 들여왔다면 쉽게 이해할 수 있는 수준임에도 불구하고, 이를 그냥 지나쳐가며 대충 읽기에 매번 읽을 때마다 새롭게 느껴지고 또 이해가 제대로 되지 않는 것이다.

특히 글의 맥락 안에서 단어(낱말)의 의미를 이해하고 파악하는 노력이 따라야 한다. 따라서 글을 읽다가 모르는 단어가 나오면 그냥 지나치지 말고 그 단어의 뜻을 찾아보고, 그 의미를 파악한 후 정확하게 이해하며 읽는 습관을 들여야 한다. **국어 실력과 언어 능력을 키우는 최선의 방법은 사전을 찾아가며 공부**하는 것임을 깨닫고, 어휘력을 높이는 공부에 힘을 쏟아야 한다.

비문학 문제 풀이의 포인트

수능 국어 비문학은 제시지문 안의 내용을 선택지 대답(서술)과 매치시켜가며 그 진위 여부를 판별하는 **'사실적 판단'**과 관련한 것이다. 더군다나 지문의 어느 한 단락에 담긴 어떤 문장과 선택지 대답은 1:1의 대응관계를 이루는 경우가 대부분이다. 따라서 **그 문장과 선택지 대답이 정확하게 일치하거나 불일치하는 것을 찾으면, 그것이 곧 정답(최선의 대답)**이다

수능 국어 비문학 문제 풀이의 포인트는 이것으로, 단지 문제 풀이 때 답을 맞히는 데만 골몰하지 말고, 지문과 선택지 대답 간의 일치 · 불일치 관계를 찾아 일일이 확인하며 공부해야 한다. 중요하고 또 중요한데, 처음에는 시간이 걸리겠지만 그런 식으로 공부해나가는 동안에 점차 시간도 단축되고. 무엇보다 글을 빠르고 정확하게 읽는 요령을 익히게 될 것이다.

수능 비문학에서 추론과 관련한 문제의 경우 역시 단순한데, 이는 선택지의 대답과 관련한 내용이 지문의 한 단락 또는 여러 단락의 문장에 걸쳐 파악되는 경우이다 (다음 사례의 문제23번 참조). 따라서 이 역시 **관련한 문장을 전부 끄집어낸 후, 이를 선택지 대답에 맞춰 유추**해서 생각하면 된다.

선택지의 대답은 세 가지이다. 만약 지문에 나타나 있지 않은 대답이 들어 있으면 그것은 오답이다. 만약 선택지의 대답이 지문 안에 명확하게 드러나 있으면, 이것은 곧 최선의 대답으로서의 정답이다. 만약 선택지의 대답이 지문과 헷갈리면, 그것은 지문의 내용과 선택지 대답 간의 어휘의 이질성 때문으로, 이 부분에서 답을 틀리는 경우가 일반적이다. 따라서 그 언어적 동질과 차이를 분별해낼 수 있어야 한다.

 이런 이유로, 수능 국어 비문학 문제를 풀이함에 있어, 단순히 문제와 지문의 내용을 지레짐작하여 습관적으로 답을 찍으려 들기보다는, 지문 안의 내용을 찾아낸 후 이것과 **선택지 대답과의 일치 또는 불일치 여부를 정확하게 파악하는 연습**을 해야 한다. 추론을 요하는 문제 역시 제시된 지문과 문제 속에는 반드시 **명확한 근거**가 들어있음을 분명하게 인식하고, 정답에 도달하려면 어떤 논리적 사고 과정을 거쳐야 하는지를 꼼꼼하게 생각해본 후 그에 따른 타당한 근거를 찾아 밝혀야 한다. 만약에 그렇게 해서도 문제를 틀린 경우라면, 내가 어떤 추론을 거쳐 오답에 도달했는지를 꼼꼼하게 분석한 후, 잘못된 부분을 찾아 분명하게 밝혀가며 공부해야 한다.

 한편, 모든 문제의 답이 지문 안에 다 들어있는 것은 아니지만, 대부분의 문제에서 **답은 반드시 지문과 관계**한다. 만약에 선택지 대답이 지문과 무관하다면, 그것은 답이 아니라고 봐도 된다. 그렇게 해서 명백히 답이 아닌 이유를 제시할 수 있는 선택지를 골라낸 이후라도, 두 선택지 사이에서 갈등하는 상황이 생기기 마련이다.

 이때 선택지 하나는 일부는 맞지만 일부는 틀린 내용을 담게 마련인데, 이것을 두고 '**매력적인 오답**'이라고 한다. 이 경우 역시 지문을 거듭 확인해가며 사실적 진술의 일치와 불일치 여부를 확인해야 하며, 더불어 지문의 내용 확인에 충실하지 않은 채 지레짐작으로 판단하려 하지는 않았는지 거듭 확인하며 문제를 풀어야 한다. 분명한 것은, 국어 시험의 정답은 항상 분명하고 명확해야 한다는 사실이다. 따라서 반드시 지문에 근거해서 해답을 찾도록 노력해야 한다. 비록 점수가 잘 나왔다고 할지라도 정확한 근거 하에 풀었는지 아니면 단순히 글을 읽고 감으로 풀었는지를 냉정하게 살펴야 한다.

 덧붙여 주의해야 할 것이 있다. 수능 국어 비문학처럼 지문 안에 담긴 사실적 진술을 찾아 그것이 선택지 대답과 일치·불일치하는지 여부를 살피는 문제일수록, **명확한 판단 근거와 객관적인 해석의 기준을 따져 확인하며 답에 도달해야지**, 그러지 않고 단지 감에 의존해서 풀어서는 안 된다. 이를 위해서는 일체의 **선입견을 배제**하고, 제시된 글과 〈보기〉와 선택지를 통해 답의 근거를 찾아내야 한다. 그 근거의 실마리는 물론 **출제자의 의도**를 파악하는 데 있다.

 이는 대단히 중요하기에, 아무리 시간이 걸리더라도 반드시 그런 식으로 공부해야 한다. 그리고 무조건 문제만 많이 푼다고 능사가 아님을 명심하고, 지문을 빠르고 정확하게 읽고 핵심 내용을 파악하는 훈련을 해야 한다. 거듭 강조하지만, 수능 국어과목의 경우에는 문제 풀이 양과 점수는 절대 비례하지 않는다. 수능의 모든 과목을 통틀어 가장 논리적이고 분석적인 분야가 바로 국어이기 때문에, 그에 합당한 공부법을 점검하고 잘못된 점이 있는지를 파악하는 한편, 그 과정에서 자신의 실력을 냉철히 분석하여 부족한 부분을 보완해나가야 한다.

수능 비문학 관련 지문 읽는 방법과 문제 풀이 요령은 이미 여러 차례 사례를 들어가며 충분히 설명했기에 다시 되짚어 확인하기 바라며, 그 핵심을 다음 〈사례〉를 거듭 살펴서 공부하기 바란다.

사례 2013학년도 수능 국어 B형

〔21~23〕 다음 글을 읽고 물음에 답하시오.

논증은 크게 연역과 귀납으로 나뉜다. 전제가 참이면 결론이 확실히 참인 연역 논증은 결론에서 지식이 확장되는 것처럼 보이지만, 실제로는 전제에 이미 포함된 결론을 다른 방식으로 확인하는 것일 뿐이다. 반면 귀납 논증은 전제들이 모두 참이라고 해도 결론이 확실히 참이 되는 것은 아니지만 우리의 지식을 확장해 준다는 장점이 있다. 여러 귀납 논증 중에서 가장 널리 쓰이는 것은 수많은 사례들을 관찰한 다음에 그것을 일반화하는 것이다. ㉠우리는 수많은 까마귀를 관찰한 후에 우리가 관찰하지 않은 까마귀까지 포함하는 '모든 까마귀는 검다.'라는 새로운 지식을 얻게 되는 것이다.

철학자들은 과학자들이 귀납을 이용하기 때문에 과학적 지식에 신뢰를 보낼 수 있다고 생각했다. 그러나 모든 귀납에는 논리적인 문제가 있다. 수많은 까마귀를 관찰한 사례에 근거해서 '모든 까마귀는 검다.'라는 지식을 정당화하는 것은 합리적으로 보이지만, 아무리 치밀하게 관찰하여도 아직 관찰되지 않은 까마귀 중에서 검지 않은 까마귀가 있을 수 있기 때문이다.

포퍼는 귀납의 논리적 문제는 도저히 해결할 수 없지만, 귀납이 아닌 연역만으로 과학을 할 수 있는 방법이 있으므로 과학적 지식은 정당화될 수 있다고 주장한다. 어떤 지식이 반증 사례 때문에 거짓이 된다고 추론하는 것은 순전히 연역적인데, 과학은 이 반증에 의해 발전하기 때문이다. 다음 논증을 보자.

(ㄱ) 모든 까마귀가 검다면 어떤 까마귀는 검어야 한다.
(ㄴ) 어떤 까마귀는 검지 않다.
——————————————————————————
(ㄷ) 따라서 모든 까마귀가 다 검은 것은 아니다.

'모든 까마귀는 검다.'라는 지식은 귀납에 의해서 참임을 보여 줄 수는 없지만, 이 논증에서처럼 전제 (ㄴ)이 참임이 밝혀진다면 확실히 거짓임을 보여 줄 수 있다. 그러나 아직 (ㄴ)이 참임이 밝혀지지 않았다면 그 지식을 거짓이라고 말할 수 없다.

포퍼에 따르면, 지금 우리가 받아들이는 과학적 지식들은 이런 반증의 시도로부터 잘 견뎌 온 것들이다. 참신하고 대담한 가설을 제시하고 그것이 거짓이라는 증거를 제시하려는 노력을 진행해서, 실제로 반증이 되면 실패한 과학적 지식이 되지만 수많은 반증의 시도로부터 끝까지 살아남으면 성공적인 과학적 지식이 되는 것이다. 그런데 포퍼는 반증 가능성이 없는 지식, 곧 아무리 반증을 해 보려 해도 경험적인 반증이 아예 불가능한 지식은 과학적 지식이 될 수 없다고 비판한다. 가령 '관찰할 수 없고 찾아낼 수 없는 힘이 항상 존재한다.'처럼 경험적으로 반박할 수 있는 사례를 생각할 수 없는 주장이 그것이다.

(지문 내용 : '반증가능성', 칼 포퍼)

문제 21. 윗글을 통해 알 수 있는 것은?
① 연역 논증은 결론에서 지식의 확장이 일어난다.
② 귀납 논증은 전제가 참이면 결론은 항상 참이다.
③ 치밀하게 관찰한 후 도출된 귀납의 결론은 확실히 참이다.
④ 과학적 지식은 새로운 지식이라는 점에서 연역의 결과이다.
⑤ 전제에 없는 새로운 지식이 귀납의 논리적인 문제를 낳는다.

문제 22. 윗글로 미루어 볼 때, 포퍼의 견해를 표현한 것으로 가장 적절한 것은?
① 충분한 관찰에 근거한 지식은 반증 없이 정당화할 수 있음을 인정하라.
② 과감하게 가설을 세우고 그것이 거짓임을 증명하려고 시도하라.
③ 실패한 지식이 곧 성공적인 지식임을 명심하라.
④ 수많은 반증의 시도에 일일이 대응하지 말라.
⑤ 과학적 지식을 귀납 논증으로 정당화하라.

문제 23. 윗글의 (ㄱ)~(ㄷ)과 〈보기〉에 대한 설명으로 적절하지 않은 것은? [3점]

〈보 기〉

(ㄱ)은 다음과 같은 논증으로 표현할 수 있다.

(가) 내가 오늘 관찰한 까마귀는 모두 검다.

내가 어제 관찰한 까마귀는 모두 검다.

내가 그저께 관찰한 까마귀는 모두 검다.

⋮

(나) 따라서 모든 까마귀는 검다.

① (가)가 확실히 참이어도 검지 않은 까마귀가 내일 관찰된다면 (나)는 거짓이 된다.

② (ㄴ)과 (가)가 참임을 밝히는 작업은 모두 경험적이다.

③ '모든 까마귀는 검다.'는 (ㄴ)만으로 거짓임이 밝혀지지만 (가)만으로는 참임을 밝힐 수 없다.

④ (ㄱ), (ㄴ)에서 (ㄷ)이 도출되는 것이나 (가)에서 (나)가 도출되는 것은 모두 지식이 확장되는 것이다.

⑤ 포퍼에 따르면 (ㄱ)의 '모든 까마귀가 검다.'가 과학적 지식임은 (가)~(나)의 논증이 아니라 (ㄱ)~(ㄷ)의 논증을 통해 증명된다.

답안 해설 및 문제 풀이

문제 21

①≠연역 논증은 결론에서 지식이 확장되는 **것처럼 보이지만**, 실제로는 전제에 이미 포함된 결론을 다른 방식으로 확인하는 것일 뿐이다.

②≠귀납 논증은 전제들이 모두 참이라고 해도 결론이 확실히 참이 되는 것은 **아니지만**…….

③≠귀납 논증은 …… **아무리 치밀하게 관찰하여도** 아직 관찰되지 않은 까마귀 중에서 검지 않은 까마귀가 있을 수 있기 때문…….

④≠연역 논증은 결론에서 지식이 확장되는 **것처럼 보이지만**, 실제로는 …… 귀납 논증은 …… 새로운 지식을 얻게 되는 것이다.

⑤=귀납 논증은 전제들이 모두 참이라고 해도 결론이 확실히 참이 되는 것은 아

니지만……, 아무리 치밀하게 관찰하여도 **아직 관찰되지 않은 까마귀 중에서** 검지 않은 까마귀가 있을 수 있기 때문이다.

→ 즉, 귀납 논증에 의한 결론이 지금까지 관찰되지 않은 사실에 의해 부정될 수 있으며, 그에 따라 전제에 없는 새로운 지식의 출현 가능성은 항상 열려 있다. 이 것이 바로 '귀납적 비약'에 따른 논리적 추론의 한계이다.

문제22

① ≠ ……수많은 반증의 시도로부터 **끝까지 살아남으면** 성공적인 과학적 지식이 되는 것이다.

→ 귀납 논증은 치밀한 관찰을 통해 결론에 도달했더라도 거짓일 수 있으므로 …… (거듭되는 치밀한 관찰을 통한) 반증 과정을 거쳐 끝까지 살아남아야 비로소 성공적인 과학적 지식으로 정당화될 수 있다. 즉 반증 가능성에 있어서의 충분함 이란 없다.

③ ≠ 지금 우리가 받아들이는 과학적 지식들(즉 성공적인 지식들)은 이런 **반증의 시도로부터 잘 견뎌 온 것들**이다. 즉 실패한 지식은 실제로 반증이 되어 실패한 과 학적 지식을 말한다.

④ ≠ 수많은 반증의 시도로부터 끝까지 살아남으면 성공적인 과학적 지식이 되 는 것이다. 즉 과학적 지식은 반증을 통해 완성되는 것이기에, **반증을 회피해서는 안 된다**.

⑤ ≠ 귀납의 논리적 문제는 도저히 해결할 수 없지만, 귀납이 아닌 **연역만으로** 과학을 할 수 있는 방법이 있으므로 과학적 지식은 정당화될 수 있다.

② = **참신하고 대담한 가설을 제시하고 그것이 거짓이라는 증거를 제시하려는 노 력을 진행**해서 …… 수많은 반증의 시도로부터 끝까지 살아남으면 성공적인 과학 적 지식이 되는 것이다.

문제23

㉠은 귀납 논증, 지문의 (ㄱ)~(ㄷ)은 연역 논증을 보여 주고 있다. 지문에 따르면, 새로운 지식을 얻게 되는 것은 귀납 논증에 의해서이며, (ㄱ)~(ㄷ)은 연역 논증에 해당하므로 부적절하다.

어떤 지식이 반증 사례 때문에 거짓이 된다고 추론하는 것은 순전히 연역적이라 는 의미는?

→ 연역 논증은 전제가 참이면 결론이 확실히 참임을 가정한 것이기에, 이를 반증

사례를 통해 거짓임을 증명한다는 것은 곧 전제 자체를 일거에 뒤집는 것으로, 연역 논증에서나 가능한 것이기 때문이다. 반면 귀납 논증은 추가적인 검증 가능성을 열어놓은 것으로, 검증 사례가 발견되면 그 전제는 참에서 거짓으로 바뀌게 된다. → ①의 설명, 즉 귀납 논증은 논증을 반박하는 검증 사례가 발견되면, 그때부터 거짓이 된다.

'어떤 까마귀는 검지 않다.'는 경험으로 확인하는 것이고, 귀납 논증의 과정 역시 경험으로 확인하는 것이다. → ②의 설명

'모든 까마귀는 검다.'는 전제 (ㄴ)이 참(즉 어떤 까마귀는 검지 않다)임이 밝혀진다면 확실히 거짓임을 보여줄 수 있다고 했으므로, (ㄴ)의 '어떤 까마귀는 검지 않다'에 의해 거짓임이 밝혀진다. 하지만 ㉮의 귀납 논증을 거치더라도 여전히 그 전제가 참인지 거짓인지는 밝힐 수는 없는데, 왜냐하면 지문에서 밝혔듯이 아무리 치밀하게 관찰하여도 아직 관찰되지 않은 까마귀 중에서 검지 않은 까마귀가 있을 수 있기 때문이다. → ③의 설명

포퍼는 연역 논증을 통해 과학적 지식을 도출할 것을 제안하였다는 점에서 적절하다. 다시 말해, 전제에 이미 포함된 결론을 다른 방식, 즉 반증가능성을 통해 확인하는 것이다. → ⑤의 설명

【정답】 문제21(⑤), 문제22(②), 문제23(④)

참고로, 위 지문을 갖고 다음을 살펴가며 공부할 경우, 글의 심층구조를 이해하고 파악하는 읽기 훈련은 물론, 논술 공부의 핵심인 논증 글쓰기까지 함께 해나갈 수 있다.

글의 논증 구조

【논증은 크게 연역과 귀납으로 나뉜다. 전제가 참이면 결론이 확실히 참인 연역 논증은 결론에서 지식이 확장되는 것처럼 보이지만, 실제로는 전제에 이미 포함된 결론을 다른 방식으로 확인하는 것일 뿐이다. 반면 귀납 논증은 전제들이 모두 참이라고 해도 결론이 확실히 참이 되는 것은 아니지만, 우리의 **지식을 확장**해 준다는 장점이 있다. 여러 귀납 논증 중에서 가장 널리 쓰이는 것은 수많은 사례들을 관찰한 다음에 그것을 일반화하는 것이다. 우리는 수많은 까마귀를 관찰한 후에 우리가 관찰하지 않은 까마귀까지 포함하는 '모든 까마귀는 검다.'라는 새로운

지식을 얻게 되는 것이다.

철학자들은 과학자들이 귀납을 이용하기 때문에 과학적 지식에 신뢰를 보낼 수 있다고 생각했다. 그러나 모든 귀납에는 논리적인 문제가 있다. 수많은 까마귀를 관찰한 사례에 근거해서 '모든 까마귀는 검다.'라는 지식을 정당화하는 것은 합리적으로 보이지만, 아무리 치밀하게 관찰하여도 아직 관찰되지 않은 까마귀 중에서 검지 않은 까마귀가 있을 수 있기 때문이다.

포퍼는 귀납의 논리적 문제는 도저히 해결할 수 없지만, 귀납이 아닌 연역만으로 과학을 할 수 있는 방법이 있으므로 과학적 지식은 정당화될 수 있다고 주장한다. 어떤 지식이 반증 사례 때문에 거짓이 된다고 추론하는 것은 순전히 연역적인데, 과학은 이 반증에 의해 발전하기 때문이다. 다음 논증을 보자.

(ㄱ) 모든 까마귀가 검다면 어떤 까마귀는 검어야 한다.

(ㄴ) 어떤 까마귀는 검지 않다.

(ㄷ) 따라서 모든 까마귀가 다 검은 것은 아니다.

'모든 까마귀는 검다.'라는 지식은 귀납에 의해서 참임을 보여 줄 수는 없지만, 이 논증에서처럼 전제 (ㄴ)이 참임이 밝혀진다면 확실히 거짓임을 보여 줄 수 있다. 그러나 아직 (ㄴ)이 참임이 밝혀지지 않았다면 그 지식을 거짓이라고 말할 수 없다.】→ ⓐ(해설 : 전제의 뒷받침)

【포퍼에 따르면, 지금 우리가 받아들이는 과학적 지식들은 이런 반증의 시도로부터 잘 견뎌 온 것들이다. 참신하고 대담한 가설을 제시하고 그것이 거짓이라는 증거를 제시하려는 노력을 진행해서, 실제로 반증이 되면 실패한 과학적 지식이 되지만 수많은 반증의 시도로부터 끝까지 살아남으면 성공적인 과학적 지식이 되는 것이다. → (근거, 전제) 그런데 포퍼는 반증 가능성이 없는 지식, 곧 아무리 반증을 해 보려 해도 경험적인 반증이 아예 불가능한 지식은 과학적 지식이 될 수 없다고 비판한다. → (중심 주장 글) 가령 '관찰할 수 없고 찾아낼 수 없는 힘이 항상 존재한다.'처럼 경험적으로 반박할 수 있는 사례를 생각할 수 없는 주장이 그것이다. 】→ ⓑ(주장 + 근거)

글의 핵심 요약

문제 풀이에 앞서, 글의 구조를 이해하기 위해 먼저 위 제시지문을 요약하면 다음과 같다.

우리가 일반적으로 받아들이는 과학적 지식은 수많은 반증으로부터 살아남아 성공적인 과학적 지식으로 받아들여진 것으로(**전제**), 반증 가능성이 없거나 반증이 불가능한 지식은 결코 과학적 지식이 될 수 없다(**결론**). → **논증 요약(1)**
귀납적 추론을 통한 과학적 지식의 확장은 경험적 관찰 과정에서의 논리적인 결함이 따를 수 있기에, 이보다는 연역적 추론에 의존하되, 반증 가능성을 열어두고 이를 확증할 수 있어야 한다. → **논증 요약(2)**

- **전제1** : 과학적 지식은 귀납적 추론을 통해 새로운 지식으로 확장되는 장점이 있다. → ⓐ
- **전제2** : 하지만 귀납적 추론은 밑도 끝도 없는 치밀한 관찰이 따라야 하기에, 그 과정에서 논리적인 결함을 보일 수 있다. → ⓐ
- **결론** : 따라서 연역적 추론에 의존하되, 반증 가능성을 열어두고 그 결점을 캐어내는 과정에서 확증할 수 있어야 한다. → ⓑ
- **주제어** : 반증 가능성
- **주제** : 반증 가능성을 통한 과학적 지식의 확장

지문 요약(1), (2)에서 알 수 있듯이, ⓐ부분은 전제를 뒷받침하는 해설(예시)에 해당하며, ⓑ에 '주장-근거'가 다 담겨 있다. 그에 따라 요약을 달리할 수 있는데, 논술 시험에서는 요약(1)이 보다 논증을 압축한 잘 된 요약으로 평가받을 수 있다.

하지만 수능 국어 시험의 핵심은 지문에 대한 언어적 이해에 있으므로, 전체적인 흐름을 파악하는 것이 중요한데, 어느 것이든 가장 기본이 되는 능력은 독해력이다. 이때 주의할 것은, 지문의 세부적인 내용을 파악하려고 세밀하게 읽으려 하기보다는 전체적인 흐름을 파악하면서 거시적으로 훑어 내려간 다음, 이어서 주어진 선택지에 맞춰 각각을 지문과 연결시켜가며 파악해야 한다.

중요한 것은, 선택지에 담긴 질문 내용과 지문에 담긴 그에 부합되는 내용 간의 논리적 연관관계를 미루어 파악하는 능력으로, 이것이 곧 수능 국어에서 말하는 추론 능력이다. 따라서 어떤 의미에서 볼 때에는 논리적 추론 능력보다는 지문을 읽고 해석하는 능력으로서의 집중력을 요한다고 보는 편이 옳을 듯한데, 그렇더라도 이 역시 관건은 독해력이다.

문학 작품 문제 풀이의 포인트

수능 국어 문학 분야를 올바르게 공부하려면 먼저 문학의 본질에 대해 살펴볼 필요가 있다. 이는 다음과 같다.

첫째, 문학은 일종의 언어예술이기에, 언어의 문학적 사용으로서의 문학의 언어에 대해 살피는 데서부터 수능 국어 문학 공부는 시작된다. 언어의 사용에는 크게 두 가지 측면이 있는데, 그 하나는 과학적 사용이고 다른 하나는 문학적 사용이다. 언어의 과학적 사용은 개념의 정확성을 목표로 하며, 언어가 하나의 대상만을 정확하게 지시함을 목적으로 한다.

따라서 언어와 그것이 지시하는 대상과는 1:1의 대응관계가 성립하고, 누가 보아도 그 지시 대상이 동일한 것임을 알 수 있도록 철저하게 객관성을 지향한다. 대상의 집합 또는 범위를 명확하게 규정하는 언어의 이러한 사용법을 '외연(外延)'이라고 하는데, 사물에 대한 사전적 의미로서의 '사실적 진술'이 그것으로, 수능 국어 비문학 문제의 주된 물음인 '내용 일치' 유형이 바로 과학적 언어(사실적 언어)로서의 지시적·논리적 용법을 묻는 물음이라고 보면 된다.

반면, 문학적 언어는 사전적 의미뿐 아니라 특수한 의미, 비논리적 의미를 포함한다. 과학적 언어가 '기호(기표記標)=대상(기의記意)'의 등식이 성립하고 또 그것을 증명하고 확인할 수 있는 반면(물론 다 그런 것은 아니며, '기표(언어)'와 '기의(의미)'가 다를 수 있다), 문학적 언어는 하나의 기호에 그 대상은 몇 개가 될 수 있는 주관적이고 함축적인 언어이다. 다시 말해, 언어(기호)가 반영하고 있는 대상의 특유한 내용·속성·성질·특성으로서의 '내포(內包)'를 의미하는 언어 사용법이기에, 그만큼 언어의 함축적 사용을 통해 많은 의미를 담는다.

따라서 문학의 언어는 **내포적·함축적**이며, **주관적** 사용이자 **암시적** 표현이란 점에서 그 특징을 갖는다. 이를테면 시·소설 등 문학작품에 쓰인 용어(언어)는 작가의 주관과 독자의 주관에 따라 달리 해석될 수 있는 것이기에 그만큼 함축적인데, 이 내포적 언어를 최대한으로 사용한 것이 바로 '시적 언어(시어)'이다. 이처럼 한 언어가 문학적으로 쓰여졌느냐, 그렇지 않느냐 하는 것은 그 초점이 내포적 사용에 있느냐 외연적 사용에 있느냐에 따라 결정된다.

둘째, 문학의 세계는 상상의 세계이자 **허구의 세계**이다. 문학은 인간의 상상력에 의해서 창조되는 세계이다. 물론 작가와 독자 각자는 현실의 기반 위에서 작품을 창작하고 그 작품을 향유하지만, 그렇다고 해서 그것이 곧 현실 그 자체는 아니다. 문학은 현실의 기반 위에서 재창조된 허구의 세계로, 심지어는 역사적 사실에 기반을 둔 역사소설일지라도 그 역사는 **작가의 정신력, 즉 상상력에 의해서 재해석되고 재창조된 또 다른 세계**인 것이다. 즉 문학은 글쓴이인 작가가 인생과 자연과 현실을 어떻게 인식하는가 하는 세계관을 반영하는 것이기에, 작품의 표현을 사실적 견해보다는 그 표현 속에 담긴 정서적 태도와 심리적 동기에 초점을 맞추고 이해해야 한다. 그것이 곧 문학작품 감상이다.

셋째, 문학은 인간의 사상과 감정, 체험의 기록이다. 문학작품은 작가의 사상과 감정, 체험의 산물이며, 그 궁극적인 목적은 **인간의 탐구**이자 인간의 재해석이다. 우리는 문학작품을 읽음으로써 작가의 경험을 추체험하고 작가가 제시한 또 다른 세계를 경험하게 된다. 문학이 제시하는 세계는 희망적인 것뿐만 아니라 절망적인 것까지 망라됨으로써, 오히려 **삶의 본질과 숨겨진 의미를 더욱 정확하게 인식**하게 해준다. 따라서 우리는 문학작품을 통한 새로운 경험으로 삶의 지평을 확대해나갈 수 있게 된다.

정리하면 문학이란, 언어라는 매체를 사용하여 인간의 사상과 감정과 체험을 상상적·허구적 방식으로 제시함으로써, 우리의 인생을 탐구하고 이를 통해 인간은 삶의 본질에 보다 의미 있게 다가서게 하는 정신활동이라고 할 수 있다.

따라서 문학작품을 바르게 이해하기 위해서는 그 작품을 **분석해가며** 읽어야 한다. 하지만 문학작품은, 앞서 말했듯이, 작가의 주관적인 경험으로서의 자기표현을 드러내기 위해 내포적이며 함축적인 언어를 동원하고 사용하는 것이기에, 그 **내용적인 의미를 철저히 객관화시키기 어려운 것**이 문제다.

예를 들어 시적 언어의 경우, 이는 일상 언어와는 달리 작가 특유의 독특하고 개별적인 의미를 함축하는 표현적 묘사를 위주로 기술된다. 즉 시적 언어는 기술적 묘사가 아니라 표현적 묘사를 위주로 하는 언어로서 그만큼 내포적 언어이며, 또한 의미전달을 목적으로 하는 것이 아니라 정서의 환기를 목적으로 한다.

하지만 문제는 그 언어가 갖는 **모호성과 애매성**으로 인해 시 자체에 대한 해석이 어렵다는 데 있다. 그만큼 여러 가지 의미로 복합적으로 해석될 수 있으며, 따라서 작가의 개별적이고 구체적인 체험인식과 사고에 대한 **맥락적인 이해**가 요구된다. 다시 말해, **작가(시인)의 생각에 코드를 맞추되, 이에 더해 시대적·사회적 맥락을 더해가며 텍스트(지문)를 분석해가며 글(작품)을 읽어야** 한다.

소설의 경우 역시 마찬가지다. 소설은 현실에서 소재를 구하고 현실을 묘사하지만, 그것은 있는 그대로의 현실이 아니라 작가에 의해 취사선택되고 작가의 의도에 따라 변형된 현실이다. 그렇기에 거기에는 필연적으로 **작가의 주관적 상상력에 의한**

현실의 재구성이 따르며, 따라서 현실 세계와의 관계는 매우 복잡하고 다양하게 나타난다. 동일한 현실의 묘사라고 하더라도 작가의 태도와 의도에 따라 그 구현되는 세계는 현실과 차이나는 것이다.

따라서 '사실'과 '진실'은 엄격히 구분되어야 한다. 여기서 진실성, 즉 리얼리티란 인물묘사나 성격의 창조, 심리표현 등 인간성의 탐구와 해석을 통해 인간을 총체적으로 파악하고 종합적으로 표현하는 데 그 목적을 둔다. 이처럼 소설이라는 장르는 항상 인간의 경험세계를 확대하면서 진실을 추구하며, '인간이란 무엇인가'에 대한 질문을 던지고 그것에 대한 이해를 구한다. 그렇기에 소설 역시 작품 속에 등장하는 인물이나 상황을 통해 인간 근원으로서의 삶을 탐구하는 데 중점을 두어야 하는데, 이 역시 작가(소설가)의 생각에 코드를 맞추되, 이에 더해 시대적·사회적 맥락을 더해가며 텍스트를 분석하며 글(작품)을 읽어야 올바른 작품해석이 가능하다.

여기까지를 정리하면, 수능 국어 문학작품을 읽고 문제를 풀기 위해서는 텍스트(지문)의 내용과 관련된 '저자와의 대화'를 내면적으로 나눌 수 있을 정도로 심층적인 분석이 따라야 한다. 즉 하나의 정답을 고르는 과정에서 보다 심층적이고 객관적인 작품분석이 이뤄져야 하는데, 이는 문학작품이 갖는 특성으로서의 '함축성'과 '모호성'을 파해치기 위해서는 그만큼 '나'의 관점이 아닌 철저히 작가의 관점에서 파악해야 한다는 뜻이다.

이를 위해서는 글을 읽어 작가(저자)와의 대화를 감당할 수 있을 만큼 충분히 글을 읽어 내용을 충실히 이해해야 한다. 그런 다음에 선택지의 내용이 글(지문)과 어떻게 호응을 이루는지 자세히 살펴야 한다. 그 방법적 해결책이 바로 '코드(code)'와 '맥락(context)'으로 글을 읽고 분석하는 것으로, 수능 국어 문학작품 문제를 풀기 위해 중요하고 또 중요하다. 그 핵심은 다음과 같은데, 이것은 상당히 어려운 설명을 함축하는 것이기에, 여러 번 읽은 후에 이를 기출문제에 적용하여 생각하고 또 생각해가면서 연습하기 바란다. 실제 수능 국어 문학 문제풀이 요령은 이와 같으며, 나머지는 이를 사례에 적용해가며 궁리하고 살피는 과정만 남아있을 뿐이라고 해도 과언은 아니다.

모든 텍스트는 그것이 착상되는 개별적인 맥락(창작 동기로서의 작가적 관점을 담은 주제의식·주제관념)이 있고, 그 텍스트 작성에 적합하다고 여겨 선택된 코드(장르, 구성, 배경, 인물 등 문학작품의 구성요소를 통해 드러나는, 주제의식에 대한 인식적 관점)가 있으며, 작성된 텍스트가 일정한 의미를 생산할 수 있도록 하는 상황(사회적·역사적 맥락)이 있다. 그렇기에 저자의 주관이 노정되는 '맥락(주제)—코드(관점)—맥락(상황)'의 상호텍스트적인 경로를 따라 읽기가 진행되어야 올바른 작품

이해와 작품해석이 가능해지며, 이후 그 분석된 결과를 토대로 선택지의 내용이 지문과 어떻게 호응하는지 살피면 **출제의도**와 **답(정답과 오답)**이 드러나게 된다(이러한 분석 과정은 말하자면, 대입 논술에 있어서의 논제분석과 같은 이치이다. 그 자세한 내용은 생략한다).

그렇기에 잘못된 지문 독해의 출발점은 독해에 필요한 만큼의 코드와 맥락의 파악이 이뤄지지 않고 또 독자인 수험생 자신의 주관에 빠져 부적절하게 해석하는 데서 비롯된다. 그 가장 큰 이유는, 운율, 이미지, 비유, 상징, 알레고리, 문체, 플롯, 성격, 배경 등 문학작품의 제 구성요소를 갖고서 이것이 마치 국어 문제풀이를 위해 꼭 알아야 할 핵심 개념이자 문제풀이를 위한 분석적 툴이라고 하여, 그것에 전적으로 의존하여 도식화해가며 문제를 풀려고 든다는 데 있다.

그렇게 해서, 이를테면 시의 언어를 해석함에 있어 이것을 시적 화자의 태도, 시적 화자의 정서, 시적 화자의 인식, 시적 화자의 정조, 시적 화자의 현실인식 등으로 잘게 썰어가며 분석해야 한다고 주장하고, 이를 위해서는 먼저 관련한 개념(어)부터 공부해야 한다는 식의 참고서가 시중에 지천으로 깔린 것이 현실이다. 도대체 문학작품을 이해하고 해석하는 데 있어 그러한 '개념 이해'가 왜 중요하며, 또한 위에 열거한 문학작품 구성요소가 왜 문학작품 감상과 이해를 위한 핵심 '개념(어)'인지를 모르겠다(개념어가 아닌 어휘·용어는 없지만). 게다가 그런 식으로 본말전도해가며 공부한다고 한들 글이 제대로 이해되고 읽혀질 리가 만무한데도 불구하고 그렇다.

무슨 뜻인지를 사례를 들어 설명하면 이렇다. 한 학습서에 따르면, 현대시와 같은 운문 문학은 '화자─상황─정서 및 대응' 구조를 파악하면 되는데, 이를 위해서는 '① 화자를 나타내는 주어에 동그라미(○), ②화자가 처한 상황을 나타내는 시어 및 시구에 물결 +/─, ③화자가 자신이 처한 상황에서 느끼는 감정 및 대응 방식에 밑줄 +/─, ④화자─상황─정서 및 대응 파악'의 방법대로 문제를 풀어나가면 된다면서 지문 해석에 있어서의 방법적 요령을 설명한다. 이때, 주제의식은 화자가 처한 상황 속에서 느끼는 감정과 대응 방식에서 도출할 수 있으며, 어떤 작품을 접하든 대체로 이 구조만 파악하면 작품이 말하는 바를 해석할 수 있다고 강조한다.

이제 학생들은 위 방법을 사용하여 아래 〈사례〉의 시를 해석해보기 바란다. 그리고 이어서 문제를 풀어보기 바란다(물론, 문제가 쉬워 답을 찾는 것은 그리 어렵지 않을 것이다. 헌데 그럼에도, 시가 함축하는 의미가 한 눈에 들어오는가?). 그런 식으로 시를 읽어 이 시의 주제를 '이별을 통한 내적 성숙'으로 정확히 읽어낼 수 있다면, 그 학생의 시 감상 능력과 문학적 소양은 참으로 대단하다고 봐야 할 것이다. 하지만 실제 대부분의 학생들은 교과서나 참고서를 읽어 이 시의 주제를 파악했다고 보는 게 더 적절하다.

그런데 시를 이런 식으로 마치 인수분해하듯이 읽어 전체 의미가 파악될 수 있다고 생각한다면 이는 커다란 착각이다. 시란 무릇 '가슴으로 읽고 맥락으로 받아들여야' 비로소 전체가 들어오는 것이지, 그렇지를 않고 자구(text)에 함몰될 경우에는 온전히 읽혀지지 않는다. 어떻게 읽어야 할까?

올바른 감상과 이해를 위해서는 반드시 저자의 주관('출제의도'이기도 하다)이 노정되는 '**코드와 맥락**'의 상호텍스트적인 경로를 따라 시를 읽어야 한다. 즉 작가가 시를 통해 말하고자 하는 **주제**가 무엇이며, 또 어떤 **관점(시적 어조)**을 지향하는지를 시를 읽어 거듭 확인하는 데서부터 감상과 이해는 시작된다. 실제로 이것만 파악되면 전체를 이해하는 것도, 세부 내용을 파악하는 것도 어렵지 않은데, 그 방향으로 시어를 들여다보면 부분과 전체가 한꺼번에 드러나게 된다.

그렇기에 시를 읽어 화자가 누구이며, 어떤 상황이며, 정서 및 대응 구조는 어떠한지는 그 다음의 문제이다. 시적 화자는 1인칭이든 3인칭이든 관계없이 모두 작가 자신이고, 상황은 화자가 처한 또는 설정한 상황이며, 정서 및 대응 구조는 화자가 동원한 시적 언어를 구성하는 요소일 뿐이다. 따라서 문제에서 이것을 질문으로 설정한 경우에만 그때그때 맞춰가며 파악하면 되지, 문제를 보자마자 열 일 접어두고 이런 식으로 시를 잘게 쪼개가며 분석하게 되면, 정작 문제풀이에 중요한 부분을 놓치고 실수하는 일이 생긴다. 그리고 무엇보다, 시가 안 읽히고 주제가 선뜻 파악되지 않는다.

그렇기에 문제는 학생들이 시를 읽어 시가 함축하는 주제를 파악하기가 쉽지 않다는 것이다. 더군다나 앞서 말했듯이, 시는 내포적·함축적 언어를 최대한으로 사용한 것이기에 그만큼 다의적(多意的)으로 해석될 수 있고, 게다가 작가의 주관(출제자의 의도)과 독자인 수험생의 주관(선입견)에 따라 달리 해석될 수 있기에 그만큼 그 내용적인 의미를 객관화해서 생각하기 어렵다고 말했다.

따라서 '**나**'의 관점이 아닌 철저히 작가의 관점에서 그것도 맥락으로 파악해야 주제가 드러나고 관점이 파악되며 전체 의미가 읽힘을 깨닫고, 시를 읽어 주제부터 파악하는 데 모든 노력을 집중해야 한다. 거듭 강조하거니와, 주제가 파악되어야 시적 언어가 읽히고, 시에 담긴 의미가 해석된다.

이때 중요한 힌트가 따르기 마련인데, 이는 다음과 같다. 첫째, 문제의 〈보기〉에 글(시)의 주제에 대한 언급이나 주제를 파악하는 데 중요한 단서가 되는 설명 글이 배치된다. 말했듯이, 수능은 문제와 지문, 그리고 선택지에 문제풀이의 모든 것이 들어 있다. 이렇게 해서 문제의 객관성을 유지하고, 답안의 시비가 될 만한 요소를 털어낸다. 이후 그렇게 해서 드러난 결과를 토대로 선택지의 내용이 지문과 어떻게 호응하는지 살피면 출제의도와 답(정답과 오답)이 확연하게 드러나게 된다.

아래 사례의 33번 문제의 〈보기〉를 보면, 주제가 **'자아 정체성'** 서사(敍事)임을 파악할 수 있다. 즉 지문의 시와 〈보기〉를 서로 비교해가며, 「낙화」가 단순한 꽃(청춘기의 자아)의 떨어짐(성장과정에서의 시련)이 아닌, 모진 겨울을 딛고 새봄의 새싹을 피우는 밑거름(정체성의 변화를 인정하고 수용하는 태도)이 됨으로써, 다시 만개하는 한 여름의 무성한 녹음과 열매 맺는 가을의 과실(새로운 자아상)로 거듭나는, 그리하여 샘터에 물 고이듯 성숙하는 '자아 정체성'의 확립을 파악할 수 있을 것이다. 이로써 아래 33번 문제의 선택지 대답에 대한 설명(주제 개념에 의거한 내용 파악)은 끝났는데, 주제 개념 및 그것이 지향하는 관점에 맞춰 내용의 일치·불일치 관계만 파악하면 어렵지 않게 답을 찾아낼 수 있을 것이다.

이제 지문의 시를 다시 읽어보라. 시적 언어와 보기의 설명(괄호 부분)이 서로 유기적으로 연결되면서 전체 이해를 돕고 있음을 확인할 수 있을 것이다. 그렇게 해서 시 전체를 지배하는 논조(시적 분위기), 이를테면 '뒷모습이 얼마나 아름다운가', '결별이 이룩하는 축복', '샘터에 물고이듯 성숙하는' 등 긍정적인 어조와, '지고 있다', '꽃답게 죽는다', '하롱하롱 꽃잎이 지는' 등 부정적 어조가 마치 변증법적 논리처럼 이어지고 있음을 파악할 수 있을 것이다. 즉 꽃이 피고 지는(인간이 살고 죽는) 것은 자연의 순리에 따른 것이요, '개화—성장', '낙화—시련', '결실—성숙'로 이어지는 자연의 법칙, 꽃이 피고 지는 자연의 순리와 인간의 내면의 성숙이 서로 대립하는 것이 아닌, 상생의 관점에서 파악하고 있음을 이해할 수 있을 것이다.

따라서 **부정적 어조를 담은 어휘가 오히려 강한 긍정을 담은(내포하는) 것**임을 유추할 수 있는데, 말하자면 '부정'의 부정은 곧 '강한 긍정'을 의미하는 변증법적 어조가 시 전체를 관통하는 사상적 지반이 된다(비유가 좀 거칠지만, 이를테면 노인이 "죽고 싶다."라는 말을 밥 먹듯이 하는 것은 곧, 그만큼 살고 싶다는 강한 의지의 속내를 드러내는 것이기도 하다). 그렇게 해서 32번 문제 풀이를 위한 '코드'가 드러나며, 이 역시 그에 맞춰 지문과 선택지 대답 간의 일치·불일치 관계만 파악하면 곧바로 답을 찾을 수 있다.

둘째, 이처럼 〈보기〉는 문제풀이, 다시 말해 지문(비문학 지문 포함) 안에 실린 문학작품을 해석하고 이해하는 데 핵심 근거이자 판단의 준거를 제공하는 '주제'와 '관점(논점, 논조, 어조)' 등을 담은 중요한 부분으로, **문제풀이 때에 가장 먼저 읽어 확인해야 할 내용**이다. 즉 문제와 선택지 대답, 그리고 지문은 〈보기〉에서 지시하는 바 그대로 연계해가며 이해하고 확인하고 추론하면, 출제의도와 답이 보일 것이다. 그런 점에서 볼 때, 〈보기〉는 **출제의도**를 담아 문제풀이의 방향성을 제시하는 사실적 진술이라고 보면 된다.

그런데 만약 〈보기〉가 없는 문제일 경우에는 어떻게 살펴야 할까? 이는 다음 둘 중 하나라고 보면 된다. 그 하나는 교과서에 실린 문학작품처럼 학생들 누구나 아는 글감이거나, 아니면 작품이 내용적으로 이해하고 주제를 파악하는 데 큰 어려움이 없는 글감일 경우이다. 다른 하나는, 그럼에도 불구하고 글을 읽어 주제를 파악하기 어렵다면, 작가(글쓴이)의 사상적 지반을 추적하면 주제 개념을 어렵지 않게 포착할 수 있는 경우이다. 예를 들어 「낙화」를 작시한 이형기 시인의 경우, 삶과 인생을 긍정하고 자연섭리에 순응하며 자의식을 강조하는 '실존'과 관련한 주제를 시적 세계관으로 삼아 표현했는데, 따라서 그 방향으로 시를 거듭 읽어 주제의식을 파악하면 전체를 읽어낼 수 있을 것이다. 참고로 혹자는 작가가 다른 관점이나 주제의식을 갖고 쓴 작품도 있기에 올바른 작품해석 방향이 아니라고 말할 수 있을지 모르나, 이는 그렇지 않다. 거듭 강조했듯이, 철저한 객관성을 지향하고 또 논란의 여지를 극도로 경계하는 수능시험에서 그런 글감은 절대 수능 지문으로 출제하지 않는다.

참고로 31번 문제는 국어영역 공부 시에 **발문 용어에 대한 공부**가 필요함을 보여준다. 수험생들이 뜻밖에 문제를 틀리는 경우가 바로, 발문이나 선택지 대답(답지)에 나오는 용어의 의미를 잘 모르는 데서 비롯된다. 이를테면 선택지 대답의 '자조적, 영탄과 독백, 감각적 이미지, 순환의 의미……' 등과 같은 표현을 이해하고 있지 못하면 문제를 풀기 어려워진다.

따라서 평소 국어사전을 가까이 해서 모르는 어휘를 찾아 즉시 숙지하는 방법으로 어휘력을 늘려야 한다. 특히 우리말의 3분의 2가 한자인 데다가 출제자가 발문에 사용하는 문학적 표현어는 한자어로 이루어진 경우가 많다. 따라서 기출문제로 자주 나오는 어휘를 익히는 한편, 사전을 찾아볼 때 한자도 눈여겨보면서 살피면, 고전문학을 공부하는데도 많은 도움이 된다.

덧붙여 앞서 말했듯이, 운율, 이미지, 비유, 상징, 알레고리, 문체, 플롯, 성격, 배경 등 문학작품의 제 구성요소 역시 국어 문제풀이를 위해 꼭 알아야 할 핵심 개념이자 문제풀이를 위한 분석적 툴로 인식하고 그것을 마치 문제 분석을 위한 '전가의 보도'인양 받아들여서는 안 된다. **국어 과목에서 요구하는 개념은 오직 주제와 그 주제가 지향하는 관점에 대한 부분으로 국한**된다. 또한 문학작품 구성 요소가 작품해설을 위한 분석적 툴이 되는 것은 맞지만, 이 역시 어디까지나 지문과 선택지 대답 간의 일치·불일치 관계를 묻고 따지기 위해 동원된 표현 언어이자 작품 감상과 이해에 필요한 언어적 수사(修辭)에 국한되는 경우가 일반적이다. 그런 점에서 볼 때, 문학작품 구성 요소 역시 국어 공부에 필요한 '어휘적 개념'으로 접근하고, 사전을 찾아가며 내용을 개략적으로 익히면 그것으로 충분하다.

　거듭 강조하거니와, 수능 기출문제에 제시된 지문과 문제, 그리고 선택지 대답 속에는 반드시 정답을 설명하는 명확한 근거가 들어 있다. 이때 그 근거를 찾아 정답을 도출하는 과정에서 필요한 것은 오직 '**코드와 맥락**'의 파악과 운용이며, 이것을 파악한 이후에 문제와 지문과 선택지와 〈보기〉를 일치시킬 때 그것이 곧 출제의도의 파악에 따른 정확한 문제풀이다. 정답과 오답은 그렇게 해서 찾는 것이며, 결국 국어 공부의 관건은 **독해 능력**에 달렸다.

사례1 2014학년도 수능 국어 A형

〔31~33〕 다음 글을 읽고 물음에 답하시오.

가야 할 때가 언제인지를
㉠ <u>분명히 알고 가는 이의</u>
뒷모습은 얼마나 아름다운가.

봄 한철
㉡ <u>격정을 인내한</u>
나의 사랑은 지고 있다.

분분한 낙화⋯⋯
결별이 이룩하는 축복에 싸여
지금은 가야 할 때,

㉢ <u>무성한 녹음과 그리고</u>
㉣ <u>머지않아 열매 맺는</u>
가을을 향하여

나의 청춘은 꽃답게 죽는다.

헤어지자
섬세한 손길을 흔들며

하롱하롱 꽃잎이 지는 어느 날

나의 사랑, 나의 결별,
㉤ <u>샘터에 물 고이듯 성숙하는</u>
내 영혼의 슬픈 눈.

– 이형기, 「낙화」–

문제 31. 윗글의 표현상 특징으로 가장 적절한 것은?
① 자조적 표현을 통해 삶의 모순을 드러내고 있다.
② 의성어를 활용하여 경쾌한 분위기를 자아내고 있다... '하롱하롱'(의태어)
③ 영탄과 독백의 어조를 통해 화자의 심정을 드러내고 있다.
④ 감각적 이미지를 활용하여 대상의 불변성을 부각하고 있다... '분분한 낙화', '섬세한 손길을 흔들며'(시각적 이미지)
⑤ 동일한 문장 형태를 반복하여 순환의 의미를 강조하고 있다... '나의 사랑, 나의 결별'(×), '가야 할 때' (○)... 동일한 문장 형태를 반복하는 표현은 나타나지 않는다.

문제 32. ㉠~㉤에 대한 이해로 가장 적절한 것은?
① ㉠은 이별에 직면한 화자가 겪고 있는 내적인 방황을 드러내고 있다.
② ㉡은 이별을 감내하면서도 지나간 사랑에 연연해하고 있는 화자의 회한을 드러내고 있다.
③ ㉢은 이별의 고통으로 인하여 삶의 목표를 상실하고 번민에 가득 차 있는 화자의 상황을 표현하고 있다.
④ **㉣은 이별의 경험이 내적 충만으로 이어지리라는 화자의 기대감**을 계절의 의미에 빗대어 표현하고 있다.
⑤ ㉤은 이별로 인한 상실감을 잊고 과거의 삶으로 회귀하는 화자의 태도를 표현하고 있다.

문제 33. 〈보기〉를 참고하여 윗글을 감상한 내용으로 적절하지 않은 것은?

〈보 기〉

「낙화」는 인간사의 이별을 꽃의 떨어짐에 비유함으로써 <u>청춘기의 자아의 성장 과정을 상징적으로 보여준다</u>. 자아는 세계와의 관계 속에서 성장의 가능성을 발견한다. <u>이 과정에서 자아는 시련에 부딪혀 자신이 갖고 있던 정체성의 변화를 겪게 되고, 그러한 변화를 인정하고 수용하면서 새로운 자아상을 확립해 나가게 된다.</u>

---

① 제1연과 제3연의 '가야 할 때'는 이전과는 달라진 상황을 인식할 때라는 점에서, <u>새로운 자아의 **모습을 찾게 되는** 계기</u>라고 할 수 있군.

② 제2연의 '봄 한철'과 제5연의 '꽃답게 죽는다'는 청춘기의 열정을 비유하고 있다는 점에서, <u>시련에 부딪혀 열정을 잃어가는 자아의 모습</u>을 보여 준다고 할 수 있군.

③ 제3연의 '결별이 이룩하는 축복에 싸여'는 이별의 결과에 대한 긍정적인 의미를 담고 있다는 점에서, <u>변화의 수용이 **자아 성장의 과정으로** 이어질 수 있음</u>을 알 수 있군.

④ 제6연의 '헤어지자/ 섬세한 손길을 흔들며'는 이별을 수용하는 모습을 표현하고 있다는 점에서, <u>세계와의 관계가 변화되었음을 **인정하려는** 자아의 태도를 보여준다</u>고 할 수 있군.

⑤ 제7연의 '내 영혼의 슬픈 눈'은 화자가 자신을 성찰하고 있음을 보여 준다는 점에서, <u>시련을 통해 새로워지는 **자아상을 확립**해 나가는 것임</u>을 알 수 있군.

【정답】 31 (③), 32 (④), 33 (②)

　　소설(산문 문학)의 경우 역시 '코드'와 '맥락'으로 이해하고 파악하면 된다. 아래 사례 역시 36번 문제의 〈보기〉를 읽어 이를 유추할 수 있다. 작가적 관점으로서의 주제의식은 **'계층 갈등'**(맥락_ 작가적의 창작 동기)이며, 작가가 작품을 통해 전달하고자 하는 코드는 '죽은 땅과 달나라', '난장이'라는 상징적 의미에 담겨 있는데, 이를 통해 **'계급적·계층적(부자와 빈자) 관점에서의 도시 빈민 문제'**, 즉 개발독재 시대(맥락_시대상황)의 가장 큰 문제였던 도시 빈민의 벼랑 끝에 몰린 처절한 삶의 조건'을 가감없이, **빈자(貧者)의 관점**(코드_주제 개념에 대한 작가의 시각·관점)에서 충실히 재현해내고 있음을 파악할 수 있다.

따라서 소설의 3요소인 '주제, 구성, 문체'를 중심으로 문제를 분석해야 한다거나, 또는 소설 구성의 3요소인 '인물, 사건, 배경'을 따져가며 파악해야 지문을 잘 이해할 수 있다고 하여, 그것이 산문 문학을 공부하는 방법적 요령이라고 받아들여 공부할 이유는 하등 없다. 그저 '코드'와 '맥락'을 파악하여 지문 전체를 이해하고, 이후 문제의 물음과 선택지 대답에서 어느 하나 또는 그 이상의 문학작품 구성요소를 중심으로 지문과의 연관관계를 파악하라는 지시가 있을 경우에(그것도 문제와 선택지가 지시하는 그대로 이행해가면서) 이를 그대로 이행하면 된다.

'코드'와 '맥락'으로 문학작품을 읽고 내용을 파악하는데 있어 마지막으로 한 번 더 강조할 것이 있다. 코드와 맥락은 항상 **유동적**으로, 텍스트의 메시지 자체는 의미가 고정되지 않은 채 **'출제자의 의도'**에 맞춰 얼마든지 그리고 언제든지 달라질 수 있다는 것으로, 앞의 사례인 〈낙화〉의 일반 주제가 '이별을 통한 영혼의 성숙'을 '자아정체성' 서사로 전이하여 출제한 경우에 후자의 관점에서 문제를 들여다봐야 하며(물론 둘 다 같은 관점이겠지만), 소설 '난장이가 쏘아 올린 작은 공' 역시 출제자가 '계층갈등' 문제보다는 '인간소외'의 관점에서 문제와 답을 구성했다면, 그 방향에서 지문을 읽고 문제를 풀어야 한다.

정리하면, 수능 국어영역은 전적으로 출제자의 의도에 따라 제시된 글(지문과 선택지 대답)에서 답을 도출하는 능력을 평가한다. 이때 문제해결의 포인트는 '코드와 맥락'으로 지문을 독해하는 능력으로, 그 **코드와 맥락이 출제자의 의도와 부합하는지**를 확인하고, 그렇게 해서 거듭 확인된 **주제 개념에 의거해서 선택지 내용이 지문과 어떻게 호응하는지**를 자세히 살펴가며 공부해야 한다. 그리고 이는 결국 수능 국어 비문학 문제 풀이의 핵심이 '작가의 의도 – 출제자의 의도 – 수험생의 견해'를 일치시키는 데 있음을 확인하는 과정이기도 하다. 공부 잘하는 학생들이 "국어 문학 부문은 공부하는 과정에서 자기만의 감(感)을 찾아야 한다."는 말이 이를 두고 하는 것으로, 결국 여기서도 드러나는 것이, 국어실력은 곧 읽기 능력이자 읽기 훈련이란 분명한 사실이다.

이를 거듭 정리하면, 국어공부의 핵심은, 특히 문학작품의 감상과 이해와 해석의 포인트는, 문학작품 구성요소나 특정 개념(문학작품에 대한 구조적 감상법을 위해 기본개념을 공부해야 한다고 주장하는데, 그러한 주장 자체가 터무니없다. 문학이란 대상·사물의 보편관념으로서의 '개념'적 사고를 뛰어넘어 이를 '낯설게' 하는데 있다는 점에 비춰 생각한다면, 개념 중심의 원리·원칙·이론·법칙을 강조하는 구조적 감상법이란 애당초부터 통용될 수 없다)에 집착하여 사리분별 못해가며 학

원 또는 참고서에서 지시하는 대로 무조건 외우려 들어서는 절대 안 되며, 작품 그
자체를 스스로 느끼고 이해하는 과정에서 전체(즉, **작품의 주제, 관점, 상황, 맥락**)가
눈과 머리에 들어와야 한다. 당연히 주관과 선입견이 작용한다거나, 문제 푸는 요령
에 집착하는 습관이 끼어들 여지가 없으며, **오직 글을 읽어 작가의 의도이자 출제자
의 의도에 맞춰 해석할 수 있는 능력**만 길러나가면 그것으로 충분하다. 어떻게? 기
출문제를 갖고 거듭해서 연습하면 된다.

사례2 2014학년도 수능 국어 A형

〔34~37〕 다음 글을 읽고 물음에 답하시오.

어머니는 조각마루 끝에 앉아 말이 없었다. 벽돌 공장의 높은 굴뚝 그림자
가 시멘트 담에서 꺾어지며 좁은 마당을 덮었다. 동네 사람들이 골목으로 나
와 뭐라고 소리치고 있었다. 통장은 그들 사이를 비집고 나와 방죽 쪽으로 걸
음을 옮겼다. 어머니는 식사를 끝내지 않은 밥상을 들고 부엌으로 들어갔다.
어머니는 두 무릎을 곧추세우고 앉았다. 그리고, 손을 들어 ㉠ <u>부엌 바닥을 한
번 치고 가슴을 한 번 쳤다.</u> 나는 동사무소로 갔다. ㉡ <u>행복동 주민들이 잔뜩
몰려들어 자기의 의견들을 큰 소리로 말하고 있었다. ⓐ 들을 사람은 두셋밖
에 안 되는데 수십 명이 거의 동시에 떠들어대고 있었다.</u> 쓸데없는 짓이었다.
떠든다고 해결될 문제는 아니었다.

나는 바깥 게시판에 적혀 있는 공고문을 읽었다. 거기에는 아파트 입주 절
차와 아파트 입주를 포기할 경우 탈 수 있는 아주 작은 보조금 액수 등이 적혀
있었다. 동사무소 주위는 시장바닥과 같았다. 주민들과 아파트 거간꾼들이 한
데 뒤엉켜 이리 몰리고 저리 몰리고 했다. 나는 거기서 아버지와 두 동생을 만
났다. 아버지는 도장포 앞에 앉아 있었다. 아침 일찍 일들을 찾아 나섰다가 ㉢
<u>철거 계고장이 나왔다는 소리를 듣고 돌아온 것이었다.</u> 누군들 이런 날 일을
할 수 있을까. 나는 아버지 옆으로 가 아버지의 공구들이 들어 있는 부대를 둘
러메었다. 영호가 다가오더니 나의 어깨에서 그 부대를 내려 옮겨 메었다. 나
는 아주 자연스럽게 그것을 넘겨주면서 이쪽으로 걸어오는 영희를 보았다. 영
희의 얼굴은 발갛게 상기되어 있었다. 몇 사람의 거간꾼들이 우리를 둘러싸고
아파트 입주권을 팔라고 했다. 아버지가 책을 읽고 있었다. 우리는 아버지가
책을 읽는 것을 처음 보았다. 표지를 쌌기 때문에 무슨 책을 읽는지도 알 수 없

261

었다. 영희가 허리를 굽혀 아버지의 손을 잡아끌었다. 아버지는 우리들의 얼굴을 물끄러미 쳐다보더니 자리를 털고 일어났다. "난장이가 간다"고 처음 보는 사람들이 말했다.

어머니는 대문 기둥에 붙어 있는 ㉣ <u>알루미늄 표찰을 떼기 위해 식칼로 못을 뽑고 있었다.</u> 내가 식칼을 받아 반대쪽 못을 뽑았다. 영호는 어머니와 내가 하는 일이 못마땅한 모양이었다. 그러나 마음에 드는 일이 우리에게 일어나 주기를 바랄 수는 없는 일이었다. 어머니는 무허가 건물 번호가 새겨진 알루미늄 표찰을 빨리 떼어 간직하지 않으면 나중에 괴로운 일이 생길 것이라는 것을 알고 있었다.

어머니는 손바닥에 놓인 표찰을 말없이 들여다보았다. 영희가 이번에는 어머니의 손을 잡아끌었다.

【중략 줄거리】아버지는 병들고 지쳐 일을 할 수 없게 되고 '나', '영호', '영희'는 학교를 그만두게 된다. 어느 날 아버지는 말없이 집을 나간다.

나는 아버지가 놓고 나간 책을 읽고 있었다. 그것은 「일만 년 후의 세계」라는 책이었다. 영희는 온종일 팬지꽃 앞에 앉아 줄 끊어진 기타를 쳤다. '최후의 시장'에서 사온 기타였다. 내가 방송통신고교의 강의를 받기 위해 라디오를 사러 갈 때 영희가 따라왔었다. 쓸 만한 라디오가 있었다. 그런데, 영희가 먼지 속에 놓인 기타를 퉁겨 보는 것이었다. 영희는 고개를 약간 숙이고 기타를 쳤다. 긴 머리에 반쯤 가려진 옆얼굴이 아주 예뻤다. 영희가 치는 기타 소리는 영희에게 아주 잘 어울렸다. 나는 먼저 골랐던 라디오를 살 수 없었다. 좀 더 싼 것으로 바꾸면서 영희가 든 기타를 가리켰다. 그 라디오가 고장이 나고 기타는 줄이 하나 끊어졌다. 줄 끊어진 기타를 영희는 쳤다. 나는 아버지가 무슨 생각을 하고 있는지 알 수 없었다. 「일만 년 후의 세계」라는 책을 아버지는 개천 건너 주택가에 사는 젊은이에게서 빌렸다. 그의 이름은 지섭이었다. 지섭은 밝고 깨끗한 삼층집에서 살았다. 지섭은 그 집 가정교사였다. 아버지와 그는 서로 통하는 데가 있었다. 지섭이 하는 말을 나는 들었다. 그는 이 땅에서 우리가 기대할 것은 이제 없다고 말했다.

"왜?"
아버지가 물었다.

"사람들은 사랑이 없는 욕망을 갖고 있습니다. 그래서 단 한 사람도 남을 위해 눈물을 흘릴 줄 모릅니다. 이런 사람들만 사는 땅은 죽은 땅입니다."

"하긴!"

"아저씨는 평생 동안 아무 일도 안 하셨습니까?"

"일을 안 하다니? 일을 했지. 열심히 일했어. 우리 식구 모두가 열심히 일했네."

"그럼 무슨 나쁜 짓을 하신 적은 없으십니까? 법을 어긴 적 없으세요?"

"없어"

"그렇다면 기도를 드리지 않으셨습니다. 간절한 마음으로 기도를 드리지 않으셨어요."

"기도를 올렸지."

"그런데, 이게 뭡니까? 뭐가 잘못된 게 분명하죠? 불공평하지 않으세요? 이제 이 죽은 땅을 떠나야 됩니다."

"떠나다니? 어디로?"

"달나라로!"

"얘들아!"

어머니의 ㉤ <u>불안한 음성이 높아졌다.</u> 나는 책장을 덮고 밖으로 뛰어나갔다. 영호와 영희는 엉뚱한 곳을 찾아 헤매고 있었다. 나는 방죽가로 나가 곧장 하늘을 쳐다보았다. 벽돌 공장의 높은 굴뚝이 눈앞으로 다가왔다. 그 맨 꼭대기에 아버지가 서 있었다. 바로 한 걸음 정도 앞에 달이 걸려 있었다.

– 조세희, 〈난장이가 쏘아 올린 작은 공〉–

문제 34. 윗글에 대한 설명으로 가장 적절한 것은?
① 서술자의 시각을 통해 상황에 대한 **비판적 인식**이 드러나고 있다.
② 인물의 과장된 행동을 통해 비극적 분위기에 반전을 꾀하고 있다.
③ 현학적인 표현을 사용하여 사건을 보는 다양한 관점을 제시하고 있다.
④ 액자 구조를 통해 상이한 이야기가 갖는 유사한 의미를 강조하고 있다.
⑤ 동시에 벌어진 사건들을 나란히 배치하여 이야기의 흐름을 지연시키고 있다.

문제 35. '어머니'와 관련하여 ㉠~㉤을 이해한 내용으로 적절하지 <u>않은</u> 것은?
① ㉠: 사건에 대한 '어머니'의 심리적 반응을 행동으로 구체화하고 있다.
② ㉡: '어머니'가 처한 현실과 상반된 지명이 현실의 모순을 부각하고 있다.

③ ㉢: '어머니'에게 닥친 문제가 구체적으로 무엇인지 드러내고 있다.

④ ㉣: 생활의 의지마저 포기한 '어머니'의 절망적인 모습을 보여주고 있다.

⑤ ㉤: '어머니'의 고조된 음성이 상황의 절박함을 암시하고 있다.

문제 36. 〈보기〉를 바탕으로 윗글을 감상한 내용으로 적절하지 않은 것은?[3점]

〈보 기〉

이 작품은 등장인물인 '지섭'을 통해 '죽은 땅'과 '달나라'라는 상징적 공간을 설정하여 '난장이' 일가가 직면한 **현실의 문제**를 드러내고 있다. '죽은 땅'은 '욕망'과 '**불공평**'이라는 속성으로, '달나라'는 '사랑'과 '남을 위한 눈물'이라는 속성으로 구체화된다. 이를 통해 이 작품은 **산업 사회의 이면에 대한 비판**과 이상 세계를 향한 낭만적 동경을 보여 주고 있다.

---

① '불공평'을 '죽은 땅'의 속성으로 볼 때, '공고문'은 불평등한 현실의 문제를 들춰내는 소재이겠군.

② '욕망'을 '죽은 땅'의 속성으로 볼 때, '난장이' 가족의 어려움은 '욕망'으로 가득한 현실에서 비롯되었다고 할 수 있겠군.

③ '달나라'가 '죽은 땅'과 대조되는 것으로 볼 때, '달나라'에 대한 동경은 '죽은 땅'에 대한 지섭의 비판적 인식을 포함한다고 할 수 있겠군.

④ '사랑'을 '달나라'의 속성으로 볼 때, '지섭'은 자신의 욕망만 앞세우는 사람들이 사는 '죽은 땅'에서는 '사랑'을 기대할 수 없다고 생각하겠군.

⑤ '남을 위한 눈물'을 '달나라'의 속성으로 볼 때, '지섭'은 '난장이'가 주어진 현실의 삶에 충실하지 못했기 때문에 그를 위해 눈물을 흘려 줄 사람을 만나지 못한 것이라고 생각하겠군.

문제 37. ⓐ의 상황을 나타내는 말로 가장 적절한 것은?
　① 유구무언(有口無言)　　② 일구이언(一口二言)
　③ 중구난방(衆口難防)　　④ 진퇴양난(進退兩難)
　⑤ 횡설수설(橫說竪說)

【정답】 34 (①), 35 (④), 36 (⑤), 37 (③)

문제34

① = "쓸데없는 짓이었다. 떠든다고 해결될 문제는 아니었다.", "그러나 마음에 드는 일이 우리에게 일어나 주기를 바랄 수는 없는 일이었다."

② ≠ 굳이 과장된 행동을 꼽자면 "어머니는 대문 기둥에 붙어 있는 알루미늄 표찰을 떼기 위해 식칼로 못을 뽑고 있었다."와 "벽돌 공장의 높은 굴뚝 맨 꼭대기에 아버지가 서 있었다." 정도인데, 이는 과장된 행동이 아니다.

③ ≠ '현학'이란 학식을 과시하는 것에 대한 부정적 시각이 담긴 말인데, 서술자인 '나(영수)'가 학식을 과시하는 내용은 없다.

④ ≠ '액자구조'란 소설 창작에서 흔히 볼 수 있는 구성방식으로서, 액자의 틀 속에 사진이 들어 있듯이 하나의 이야기 속에 또 다른 이야기 구조가 들어 있는 것을 말하는데, 이 글은 과거와 현재를 넘나들며 서술하고 있지만 액자 구조는 아니다. 이때 문제 풀이의 포인트는, '다소 낯선 용어'를 선택지 대답으로 끌어와 서술하고 있는 경우에는, 지문이든 〈보기〉든 어딘가에 그 용어에 대한 설명이 들어있어야 하는데, 만약 그렇지 않다면 이는 '무관계'하기에 정답이 아니라고 보면 된다 (즉 다른, 확실하게 관계하는 정답을 찾아 이를 답으로 선택한다). 정리하면, 정답을 찾는 데 있어서의 중요한 포인트는, 모든 문제의 답이 지문 안에 다 들어있는 것은 아니지만, 대부분의 문제에서 답은 반드시 지문과 관계한다. 만약에 답이 지문과 무관계하다면, 그것은 답이 아니라고 봐도 된다.

⑤ ≠ 이 글에 나타난 사건들은 모두 시간의 선후가 있는 것으로, 동시에 벌어진 사건을 배열한 것은 아니다.

문제35

앞서 이 소설의 '코드와 맥락'이 '개발 독재 시대(맥락_시대상황)의 가장 큰 문제였던 도시 빈민의 벼랑 끝에 몰린 처절한 삶의 조건'을 가감없이, **빈자(貧者)의 관점**에서 충실히 재현해내고 있는 것이라고 말했다. 따라서 이 관점에서 등장인물의 심리를 파악하면 어렵지 않게 전체를 유추해서 지문과 선택지 대답 간의 일치·불일치 관계를 살필 수 있을 것이다.

문제36

지문의 소재로 사용된 여러 상징어에 담긴 의미 역시 '코드와 맥락'을 통해 드러난 내용에 의거해서 파악한 후, 이후 각각이 선택지 대답과 일치 · 불일치하는지 확인하면 어렵지 않게 답을 찾을 수 있다.

6. 수능 영어 공부의 핵심 포인트

관건은 어휘력이다

영어 역시 언어다. 그런데 수능 영어과목에서 다루는 언어력만을 놓고 따지면 중학교 수준에 지나지 않다. 더군다나 수능 영어 시험은 만점자가 1등급의 수용범위인 전체 4%를 넘을 정도로 낮은 수준의 문제가 출제된다. 그럼에도 학생들이 영어 문제를 제대로 풀어내지 못하거나 답이 틀린다면, 그 이유는 무엇일까?

그 가장 큰 이유는 바로 **어휘력** 때문이다. 영어 단어를 몰라 글을 읽어 해석하지 못하는 것이다. 중학교 수준의 언어력을 요하는 지문이라 함은, 단어만 나열하더라도 전체 의미를 읽고 해석할 수 있는 그런 정도의 수준이다. 그것도 높은 수준의 단어가 아니라 일상에서 자주 사용하는 단어와, 그 의미를 정확히 알고 있으면 그것으로 충분히 해석 가능한 지문을 중심으로 수능 영어 문제는 출제된다.

따라서 수능 **영어 성적을 잘 받으려면 다른 무엇보다 어휘량(단어 실력)을 늘려야 한다**. 지문 안에 모르는 단어가 많으면 글을 빨리 읽을 수 없을 뿐만 아니라 이해력도 떨어지게 된다. 앞서 국어 공부의 관건은 글을 빠르고 정확히 읽는 데 있다고 말했는데, 영어 역시 이와 크게 다르지 않다. 그만큼 어휘 실력은 지문의 내용을 이해하는 기초 요인이자, 글을 빠르게 읽고 문제의 질문에 답할 수 있는 기본 소양이기 때문이다.

하지만 영어 단어를 열심히 외워 그 뜻은 알겠는데 그럼에도 해석이 안 된다고 하소연하는 학생들이 꽤 있다. 물론 이는 문법과 독해 능력이 부족한 때문이기도 하지만, 그렇더라도 가장 큰 이유는 어휘력이 부족한 데서 비롯된다. 이런 학생들의 경우에는 영어 단어를 연습장에다 새카맣게 써 가며 달달 외우는 경우가 일반적인데, 그렇게 해서 힘들여 외운다고 한들 온전히 써먹지 못한다.

그 이유를 제3장에서 인지과학이론을 들어가며 설명했다. 정보를 머릿속의 기억 창고인 장기기억으로 밀어넣되 이를 써먹을 수 있는 지식으로 만들기 위해서는, 이를 기억(암기)하기에 앞서 반드시 '**이해**'부터 따라야 한다고 말했다. 만약에 그렇지를 않고 그 지식에 대한 이해 없이 무작정 머릿속에 쑤셔넣을 경우에는, 그것이 오히려 작업기억의 작용을 방해하는 요인으로 작용함으로써, 결과적으로 지식의 올바른 결합을 가로막는다고 했다. 기억하는 것도 중요하지만, 불필요한 기억을 제거하고 또 머릿속에 기억을 체계적으로 쌓는 것 역시 그에 못지않게 중요하다고 말했다.

그렇기에 영어 공부를 잘하려면 다른 무엇보다, 어떻게 하면 영어 단어를 쉽게 머릿속에 집어넣고 또 필요할 때 끄집어낼 수 있도록 공부(암기)해나갈 것인가를 고민해야 하는데, 그 핵심은 다음 두 가지 방법이다.

첫째, 문맥 속에서 단어의 의미를 이해하고 해석하는 능력을 기를 수 있도록, **문장을 통째로 암기해가며 단어를 외우는 것**이다. 그것이 유용한 이유는 다음과 같다. 우리는 우리말로 된 책을 읽다가 모르는 단어가 나온다고 해서 이를 일일이 사전을 찾아 확인하지는 않는다. 앞뒤 문맥을 보고 대충 무슨 뜻인지를 넘겨 짚어가며 파악할 수 있는데, 이는 핵심 단어가 전체 글에서 어떤 의미를 담당하고 있는지를 정확히 알고 있기 때문이다. 다시 말해, 핵심 단어를 통해 전체 글의 맥락적인 의미를 유추해가며 파악할 수 있기 때문에, 설령 지문 안에 모르는 단어가 몇 개 있더라도 해석이 가능한 것이다.

영어 역시 마찬가지다. 단어의 단편적인 뜻을 무조건 외우는 식으로는 단어를 아무리 많이 알고 있어도 전체 뜻을 이해하기 어렵다. 지문 속의 각 문장 안에서, 그리고 문맥 내에서 그 단어가 갖는 여러 의미와 기능이 어떻게 활용되고 있는지를 파악하고 이해할 수 있도록, 문장을 통째로 외워서 그 안에 담긴 단어의 의미를 완전하게 자기 것으로 만들어야 한다. 그렇게 해서 어휘력이 늘어나면 늘어날수록 지문을 해석하는 능력과 속도가 빨라지고 게다가 문법 실력도 함께 오르며, 더불어 지식과 사고력은 크게 향상된다. 영어 성적을 올리려면 어휘력을 높이는 데 힘을 쏟되, **핵심 어휘(단어와 숙어)가 들어 있는 문장을 통째로 외워라.**

둘째, 인지과학이론을 그대로 적용하여 단어를 암기하는 것이 효과적이다. 기억은 하루 사이에 망각하게 마련이어서, 적어도 공부(암기)한 것의 4분의 3은 하루 만에 다 잊어버린다. 그렇기에 기억을 다지는 작업은 수 시간 내에 암기를 반복하는 것이 가장 효율적이지만, 그렇더라도 기억한 내용을 잊어버리기는 매일반이다. 단한번으로 끝내는 암기는 없다.

따라서 단어를 암기하는 가장 좋은 방법은 **이해를 바탕으로 필요한 정보(지식)만**을 머릿속에 집어넣되, 그 지식을 **잊어먹을 만하면 다시 반복해서 되살려놓는 것**이다. 맥락을 이해하면서 반복해서 읽다 보면 저절로 암기가 되는 것도 따지고 보면,

문장을 여러 번 읽어 이해와 기억이 함께 가속이 붙고 또 둘이 서로 결합하여 상승 작용을 낳은 결과라고 보면 된다.

다시 말해, 단어를 두 번째 보면 첫 번째보다 훨씬 기억하기 쉬운데, 왜냐하면 한 번 기억한 것은 아주 없어지는 게 아니고 희미하게나마 잠재 기억으로 남아 다음 번 기억을 쉽게 해주기 때문이다. 그렇기에 영어 단어 암기나 수학 공식을 응용한 학습처럼 이해에 기반한 암기력을 요하는 공부는 매일매일 조금씩 해나가는 것이 좋다. 암기를 요하는 공부는 꼼꼼하게 한 번 읽는 것보다 설렁설렁 여러 번 읽는 것이 학습에 더 효과적이다. 지금 단번에 끝내는 식의 암기가 아닌, **거듭해서 읽어 자연스럽게 암기하라**고 주문했다.

그렇다면 어떤 식으로, 그리고 무엇을 갖고서 영어 단어를 공부하는 게 효과적일까? 첫째, **어휘집 한 권을 독파**하는 게 순서일 듯하다. 수능 영어 어휘집은 그 수준이 거의 비슷하기 때문에 어떤 책이라도 상관없지만, 그렇더라도 기왕이면 도서출판 창과창에서 출간한 〈DUO 3.3〉으로 공부할 것을 추천한다. 어휘 수준도 비교적 무난할 뿐만 아니라, 무엇보다 지면 상단에 핵심 어휘를 담은 영어 문장을, 그리고 하단에 그것에 대한 한글 해석지문을 배치하였다. 또 지면의 중간 부분에 문장의 핵심 단어와 예문, 반의어와 동의어를 실었다. 따라서 하단의 한글지문을 읽으며 상단의 핵심지문을 암기할 수 있는 이점이 있는데, 이런 식으로 공부하면 문장을 통한 단어 암기에 아주 효과적이다.

이때 중요한 것은, 앞서 말했듯이, 꼼꼼하게 한 번 어휘집을 독파하는 것보다는 지문 위, 아래에 있는 문장을 읽어가며 교과서를 읽듯이 여러 번 보는 것이이 더 효과적이다. 처음에는 지면 중간부에 있는 단어와 그에 담긴 내용에 절대 눈길을 주지 말고, 그저 상단에 있는 영어 문장을 집중해서, 그것도 개략적으로 빠르게 읽어나간다. 설렁설렁 여러 번 반복해서 보라고 강조했다.

그렇게 두세 번을 읽은 다음에는 반대로 지면 하단에 있는 한글 해석지문을 읽고, 이어서 그것을 담은 상단부의 영어 문장에 맞춰 더듬더듬 번역해가며 읽어나간다. 이는 말하자면, 이제까지 몇 번 읽은 영어 문장의 내용을 상기하는 과정으로, 만약에 기억나지 않더라도 낙담하거나 스트레스 받지 말고 거듭 살펴가며 반복해서 공부한다. 이때, 생각보다 기억나지 않는 게 정상이기에 그렇다.

그렇게 해서 또 다시 4~5회 독파하게 되면 서서히 그 효과가 나타나기 시작하는데, 그렇게 되면 지면 중간부에 있는 핵심 단어 및 관련한 어휘가 눈에 확 들어오게 되며, 이때부터 그 부분을 함께 읽어가며 공부해나간다.

이와 같은 방법으로 반복해서 공부한 결과, 전체 15~20회 정도 독파가 끝나면 새로 익힌 어휘의 90% 이상은 완벽하게 암기하게 된다. 핵심 어휘를 담은 문장 또한 한글 해석지문을 읽고 이를 영어 문장으로 바꿔 표현할 수 있게 된다.

거듭 강조한다. 영어 단어는 한 번에 집중해서 암기하려 들어서는 안 된다. 꼼꼼하게 한 번 읽는 것보다 **여러 번 반복해서 읽는 것이 단어 암기에는 훨씬 더 효과적이**다. 어휘집을 항상 옆에 두고 틈나는 대로 읽어나가면서 학습하되, 적어도 **20회 이상 거듭해서** 읽어라. 영어 단어 암기의 핵심은 **글을 읽는 '깊이'가 아닌, '횟수'**다.

이때 단어 암기는 쉬는 시간 틈틈이, 그리고 잠들기 전에 하는 게 좋다. 암기는 순간 집중력이 발휘될 때 가장 효과가 높은데, 쉬는 시간 잠깐잠깐 무렵이 그 때다. 또 '수면은 새로운 정보를 정리해 기억을 강화하는 데 필수'라는 인지과학자들의 의견을 받아들일 경우, 뇌는 잠을 자는 동안에 가장 활발히 기억작용을 하며, 따라서 잠들기 직전에 영어 단어를 암기하면 그만큼 기억할 가능성이 높아지고 기억이 오래 간다. 게다가 단어는 파편적인 정보(지식)이기 때문에 그만큼 의식의 흐름이 연속적이지 않으며, 그렇기에 영어 단어를 읽는 동안에 저절로 스르르 잠에 빠져들 수 있다. 많은 학생들이 열심히 공부한 후 쉽사리 잠에 빠져들지 못하는 점을 생각한다면, 잠자리에서 단어집을 마치 만화책을 보듯이 하다가 부지불식간에 잠에 빠져드는 것은 숙면을 위한 아주 좋은 현상이다.

둘째, 수능 영어 빈칸추론 및 주제파악 등, **독해력을 묻는 기출 지문에 실린 핵심 단어**를 빠짐없이 암기해야 한다. 어휘집을 갖고 영어 단어를 암기했다고 해서 그것이 곧바로 수능 실력으로 이어진다는 보장은 없다. 수능 영어는 수능을 위한 영어 단어가 사용되기 마련이고, 따라서 이 역시 기출문제를 갖고 같은 방법으로 공부함으로써 어휘력을 넓혀나가야 한다.

그런 점에서 볼 때, 수능 **영어 독해문제 풀이와 병행하는 단어 암기는 가장 밀도 높은 어휘 공부**라고 할 수 있다. 방금 푼 독해 지문에 자신이 알고 있는 단어가 빼곡하다면 그만큼 평소 단어를 열심히 암기했음을 의미하고, 만약에 그렇지 못하고 지문 안에 모르는 단어가 너무 많아 글의 해석이 안 된다면 단어 공부에 소홀했음을 드러낸다. 만약 자신이 아는 단어를 적용해가며 지문을 읽었음에도 불구하고 이해가 잘 안 되고 해석이 부자연스럽다면, 그만큼 문장 안에서 단어가 갖는 맥락적인 이해가 떨어지는 것이기에, 이 역시 잘못된 단어 공부를 한 것이다.

그러한 문제점을 해결하기 위해서는 독해력을 묻는 영어 지문에 담긴 핵심 어휘를 빠짐없이 암기하는 것은 무엇보다 중요한데, 그것을 가늠하는 기준은 무엇일까? 지문 안의 모든 단어를 외워가며 공부하기란 현실적으로 불가능할뿐더러, 독해력을 높이는 공부를 위해서도 적절하지 않다. 모르는 단어 전부를 직접 사전을 찾아가며 확인한 후 또박또박 문장을 해석하는 습관을 들일 경우, 정작 시험을 치르는 동안에 지문 안에 모르는 단어가 나오게 되면 이내 당황하고는 올바로 해석하지 못할 수 있다.

지문을 빠른 속도로 읽으면서 전체 내용을 이해해야 하는데, 이때 모든 단어를 반드시 알고 있을 필요는 없다. 물론 쉬운 지문인 경우에는 모르는 단어가 없겠지만, 그렇더라도 전문용어나 전체를 이해하는 데 그다지 필요 없는 단어가 반드시 한두 개는 들어가 있게 마련이다. 이것을 굳이 외울 이유는 하등 없다. 오히려 그러한 단어를 포함한 지문을 문맥 속에서 읽어 무슨 뜻인지 유추할 수 있도록 독해 연습을 해나가는 게 실전에서 더 효과적이다. 한 지문 당 모르는 단어가 3~5개(쉬운 지문의 경우에는 2~3개) 정도 이내이면 무난하며, 그렇게 해서 지문에 담긴 전체 내용을 해석하는 데 큰 어려움이 없을 정도면 그것으로 충분하다.

그렇다면 어떻게 공부하는 게 좋을까? 이는 바로, 글을 읽어 그 안에 담긴 '중심주장 글(문장)'과 그 주장을 '뒷받침 하는 글(문장)'을 찾아내고(이 두 문장을 합친 것이 곧 '논증'을 담은 글이다), 그 **안에 담긴 핵심 단어를 빠짐없이 살펴 이를 반드시 외우는 것**이다. 그리고 이 두 문장을 서로 연결해가며 유추해서 해석하면, 지문 전체의 논리구조와 중심내용이 드러나게 된다.

이런 식으로 글의 구조를 분석해가며 파악하는 공부는 대단히 중요하다(그렇기에 이어서 자세히 설명한다). 특히 영어 빈칸추론 유형의 문제의 경우, 지문 전체는 '중심 주장 글'과 '뒷받침 글', 그리고 이 둘을 설명하는 '해석 글 묶음'으로 이루어져 있는데, 수능 영어 지문처럼 5~10줄의 비교적 짧은 문장으로 구성된 경우에는 '주장 글'과 '뒷받침 글'을 정확히 찾아낸 후, 이어서 둘을 연결해가며 해석하면, 전체 내용이 한눈에 포착된다.

게다가 두 문장은 주장과 근거가 서로 유기적으로 연결되어야 하기에, 문장 안에는 유사한 의미를 담은 어휘(단어와 구 또는 절)가 중복되기 마련이며(왜냐? 두 문장이 서로 인과관계나 상관관계를 맺으려면 의미가 같거나 유사한 단어와 어휘가 두 문장에 공통적으로 사용되기 마련이니까), 그 중 한 부분을 빈칸으로 하여 출제되는 게 일반적이다. 그리고 빈칸 부분은 정답으로 만들어져 선택지 대답의 어느 하나를 구성하게 되는데, 따라서 '주장 또는 근거' 문장과 그 둘 중 하나의 일부를 이루는 선택지 대답 간의 논리적인 판단관계(인과관계와 상관관계)와 어휘적인 합치관계를 파악하면 어렵지 않게 답을 찾아낼 수 있다.

이를테면 아래 〈사례〉의 '중심 주장 글'의 'without being able to say how one knows'와 '뒷받침 글'의 '**subconsciously**'가 그것인데, 따라서 이 두 어휘의

의미와 그 합치관계만 파악할 수 있다면, 해설 글 안에 실린 'intuition(직관)'이라든가 'reason(이성)'의 의미를 모르더라도 답을 찾아낼 수 있다. 즉 이 문제는 'subconscious'의 의미를 알고 있기만 해도 어렵지 않게 답을 찾을 수 있다(그렇더라도 다른 중요 단어, 이를테면 'intuition 같은 단어도 암기하는 것이 좋다). 덧붙여, 이 지문에서 반드시 외워야 할 필수 단어가 무엇인지 굳이 말하지 않아도 알 수 있을 것이다.

사례 2010년 6월 영어 모의 25번 문제

A brilliant friend of mine once told me, "When you suddenly see a problem, something happens that you have the answer — before you are able to put it into words. It is all done subconsciously. This has happened many times to me." This feeling of knowing ______________ ______________ is common. The French philosopher and mathematician Blaise Pascal is famous for saying, "The heart has its reasons that reason cannot know" The great nineteenth-century mathematician Carl Friedrich Gauss also admitted that intuition often led him to ideas he could not immediately prove. He said, "I have had my results for a long time; but I do not yet know how I am to arrive at them." Fittingly so, sometimes true genius simply cannot be put into words.

① the meaning of the feelings in your heart
② without being able to say how one knows
③ the way others solve the problems they face
④ how to use the right words to pursuade others
⑤ someone that you have never met before in your life

지문 해석

한 똑똑한 친구가 내게 이런 말을 한 적이 있다. "갑자기 어떤 문제에 부딪혔을 때, 그것을 적절한 말로 생각해내기도 전에 거의 무의식적으로 대답부터 하는 경우가 발생하곤 하는데, 그것도 자주 일어나게 되지." 그것을 어떻게 알게 되었는지에 대해 설명하기 어려운 그런 느낌으로서의 앎은 일상에서 흔히 일어난다. 프랑스 철학자이자 수학자인 파스칼은 "사람의 감성은 이성으로는 알 수 없는 나름의 이유를 가지고 있다"는 말로 유명하다. 19세기 위대한 수학자 가우스 역시 직관이 종종 그로 하여금 곧바로 증명할 수 없는 생각들을 떠올리도록 이끌었음을 인정한다. 그는 "나에게는 오랫동안 끌어 온 결론들이 있는데(즉 무의식적으로 또는 직관적으로 결론을 알게 됐지만), 그럼에도 그 결론에 어떻게 도달해야 할지를 모르겠다(즉 그 결론을 어떻게 이성적으로 설명해야 할지를 모르겠다)"고 말했다. 때론 진정한 천재성은 단순히 말로는 표현할 수 없다고 하는 게 적절할 듯하다.

① 당신 마음속에 있는 감정들의 의미
② 어떻게 알게 되었는지에 대해 설명하기 어려운
③ 다른 사람들이 직면하는 문제들을 해결하는 방법
④ 다른 사람들을 설득하기 위해 적절한 말을 사용하는 방법
⑤ 당신의 인생에서 전혀 만나본 적이 없는 그 누구

글의 논증 구조

A brilliant friend of mine once told me, "When you suddenly see a problem, something happens that you have the answer — before you are able to put it into words. It is all done **subconsciously**. → (뒷받침 글. 근거) This has happened many times to me." This feeling of knowing **without being able to say how one knows** is common. → (중심 주장 글. 주장) The French philosopher and mathematician Blaise Pascal is famous for saying, "The heart has its reasons that **reason** cannot know" The great nineteenth–century mathematician Carl Friedrich Gauss also admitted that **intuition** often led him to ideas he could not immediately prove. He said, "I have had my results for a long time; but I do not yet know how I am to arrive at them." Fittingly so, sometimes true **genius** simply cannot be put into words.

- **전제(근거)** : 어떤 문제에 부딪혔을 때, 사람들은 그것을 적절한 말로 생각해내기도 전에 무의식적으로 대답부터 하는 경우가 발생한다.
- **결론(주장)** : **무엇을 어떻게 알았는지 설명하기는 어렵지만**(=잠재의식적으로), 사람들은 이를 직관적으로 알고 있다.
- **논증 요약** : 무엇을 어떻게 알았는지 설명하기는 어렵지만, 어떤 사람들은 이를 직관적으로 알고 있다. 그렇기에 사람들(천재)은 어떤 문제에 부딪혔을 때, 그것을 적절한 말로 생각해내기도 전에 무의식적으로 대답부터 하게 된다.

【핵심 단어】 잠재의식(subconscious)

【문제 해결의 포인트】

논증 글에 담긴 핵심 키워드를 일치시켜가며 파악하면 된다.

주장 : subconsciously

근거 : without being able to say how one knows

【정답】 ②

영어독해 문제를 풀어가며 단어를 외울 때 특히 염두에 둘 것은, 반드시 직접 사전을 찾아가며 단어를 살피는 습관을 들이는 것이다. 문제집 한 귀퉁이에 제시된 단어의 뜻풀이나 훑어보면서 문제를 풀어서는 안 된다. 정작 시험 볼 때에는 뜻풀이가 주어지지 않은 탓에, 문제지에 적응하지 못하고 당황하여 시험을 망칠 수 있다. 또 다양한 의미를 갖는 단어가 지문으로 구성될 경우, 그 단어가 이미 암기하여 알고 있는 뜻과는 다른 의미로 사용되고 있음을 파악하지 못하고 기존의 단어 지식으로 이해함으로써 해석을 그르치는 경우가 생길 수 있다. 예를 들어 2000년 수능시험에 출제된 표현인 wrap은 '포장하다, 싸다'라는 뜻이지만, 'wrap-up'처럼 up을 동반하는 동사구일 경우에는 '일을 끝내다, 마무리하다'라는 뜻이 된다. 따라서 구문을 읽어 맥락적인 이해가 안 되면 반드시 사전을 찾아 살펴가며 적절한 의미를 찾는 데 힘을 쏟아야 한다. 어휘력은 그런 노력의 과정에서 얻어지는 것이다.

정리하면, 수능 영어에서 어휘(단어)가 차지하는 비중은 절대적이다. 이때 앞서 말한 두 방법에 더해, **교과서에 실린 핵심 어휘를 함께 공부**해나간다면, 독해까지 막힘없이 해결될 것이다. 더군다나 매년 수능에 출제되는 어휘들은 대체로 공통되는 것들이 많으며, 모의고사 지문에 실리는 어휘 역시 무작정 사용된 것이 아니라 실제 수능시험에서 지문 당 몇 개 이상 들어가야 한다는 지침에 따라 선택된 것들이다. 다시 말해, **유사한 어휘가 모의고사와 수능에 공통적으로 사용**된다는 것이다.

　　이상을 통해 수능 기출 지문과 평가원 모의고사 기출 지문을 공부해가며 그때그때 핵심 어휘이자 공통된 단어를 외우는 것이 가장 효과적인 어휘 공부이자 단어 암기 방법임을 이해한다면, 결국 단어 암기와 독해 연습과 어법 학습은 결코 분리될 수 없는 하나로, 동시에 한꺼번에 공부해나가야 함을 이해할 수 있을 것이다. 다시 한 번 강조하지만, 영어 공부의 시작과 끝은 바로 **단어 학습**이다.

문장 독해 요령

　　학생들은 긴 문장의 영어 지문이 출제되거나 글에 모르는 어휘가 나오면 제대로 해석을 못하고 쩔쩔맨다. 그리고는 독해력이 부족한 탓에 해석이 안 된다고 생각한다. 그런 관점에서 본다면, 영어 지문 독해는 문장을 구성하고 있는 여러 단어나 어휘들을 의미 있는 단위(앞서, 기억을 강화하는 방법의 하나가 바로 글을 '의미단위'로 묶어 살피는 것이라고 했는데, 영어 독해 역시 마찬가지인 점을 이해할 수 있다)로 묶고, 각 문장에서 어떤 역할을 하고 있는지를 파악하는 능력이라고 할 수 있다.

　　글(문장)을 읽어 의미가 쉽게 이해된다면 굳이 그 문장을 구조적으로 접근할 필요가 없다. 하지만 글을 읽었음에도 그 뜻이 분명하지 않다면, 문장의 구조를 따져 살펴가며 파악할 수밖에 없다. 물론 모든 문장을 일일이 구조를 따져가며 자세하게 해석하는 것은 상당한 시간을 필요로 하기에 그만큼 비효율적이다. 그렇더라도 영어 공부를 하는 동안 해석이 잘 안 되는 어려운 문장이 나오면 글의 구조를 반드시 자세히 살펴가며 공부해야 한다. 그래야만 실전에서 실수하지 않고 문장에 담긴 내용을 정확히 파악할 수 있다. 그렇다면 어떤 방법으로 글을 읽어 이해해야 할까?

　　이것을 알아보기에 앞서 한 가지 염두에 둘 것이 있다. 그것은 바로 수능 국어 지문과 영어 지문 간의 차이에 관한 것으로, 특히 문체와 관련한 부분이다. 이를 사례를 들어 간략히 설명하면 다음과 같다. 먼저 다음 사례를 읽고, 글의 핵심 내용을 요약하고, 그 핵심 논지를 밝혀라. 단, 〈사례1〉은 '노동'의 관점에서 그 핵심 논지를 밝혀라.

사례1 서강대 2014 인문 모의 문제1 제시지문(나)

인류가 태어났을 때부터 노동은 벌이었다. 죄 많은 인간은 고통을 받아야 하며, 김을 매고 밭을 갈고 수확을 하다가 지치고 탈진하여 구원이 약속된 저 세상으로 갈 때까지 얼굴에 땀을 흘려야 양식을 먹을 수 있다고 야훼는 말했다. 그러나 그 사이 노동의 의미는 엄청나게 변했다. 직업을 자유롭게 선택할 수 있고 육체적으로 고단한 노동을 기계에게 맡길 수 있게 된 이후 우리는 일을 고통이 아닌 자아실현의 수단으로 해석하며 점점 많은 이들이 노동을 진정한 향락으로 생각한다.

사례2 성문종합영어 발췌 지문

It is unlikely that many of us will be famous or even remembered. But no less important than the brilliant few that lead a nation, or a literature to fresh achievements, are the unknown many whose patient efforts keep the world from running backwards; who guard and maintain the ancient values, even if they do not conquer new; whose inconspicuous triumph it is to pass on what they inherited from their fathers, unimpaired and undiminished, to their sons. Enough, for almost all of us, if we can hand on the touch, and not let it down; content to win the affection, if possible, of a few who know us, and to be forgotten when they in their turn have vanished.

각각의 핵심 논지를 파악하려면 먼저 '중심 주장 글'부터 찾아야 한다. 이는 다음의 밑줄 친 부분에 담겼는데, 이때 그 안에 담긴 핵심 단어를 중심으로 글을 재구성하면, 그대로 요약 글이 된다. 먼저 〈사례1〉을 살피면 다음과 같다.

인류가 태어났을 때부터 노동은 벌이었다. 죄 많은 인간은 고통을 받아야 하며, 김을 매고 밭을 갈고 수확을 하다가 지치고 탈진하여 구원이 약속된 저 세상으로 갈 때까지 얼굴에 땀을 흘려야 양식을 먹을 수 있다고 야훼는 말했다. 그러나 그 사이 <u>노동의 의미는 엄청나게 변했다.</u>(주장) 직업을 자유롭게 선택할 수 있고 육체적으로 고단한 노동을 기계에게 맡길 수 있게 된 이후 우리는 일을 **고통이 아닌 자아실현의 수단**으로 해석하며 점점 많은 이들이 노동을 진정한 향락으로 생각한다.(근거)

핵심 요약

직업 선택의 자유와 기술 발달은 인간을 노동의 고통으로부터 해방하고 자아를 실현하는 수단으로 변화시켰다.

노동에 대한 지문(나)의 논지

노동은 생계유지 수단에서 **자아실현의 차원으로** 질적 전환됐다.

한편, 〈사례2〉의 지문은 도치된 문장이기에 먼저 이것부터 바로 잡아 살펴야 글의 구조가 뚜렷하게 드러난다. 그렇게 해서 지문을 해설하고 요약하면 다음과 같다. 다소 읽기에 난해한 지문이지만, 그렇더라도 보다 확실한 이해를 돕기 위해서는 어려운 지문을 갖고 살피는 것이 효과적이다. 그리고 이를 통해 '어렵다'는 개념이 글의 구조가 **'복잡한'** 때문으로 전환될 수 있다면, 그만큼 목적한 소기의 성과를 이룬 것이라 볼 수 있다.

It is unlikely that many of us will be famous or even remembered. But **the unknown many**(주어) <u>whose</u> patient efforts keep the world from running backwards; <u>who</u> guard and maintain the ancient values, even if they do not conquer new; <u>whose</u> inconspicuous triumph **it** is **to** pass on what they inherited from their fathers, unimpaired and undiminished, to their sons **are no less important** than **the brilliant few** <u>that</u> lead a nation, or a literature to fresh achievements. Enough, for almost all of us, if we can hand on the touch, and not let it down; content to win the affection, if possible, of a few who know us, and to be forgotten when they in their turn have vanished.

지문 해석

아마도 우리들 가운데 많은 사람들이 다 유명인이 되거나 후세에 기억되지는 않을 것이나. 그러나 한 국가나 어떤 문학 분야에 있어 새로운 업적을 달성하는 <u>창조적</u>

소수 못지않게 **무명의 다수** 역시 중요하다.(주장) 왜냐하면 그들 무명의 다수의 꾸준한 노력이 이 세상이 퇴보하는 것을 막고, 그들이 비록 새로운 가치를 이룩해내지는 못하지만 옛 가치를 보전하고 유지하며, 그들이 조상으로부터 물려받은 것을 훼손됨이 없이 그리고 감소시키지 않고 후손들에게 전달하는 것이야말로 그들의 눈에 드러나지 않는 훌륭한 업적(triumph)이기 때문이다.(근거) 이런 우리들을 이해하는 소수의 애정을 얻을 수가 있다면 그것으로 만족하고, 또 그들 우리를 아는 분들이 차례가 되어 이 세상을 떠나 잊혀져도 불만 없이, 우리가 조상으로부터의 전통(touch)을 끄지 않고 후세에 전달할 수만 있다면, 그것으로 거의 우리들 모두에게는 족한 것이다.

핵심 요약

국가와 사회의 발전을 위해서는 그것의 직접적인 성과를 일구어낸 창조적 소수 못지않게, 그 성과를 보존·계승하고 발전시키는 데 보이지 않는 역할을 수행하는 무명의 다수의 역할 또한 매우 중요하다.

사회 발전에 대한 지문의 논지

사회 발전을 위해서는 창조적 소수 못지않게 <u>무명의 다수의 역할이</u> 중요하다.

위 글을 통해 설명하고자 하는 것은 이것이다. 즉 글을 읽고 그 안에 담긴 내용을 분석해나감에 있어 우리말인 국어와 외국어인 영어가 지닌 근본적인 차이점에 대해 한번쯤은 짚고 넘어가야 할 필요가 있다. 그 전부를 세세하게 살필 필요는 없고, 다만 다음 한 가지만은 분명하게 이해하고 넘어가기 바란다.

먼저, 국어와 영어 모두, 적어도 비문학 제시지문의 경우에는, **복문체**를 지향한다. 복문은 주어와 서술어의 관계가, 하나의 문장이 다른 문장에 대해 종속적으로 연결되는 방식(즉, 구)이거나, 또는 하나의 문장이 다른 문장을 문장성분으로 포유(包有)하고 있는 방식(즉, 절)을 일컫는다. 종속적 연결어미인 '~는데, ~되, ~더니, ~므로, ~거늘, ~거든, ~자면, ~나, ~려, ~러, ~어야, ~면, ~도' 가 들어간 문장은 모두 복문으로 보면 되는데, 이처럼 우리가 일상적으로 사용하는 말과 글에는 복문을 담고 있는 경우가 일반적이다. 이를 테면 '향기가 맑음이 매화의 자랑이다', '철수가 학교에 가기를 싫어한다.', '그대 있음에 내가 있네.'는 각각 주절, 목적어절, 부사절을 담은 복문이다.

이때 〈사례1〉에서 알 수 있듯이, 국어는 다수의 복문을 담은 문장으로 구성되는 경우가 많은데, 이는 그만큼 국어가 '연속적인 흐름'을 중시하는 언어이기 때문이다. 다시 말해, 문장에서 말하고자 하는 핵심 내용과 전체내용 사이에서 일련의 '파동'에 의한 표현법이 발달(이것을 '뉘앙스' 즉 '어감'이라고 한다)한 때문인데, 그만큼 국어는 단어와 단어 간의 어감의 차이, 또 그것의 연결의 흐름에서 오는 느낌의 차이가 섬세하고 미묘하다.

영어 역시 복문이 발달한 언어라는 점에서는 국어와 마찬가지이다. 하지만 영어는 문법적으로나 용례로나 '명확하고 간결한 표현법'이 발달한 언어로, 핵심부터 치고 들어가는 감각을 좋아한다. 이런 이유로 형용사가 길어지면 명사 뒤로 보내버리는 등, **관계사가 발달된 언어**이다. 〈사례2〉를 보면, 주어와 술어에 종속되는 문장은 전부 'whose', 'who', 'that'이라는 관계사로 묶어 구분해버리는 속성을 갖는다.

여기까지의 핵심을 정리하면 이렇다. 영어에서는 관계사로 수식 부분을 분명하게 가늠할 수 있기에 그 **관계사에 유념하여 살피면 전체 문장 구조가 분명하게 드러나게** 된다. 하지만 국어에서는 그 기능을 가진 관계사가 없이 부사와 형용사절로 이어지기 때문에 문장 구조가 모호해지고, 그에 따라 읽기가 난해해지며, 문장 하나의 길이가 길어진다.

따라서 영어의 경우에는, 전체 개념을 나타내는 뼈대로서의 **핵심 단어, 즉 명사**(그것이 **'주어'**가 되는 게 일반적이다)부터 찾은 후, 이어서 그것을 뒷받침하는 관계사(**관계대명사**, 관계부사, 관계형용사)를 파악하고, 이후 그 명사의 부연(敷衍)으로서의 곁가지에 해당하는 **형용사절**을 구분하면, 전체 구조를 어렵지 않게 파악하고 글의 핵심 내용을 이해할 수 있다. 〈사례2〉를 보면 이를 쉽게 이해할 수 있을 것이다.

이에 비해 우리말로 쓰인 지문을 읽고 해석하는 데 있어서는 그리 간단치가 않다. 무엇보다 단어와 단어가 꼬리에 꼬리를 물고 이어지는 경우가 많아, 그 뼈대에 해당하는 핵심 단어를 파악하기가 녹록치 않기 때문이다. 그렇더라도 이 역시 글 전체의 핵심 주장을 담은 단어(명사)를 찾아내는 게 관건이 되는데, 이때 유념할 것은 이것을 **중심 주장 글**을 찾아낸 후 그 문장을 중심으로 살펴가며 밝혀야 한다는 것이다. 즉 중심 주장 글 안에 담긴 **핵심 단어(또는 어휘)**를 중심으로 전체를 살피되, 글의 전후 맥락을 따져가며 적절한 단어를 차용해서 서술해야만 올바른 요약 글로 이어진다(이제 영어 공부에 대해 얘기하다 굳이 국어와 관련된 부분을 설명하는 이유를 뒤에서 알 수 있을 것이다).

이제부터 위 설명을 염두에 두고, 그리고 위 사례의 지문을 살펴가며 문장을 해석하는 나름의 요령에 대해 설명하면 다음과 같다.

But 【**the unknown many(주어)** /whose patient efforts keep the world from running backwards; /who guard and maintain the ancient values, even if they do not conquer new; /〔whose inconspicuous triumph **it** is **to** pass on what they inherited from their fathers, unimpaired and undiminished, to their sons〕】 **are(동사)** 【**no less important than the brilliant few** /that lead a nation, or a literature to fresh achievements(주격 보어의 역할을 하는 형용사절)】.

우선, 문장 안의 '**주어(명사와 명사구·절)와 술어(동사와 동사구·절)**'를 찾아야 한다. 문장의 주어와 술어를 제대로 찾을 수만 있다면, 문장의 구조에 대한 파악은 사실상 끝났다고 보면 된다. 주어와 술어만 찾고 나면, 그것을 지칭하는 명사와 동사를 중심으로 해석의 틀이 잡히며, 글의 내용이 눈에 들어온다. 만약에 사례의 글을 읽고 문장이 도치되었음을 깨닫고(이 부분은 염려하지 않아도 된다. 수능 시험에서는 도치된 문장은 바로잡는 등으로, 윤문 과정을 거쳐 지문이 만들어진다), 주어와 동사가 각각 'the unknown many'와 'are'임을 파악할 수 있다면, 그 학생의 독해 수준은 상당하다고 보면 틀림없다.

둘째, 주절과 종속절이 구분되는 관계사, 접속사 앞에서 '/' 표시를 하며 **끊어 읽는다**. 문장과 문장의 결합인 복문에서 한 번쯤 끊어 읽는 것은 내용 파악에 상당히 효과적이다. 앞서 영어 역시 국어와 마찬가지로 복문체를 지향하지만, 그렇더라도 표현을 명확하고 간결하게 하기 위해 주어와 술어가 관계하는 부분을 관계사로 묶어가며 구성한다고 했다. 위 지문을 보면, whose, who, whose의 선행사는 'many'이고 that의 선행사는 'few'로, 각각 주어와 주격보어를 수식하는 관계대명사임을 이해하고, 그 앞에서 끊어가며 읽으면 문장 해석이 한결 쉬워진다(그렇더라도 너무 빈번하게 문장에 /를 그어가며 끊어 읽는 것은, 자칫 올바른 해석의 흐름을 방해하고 글의 논리적인 연결을 단절하는 것이기에 적절치 않으며, 따라서 꼭 필요한 부분에 한정해서 끊어 읽는 연습을 하는 게 좋다).

이때 염두에 둘 것은, 관계사에 담긴 내용을 먼저 읽고 이를 선행사에 갖다 붙여가며 해석하기보다는, 그대로 쭉 이어가며 해석하는 것이 읽기에도 편하고, 전체 내용을 파악하는 데도 도움이 된다. 이를테면, "이 세상이 퇴보하는 것을 막기 위해 꾸준히 노력하고, ……하고, ……하는 무명의 다수가……" 라고 읽기보다는, "무명의 다수의 꾸준한 노력이 이 세상이 퇴보하는 것을 막고, ……하고, ……" 하는 것이 훨씬 읽기 쉽고 또 이해를 돕는다.

셋째, '수식어'는 **괄호로 묶어** 파악한다. 문장 해석을 가장 어렵게 만드는 것이 바로 주어와 술어(동사) 주위를 군더더기처럼 둘러싸고 있는 수식어이다. 특히 두 단어 이상으로 된 수식어, 이를테면 여러 종류의 '**구(Phrase)와 절(Clause)**'의 경우에는 기본 품사인지 그 기본 품사를 수식하는 수식어인지를 구분하는 것은 쉽지 않고, 그에 따라 올바른 해석을 방해한다. 왜냐하면 구와 절로 된 수식어는 주어와 동사, 동사와 보어 사이에 삽입되기도 하고, 기본 품사를 이루는 낱말과 어울리기도 하여 마치 그것의 일부인 것처럼 보이기 때문이다.

실제 정확한 문장 해석을 위해서는 구와 절로 된 수식어들을 구분할 수 있어야 한다. 이를 위해서는 먼저 문장에 사용된 어떤 낱말(단어 또는 어휘)의 품사를 판단해야 하는데, 먼저 그 낱말이 문장 내에서 어떤 역할을 하고 있는지부터 이해하고, 이어서 구와 절 전체의 구조와 역할을 파악한다. 위 사례의〔 〕부분은 좋은 예가 되는데, 'whose'가 관계부사로 쓰였음을 이해하고, 이어서 it은 가주어, 동사 is의 보어는 'inconspicuous triumph', 진주어는 'to pass 이하' 임을 파악할 수 있다면, 다시 말해 아래처럼 문장을 이해하고 파악할 수 있다면, 그 내용을 제대로 해석할 수 있음은 물론이다.

> **it** is whose(the unknown manys') inconspicuous triumph /**to** pass on what they inherited from their fathers, unimpaired and undiminished, to their sons

수식어를 괄호로 묶어가며 파악할 때의 또 다른 이점은, 문장의 핵심이 되는 어휘와 중요하지 않은 어휘를 구분하기 쉽게 한다는 점이다. 앞서, 우리말로 쓰인 지문을 읽고 해석하는 데 있어, '중심 주장 글'을 찾아낸 후 그 문장을 중심으로 살피되, 그 안에 담긴 핵심 단어(또는 어휘)를 중심으로 글의 전후 맥락을 따져가며 밝혀야 전체 내용이 한 눈에 들어온다고 했다. 특히 빈칸추론 문제의 경우에는 중심 주장 글과 뒷받침 글(둘을 합쳐 '논증'이라고 했다)만 올바르게 파악한 후 그것과 관계하는 핵심 단어에만 주목해도 얼마든지 정답을 맞힐 수 있다고 말했다. 이는 뒤에 다시 설명한다.

이로써 문장구조를 분석하며 독해하는 데 있어서의 방법적 요령에 대한 설명이 끝났다. 이런 방법으로 차근차근 글을 읽는 연습을 하되, 모르는 핵심 단어는 반드시 사전을 찾아가며 공부한다면, 독해력은 반드시 늘게 되어 있다. 이때 글의 주제를 담은 중심 주장 글과 그것의 근거가 되는 뒷받침 글을 찾아 그것에 집중한다면,

수능 빈칸추론 문제와 논술 공부를 함께 공부하는 일거양득의 효과를 얻을 수 있다. 결국, 여기서도 국어나 영어나 다 같이 언어적 이해력과 사고력이 관건이 됨이 거듭 확인된다.

더불어 짚고 넘어가야 할 것이 있는데, 바로 '어법(문법)' 공부와 관련한 부분이다. 문법을 배우는 이유는 오로지 **영어 문장을 보다 쉽고 정확하게 해석하기 위함**이다. 문법을 공부해야 문장구조를 알고 지문을 올바르게 해석할 수 있다. 따라서 동명사, 부정사, 관계사 등 문법적 용어에 너무 집착할 필요가 없다. 이런 용어들을 알지 못하더라도 그것들을 갖고 어떻게 해석해야 하는지만 알면 그것으로 충분하다. 문장 해석에 꼭 필요한 큼직큼직한 문법 사항만 파악하면 된다.

이런 이유로, 실제 수능 영어 지문을 읽어 다음 세 가지만 확실하게 파악할 수 있다면, 문법 문제는 크게 걱정하지 않아도 된다. 거의 대부분의 선택지 물음이 이 세 가지 내용과 관련한 물음이기 때문인데, 이를 통해 영어 문법 문제가 얼마만큼 해석과 관련한 내용을 묻고 있음을 확인할 수 있을 것이다.

요즘 학생들은 정형화된 수능 문제는 잘 풀면서도 독해는 엉망인 경우가 많은데, 그 가장 큰 이유는 바로 문법 실력이 없어서이다. 문법이란 영어 문장의 전체를 볼 수 있도록 도와주는 밑바탕이라고 보면 되는데, 사실상 문법은 읽기, 말하기, 쓰기 등 모든 영어 문제에 전반적으로 작용하고 있는 셈이다. 그렇기에 현재의 문법 교육은 이해하기 힘든 용어를 무턱대고 외우게 하기보다는, 문장구조 속에서 제 위치와 역할을 자연스럽게 파악하는 방향으로 나아가고 있다. 즉 과거의 문법이 암기와 규칙 위주였다면, 지금의 문법은 영어의 원리, 영어적인 사고구조를 가르치는 것이라고 말할 수 있다.

따라서 문법을 공부하면서 가장 중요한 것은, 문법적인 사항을 '어떻게 해석하느냐'이다. 즉 **문법이 갖는 어법적인 의미보다는 해석에 중점을 두고 문법 공부를 해나가야** 한다. 다시 말해, 문법을 위한 문법이 아닌, 해석을 위한 문법을 공부해야 한다. 요즘은 문법만을 위한 문법 문제는 수능에 출제되지 않는다. 그렇기에 이를테면 분사구문을 원래 문장으로 바꾸는 연습은 필요하나, 원래 문장을 분사구문으로 바꾸는 연습은 필요 없다.

그런 점에서 볼 때, 다음 부분에만 집중해서 살피면 된다. 즉 문장형식, 가정법, 시제, 조동사, 수동태, 분사구문, 관계대명사, 접속사, 부정사, 동명사, 일치가 그것이다. 특히 다음에 중점을 두고 공부하면 정확한 해석을 위한 문법 공부는 물론, 수능 어법 문제 두 문항 역시 무난하게 해결할 수 있다.

먼저, 문장형식은 문장구조를 파악하는 데 꼭 필요하므로, 이것부터 먼저 알아두어야 한다. 가정법은 과거와 과거완료, 시제는 현재완료와 과거완료 정도만 공부하면 된다. 조동사는 'should have+pp' 형태를 눈여겨보면 된다. 일치 부분은 시제일치를 살피면 된다. 수동태에서는 수동태와 시제의 결합, 특히 수동태와 현재완료시제의 결합을 주의해서 보면 된다.

분사구문에서는 독립분사구문을 알아두어야 하고, 분사구문이 제시되었을 때 해석만 제대로 해낼 수 있으면 그것으로 충분하다. 형용사 역할을 하는 분사와, 부사구 역할을 하는 분사구문은 문장 해석에 있어서의 하나의 의미소와 같은 역할을 하기에 주의 깊게 살필 필요가 있다. 특히 분사에 대한 공부는 수능 어법에서 자주 출제되는 '능동과 수동'에 대한 구별 문제를 묻는 문제도 해결할 수 있기에, 조금은 깊게 공부해야 한다.

접속사와 **관계대명사는 문장 해석에 매우 중요하므로 꼼꼼하고도 확실하게 알아두어야** 한다. 즉 문장형식을 구성하는 동사의 종류에 대해 학습하는 것만큼 중요한 것이 바로, 그것에 대한 보완적인 개념으로 명사를 수식하는 형용사의 역할을 하는 관계대명사와 관계부사에 대한 어법을 공부하는 것이다. 관계사 역시 수식을 받는 선행사(명사)와 함께 하나의 의미소를 형성하며, 게다가 수능 어법 문제에 출제되는 빈도수가 높기 때문에 자세히 살펴가며 공부해야 한다.

특히 주의해야 할 것이 바로 **'that'**의 쓰임새이다. that은 관계대명서, 지시대명사, 접속사로 다양하게 쓰이기에, 지문 속에서 이것이 어떤 품사로 사용되고 있는지를 정확히 파악해야 한다. that 앞에 선행사가 없고, 뒤에 바로 동사가 있다면 그것은 지시대명사로 쓰인 것이다. that 앞에 선행사가 있고 뒤에 바로 동사가 있으면, 그것은 관계대명사로 쓰인 것이며, that 바로 다음에 또 다른 주어가 나온다면 그것은 접속사로 쓰인 경우이다.

to부정사와 동명사 부분은 전체를 살피는 것이 좋다. 이때 to부정사를 목적어로 취하는 동사는 주로 미래의 의미를 담은 동사들(expect, hope, plan, decide)이고, 동명사를 목적어로 취하는 동사는 주로 과거나 현재의 의미를 담은 동사들(finish, repent, mind, deny)임을 이해한다면, 암기에 도움이 될 것이다.

여기까지를 정리하면, **문법(어법)은 문장 독해와 병행해서 공부**하면 된다. 문장 해석을 중심으로 그 해석 속의 문법 개념을 자연스럽게 익히는 것이 문법을 마스터하는 가장 쉽고 효과적인 방법이다. 절대 문법을 위한 문법을 공부한다거나 무작정 문제만 풀려 들지 말고, 반드시 지문 안의 해석에 있어서의 중요한 문법적인 내용을 중점적으로 살펴가며 공부한다.

거듭 강조하거니와, 문장 해석에 꼭 필요한 큼직큼직한 문법 사항만 파악하면 된다. 그렇기에 지금의 학부모들이 공부하던 시절처럼 어렵고 두꺼운 문법책을 들춰 볼 이유는 하등 없다. 두꺼운 문법책보다는 기본문법 사항의 정리를 통해 계속 읽으면서 문법의 원리를 이해하는 것이 좋다. 즉 앞서 설명한 단어 암기법을 그대로 따라가며 공부할 필요가 있다.

영문독해에 기초가 될 만한 사항들을 담은 **얇은 문법책을 골라 여러 번 보는 것이 훨씬 효과적**이다. 이때 문법책을 주구장창 읽어대는 것보다는 앞서 말한 중요 부분을 중심으로 읽도록 하며, 더불어 수능 기출 지문이나 문법문제에서 모르거나 이해가 따르지 않는 문법(어법)과 관련한 내용이 나올 때마다 그때그때 찾아 확인하는 것이 더 실질적이며 효과적이다. 문법은 그렇게 공부하는 것만으로도 충분하다.

빈칸추론 문제 풀이의 포인트

수능 영어 빈칸 채우기 유형은 내용 면에서는 단순하다. 빈칸의 내용에 들어갈 대답(선택지의 대답 가운데 정답에 해당하는 부분)의 대부분은 논증(주장과 근거)을 담은 문장에서 만들어지기 때문이다. 다시 말해, 글의 결론(주장)이자 핵심 내용을 담은 문장(당연히 '중심 주장 글'이 들어 있다)과 그것을 뒷받침하는 전제 또는 근거가 되는 문장의 일부를 빈칸으로 채워넣을 것을 요구하는 문제가 출제된다.

이때 문제 해결의 포인트는, 마치 논리학에서 '매개념'이 글과 글 사이에 개입하는 것처럼, 두 문장은 논증의 내용을 설명하는 **공통된 핵심 단어나 그것을 설명하는 어휘로 연결된다**는 것이다. 이 부분을 빈칸으로 만들어 채워넣을 것을 묻는 경우가 대부분인데, 따라서 '주장'과 '근거'에 해당하는 문장을 찾고, 그 **두 문장에 담긴 공통 어휘를 찾아 둘을 비교·대조해서 밝히면** 어렵지 않게 답을 추론할 수 있다. 그런 점에서 볼 때 수능 영어 빈칸추론 문제 역시 국어의 내용 일치 문제와 다를 바 없는데, 이를 아래의 〈사례〉를 통해 확인할 수 있을 것이다.

빈칸추론 유형 문제의 경우에는 지문이 길지 않아 핵심 문장을 찾아 밝히는 것은 그리 어렵지 않다. 정작 문제가 되는 것은 **단어 실력(특히, 다소는 어려운 개념을 담은 핵심어)**으로, 만약에 단어(어휘력)가 짧아 핵심 단어의 의미를 모른다면 전체 지문의 내용을 제대로 파악할 수 없음은 물론, 정답을 찾기가 그만큼 어려워진다. 이런 이유로, 빈칸추론 문제는 무엇보다 단어 실력부터 키워나가야 함을 절대 명심해야 한다.

사례2 2013 3월 고2 영어 모의

There are many factors necessary to enjoy a happy life. Factors such as a good health, consumer goods, friends, and so on. If you investigate these things closely, you'll find that _______________ _______________. To maintain good health, you rely on medicines made by others and health care provided by others. If you examine all of the facilities that you use for your enjoyment of life, you'll find that there are hardly any of these material objects that have had no connection to other people. If you think carefully, you'll see that all of these goods come into being as a result of the efforts of many people, either directly or indirectly.

① you cannot trust other people

② you are independent of others

③ they cannot assure your happiness

④ all of these depend on other people

⑤ these factors can provided with money

영문 해석

행복한 인생을 즐기는 데 필요한 많은 요소들이 있다. 건강, 소비재, 친구 등과 같은 요소들이 그것이다. 만약 이것들을 자세히 살필 경우, 여러분은 이 모든 요소들을 다른 사람들에게 의존하고 있다는 것을 알게 된다. 건강을 유지하기 위해서 당신은 다른 사람들이 만든 의약품과 다른 사람들이 제공하는 의료서비스에 의존한다. 만약 당신이 인생의 즐거움을 위해서 사용하는 모든 시설들을 살필 경우, 당신은 이런 것들 중에 어느 것도 다른 사람들과 연관되지 않은 것이 없다는 것을 알게 될 것이다. 만약 당신이 주의 깊게 생각해보면, 모든 물질적인 것들은 직접적이든 간접적이든 많은 사람들의 노력의 결과라는 것을 알게 될 것이다.

글의 논증 구조

There are many factors necessary to enjoy a happy life. Factors such as a good health, consumer goods, friends, and so on. If you investigate these things closely, you'll find that <u>all of these **depend on** other people</u>. → To maintain good health, you rely on medicines made by others and health care provided by others. If you examine all of the facilities that you use for your enjoyment of life, you'll find that there are hardly any of <u>these material objects that **have had no connection to** other people</u>. → (뒷받침 글1) If you think carefully, you'll see that <u>all of these goods come into being **as a result of the efforts of many people**</u>, either directly or indirectly. → (뒷받침 글2)

- **전제1** : 모든 물질적인 것들은 직접적이든 간접적이든 많은 사람들의 노력의 결과이다.
- **전제2** : 이런 요소들 중에 어느 것도 다른 사람들과 연관되지 않은 것은 없다.
- **결론** : 행복한 인생을 즐기는데 필요한 요소들은 다른 사람들에게 의존한다.
- **논증 요약** : 모든 물질적인 것들은 직접적이든 간접적이든 많은 사람들의 노력의 결과로, 이런 요소들 중에 어느 것도 다른 사람들과 연관되지 않은 것은 없다. 이처럼 행복한 인생을 즐기는데 필요한 요소들은 다른 사람들에게 의존한다.

【정답】 ④

수능 영어 빈칸추론 문제에 대해서는 이미 앞에서 충분히 설명했으므로 이 정도 선에서 끝맺는 것으로 한다. 그렇더라도 한 가지 더 살펴야 할 중요한 것이 남았다. 바로 수능 영어 빈칸추론 문제에서 가장 난이도가 높다고 하는, 학원가에서 소위 일컫는 '비문학 영어 지문'을 빈칸추론 문제로 출제하는 경우가 그것이다.

이런 유형의 문제가 바로 수능 영어에서 변별력이 가장 높은 문제인데, 이를 제대로 풀기 위해서는 '논리적 추론능력'을 길러야 한다느니, '영어적 언어 사고력'(이 말이 무슨 뜻인지를 잘 모르겠다. 영어나 국어나 다 같은 언어이고, 글을 읽고 이해하기 위해서는 언어 사고력을 필요로 한다는 점에서 또한 같다. 이때 영어적 언어 사고력은 상대방과 영어로 커뮤니케이션할 때 필요한 능력이며, 영어를 우리말로 올바로 이해하고 해석코자 할 경우에는 언어적 영어사고력이 필요하다. 따라서 '영어의 언어적 사고력'이라고 정확히 표현해야 할 듯하다)으로 지문을 관통하는 능력, 즉 영어 구조를 고려한 독해 능력을 길러야 한다고 말한다.

그런데 정작 그 같은 주장을 하는 학원 강사의 영어의 언어적 사고력은 전혀 그렇지 못하다는 데 문제의 심각성이 크다. 이를 다음 사례를 들어 설명하면 이렇다. 아래의 예시 문제는 2014학년도 수능 영어 시험에서 정답률이 고작 21%밖에 안 되는 고난이도의 추론 문제이다.

여기서 논의의 핵심을 좁혀보자. 일단 다음 지문 해석부터 먼저 읽고, 전체적인 의미의 대강은 무엇이고 또 핵심 논지가 무엇인지를 한번 생각해보라. 굳이 이어지는 사례를 살펴볼 것도 없이, 아래의 지문 해석을 읽어 행간의 뜻을 좀처럼 헤아리기 어려울 것이다. 이는 한 마디로, 자구 해석에 충실한 탓에 그만큼 언어 사고력이 부족한 때문으로, 전체의 의미를 맥락으로 이해하기 어려움을 단박에 알아차릴 수 있을 것이다. 이런 식으로 해석해 놓고서도, 광고전단에는 버젓이 "수능 만점 비결?, 논리적 추론능력을 키워야 한다!"라고 하며 소구하고 있다.

대치동 ○○영어학원 신문 전단에 실린 사례의 지문 해석

수학은 그것이 매료시킬 수 있는 사람들을 끌어들일 것이지만, 과학에 대한 저항을 이겨내기 위해서는 아무 것도 하지 못할 것이다. 과학은 원리에 있어서는 보편적이지만 실제에 있어서는 극히 소수의 사람들에게만 전달된다. 수학은 이른바 마찰이 없는 가장 고차원적인 유형의 소통 기술로 간주될 수 있는데, 수학과는 정반대 편에서 과학의 성과들은 말을 사용하지 않고 그 실제적 이득을 보여준다. 하지만 그러한 성과들은 양면적 성격을 갖는다. 과학으로서의 과학은 말로 전달되지 않는데, 이론적으로 말하자면 과학자들이 서로 의사소통할 때 모든 과학의 개념들은 수학화되는 것이고, 과학이 과학적 산물을 과학자가 아닌 사람들에게 나타낼 때 과학은 상술(설득력)에 의지할 필요도 없고 사실 의지할 수도 없다. 과학이 다른 사람들에게 말로 전달되면 그것은 더 이상 과학이 아닌 것이며, 그러한 과학자는 수학의 정확성을 약화시키는 선동자가 되거나 그런 일을 하는 선동자를 고용해야 한다. 그렇게 함에 있어서 과학자는 화려하면서 애매모호한 표현과 은유적 표현을 사용하기 위해서 수학적 정확성을 추구하는 자신의 욕구를 뒤집게 되고, 그리하여 <u>자신에게 과학자라는 자격을 부여하는 지적인 행위 규약을 어기게 된다.</u>

사례1 2014 수능 영어 35번 문제

Mathematics will attract those it can attract, but it will do nothing to overcome resistance to science. Science is universal in principle but in practice it speaks to very few. Mathematics may be considered a communication skill of the highest type, frictionless so to speak; and at the opposite pole from mathematics, the fruits of science show the practical benefits of science without the use of words. But those fruits are ambivalent. Science as science does not speak; ideally, all scientific concepts are mathematized when scientists communicate with one another, and when science displays its products to non-scientists it need not, and indeed is not able to, resort to salesmanship. When science speaks to others, it is no longer science, and the scientist becomes or has to hire a publicist who dilutes the exactness of mathematics. In doing so, the scientist reverses his drive toward mathematical exactness in favor of rhetorical vagueness and metaphor, thus ____. [3점]

① degrading his ability to use the scientific language needed for good salesmanship
② surmounting the barrier to science by associating science with mathematics
③ inevitably making others who are unskillful in mathematics hostile to science
④ neglecting his duty of bridging the gap between science and the public
⑤ violating the code of intellectual conduct that defines him as a scientist

지문 해석

수학은 그것에 관심을 갖는(내지는 관여하는) 사람들에게는 매력적인(꽤 효용성이 높은) 학문이지만, 그렇더라도 그것(수학)이 과학이 갖는 본연적인 어려움을 극복할 수 있음을 의미하는 것은 아니다. 보편적인 원리를 추구하는 과학이 실제에 있어서는 (관계하는) 극히 소수의 사람들에게만 통용되는 이유가 이 때문이다. 수학은 과학을 설명하는 데 있어 가장 효과적인 의사소통 수단이 될 수는 있지만, <u>수학의 '대척점'에 있는 과학적 탐구의 결과물은 언어를 사용하지 않고서는 결코 과학적 성과로 도출될 수 없다.</u> 그럴더라도 이는 '양면성'을 갖는다. 과학 그 자체가 갖는 이론적인 면들은 언어로 표현될 수 없기에, 과학자들이 서로 의사소통할 때 그리고 과학자가 아닌 일반인들에게 그들이 원하든 원치 않든, 필요하든 필요하지 않든, <u>그들이 과학적 성과를 설명하기 위해서는 모든 과학적 개념을 수학적으로 표기할 수밖에 없다.</u> 하지만 일단 **과학이 다른 학문 내지는 다른 분야와 소통할 때, 이는 더 이상 과학이 아니며**(즉 과학을 담은 수학적 표현이 언어적 설명으로 전환된다), 그렇기에 <u>과학자는 수학적 표기가 갖는 명료함을 언어적으로 바꿔 표현할 수 있거나,</u> 다른 전문가(이를테면 말 잘하는 홍보담당자)의 힘을 빌려야 한다. 이때 과학자들은 수학적 명료함을 언어적으로 바꾸어 표현하는 과정에서, <u>그의 의도와는 관계없이 발생하는 언어적 모호함과 비유적 표현을 불가피하게 감수하고 받아들여야만 한다</u>(그렇기에 수학적 정확성을 추구하고자 하는, 과학자 자신의 정체성을 규정하는 과학적 탐구의지(drive)를 불가피하게 일정 부분 꺾거나, 내지는 그에 따른 피해를 감내해야만 한다), 하지만 그렇게 하는 과정에서, **그 자신이 뛰어난 지적 역량을 가진 과학자임을 나타내는 많은 부분**(즉 과학적 성과와 그에 따른 과학자로서의 명성)**이 불가피하게 훼손될(violate) 수 있다**(즉 수학적 명료성으로 기술된 과학적 성과를 언어적 표현으로 바꿀 때 일어나는 모호함이, 그만큼 과학자가 이뤄놓은 과학적 성과와 그에 따른 명성, 내지는 수학적 명료성으로 도출되는 과학적 객관성의 훼손 등을 갉아먹을 수 있다).

◆과학적 탐구 결과물을 수학적 표현을 언어로 바꿔 표현하는 과정에서 과학적 탐구의지가 저하되고, 이로 인해(그리하여, 따라서, 그 결과)

① ≠ 자신이 이룬 과학적 성과를 보다 잘 설명하기 위해 필요한 **과학적 언어 사용 능력이 저하된다.** → 과학적 언어 사용 능력이 아닌, **과학적 성과**가 훼손된다.(매력적인 오답을 유도)

② ≠ **과학과 수학을 서로 연계함으로써** 과학이 갖는 한계와 장벽을 극복할 수 있다. → **과학(수학)적 표현을 언어적 표현으로 충실하게 전환시킬 수 있어야** 과학이 갖는 한계와 장벽을 극복할 수 있다.(그럴듯한 매력적인 오답을 유도)

③ ≠ 수학에 서툰 사람들로 하여금 과학을 기피하게 만들 수 있다.(지문과 무관계)

④ ≠ 과학과 대중 간의 간극을 좁혀야 하는(가교 역할을 해야 하는) (과학적 탐구

의지를 고취해야 하는) 본연의 책무를 소홀히 하게 된다.(지문과 무관계)

⑤ 늘 그 자신이 뛰어난 지적 역량을 가진 과학자임을 나타내는 많은 부분이 불가피하게 훼손될 수 있다.

【정답】 ⑤

위 사례의 지문을 해석하고, 설명하면 다음과 같다. 위 지문은 원문을 그대로 발췌하여 출제한 것이기에 글의 의미 파악이 어렵고 또 학생 수준에서는 관련한 지식을 요하는 등으로 고도의 추론능력을 요하는 문제이다. 필자가 무려 지문의 두 배에 이를 정도로 장황한 해설과 설명을 한 이유가 이 때문인데, 이런 유형의 문제의 경우에는 특히 다음 두 가지에 집중해야 한다.

첫째, 핵심 단어나 대립되는 개념을 내포하는 단어·어휘를 찾아낸 후, 그것에 집중하여 전후 인과관계나 상관관계를 따져 살펴야 한다. 따라서 지문의 'the opposite pole(대척점)'과 'ambivalent(양면성)'이 의미하는 바가 무엇인지를 생각하면서 지문을 읽어 내려가야 한다. 즉 도대체 무엇과 무엇이 서로 대립하는 관점을 취하고 또 양면성을 갖는지에 대해 생각하고 또 생각해가며 지문을 읽어야 글의 전체가 읽힌다.

그렇게 해서 전체 지문을 살피면, 먼저 '대척점'은 수학과 과학에 관한 내용을 의미하는 것이 아니라, 과학적 탐구 결과물을 담은 수학적 표현과 그것을 과학적 성과로 표현하기 위해 사용되는 언어 간에 발생하는 '괴리'로서의 대척점(예를 들어, 아인슈타인의 상대성이론은 $E=mc^2$이라는 수학적 언어로 표현되지만, 그에 대한 과학적 탐구의 결과물은 '자연법칙이 관성계에 대해 불변하고, 시간과 공간이 관측자에 따라 상대적이라는 이론'이라는 언어로 표현된다)을 의미함을 이해할 수 있어야 한다. 그리고 '양면성'과 관련해서는, 'mathematical exactness(수학적 정확성)'와 'rhetorical vagueness and metapho(언어 수사학적 모호함)'라는 단어가 대립되어 나타나고, 게다가 reverses his drive…… 어쩌구 저쩌구 하면서 연결되고 있음을 알 수 있을 것이다.

따라서 이를 통해 다음과 같은 전체의 요지를 파악할 수 있다. 즉 "**과학자 자신이 이룩한 뛰어난 연구 성과와 업적과 그에 따른 명성은, 과학적 탐구 결과를 담은 수학적 표현(언어)을 언어적 표현으로 바꾸는 과정에서 (수학적 표현의 명료성과 언어적 표현의 모호성 간에 필연적으로 빚어지게 될 간극과 불일치로 인해) 불가피하게 일정 부분 훼손될 수밖에 없다**"고 하여, 과학적(수학적) 언어와 인문학적(문학적) 언어와의 불일치가 초래하는 한계와 문제점이 이 글의 주제임을 파악할 수 있을 것이다.

앞서 '수능 국어지문 읽는 방법'에서 과학적 언어와 문학적 언어가 각각 외연과 내포를 지향한다고 했는데, 그에 따라 두 언어는 각각 명료성과 모호성이라는 특징을 갖는다고 설명했다. 따라서 이를 통해 위 설명을 좀 더 이해할 수 있을 것이다.

둘째, 지문에서 심하게 긍정하거나 부정하는 단어 또는 어휘를 절대 놓치지 말고, 그것에 집중하여 전체의 의미를 파악해야 한다. 왜냐하면 이는 추론을 해나가는 데 있어서의 핵심 단서가 되기 때문이다. 하단부의 'When science speaks to others, it is no longer science 즉 ……**과학이 더 이상 과학이 될 수 없다**'는 문장이 그것인데, 따라서 이것의 의미를 곱씹어봐야 한다. 도대체 무슨 이유로 더 이상 과학이 아니라는 건지를 위의 단어들과 조합해서 판단하면, 다음과 같은 추론이 가능해진다.

즉 과학자들이 노력해서 얻은 결과물에는 많은 수학적 언어가 담길 수밖에 없지만, 이것을 일반인들에게 설명하려면 그들이 이해하기 쉽게 언어로 풀어 써야 한다. 하지만 이때 일어나게 되는 <u>당초 과학자의 생각 내지는 성과 내지는 수학적 알고리즘을 언어적으로 표현할 때 발생하는 모호함으로 인해 당초의 의도와는 달리 전달되거나 또는 왜곡이 일어나게 되면</u>, 이때 과학자는 어떤 생각이 들까? 그리고 이를 어떻게 받아들여야 할까? 이 문제의 핵심은 이걸 묻는 것으로, 이를테면 과학자가 그의 연구과정에서 필연적으로 맞닥뜨려야만 하는 '딜레마'라고나 해야 할까.

아무튼 그렇게 되면(thus), 과학자는 과학자로서의 자신의 정체성 내지는 과학적 탐구 의지에 심각한 훼손 내지는 이를 감내해야 하는 상황으로 치달을 수 있음을 추론해내야 한다. 빈칸에 들어갈 내용이 이것인데, 그렇더라도 지문이 해석하기 불가능할 정도로 워낙 어려운 반면, 다른 선택지 문항이 내용적으로 그리 와 닿지 않기에 또한 맞출 수 있는 문제이다.

이상의 설명을 통해 선택지 대답 ③, ④는 지문과 무관계하기에 올바른 답이 아님을 알 수 있고, ①, ②는 매력적인 오답임을 파악한다면, 그 학생의 독해 능력은 상당하다 할 것이다. 이때 '①<u>degrading his ability to use the scientific language needed for good salesmanship</u> 즉 과학적 성과를 보다 잘 설명하기 위해 필요한 과학적 언어 사용 능력이 저하된다.'에서 헷갈릴 수 있겠지만, 이 역시 **수학적 명료함과 언어적 모호함**' 간의 양면성의 상관관계 내지는 상충 가능성 때문에 그렇다고 보기에는 논리적으로 이치에 맞지 않다.

그럼 이상의 설명을 염두에 두고 다시 학원 전단지에 실린 지문 해석을 살펴보자. 글을 읽어 무슨 말을 하는지가 선뜻 이해가 되는가? 참고로, 이런 유형의 문제는 많은 학생들이 '해석은 됐는데 무슨 말인지 모르겠다.', '시중 출판사의 해설과 해석이 이해가 안 된다.'라며 하소연하는 경우가 많다. 왜 그럴까?

바로 언어 사고력이 부족한 때문이다. 언어 사고력이란 글을 읽어 그 안에 담긴 '근본개념'을 이해하고 그에 맞춰 논리적으로 사고하는 능력을 말한다. 특히 인문사회과학적 내용을 담은 글에는 글쓴이가 전달하고자 하는 사상적 지반이 담겨 있고, 이는 개념(어)에 담아 표현되기 마련이다. 개념은 사고의 출발점이자 사고의 기본 단위로서, 인간의 인식 과정에서 중요한 의미를 갖는다. 인간은 어떤 대상에 관한 개념을 가지고 있어야만 그 대상에 대한 판단, 즉 추리와 논증을 할 수 있다.

그런데 문제는 그 개념이 지나치게 추상적·관념적이거나 때론 낯설어서, 우리가 글을 읽어도 무슨 의미인지 구체적으로 와 닿지 않는다는 데 있다. '해석은 어찌어찌해서 하겠는데, 무슨 말을 하는지 통 모르겠다.'라는 말이 이를 두고 하는 뜻으로, 단어나 어휘, 문장 안에 담긴 의미가 우리의 인식 일반과 괴리를 보이기 때문에 일어나는 현상이다. 게다가 영어의 언어적 표현 방식이 우리말의 그것과 다를 경우에, 그 괴리의 폭은 상당하다 할 것이다.

그렇게 해석된 지문은 논리적인 일관성이나 정합성, 다시 말해 논리성이 결여됨은 물론, 글의 핵심 내용이 무엇인지에 대한 사리분별을 못한다. 이것 역시 확인하는 것은 그다지 어렵지 않다. 다음은 〈EBS 수능 해설 지문〉 풀이 내용이다(참고로 위 영어학원 전단지에 실린 지문은 EBS 해설을 그대로 따온 것임이 뒤늦게 확인됐다).

수학이 소통 기술을 통해 다른 사람들을 매료시킬 수 있는 데 반해 과학은 말로 전달될 수 없는 특성이 있다고 설명하는 글이다. 이러한 전체 문맥을 고려하면 빈칸에는 과학자가 자신의 연구 결과를 말을 통해 전달하려고 노력할 때 나올 수 있는 결과(지적 행위 규약을 어기게 된다)에 대한 내용이 들어가야 하므로 ⑤'자신에게 과학자라는 자격을 부여하는 지적인 행위의 규약을 어기게 된다.'가 가장 적절했다.(EBS 해설)

다음은 위 설명에 대한 부분을 필자가 재해석하여 전체의 핵심 내용을 논리적으로 재구성한 것이다. 그럼에도 이것, 선뜻 이해가 되는가? 그만큼 높은 언어 사고력을 요하는 문제가 출제됐다는 것은 바로, 출제자가 이 고약한 문제를 갖고서 1등급을 추리는 데 사용했음을 함의한다. 그렇더라도 이에 대한 해석과 설명은 정확해야 하지 않겠는가? 그래야 학생들이 수긍하지 않겠는가? 해서, 좀 더 들여다보자.

수학이 소통 기술을 통해 다른 사람들을 매료시킬 수 있는 데 반해 과학은

말로 전달될 수 없는 특성이 있기에… 과학이 다른 사람들에게 **말로 전달되면 그것은 더 이상 과학이 아니며** 그렇게 되면…… 과학자는 수학적 정확성을 추구하는 자신의 욕구를 뒤집게 되고 그렇게 해서 …… 자신에게 과학자라는 자격을 부여하는 지적인 행위의 규약을 어기게 된다. 즉 과학자가 자신의 연구 결과를 말로 전달하는 행위는 일견 무의미(내지는 불가능)하다.(EBS 해설에 따른 글의 구성 논리)

알고 있어야 할 것은 이것이다. 먼저 EBS 설명에 따르면, 논의의 핵심은 '수학과 과학 간의 소통 능력의 차이'에 따른 결과다. 그에 맞춰 지문의 핵심 주장을 살피면, "과학은 애당초 말로 전달할 수 없는 것이기에, 과학자가 말로 전달하려는 노력 자체가 결과적으로는 바람직한 행위가 되지 못한다."가 된다.

상식적으로 한 번 생각해보자. EBS 설명 중의 "수학이 소통 기술을 통해 다른 사람들을 매료시킬 수 있는 데 반해, 과학은 말로 전달될 수 없는 특성이 있다."는 논리적으로 잘못된 것 아닌가? 수학은 수학적 기호라는 전문용어를 사용해가며 표현하는 것이기에 일반인들과 선뜻 소통할 수 없는 반면, '실험과 같이 검증된 방법으로 얻어 낸 자연계에 관한 체계적 지식'으로서의 과학은 그 과학적 탐구 결과물을 담은 수학적 기호 체계를 일반 언어(특히 개념)로 풀어 설명할 수 있어야 비로소 과학이 되는 것 아닌가?

이런 이유로, 위 설명은 적절치 않다. 논의의 핵심은 '수학과 과학 간의 소통 능력의 차이'가 아닌, **'수학적 명료함과 언어적 모호함'** 간의 양면성, 다시 말해 과학적 언어로서의 수학적 표현이 갖는 명료함이 과학을 설명하기 위해 일반 언어로 전환되는 과정에서 필연적으로 발생하는 모호함으로 인해 훼손되는 문제점으로 봐야 더 적절하다. 아래는 그렇게 해서 파악한 지문의 핵심 내용을 부연한 것으로, 위 EBS 설명과 비교하여 파악한다면, 그 차이를 어렵지 않게 짐작할 수 있을 것이다.

수학은 과학을 설명하는 데 유용하지만, 그렇더라도 수학적 표현을 갖고 과학적 성과를 설명하는 것은 어렵다. …… 이때 과학적 성과를 설명하기 위해서는 과학을 담은 수학적 표현이 언어적 설명으로 전환되어야 하기에, 과학(수학적 표현)은 더 이상 과학(언어적 설명)이 될 수 없다. …… 그렇게 해서 과학자가 자신의 과학적 탐구 결과를 언어적 표현으로 바꿔 설명하는 과정에서 발행하는 언어적 모호함으로 인해 불가피하게 많은 부분에서 피해(과학적 탐구 의지의 저하 등)가 따르고 …… 그에 따라 자신이 과학자로서 쌓아온 명성과 업적(과학자가 탐구 활동을 통해 축적한 지적 산출물의 총체, 이를테면 수학적으로 산식화된 연구 성과물 etc.)은 불가피하게 훼손될 수밖에 없다.

여기서 한 번 짚고 넘어가야 할 것이 있다. 수능의 공식적인 해설을 담당하고 있는 EBS의 해설이 이럴진데, 인터넷에 떠돌고 있는 영어 학원으로부터 올라오는 수많은 해설은 굳이 말하지 않아도 짐작할 수 있을 것이다. 그럼에도 불구하고 지문 해설과 선택지 대답이 그럭저럭 들어맞고, 그렇게 해서 답안 설명이 맞아 떨어지는 불편한 현실을 또 어떻게 설명하고 또 납득해야 할까?

그 가장 큰 이유는, 지문의 자구 해석에만 충실함으로써 그만큼 전체의 뜻이 모호하고 또 맥락으로 잘 이해되지 않음에도 불구하고, 선택지의 다른 대답이 그만큼 내용적으로 덜 충실하기 때문에(즉 부합되지 않거나 무관계하기 때문에), 정답(에 가까운)을 선택지 대답을 골라낼 수 있다는 사실이다.

즉 사례 문제의 경우, 선택지 대답③, ④는 지문의 내용과 무관계하기에 정답이 아니며, ①, ②는 '매력적인 오답'으로 구성한 것이기에 이 또한 정답으로부터 멀어진 때문에, 자연스럽게(또는 막연한 추측으로) ⑤가 정답일 것이라고 추측하고 답을 찍은 것이다(지금, 답을 맞힌 게 아니라 '찍었다'고 말했다).

그런데 그럼에도 ②를 선택한 오답률은 무려 36%로 ⑤를 선택한 정답률 21%보다 높았는데, 왜 더 많은 수험생들이 이것을 정답으로 생각했을까? 이는 아래 지문의 굵은 글씨를 통해 확인할 수 있듯이, 글을 읽어 전체 내용이 잘 이해되지 않기에 지문 안에 담긴 핵심 단어나 문맥의 개략적인 뉘앙스를 통해 어림잡아 그럴 것이라고 지레짐작해서 답을 선택한 것일 뿐, 다른 그 무엇도 아니다. 말하자면, '**매력적인 오답**'을 정답인 양 받아들이고 냅다 찍은 것이다. 이를테면 지문의 내용을 정확히 알지는 못하지만, 수학과 과학이란 단어가 등장하고, 양면성이니 뭐니 해가며 운운하고, 자신의 욕구를 뒤집네 마네 그러니, '수학과 과학을 서로 연계'한다느니 '과학이 갖는 한계를 극복'한다느니 하는 말들이 꽤 그럴싸해 보이지 않겠는가? 이것이 ②를 정답으로 생각하고 선택한 가장 큰 이유이다.

…… 하지만 그러한 성과들은 **양면적 성격**을 갖는다 …… 그것은 더 이상 과학이 **아닌** 것이며 …… 수학적 정확성을 추구하는 자신의 욕구를 **뒤집게** 되고 …… 그렇기에, 과학과 수학을 **서로 연계**함으로써 **과학이 갖는 한계와 장벽을 극복**해야 한다.

293

여기서 '매력적인 오답'에 대해 한번 짚고 넘어가야 할 것 같다. 인터넷에 올라온 강남 대치동의 한 영어학원의 해설에 따르면, '각각의 오답들은 반드시 명확한 오답의 근거들을 가지고 있기 때문에, 정답을 몰라 혼란스러워하기보다는 각각의 선택지를 본문의 핵심과 비교해보면서 오답의 근거들을 찾아 체크하는 훈련을 하는 것이 중요하다고 말한다. 그리고 그것이 빈칸추론 문제를 대하는 가장 바른 학습법'이라고 말하면서, 그 '매력적인 오답'이 갖는 특징을 사례의 문제에 적용하여 다음과 같이 설명하고 있다.

㉮ 정답과 반대되는 내용
   → ②번 보기의 'associating science with mathematics'가 이에 해당된다.
㉯ 지엽적인 것과 관련되어 있으나 핵심이 아닌 것
   → ①번 보기가 이에 해당된다.
㉰ 정답과 유사하지만, 일부 어휘를 이용해 명확한 오답 근거 제시
   → ④번 보기에 "his duty of bridging"이라는 말이 있는데, 내용상 과학자가 가교 역할을 할 의무는 없다.
㉱ 어려운 어휘와 표현을 포함시켜 해석하기 어렵게 만든 것

물론 위 설명은 전체적인 면에서는 맞는 얘기다. 그렇더라도 그 설명에 있어 내용적으로는 이치에 들어맞지 않는 부분이 많은데, 위 근거를 수정한 필자의 다음 설명을 통해 확인할 수 있을 것이다. 그리고 수능시험에서 '매력적인 오답'이 어떻게 구성되고 또 어떤 식으로 오답을 만들어 함정을 파는지를 파악할 수 있을 것이다.

㉮ 정답과 반대되는 내용
   → 지문의 **핵심 논지(주장+근거)**에서 벗어난 지엽적인 내용을 담은 어휘를 선택지 대답으로 구성한 경우
   → ②번 보기의 'associating science with mathematics(**과학과 수학을 서로 연계** → 정답과 반대되는 내용으로 볼 근거는 없다)'가 아닌, '**과학(수학)적 표현을 언어적 표현으로 충실하게 전환**시킬 수 있어야'가 적절한 표현.
㉯ 지엽적인 것과 관련되어 있으나 핵심이 아닌 것
   → 글의 핵심 내용으로서의 본질을 이루는 '**중심 주장 글**'과 '그것을 뒷받침하는 **근거가 되는 글**'의 일부를 빼고, 그 자리에 지문의 대부분을 구성하는 '해설 글' 가운데 핵심 내용과 견해를 달리하는 일부 어휘를 적출하여 채움으로써, 내용

적으로 그럴싸하게 보이도록 만든 지문의 경우

　→①번 보기가 이에 해당된다. 즉 "과학적 언어 사용능력이 아닌, **과학적 업적과 성과가 훼손된다.**"가 적절한 표현.

(다) 정답과 유사하지만, 일부 어휘를 이용해 명확한 오답 근거 제시

　→ 지문 내용과 **무관계**한 경우

　→④번 보기에 "his duty of bridging"이라는 말이 있는데, 내용상 과학자가 가교 역할을 할 의무는 없지만, 그렇더라도 이것이 명확한 오답 근거를 제시하기 위해 사용된 어휘라고 볼 근거 또한 없다. 그보다는, 지문의 내용과 무관계하기에 그만큼 정답에서 멀어진 것으로 봐야 한다. ③의 '수학에 서투른 사람들로 하여금 과학을 기피하게 만들 수 있다' 역시 지문과 무관계하기에 정답으로 볼 수 없다. 부연하면, 모든 문제의 답이 지문 안에 다 들어있는 것은 아니지만, 대부분의 문제에서 답은 반드시 지문과 관계한다. 만약에 답이 지문과 무관계하다면, 그것은 답이 아니라고 봐도 된다.

(라) 어려운 어휘와 표현을 포함시켜 해석하기 어렵게 만든 것

　→ 이것은 '매력적인 오답'이 갖는 특징과는 관계없다.

　

이상의 장황한 설명을 통해 말하고자 하는 핵심은 이렇다. 수능 영어 문제에서 가장 해결하기 까다로운 것이 바로 빈칸추론 문제이다. 그 중에도 '언어 사고력'을 요하는 문제가 특히 까다로운데, 이는 다음 이유 때문이다.

첫째, 지문의 핵심 내용이자 주제 개념을 담은 어휘가 갖는 **개념적인 추상성과 모호성**으로 인해 전체 내용의 가닥이 잡히지 않는 데서 비롯된다. 한마디로, 글을 읽어 내용이 머리에 들어오지 않는다는 얘기로, 그 개념을 담은 단어(어휘) 역시 이해하기 어려운 경우가 일반적이다. 위 〈사례1〉 지문에서, 글의 전체 내용을 추론하는 데 있어서의 중요한 포인트가 되는 'ambivalent'의 의미를 모를 경우, 주제 개념이 지향하는 핵심 관점을 파악하기가 상당히 까다롭고 그에 따라 전체 내용을 가늠하기 어렵게 된다.

아래의 〈사례2〉는 'folk understandings'을 일반적으로 널리 통용되는 개념으로서의 '일반 통념'으로 이해하고 그에 담긴 의미를 읽어낼 수만 있어도 어렵지 않게 해결할 수 있는 문제로, 이를 통해 지문 안에 담긴 개념을 일반화해서 사고하는 능력의 중요성을 이해할 수 있을 것이다.

사례2 2006학년도 수능 영어 45번 문제

There are many everyday misunderstandings which are classified as **"folk" understandings**. And not just plain hold these misconceptions. Aristotle developed an entire theory of physics that physicists today find odd and amusing. For example, Aristotle thought that moving objects kept moving only if something kept pushing them. Today's physicists say, "This is nonsense. A moving object continues to move unless some force is used to stop it." Yet anyone who has ever pushed a heavy box along a street knows that Aristotle was right: If you don't keep on pushing, the movement stops. Aristotle's theory may be bad physics, but it describes reasonably well what we can see in the real world.

↓

"Folk" understandings, such as Aristotle's explanation about moving objects, often sound _________(A)_________ to many people, even though they are ______(B)______ .

	(A)		(B)
①	realistic	......	valid
②	sensible	......	incorrect
③	unscientific	......	ridiculous
④	optimistic	......	familiar
⑤	conventiona	......	true

해석

(우리가 옳다고 생각하여) '일반 통념(folk understanding, folk = common, normal)'으로 받아들이는 것 가운데 우리가 일상적으로 잘못 생각(오해)하는 많은 것들이 있다. 그렇더라도 그 일반 통념이 전적으로 잘못된 생각만을 의미한다는 것은 아니다. 아리스토텔레스는 오늘날의 물리학자들과는 다른 특이하고 흥미로운 물리학 일반 이론을 펼쳤다. 일례로, 그는 사물은 무언가가 그것을 밀고 있을 때에만 움직인다고

생각했다. 하지만 오늘날의 물리학자들은 "이는 그렇지가 않고, 움직이는 사물은 어떤 물리적 힘이 그 사물을 멈추기 위해 가해지지 않는 한 계속해서 움직인다."고 주장한다. 그럼에도 길에서 무거운 상자를 밀어본 적이 있는 사람들이라면 누구나 아리스토텔레스의 그러한 생각, 다시 말해 사물을 움직이지 않으면 그 움직임은 멈춘다는 생각이 옳다고 여기게 된다. 아리스토텔레스의 이론은 물리학적으로는 적절하지 않은 이론일지는 모르지만, 그럼에도 이를 통해 우리가 지각하는 세계의 실재는 꽤 그럴듯하게 인식되기 때문이다.

↓

사물의 움직임에 대한 아리스토텔레스의 설명과 같은 사회 일반에서 받아들여지는 통념은, 비록 그것이 이론적으로 **타당하지 않음**에도 불구하고, 종종 많은 사람들에게 **이치에 맞는 것처럼** 들린다.

And not just plain hold these misconceptions.
→ And plain (understandings) does not just hold these misconceptions.

【정답】 ②

둘째, 지문의 내용을 구성하는 **배경지식이 부족한 경우** 역시 글의 전체가 쉽사리 파악되지 않는다. 이때 배경지식에는 특정 개념을 중심으로 한 사상적 지반을 담게 마련이다. 따라서 지문을 읽어 그것에 대한 배경지식을 알고 있다 함은 곧 핵심 개념어에 담긴 의미는 물론이고 전체 내용의 개략을 파악하고 있다는 의미와도 같다.

따라서 배경지식을 알고 있을 경우에는 지문 독해는 물론 선택지 정답을 한결 쉽게 찾아낼 수 있다. 배경지식이 있는 상태에서 영어 지문을 읽는 것과 전혀 모르는 상태에서 읽는 것과는 지문을 대하는 느낌 자체가 다르다. 수능 영어 역시 국어와 마찬가지로 지문의 큰 틀을 보고 빨리 읽어가며 전체 내용과 핵심 요지를 이해할 필요가 있는데, 이때 지문 안에 담긴 핵심 단어의 뜻과 글의 내용을 알고 있다면 한결 해석하기 쉬울 것이다. 그런 점에서 볼 때, 평소 다양한 독서 활동은 영어 문제 풀이에도 크게 도움이 된다.

예를 들어 위 〈사례1〉의 지문에 담긴 핵심 개념으로서의 '과학적(수학적) 언어와 일반 언어'와의 차이점을 이해하고 있다면, 그 의미와 전체 논지를 미루어 짐작할 수 있을 것이다. 참고로, 수능 EBS 기출 지문을 공부하는 것도 따지고 보면 단순히 문제를 풀어가며 공부하기 위한 것이라기보다는, 지문을 읽어 그 안에 담긴 핵심 내용을 이해하기 위함이라고 보는 게 더 적절하다. 따라서 만약에 지문을 깊게 읽어가며 공부하지 않고 단지 문제 풀이에 급급할 경우, 그렇게 해서 정작에 수능 지문으로 연계 출제됐음에도 불구하고 그 내용이 무엇인지를 모른다면, 이는 그야말로 헛공부를 한 셈이 된다. 이것이 무얼 뜻하는지는 굳이 말하지 않아도 알 수 있을 것이다.

다음의 〈사례3〉은 고등학교 경제 교과서에 나오는 핵심 개념의 하나인 게릿 하딘의 '공유의 비극(tragedy of commons)'에 대한 글이다. 참고로 이 개념은 대입 논술 시험에도 자주 등장하는 개념인데, 개념에 담긴 배경지식의 대강을 알고 있기만 해도 지문의 전체 내용을 이해하고 문제를 푸는 것은 어렵지 않을 것이다.

사례3 2013학년도 수능 영어 28번 문제

To describe what happens to common resources as a result of human greed, Garrett Hardin used the example of an area of pasture on which all the cattle-owners are permitted to graze their animals free of charge. Each cattle-owner seek to _____(A)_____ his gain and in doing so considers the relative advantage and disadvantage of adding one more animal to the herd. The advantage is that the cattle-owner receives the whole of the profit from the sale of the additional animal. The disadvantage is that the extra grazing contributes to the deterioration of the pasture. However, the disadvantage is shared among all the cattle-owners using the pasture, so the individual owner suffers only a fraction of the disadvantage. Consequently, the advantage is bound to _____(B)_____ the disadvantage. Thus, it is inevitable that more and more animals will be brought onto the pasture until overgrazing totally destroys the pasture.

	(A)	(B)
①	maximize	equal
②	distribute	diminish
③	maximize	exceed
④	distribute	outweigh

⑤ maximize ······ minimize

인간의 탐욕의 결과로서 공유 자원에 일어나는 현상을 설명하기 위해 게릿 하딘은 목초지를 예로 들어 설명한다. 그 목초지에서는 모든 가축 소유주들이 무료로 자신의 가축들을 방목할 수 있도록 허용된다. 각각의 가축 소유주들은 자신의 이익 **극대화**를 추구하며, 그렇게 함으로써 가축을 한 마리 더 무리에 추가했을 때의 장단점을 고려한다. 장점은 가축 소유주가 추가되는 가축의 판매에서 나오는 이익 전체를 가진다는 것이다. 단점은 추가적인 방목이 목초지 악화의 원인이 된다는 것이다. 하지만 그 단점은 목초지를 사용하는 모든 가축 소유주들 사이에서 공유되기에, 개별 소유주는 단점의 불과 일부만을 떠안게 된다. 결과적으로, 장점이 단점을 **뛰어넘게(초과하게)** 되어 있다. 그에 따라 점점 더 많은 가축이 목초지로 몰려나와 결국 과도한 방목이 목초지를 완전히 망치게 되는 일을 피할 수 없다.

To describe what happens to common resources as a result of human greed, Garrett Hardin used the example of an area of pasture on which all the cattle-owners are permitted to graze their animals free of charge. Each cattle-owner seek **to maximize his gain** and in doing so considers the relative advantage and disadvantage of adding one more animal to the herd. → (뒷받침 글2) The advantage is that the cattle-owner receives the whole of the profit from the sale of the additional animal. The disadvantage is that the extra grazing contributes to the deterioration of the pasture. However, the disadvantage is shared among all the cattle-owners using the pasture, so the individual owner suffers only a fraction of the disadvantage. Consequently, the advantage is bound **to exceed the disadvantage**. → (뒷받침 글1) Thus, it is inevitable that more and more animals will be brought onto the pasture until overgrazing totally destroys the pasture. → (중심 주장 글)

- **전제1** : 공유지에서 각각의 가축 소유주들은 자신의 **이익 극대화**를 추구하려 든다.
- **전제2** : 이는 장점보다 **단점이 훨씬 더 많은** 나쁜 결과를 가져온다.
- **결론** : 점점 더 많은 가축이 목초지로 몰려나와 결국 과도한 방목이 공유자원인 목초지를 완전히 망치게 된다.
- **논증 요약** : 공유지에서 각각의 가축 소유주들은 자신의 이익 극대화를 추구하려 드는데, 이는 장점보다 단점이 훨씬 더 많은 나쁜 결과를 가져오며, 그에 따라 과도한 방목이 공유자원인 목초지를 완전히 망치게 된다.
- **핵심 어휘** : **공유지의 비극**(tragedy of commons= what happens to common resources as a result of human greed)
- **문제 해결의 포인트** : 논증 글에 담긴 핵심 키워드를 대조 또는 일치시키며 파악하면 된다(여기서는 전제의 각 지문을 비교 · 대조해서 파악하면 된다).

전제2 _ to maximize his gain

전제1 ≠ to exceed the disadvantage

【정답】 ③

셋째, 지문이 경제 · 철학 · 예술 · 과학 등 **전문분야에서 다루는 내용을 담고 있을 경우**에, 그 지문의 핵심 개념을 이해하기 어렵다. 뿐만 아니라 관련한 배경지식의 빈약함, 그리고 각각의 구절이 함축하거나 그것에 담긴 숨은 의미를 파악해야 하는 '3중고'를 겪을 수 있다. 앞서 살핀 〈사례1〉의 지문이 그러한데, 이렇게 되면 전체의 의미를 파악하기가 상당히 까다롭다.

더군다나 영어 표현과 우리말 표현 사이에는 일정 부분 괴리를 보일 수밖에 없는 데다가, 설상가상으로 **영어 원문을 그대로 발췌**하여 출제한 경우라면 그 지문을 읽어 우리글로 해석하는 과정에서 요구되는 고도의 언어 사고력까지 더해야만 한다. 사정이 이렇게 되면 그야말로 난공불락인데, 이럴 경우에는 어떻게 해결해야 할까?

아래의 〈사례4〉는 이 모든 것이 담겨있는 문제인데, 지문 안에 특별히 어려운 어휘(단어)가 없고 또 해석하기도 그다지 까다롭지 않음에도 불구하고, 뭔지 모르게 전체 의미가 손에 잡히지 않는다. 왜일까?

그 이유는 전문 지식을 요하는 경제 분야를 다룬 데다, 그 안에 담긴 핵심 개념(현대 소비자 행동이론) 또한 다분히 사상적인 의미를 내포하고 있기 때문이다. 게다가 지문이 **원문의 일부를 발췌하여 출제한 것이어서 주제 개념이라든지 글의 전후 맥락을 이해하지 못하고는** 쉽사리 전체 의미가 파악되지 않는다. 물론 발췌 지문을 학생들이 읽기 쉽게 고쳐 다듬고 또 교육과정 밖에 있는 어려운 어휘를 쉬운 어휘로 바꿔 넣는 등의 윤문(潤文) 과정을 거쳐 출제되는 것이기에 그리 문제될 것이 없다고 생각하겠지만, 이는 그렇지 않다. 글을 읽어도 전체 의미와 주제 개념이 잡히지 않는데 어떻게 글이 제대로 해석될 수 있겠는가? (앞서, 배경지식이 중요하다고 말한 이유를 이해할 수 있을 것이다. 이때 주의할 것은, 배경지식을 무조건 암기해서는 안 되며, 어디까지나 이해에 기반한 정확한 배경지식의 습득이 전제되어야만 배경지식은 이해력과 사고력을 높이는 참된 지식으로 거듭날 수 있다. 즉 배경지식의 습득이 중요한 게 아니라, **배경지식에 대해 개념적으로 또는 개념화하여 사고할 수 있는 능력**이 중요하다).

따라서 이런 유형의 문제는 먼저 '주제 개념'부터 파악하고, 그에 맞춰 각각의 문장 안에 담긴 행간을 읽어낼 수 있어야만 전체의 의미와 핵심 논지를 파악할 수 있다. 그렇기에 문제 해결의 핵심은, 지문을 읽어 먼저 전체를 살핀 이후에, 이어서 각각의 문장 안에 담긴 핵심 어휘의 의미를 곱씹어가며 해석하고, 이후 문장과 문장을 이어가며 맥락으로 이해하는 것이다. 그리고 그 과정에서 전체의 의미를 담은 핵심 논지를 파악할 수 있어야 한다.

그렇게 해서 해석한 것이 아래 사례의 지문 해설인데, 이것을 이어지는 EBS 해설과 비교하면 필자의 그것과 상당한 차이를 보이고 있음을 알 수 있다. 특히 다음 부분에 대한 해석에 있어 차이가 크다.

1. 사회 전반에 걸쳐 체계적으로 배치된 권력 = 신념 체계 → 대기업이 영향력을 행사하는 **상업광고**
2. 임의의 힘 = **경제** → 상업광고를 통해 소비 행동을 조장하는 판매자 주도의 **시장 지배력(buying power)**
3. 신념 체계 = **경제?** → 상업광고가 주도하는 **판매자 주도의 시장 가치**와 그것이 지향하는 **상업주의**
4. 그것 = 신념 체계로 작동하는 경제 체계 → 상업광고에 의해 공유된 대중의 **소비 행동**
5. 경제 구조 = <u>자본주의적 상업주의를 조장하는</u> **자유시장경제 체제**

물론 문제가 단순히 지문과 선택지 대답 간의 '내용 일치' 관계를 묻는 경우여서 'EBS 해설'에 따르더라도 정답을 고르는 데는 그다지 문제될 게 없다. 그렇더라도 아래의 핵심 논지의 차이에서 알 수 있듯이, 지문 해석에 있어서의 모호성은 여전하며 핵심 논지가 명확히 파악되지 않는다. 소비자가 '**경제라는 신념 체계**'에 의해 통제를 받아 행동하는 '근거'가 무엇인지를 명확히 밝혀야만이 글의 전체 의미가 파악될 수 있음에도 불구하고, 그것에 대한 언급 없이 그저 구렁이 담 넘어가듯 설명하고 그에 꿰맞춰 정답으로 연결하는 해설을 어떻게 받아들여야 할까? (그럼에도 불구하고, 그런 식으로 해서 정답을 맞힐 수 있다는 사실이 그저 신기할 뿐이다).

현대 경제사회에서 소비자 주권이나 소비자 선택은 허울에 불과하며, 실제로는 **자유시장경제 체제에서 (자본가 기업이 영향력을 행사하는) '상업광고'의 보이지 않는 통제에 따라** 소비한다.(필자 해설)

소비자의 소비 행동은 시장에서의 자유로운 선택 행동이 아니라, **'경제'라는 신념 체계에 의해 통제를 받는** 행동일 수밖에 없다.(EBS 해설)

참고로, 이 지문에 담긴 핵심 개념과 논지를 좀 더 부연해서 설명하면 다음과 같다. 마르크스에 따르면, "'인간은 사회적 관계들의 총체'로, 어떤 사회적 환경과 조건 속에서 사느냐에 따라 인간성은 달리 형성된다."고 하여, 무언가 '고정된 본성'을 가진 인간관에 반대한다(지문 둘째 줄 'the product'가 '물화(物化)', 즉 현대 소비 사회에서 인간은 갈수록 '상품화'되어간다는 의미임을 이해할 수 있을 것이다). 또한 푸코는 '지식 기반의 사회구조가 우리의 일상을 지배하며, 권력이 그 구조 속에서 보이지 않는 규율 권력으로 작동하면서 은밀하고 세련되게 행사된다.'고 하여, 지식과 권력의 구조적 속성을 설명한다. 한편, 마셜 맥루한은 "미디어는 메시지다."라고 하여, 미디어가 전달하는 내용 그 자체보다는 **미디어 그 자체가 인간의 사고방식과 행동양식에 커다란 영향을 준다**고 말한다.

이러한 보충설명을 통해 알 수 있듯이, 현대 소비사회에서 인간은 스스로 주체가 되어 판단하고 행동(소비)하기보다는, 상업광고가 지배하는 자본 논리에 따라 은밀하게 통제되고 지배받는 '산물(대상)'에 불과하다는 것을 이해할 수 있을 것이다. 글쓴이인 갈브레이드가 추종한 경제사회학자 베블런의 '과시소비와 모방소비' 역시 궤를 같이 하는데, 이를 광고와 마케팅에 이용하여 소비자를 추동하는 소구행위가 곧 '명품 마케팅'이 아니던가.

사례4 2014학년도 9월 모의 34번 문제

In the mid-1900s, John Kenneth Galbraith shocked the field

of economics when he insisted that consumers do not merely participate in the marketplace, they are also the product# of the systematic deployment of power throughout society. Within this deployment of power, commercial media ensures that consumers adopt values and beliefs that match the general requirements of the economy. The individual's participation in mass behavior patterns is ________________________________. Consumers engage in shared patterns of consumption because they live within an economic system that operates as a belief system. It exercises considerable control over the meaning and value of things. When the economy functions as a belief system, it establishes severe limits on a consumer's free choice. As consumers, our choices are not entirely our own. Our beliefs, values, thoughts, and emotions are highly conditioned to match the needs of the marketplace. [3점]

* deployment: 배치

① not driven by commercial media's agenda

② a product of unconditioned personal choice

③ not a spontaneous reaction to random forces

④ not affected by the needs of the marketplace

⑤ an outcome irrelevant to the economic system

해석

1900년대 중반 John Kenneth Galbraith 교수는, 소비자는 단순한 시장 참여자일 뿐만 아니라, 사회 전반에 걸쳐 조직적으로 배치된 **지배권력**[1](현대 자본주의 경제체제가 만들어낸 독점적 기업과 다국적 기업 및 그들이 영향력을 행사하는 **상업광고**)의 '산물(物化, 즉 상품화의 대상)'이라고 주장함으로써, 경제학계에 일대 충격을 주었다. 그러한 조직화된 지배권력으로서의 (대기업과 다국적기업이 주도하는) **상업 매체(상업광고)**는 소비자들로 하여금 경제의 일반 요건(즉, 자유시장경제 체제가 추구하는 경제 논리 = 기업친화적인 자유로운 경제 활동)에 부합하는 가치와 신념(상업광고가 주도하는 상업주의로서의 **판매자 중심의 시장가치**)

을 따르도록 유도한다. (그렇기에) 대중의 행동 유형으로서의 개인의 시장 참여는 **특정되지 않은 물리적 강제력**[2](random forces. 즉 상업광고를 통해 소비자들의 욕구를 과도하게 자극해 불필요한 상품을 소비하게 하려는 자본(기업)의 보이지 않는 시장 지배력)에 대한 자발적인 반응이 아니다. 소비자들은 같은 **신념 체계**[3](즉 상업광고가 주도하는 판매자 주도의 시장가치와 그것이 지향하는 상업주의)에 의해 작동되는 경제 구조(자본주의적 자유시장경제 체제) 안에서 살아가기 때문에, 공유된 소비 행동을 따른다(즉 상업광고가 지시하는 대로, 대중이 하는 대로 무의식적으로 따라 행동하고 소비한다). (왜냐하면) **그것**[4](상업광고에 의해 공유된 대중의 소비행동)은 재화가 갖는 의미와 가치에 상당한 통제력을 행사한다. 경제가 그러한 신념 체계(즉 상업주의)에 의해 작동할 때, 소비자의 자유로운 선택을 엄격히 제한하는 기제로 작용한다. (그 결과) 소비자로서 행하는 우리(개인)의 선택은 전적으로 우리 자신의 것이 될 수 없다. 우리의 신념, 가치, 사고, 그리고 감정은 그러한 시장의 요구(상업광고가 소구하는 시장친화적인 소비행동)에 맞춰 최적화(철저히 통제)된다.

→ 현대 경제사회에서 소비자 주권이나 소비자 선택은 허울에 불과하며, 실제로는 **자유시장경제 체제에서 (자본가 기업이 영향력을 행사하는) '상업광고'의 보이지 않는 통제에 따른** 소비 행동을 한다(즉 선거가 TV 보도나 유세 등에 의해 크게 영향을 받듯이, 개인의 소비 활동 역시 기업의 광고 공세와 판촉 활동 등에 크게 영향을 받는다는 것이다). 따라서 지문은, 거대자본이 광고 비중을 높여 판매자 주도 시장인 'seller's market'에서 구매자 주도 시장인 'buyer's market'으로 바꾸어감에 따라, 현대 소비 주체가 점차 주체성을 잃어가고 있는 현상을 설명하고 있다.

① 상업 매체가 유도하는 지향성(광고 소구)에 휘둘리지 않는다.

② 무조건적인(자발적인) 개인 선택의 산물

③ 특정되지 않은 물리적 강제력(즉 상업광고를 통한 자본의 보이지 않는 시장 지배력)에 자발적으로 대응하는 반응이 아니다.

④ 시장의 요구에 따른 영향을 받지 않는다.

⑤ **경제구조**[4](자본주의적 상업주의를 조장하는 자유시장경제 체제)와 무관한 결과

【정답】③

EBS 해설

사회 전반에 걸쳐 체계적으로 배치된 권력(신념 체계)의 일부가 **경제**이고, 그 경제의 산물이 소비자이므로, 소비자의 소비 행동은 시장에서의 자유로운 선택 행동이 아니라 '**경제'라는 신념 체계에 의해 통제를 받는** 행동일 수밖에 없다. 문맥상 'The individual's participation in mass behavior patterns'는 소비자의 소비 행동을 가리키므로, ③ '임의의 힘(이 글에서는 경제를 의미)에 대한 자발적인 반응이 아닌'이 빈칸에 들어갈 말로 가장 적절하다.

EBS 지문 해석

1900년대 중반에, John Kenneth Galbraith는 소비자는 시장에 참여하고 있을 뿐만 아니라, 사회 전반에 걸친 **권력**[1]의 체계적 배치의 '산물'이라고 주장하여 경제학 분야를 깜짝 놀라게 했다. 이러한 권력의 배치 내에서, 상업 매체는 반드시 소비자가 경제의 일반 요건에 부응하는 가치와 신념을 채택하게 한다. 대중 행동 패턴에 개인이 참여하는 것은 **임의의 힘**[2]에 대한 자발적인 반응이 아니다. **신념 체계**[3]로 작동하는 경제 체계 내에 살고 있기 때문에 소비자들은 공동의 소비 패턴에 참여한다. **그것**[4](신념 체계로 작동하는 경제 체계)은 일의 의미와 가치에 상당한 통제력을 행사한다. 경제가 신념 체계로 기능할 때, 그것은 소비자의 자유로운 선택에 엄격한 제한을 둔다. 소비자로서, 우리의 선택은 전적으로 우리 자신의 것이 아니다. 우리의 신념, 가치, 생각, 그리고 감정은 시장의 요구에 맞추도록 크게 조절된다.

그렇다면, 이렇듯 개념 이해에 기반한, 높은 언어 사고력을 요하는 빈칸추론 문제를 정확히 풀기 위해서는 어떻게 공부해야 할까? 어렵고 추상적인 지문의 내용을 자기 것으로 정확하게 소화하지 못한 채로 해석할 경우, 그 해석된 내용의 논리적인 설득력이 떨어짐은 물론 지문에 담긴 의미가 애매하고 모호해질 것임은 분명하다. 그에 따라 정답을 선택할 확률은 그만큼 떨어질 수밖에 없다. 어떻게 해야 할까?

그 방법적 요령은 의외로 간단하면서도 어렵다. 즉 이런 문제일수록 먼저 **글의 핵심(중심 주장 글과 뒷받침 글, 주장과 근거)**부터 파악하기 위해 노력하고, 이후 이를 토대로 그 안에 담긴 **주제 개념과 중심 논지**를 읽어낼 수 있어야 한다. 그렇게 되면 전체 내용이 무엇을 의미하는지가 개략적으로 읽히게 되는데, 이후 이것에 근거하여 **다시 글의 핵심이 되는 문장을 파악하고 그 안에 담긴 주제 개념과 중심 논지를 거듭 확인**하여 밝힌다.

이런 식의 학습이 중요한 이유를 이미 앞에서 자세히 설명했다. 즉 수능 출제위원들은 문제를 출제할 때 누구나 인정할 수 있는 정답을 만들기 위해 철저하게 그 정답의 근거를 지문 안에 넣기 마련인데, 그것이 바로 글의 요지에 해당되는 **'주장과 근거를 담은 일련의 글 묶음'**이다.

따라서 영어 지문을 읽고 정답을 유추할 수 있는 내용, 다시 말해 글의 요지에 해당하는 내용을 빠르고 정확하게 파악하는 훈련을 해나가면서 깊게 학습할 필요가 있다. 즉 글을 읽어 지문 안에 실린 글의 요지(중심 주장 글과 뒷받침 글)에 해당하는 문장에 밑줄을 긋고, 그 두 문장에 담긴 공통 어휘를 찾아 서로 비교·대조해가며 논리적 연관관계를 파악하면 글 전체의 요지가 이해되는데, 이후 이것과 선택지 대답과 내용을 일치시켜가며 밝히면 어렵지 않게 정답을 추론할 수 있다.

대부분의 빈칸추론 문제는 지문이 길지 않아 핵심 문장을 찾아 밝히는 것이 그리 어렵지 않다. 그런데 언어 사고력과 개념 이해력을 요하는 고난도의 빈칸문제의 경우에는 글을 읽어 핵심 문장을 파악하기가 상당히 까다롭다. 글을 읽어 도무지 무슨 뜻인지를 모르겠기에, 전체 지문의 내용을 제대로 파악할 수 없음은 물론 그에 따라 중심 글을 찾아내기도 어렵기 때문이다.

그럴수록 지문을 좀 더 깊게 들여다보며 읽고 해석하는 것밖에는 달리 방법이 없다. 빈칸문제 해결을 위한 독해의 정확성을 근본적으로 높이려면, 글의 요지와 전체 내용을 파악한 후 이를 빈칸에 적용할 수 있는 응용력과 사고력을 체계적으로 키울 수 있도록 부단히 학습해야 한다. 그렇게 해서 지문 안에서 중심 주장과 그 근거를 담은 글을 찾아낼 수만 있다면, 그리고 그 안에 담긴 내용을 정확히 읽어낼 수 있다면, 틀림없이 정답을 찾을 수 있다.

이제까지 사례의 해석과 해설을 깊이 있게 설명한 이유가 이 때문인데, 따라서 학생들은 수능 기출문제와 EBS 문제집 가운데 이런 유형의 문제를 맞닥뜨리게 되면 절대로 설렁설렁 문제를 풀려 들지 말아야 한다. 반드시 지문을 거듭 읽고 깊게 생각해야 하며, 그런 과정에서 글의 핵심을 정확히 파악하고 올바로 해석해낼 수 있어야 한다. 시간이 걸리더라도 반드시 깊이 있게 공부해나가야 한다.

고난도 빈칸문제의 근본적 해결책은 단순한 답안 풀이에 있는 것이 아니라 문제 풀이 과정에 있으며, 이를 통해 깊이 있고 체계적인 독해력과 사고력을 기르는 데 있음을 절대 명심해야 한다. 따라서 국어 비문학 지문을 읽을 때에도 항상 그 안에 담긴 주제 개념을 파악하려 애쓰고 그런 글 읽기를 통해 개념 이해와 언어 사고력을 높이기 위해 많은 노력을 기울여야 한다.

이상을 염두에 두고, 빈칸추론 문제는 다음과 같은 단계를 밟아 공부라면 되는데,

이를 〈사례4〉를 예로 들어 설명한다. 먼저 인터넷에서 같은 문제지 2부를 출력하여, 다음 순서에 맞춰 공부해나간다.

영어 빈칸추론 문제 공부 방법 예시

●1단계

문제지 한 부를 갖고 문제를 풀고 답을 고른다.

●2단계

다른 한 부를 갖고서, 지문을 세밀하게 읽어가며 글의 뼈대(중심 주장 글과 뒷받침 글)를 찾아 밑줄을 긋는다.

㉮수능 영어는 요지가 정확한 지문을 출제하기에, 대부분의 유형 문제는 **지문의 요지와 반드시 연관**되어 있기 마련이다. 그리고 **지문의 요지를 이루는 문장은 글의 뼈대를 이루고** 있으며, 특히 빈칸추론 문제의 경우에는 이 **글의 뼈대의 어느 한 부분을 빈칸으로 하여 출제**한다. 이때 글의 주장이자 결론 부분에 해당하는 '중심 주장 글'은 하나이지만, 그 주장을 '뒷받침하는 글'은 여러 개(해설 부분에 해당하는 곁가지 글에 들어있다)일 수 있는데, 이는 영어 지문의 특성상 같은 내용을 어휘만 바꿔가며 거듭해서 부연 설명하는 특성이 있기 때문이다.

지문 분석

In the mid-1900s, John Kenneth Galbraith shocked the field of economics when he insisted that consumers do not merely participate in the marketplace, they are also the product of the systematic deployment of power throughout society. Within this deployment of power, commercial media ensures that consumers adopt values and beliefs that match the general requirements of the economy. → (뒷받침 글3) **The individual's participation in mass behavior patterns is** ________________________________. → (뒷받침 글2) Consumers engage in shared patterns of consumption because they live within an economic system that operates as a belief system. It exercises considerable control over the meaning and value of things. When the economy functions as a belief system, it establishes severe limits on a consumer's free choice. → (뒷받침 글1) **As**

consumers, our choices are not entirely our own. Our beliefs, values, thoughts, and emotions are highly conditioned to match the needs of the marketplace. → (중심 주장 글)

㉯그렇게 해서 글의 뼈대가 드러나면, 이어서 그 안에 실린 **핵심 키워드가 되는 단어와 어휘에 주목**하고, 그것이 의미하는 바를 **맥락으로 이해**할 수 있어야 한다. 〈사례〉 지문의 '신념 체계', '신념 체계로 작동하는 경제 체제'라는 어휘가 그것인데, 이 어휘가 글의 뼈대에 해당하는 부분의 여기저기에서 계속해서 언급되면서 글의 흐름을 이끌어가고 있다. 따라서 반드시 그 안에 담긴 개념적 의미를 이해해야 하며, 그것도 전체 맥락으로 파악해야 한다. 그렇게 해서 파악한 것이 아래의 '거대자본의 상업광고가 주도하는 <u>'판매자 주도'의 시장 가치와 경제 체제</u>'임을 미루어 짐작할 수 있다.

경제의 일반 요구에 부합하는 가치와 **신념**(values and beliefs that match the general requirements of the economy) = **신념 체계**로 작동되는 경제 체제(an economic system that operates as a belief system) = 경제는 **신념 체계**로써 작동한다(the economy functions as a belief system) = 특정되지 않은 강제력(random forces) = 시장의 요구(the needs of the marketplace) = **거대자본의 상업광고가 주도하는 '판매자 주도'의 시장 가치와 경제 체제**

㉰이어서 '중심 주장 글'과 '뒷받침 글'을 해석하면, 그것이 곧 **글의 요지**이다. 이때 앞서 말했듯이, '중심 주장 글'과 '뒷받침 글' 간에는 두 문장의 논리적 인과관계를 서로 연결하는 **공통된 의미를 갖는 어휘(단어)**가 있게 마련이며, 그 중 하나가 빈칸으로 출제되고, 이는 선택지 대답의 어느 하나와 일치한다고 말했다. 따라서 그것을 찾아내면 곧 정답이 된다. 사례 지문의 경우에는 다음과 같으며, 이때 'spontaneous' 단어는 반드시 알고 있어야(암기해야) 할 필수 단어이다.

our choices are not entirely our own = not a spontaneous* reaction

the needs of the marketplace = random forces

글의 뼈대 부분

●As consumers, our choices are not entirely our own. Our beliefs, values, thoughts, and emotions are highly conditioned to match **the needs of the**

marketplace.(주장)

●Consumers engage in shared patterns of consumption because they live within **an economic system that operates as a belief system**. It exercises considerable control over the meaning and value of things. When **the economy functions as a belief system**, it establishes severe limits on a consumer's free choice.(근거1)

●The individual's participation in mass behavior patterns is not a spontaneous* reaction to **random forces**.(근거2)

●Within this deployment of power, commercial media ensures that consumers adopt values and beliefs that match the general requirements of the economy.(근거3)

●자유 시장경제체제 하에서 거대자본이 만들어내는 상업광고는 소비자로 하여금 경제의 일반 요구에 부합하는 가치와 신념(이를테면 상업광고가 소구하는 가치와 정보 전달을 믿고 받아들이도록 강제하는, 판매자 위주의 시장 가치)을 받아들이도록 유도한다.(근거3)

●그렇기에 현대 대중소비 유형으로서의 개인의 참여는 'random forces(거대자본의 상업광고가 주도하는 판매자 주도의 시장 지배력)'에 대한 자발적 반응(주체적 소비 행동)이 아니다.(근거2)

●그렇기에 소비자들은 (상업광고가 만들어내는) '판매자 주도'의 시장경제체제 하에서 살아가기에 동일한 소비 패턴을 보이며, 그러한 판매자 주도의 시장경제체계는 재화의 가치와 효용에 상당한 제한을 가한다. 즉 경제가 판매자가 주도하는 시장 가치에 따라 움직일 때, 소비자의 자유로운 선택권은 상당 부분 제한이 가해진다.(근거1)

●그러므로 현대 자유시장경제 체제에서 소비자의 선택권은 없으며, 소비자 선호는 시장의 요구(판매자 주도의 시장)에 맞춰 철저히 통제된다.(주장)

글의 핵심 요약

현대 자유시장경제 체제에서 소비자의 선택권은 없으며, 소비자 선호는 시장의 요구(판매자 주도의 시장)에 맞춰 철저히 통제된다.(주장) 왜냐하면, 현대 대중소비 유형에 있어 개인은 **'거대자본의 상업광고가 주도하는 판매자 주도 시장'**에 대

한 자발적 참여 주체가 아니기 때문이다.(근거) → 논증(글의 뼈대에 해당하는 부분이자 핵심 내용)

As consumers, **our choices are not entirely our own**. Our beliefs, values, thoughts, and emotions are highly conditioned to match **the needs of the marketplace**. (because) The individual's participation in mass behavior patterns is not a spontaneous* reaction to **random forces**.

● 3단계

찾아 밝혀낸 지문의 뼈대 부분에 담긴 글의 요지에 따라 전체의 의미를 파악하고, 이를 토대로 선택지 대답과 지문 간의 **일치 · 불일치 관계와 무관계 여부를 하나하나 찾아 밝혀가며** 확인한다. 그리고 지문 안에 실린 단어 중에 **반드시 암기해야 하는 단어를 사전을 찾아가며** 열심히 외운다. 다음은 그렇게 해서 밝힌 선택지 대답의 정답과 오답의 근거로, 이런 식으로 단계를 밟아가며 깊이 있게 공부해나가는 과정에서 실력은 부쩍 향상될 것이다.

① 상업 매체가 유도하는 지향성(광고 소구)에 휘둘러자 않는다(휘둘린다).
② 무조건적인(자발적인) 개인 선택의 산물(이 아니다.)
③ 특정되지 않은 물리적 강제력(즉 거대자본의 상업광고가 주도하는 판매자 주도의 시장지배력)에 자발적으로 대응하는 반응이 아니다.
④ 시장의 요구에 따른 영향을 받자 않는다(철저히 통제된다.)
⑤ 경제구조(자본주의적 상업주의를 조장하는 자유시장경제 체제)와 무관한(철저히 복속되는) 결과

7. 수능 수학 공부의 핵심 포인트

수학은 암기과목이다

수학이야말로 역설적으로 **암기과목**이다. 적어도 대학입시를 위한 수학 공부에 있어서는 그러한데, 수학이 암기과목이라는 것을 확인하는 것은 그리 어렵지 않다. 다음은 지난 '2014학년도 수능 등급컷'이다. 아래 자료에서 확인할 수 있듯이, 국어·영어 과목은 등급 간 점수 하락폭이 균일한 반면, 수학은 3등급 아래로 내려가면 이후부터는 상당히 큰 폭으로 떨어짐을 알 수 있다. 이것이 의미하는 바가 무엇일까?

	1등급	2등급	3등급	4등급	5등급	6등급
국어B	96	91	86	79	687	56
영어B	93	88	81	73	62	50
수학A	92	83	70	**48**	**30**	21

먼저, 수능 국어와 영어 시험의 경우에는, 등급 간 성적 차이는 뚜렷한 상관관계를 보이며, 성적 하락 폭 또한 등급별로 일정하다. 이는 학생 저마다 자신의 공부 방법과 학습량에 맞춰 노력한 결과라고 보면 된다. 그리고 이에 더해, 학생별로 닦아온 기본 소양(이를테면 공부 머리, 풍부한 독서량, 영어 조기교육 등)이 성적에 영향을 미친 결과로, 두 과목 모두 출제범위(공부할 범위)가 특정되어 있지 않고 또 읽기 능력을 중점적으로 묻는 시험이란 점에서 더 그렇다. 이런 이유로 수능 영어와 국어 성적은 학생의 머리가 좋은 때문이든 아니면 학습량이 많은 이유에서든, 달달 암기해가며 공부했든 아니면 이해에 충실해가며 공부했든 관계없이, 각자의 역량에 맞춰 뿌린 대로 거둔 결과라고 보면 된다.

하지만 수능 수학의 경우에는 그렇지가 않다. 자료를 보면, 대학에 들어가고자 열심히 공부하는 학생들(3등급 이내인 학생)의 경우에는 등급과 성적 간에는 일정한 점수 차이로 하락하고 있지만, 4등급 이하의 이른바 '수포자'인 학생들의 경우에는 불규칙하게 큰 폭으로 점수가 하락하고 있다. 이는 수학 공부를 가로막는 그 어떤 장벽이 많은 학생들을 좌절시키고, 급기야는 수학 공부 자체에서 손을 놓아버린 탓에 성적이 곤두박질하는 것이다.

앞으로 이 부분에 집중해서 살펴볼 예정인데, 그에 앞서 결론부터 말하면 이렇다. 수학 공부는 마치 '블록 쌓기'와도 같아서, 기초가 부실하면 절대로 그 다음 단계로 나아갈 수 없다. 즉 이전 단계의 공부가 부실하면 다음 단계의 내용을 제대로 공부하기 힘든 단계적인 과목이 바로 수학이다. 이때 그 기초가 되는 것이 바로 '수학적 개념원리의 이해' 및 그것에 기초한 '공식 암기'로, 수능 수학 과목에서 4등급 이하를 받은 학생들은 어느 순간(일반적으로는 교과 수준이 크게 높아지고 많은 학습량을 요하는 고등학교에 들어와서부터이지만, 근원으로 따져 들어간다면 이미 중학교 때부터였을지도 모른다)부터 학교 수업을 따라가지 못하고 뒤처지고 만 학생들이다.

그래 놓고도 많은 학생들은 "수학은 원래 머리 좋은 애들이나 하는 높은 사고력을 요하는 공부야.", "나는 머리가 안 좋아서 수학을 못해."라고 말하면서 그러한 통념이 마치 기정 사실인양 일반화하려 든다. 하지만 이는 자기 합리화에 지나지 않는다. 거듭 말하지만, 수학은 다른 어느 과목보다 암기가 중요시되는 과목이다. 엄밀히 말해, 암기라기보다는 암기 능력이 중요시된다고 보는 게 더 적절한데, 왜냐하면 이때 말하는 암기란 바로 철저한 '**이해**'에 기반한 학습이기 때문이다. 그런데 개념을 이해하지 못하였기에 그 개념을 담은 기초공식이 암기될 리 없고, 기초공식을 암기하지 못했으니 이어지는 단계의 공식 역시 이해가 안 되고, 당연히 암기는 꿈도 꿀 수 없고, 그렇게 해서 전체 수학의 '**위계**'가 와르르 무너지고 만다. 수학의 기초가 약하다는 지적이 바로 이를 두고 하는 말이다.

거듭 강조하지만, 수학은 암기에 기본을 둔 과목이다. 다만 체계적이고 논리적인 사고방식을 바탕으로 하는 수준 높은 암기과목이기에, 그만큼 높은 이해력을 요한다. 또한 수학은 위계가 있는 **단계적인 과목**이다. 그렇기에 기본기를 닦는 것이 무엇보다 중요하며, 따라서 수학적 개념을 모를수록 그리고 수학이 어렵다고 느낄수록 더욱 더 쉬운 책을 갖고 공부해야 한다.

그 자세한 내용에 대해서는 이어서 자세히 설명하는 것으로 하고, 다시 본론으로 돌아와서 생각해보자. 사실, 수학처럼 단기간에 성적(수능 등급)을 끌어올리기 쉬운 과목도 없다. 물론 이는 어디까지나 4등급 이하인 학생이 2~3등급까지 끌어올리는 경우에 그렇다는 얘기다. 예를 들어, 수능을 눈앞에 둔 고3의 어느 시점에, 그리고 국영수 각 과목 모두 4등급 수준이라고 할 때, 또한 같은 정도의 학습량을 투여할 때, 어느 과목의 등급(성적이 아니다)을 가장 높이 올릴 수 있을까?

그것은 바로 수학인데, 다음 두 가지 이유 때문이다. 첫번째는 수능 수학 시험이 높은 수준의 문제를 출제하는 것이 아니라 교과과정의 일반내용을 중심으로 쉽게 출제한다는 점이고, 둘째는 많은 학생들이 수학은 어려운 과목이라고 지레 겁먹고 공부하려 들기보다는 포기하는 행태를 보인다는 점이다. 이런 이유로 4등급 이하의 학생으로 고3 들어 정신을 차리고 공부할 요량이라면, 무엇보다 수학 과목부터 열심히 공부하여 성적(등급)을 끌어올리는 것이 더 현실적이다.

실제 수능 수학시험에서 어려운 문제는 2문항 정도이며, 난이도가 중상 정도인 문제는 3~4개 정도이다. 그 밖의 문제는 짧게는 2012학년도 이후 평가원 모의기출문제에서, 좀 더 거슬러 올라가면 2005년 이후 수능 기출문제에서 자주 등장하는 유형의 문제이다. 그렇기에 이런 유형의 문제는 고3 들어서부터라도 철저히 공부하면 기대 이상의 점수를 받을 수 있는데, 만약에 이 문제들만 거의 다 맞추어도 70~80점은 받게 되어 3등급 이내에는 거뜬히 들게 된다. 해서 **수능 수학 성적 3등급은 그야말로 학생의 공부 의지와 학습 노력의 유무를 가늠하는 준거가 된다고 해도 결코 과언은 아닐** 것이다.

하지만 다른 한편으로는 수학처럼 **고득점을 받기 어려운** 과목도 없다. 왜냐하면 수학처럼 누계 학습량이 실력을 결정짓는 과목도 없으며, 또한 사고력이 뛰어난 머리 좋은 학생에게 유리한 과목이기 때문이다. 이 역시 앞에서 설명한 것처럼, '지식과 기억과 이해와 사고'의 선순환 과정을 통해 학습 능력이 높아진다는 인지과학 이론과 맥을 같이한다. 흥미로운 사실은, 속칭 엉덩이가 무거운 모범생들의 경우에 국어 과목은 고전을 면치 못하면서도 수학은 1등급을 받는 경우가 많은데, 이는 그 학생들이 그만큼 수학 과목에 많은 시간을 할애해가며 공부하였기에 그런 성적을 받는 것이지, 다른 이유 때문이 아니다.

그런데 그런 학생의 상당수는 비록 1등급을 받기는 했지만, 그럼에도 그 1등급의 질적인 면에서는 그다지 뛰어나지 않은 경우가 일반적이다. 즉 같은 1등급이라도 낮은 성적 분포를 보이는 경우인데, 이는 수학이 다른 과목과 달리 학습량뿐만 아니라 수학적인 머리(사고)도 따라야만 만점에 가까운 성적을 받을 수 있음을 반증한다. 그 가장 큰 이유는 다름 아닌, 수학 역시 과학적·수학적 지식을 전달하기 위한 언어이기 때문인데, 따지고 보면 국어, 영어, 수학은 모두 생각하고 의사를 표현하는 도구라는 측면에서는 모두 언어와 관계된다. 즉 '과학의 언어, 수학의 언어'로서의 '그림 언어'와 '수식 언어'를 잘 다룰 줄 알아야 수학을 잘한다. 다시 말해, 그래프와 방정식 등 수학의 도구를 능수능란하게 구사할 줄 알아야 수학을 잘할 수 있다.

이런 이유로, 진정으로 공부 잘하는 최상위권 학생은 수학과 국어 과목 둘 다 잘한다. 만약에 어떤 학생이 수학은 잘하는데 국어가 상대적으로 달린다든지, 반대로 국어는 잘하는데 수학은 시원찮다면, 그 학생은 필시 사고가 균형 잡히지 않았거나,

사고(또는 학습)에 문제가 있는 학생이라고 보면 된다. 그렇더라도 전자의 경우에는, 머리는 평범하지만 인내심이 많고 학습량이 많은 내신형의 모범생이 많으며, 후자의 경우에는 머리(사고력)는 나름 뛰어나지만 공부를 게을리하는 수능형의 학생에게서 많이 발견된다.

흔히들 중위권 학생과 상위권 학생을 가르는 과목이 바로 수학이고, 상위권 학생과 최상위권 학생을 가르는 과목이 또한 국어라고 말하는데, 이것이 의미하는 바는 이렇다. 수학만큼 공부량에 비례해서 그에 합당한 성과를 가져다주는 과목은 없는데, 그렇기에 열심히 공부하는 학생은 내신형이든 수능형이든 관계없이 1등급 초반 대까지는 올라갈 수 있다.

한편 국어의 경우에는 사고력이 뒷받침되지 않으면 좀처럼 1등급을 받기 어려운 과목으로, 열심히 공부하는데도 불구하고 1등급을 못 받는 학생들이 상당하다. 실제 국영수 모두 1등급을 받는 전체 1% 이내에 드는 최상위권 학생들은 수학과 국어 성적 모두 만점에 가까울 정도로 뛰어난데, 그 밑바탕에는 이해력과 사고력이 균형 잡혀 있음이 드러난다.

물론 수능성적만을 갖고서는 이해력과 사고력의 차이를 가늠하기는 어렵다. 하지만 적어도 논술 공부를 통해서만큼은 그 차이가 단박에 확인된다. 잘 쓴 논술 답안은 지문의 요지가 잘 요약되어 있는데, 이는 글의 중요한 부분과 중요하지 않은 부분을 가려 읽고 핵심을 서술하는 능력으로서의 이해력이 뛰어남을 의미한다. 그렇더라도 글의 체계가 엉망이고 전후 맥락이 뒤죽박죽인 답안이 적지 않은데, 그 이유는 논제의 요구에 맞춰 단락과 단락을 유기적으로 연결하는 능력과 주제의 물음에 따라 글 전체를 체계적으로 서술하는 능력, 즉 사고력이 부족한 때문이다. 이해력과 관련한 부분은 열심히 글을 읽어 어느 정도는 극복될 수 있지만, 사고력과 관련한 부분은 그야말로 타고난 재능과도 같아서 여간해서는 개선되지 않는다. 아무튼 이 사고력의 정도 차이가 최상위권 학생들의 성적을 줄 세운다고 보면 된다.

여기까지를 정리하면 이렇다. 수학은 하위 개념부터 상위 개념으로 차근차근 단계를 밟아가며 공부해야 하는 '위계'가 있는 학문이다. 그렇기에 사고력이 그리 뛰어나지 않은 학생이라도 열심히 공부하면 학습량에 비례해서 적어도 1등급 초반 대까지는 반드시 성적이 오를 수 있는 과목이다. 그리고 수능에서 수학 1등급을 받은 학생들이 대학입시에서 다른 학생들보다 유리한 위치를 차지하는 경우가 일반적이다. 그만큼 수능 표준점수가 높고 또 대학에서 높은 가산점(가중치)을 부여하기 때문이다. 그럼에도 불구하고 많은 학생들은 수학을 창의력이 필요한 어려운 과목이라며 포기하고 마는데, 이래서는 안 된다. 중학교는 물론 고등학교 수학은 사실 창의적인 것이 아니라, 오래 전부터 내려오는 생각의 기술을 문제로 만들어 풀이하는 것일 뿐이다. 이런 이유로 답이 이미 정해져 있고, 출제자는 그러한 답을 유도하도록 만들어진 것이 바로 수학 문제이다.

따라서 현행 수능시험은 고도의 사고력을 요하는 한 두 문제를 제외하고는, 문제 풀이 과정을 어느 정도 암기하는 것만으로도 대부분 풀 수 있는 문제들이 출제된다. 그렇기에 속된 말로 수학은 암기과목이라고 봐도 무방하다고 말하는 것이다. 단, 여기에는 알아야 할 것이 있다. 즉 이는 어디까지나 철저히 **'이해'에 바탕을 둔 암기**이지, 그렇지를 않고 그저 맹목적으로 수학적 개념과 공식을 암기하라는 의미가 절대 아니다. 앞서 공부 잘하는 학생들이 수학에서 가장 중요한 것은 '기초와 개념'이라고 하여, 개념을 명확히 알고 이를 잘 적용한다면 수학은 결코 어렵지 않다는 설명이 이를 두고 하는 얘기다. 이제부터 이것이 합당한 이유와 근거를 다시 인지과학이론을 갖고 설명한다. 이는 다음과 같다.

여기 수학 문제가 있다고 가정하고, 이를 풀이하는 장면을 생각해보자. 문제를 보니 기억나는 많은 공식이 여럿 있다. 그 중에서 쓸 만한 것을 골라 온다. 기억창고, 즉 장기기억 내의 잠재의식 속에 있던 기억을 의식선상으로서의 작업기억으로 올리는 작업이 그것이다. 이때 잠재의식 속에는 수학공식과 관련한 사실적 지식뿐만 아니라, 문제를 풀기 위해 그 공식을 적용하여 이런저런 추론과 조합을 가능하게 하는 절차적 지식이 함께 동원된다. 그렇게 해서 수학 응용문제를 푸는 과정으로 넘어간다. 이제, 문제가 풀린다.

그런데 장기기억 속에 수학 공식이 없으면 어떠할까? 제 아무리 끙끙거리며 문제에 매달려도 풀 수 없다. 머릿속에 공식 자체가 들어차 있지 않은데 무슨 수로 문제를 풀 수 있단 말인가. 수학이 암기과목이라고 한 이유가 바로 이것인데, 일단 기억 속에 많은 수학 공식을 넣어야 뭐라도 생각할 수 있지, 그렇지를 않고 머릿속이 텅 비어있다면 그야말로 말짱 도루묵이다.

따라서 수학 공부의 첫걸음은 **수학적 기본개념과 공식의 암기**에서부터 시작된다. 그렇더라도 여기서 말하는 수학적 암기란 단순히 수학 문제 자체를 암기하는 것이 아니라, 그 문제에 어떠한 개념과 공식이 쓰였는지를 확실히 이해하고, 그 문제를 풀이하는 과정을 완벽하게 익힌 후에 암기하는 것이다. 그래야만이 자신의 풀이가 **'절차적 지식'**으로 기억되어 머릿속에 또렷이 저장된다.

앞서 절차적 지식은 일종의 '경험지식'으로, **부단한 학습과정에서 습득된 경험이 개입된 기억**이라고 말했다. 우리가 어렸을 때 자전거 타는 법을 배우면, 이후 한 동안 자전거를 타지 않았음에도 불구하고 타는 법을 쉽게 잊어버리지 않는 것은 바로 절차적 지식이 작동하기 때문이다. 같은 이치로, 문제를 풀고 나면 그 문제가 어떤 수학적 개념과 공식을 적용하여 풀었는지를 잊어버리지만, 이후 다시 그 문제나 그와 유사한 문제를 마주할 때 그 문제를 풀기 위해 어떤 개념을 사용했으며 또 어떤 방식으로 전개해서 풀었는지를 기억하게 된다.

절차적 지식은 반복 횟수가 많을수록 강화된다. 수학 공부는 개념의 정확한 이해 및 관련한 공식의 암기, 그리고 좋은 문제를 많이 풀어 익히는 훈련으로서의 **반복학습**이 중요하다. 이때, 후자의 부단한 반복학습을 통해 끌어올려야 하는 것이 바로 문제풀이 과정의 '체화體化'를 통한 절차적 지식의 습득이다. 수학이 '머리에서 시작해서 몸으로 끝내는 학문'이라는 얘기가 이를 두고 하는 것으로, 적어도 수학 공부만큼은 엉덩이가 무거운 모범생이 잘하고 또 잘할 수밖에 없는 학문이다.

실제로 '수학 내신 5등급 서울대 가다'와 같은 학습서에 등장하는 신화의 주인공들의 인생역전 스토리와 핵심 테마는 바로, 수학 둔재가 열심히 공부하여 수능 고득점을 받고, 그렇게 해서 명문대에 들어갔다는 것으로, 그것도 밥 먹는 시간까지 아껴가며 수학 공식을 달달 외워서 끝내 만점 받았다는 것이다. 이것이 가능하기는 하지만, 그렇더라도 극소수의 학생에게나 해당하는 것임은 굳이 말하지 않아도 잘 알 수 있을 것이다(실제, 수학 성적이 크게 오른 학생들은 대부분 뒤늦게 정신 차리고 개과천선한 재수생들이지 고3 재학생이 결코 아닌데, 이것이 의미하는 바를 이해해야 한다).

어찌됐든, 교과과정의 수학 개념과 공식이 절차적 지식으로 체화되어 머릿속에 저장되고, 그것을 제때 올바로 꺼내 쓸 수 있을 때, 다시 말해 수학적 이해와 암기가 체화 단계에까지 이를 때, 웬만한 문제는 막힘없이 풀 수 있게 된다.

따라서 '기억→이해→사고'의 선순환을 통해 지식의 '학습→축적→활용'이 이뤄지려면 먼저 수학 공부의 핵심이 되는 개념과 공식을 충분히 이해한 후 암기해야 한다. 그렇기에 수학 공식을 무조건 외워선 안 된다. 단순히 암기하게 되면 문제를 조금만 응용해도 못 풀게 된다. 개념과 원리를 파악한 후에 공식을 암기해야 실전에서 어떤 문제가 나와도 당황하지 않게 된다. 수학 공부는 먼저 개념과 원리를 확실히 깨닫고, 이어서 이를 완벽하게 암기하는데서 부터 시작한다. 이것이 수학을 잘하기 위한 첫 번째 요령이자 실천 과제로, 이를 제대로 실천해가며 공부하는 것만으로도 공부 머리와 관계없이 3등급은 반드시 확보된다. 이것, 믿어도 된다.

기본문제는 통째로 외워라

수학을 잘하려면 개념과 원리 그리고 공식에 대한 철저한 이해에 기초한 '암기'가 선결요건이라고 했다. 이를 뒤집어 말하면, 먼저 수학의 기본이 되는 **개념·원리· 공식부터 '암기'하고, 이후 이를 계속해서 되짚어가며 생각하면서 사고를 확장하는** 것도 때론 수학 공부를 위한 방법적 해결책이 될 수 있음을 뜻한다. 실제 엣 사람들의 공부법이 이와 같았는데, 글을 읽어 그 행간의 뜻을 이해할 수 있을 때까지 수십 번, 수백 번을 거듭해가며 읽어 암기하는 학습법이 그것이다. 글을 거듭해서 읽는 동안에 그만큼 생각이 정리되고, 결국에는 글의 핵심을 깨닫게 되는 것이다.

수학 과목 역시 같은 이치이다. 수학은 개념(정의)과 원리(정의와 공식)를 정확하게 기억하지 않으면 다음 단계로 나아갈 수 없는 과목으로, 따라서 이에 대한 기초가 확실하지 않으면 절대 그 다음 내용을 제대로 공부할 수 없도록 되어 있다. 그렇기에 수학의 기초가 되는 뿌리 부분으로 되돌아가서 먼저 그 안에 담긴 수학적 개념과 원리부터 암기하고, 이를 이해하려고 노력하고, 관련한 기본 예제를 풀고, 그 예제를 통째로 암기하고, 다시 생각하고, 그렇게 해서 개념과 공식을 보지 않고도 정확히 외울 수 있음은 물론, 이를 누군가에게 설명하여 이해시킬 수 있을 때까지 철저하게 공부한다.

여기서 수학 공부의 한 가지 중요한 포인트를 짚어낼 수 있다. 수학의 기초실력이 떨어지는 학생들은 부족한 것을 메우기 위해 철저하게 **낮은 학년의 교과서로 되돌아가 기본부터 되짚어가며 공부해야** 한다. 필요하다면 다시 중학교 교과서를 살피는 등으로, 개념 이해가 확실히 될 때까지 낮은 학년의 교과서로 내려가 공부해야 한다. 앞서 수학은 위계가 있는 학문이란 점을 다시 한 번 상기하기 바란다. 거듭 강조하거니와, 수학은 계단적인 학문이기 때문에 그 기초를 확고히 하지 않으면 절대 실력이 향상되지 않는다.

따라서 기초도 안 돼 있는 학생이 어려운 문제를 풀겠다고 고집하는 것은 마치 제대로 일어나지도 못하는 어린 아이가 어른처럼 뛰겠다는 것과 다를 바 없다. 자기 수준이 낮은 것도 모른 채 공부 잘하는 학생과 똑같은 내용을 공부하려 들다가는 이들을 절대 따라잡을 수 없다. 수학 열등생이 우등생이 된 신화의 이면에는 한결같이 저학년 교과서부터 다시 공부해 차근차근 실력을 밟아왔음이 확인되는데, 이것이 의미하는 바를 정확히 이해해야 한다. 무릇 어렵고 이해가 잘 안 되는 공부일수록, 기초부터 착실히 다져야 한다. 따라서 지난 학년 교과서를 내다버리지 말고 항상 책

꽂이에 꽂아 두고 막히는 대목이 나올 때마다 참고하는 습관을 들여야 한다.

그렇다면 기본개념과 원리는 어떤 식으로 이해하고 암기하는 게 효과적일까? 무엇보다, 이를 그대로 외우려 들지 말고, 직접 **연필을 들고 유도 과정이나 성질을 증명하는** 방법으로 풀어가면서 외워야 한다. 중요한 개념을 이해하기 위해서는 구태여 많은 문제를 풀 필요는 없다. 한 문제를 풀더라도 무슨 개념에 근거한 것인지를 정확히 이해해가며 풀어야 한다. 이때 교과서에 적힌 수학적 개념이나 공식을 외울 때에는 반드시 머릿속으로 한번 그려봐야 한다. 이는 앞서 수학은 '그림 언어'와 '수식 언어'라는 수학적 언어로 이루어져 있다고 설명한 것을 떠올리면 쉽게 이해될 것이다.

즉 수학적 개념을 담은 공식은 수학 문제를 풀이를 위한 일련의 '약속' 체계로, 다분히 추상적인 의미를 내포하기 때문에 쉽게 머리에 잡히지 않는다. 따라서 반드시 **그 개념이나 정의가 무슨 뜻인지 머릿속으로 그려보고 이해할 수 있어야** 한다. 이등변 삼각형의 정의를 예로 들 경우, 단순히 이를 '두 변의 길이가 같은 삼각형'이라고 외우지 말고, 실제 어떻게 생긴 것인지를 머릿속으로 그려보는 한편, 이를 통해 그 성질이 갖는 수식을 연상할 수 있어야 한다. 수학은 반드시 머릿속에서 그림을 그려보아야 한다.

그렇게 해서 **자신이 이해한 내용을 다른 사람에게 알아듣기 쉽게 설명**할 수 있다면, 이는 제대로 암기한 것이다. 다시 말해, 자기가 푼 문제를 설명할 수 있을 때까지 핵심 개념과 공식을 충분히 이해한 후 암기해야 한다. 그렇게 해서 공식을 직접 유도하는 과정을 남에게 설명할 수 있을 정도가 되면, 이미 70% 이상은 암기가 되었다고 봐도 된다. 이후 그 공식을 적용하여 문제를 풀어나가는 동안 나머지는 저절로 외워지기 마련이다. 이때 공식만 외우지 말고 **그것을 담은 기본 예제까지 통째로 외운다면** 공부의 효과는 배가된다. 당연한 얘기겠지만, 공식이나 개념 자체만 외우는 것보다는 실례를 통하여 그것이 어떻게 적용되는지를 정리하고 풀이 과정까지 한꺼번에 외워두는 것이 더 효과적이기 때문이다. 이것이 수학을 잘하기 위한 두 번째 요령이자 실천 과제로, 이를 제대로 실천해가며 공부하면 2등급까지 너끈히 올라갈 수 있다. 장담한다.

어쨌든 기본서나 교과서에 실린 기본공식을 담은 필수 예제나 기본 문제를 외우는 것만으로도 충분하므로, 절대로 어려운 문제를 갖고 머리 싸매가며 고민할 필요가 없다. 예제까지 덧붙여 외워두면 해당 공식과 관련한 어려운 문제가 나왔을 때에도 당황하지 않고 예제에 적용된 문제 풀이 과정을 유추해가며 해법을 모색하게 된다. 그렇기에 필수 예제를 암기하는 것은 마치 문장으로 영어 단어를 외워 전체 맥락을 이해하는 것과 다를 바 없다.

여기까지를 정리하면 이렇다. 수학은 논리와 관련이 깊은 언어로서 사고력과 논리력을 필요로 한다. 수학은 이해의 바탕 위에서 필수예제를 반복해서 풀어가며 기본개념과 공식을 완벽하게 암기해야 한다. 그렇게 해서 문제를 풀다 보면 자연스럽게 수학적 과정을 이해하게 되고 공부에 자신감이 붙기 시작한다. 특히 **기본 문제 유형을 빠짐없이 풀어가며 연습하는 것**이 좋은데, 왜냐하면 각각의 유형은 그것을 푸는 데 필요한 독특한 방식이 있으며, 따라서 그 방식을 정확히 이해하고 암기하면 관련한 유사 문제를 풀 수 있게 된다.

덧붙여 알아야 할 것이 있다. 중학교에서는 수학 공부를 썩 잘했는데, 고등학교에 올라와서부터는 성적이 곤두박질치는 학생들이 여럿 된다. 왜일까? 이는 고등학교 수학은 중학교 수학보다 이해해야 할 것과 정리해야 할 것과 외울 것이 많아졌음에도 불구하고, 그것을 모르고 예전 방식대로 공부하기 때문이다. 한마디로, 학업 수준이 중학교 때와는 상대가 되지 않을 정도로 높고 그에 따라 누가 더 깊게 개념 이해와 원리 중심의 학습을 했느냐에 따라 성적이 갈리기 때문이다.

그렇기에 수학 실력을 높이기 위해서는 충분한 문제를 풀 만큼의 시간과 연습이 필요하다. 문제집을 풀어보면 알겠지만, 하나의 공식이 문제마다 새롭게 보이고, 한 단원을 공부하고 나면 외워야 할 개념과 공식이 산더미처럼 많다고 느낀다. 모든 공식이 중요하다고 느낀 나머지 머릿속에 전혀 정리가 되지 않은 채 다음 단원으로 넘어가게 된다. 하지만 앞서 말했듯이, 수학은 위계가 확실한 과목이어서, 단원마다 기본 개념과 이론을 철저하게 이해하고 암기하지 않고서는 결코 다음 단원으로 뛰어넘기 어렵다.

이런 이유로, **수학 성적을 최상위권으로 끌어올리기 위해서는 가능한 한 문제를 많이 풀어보는 게** 무엇보다 중요하다. 많은 문제를 풀어가며 연습하라는 말은 곧 다양한 유형과 높은 난이도를 갖는 문제를 충분히 풀어 숙지하면서 공식을 대입하는 기술적 사고를 자연스럽게 터득하고 굳게 다지라는 뜻이다.

이때 문제를 풀어가며 연습함에 있어 반복학습의 중요성은 이미 여러 차례 강조했다. 인지과학이론에서 생각할 때, 한 권의 수학 문제집을 여러 번 반복해서 푸는 것이 여러 권의 문제집을 한 번씩 푸는 것보다 훨씬 효과적이다. 같은 유형의 문제를 반복해서 풀어가며 학습할수록 그 안에 담긴 개념과 공식을 잊어버리지 않고 기억할 수 있음은 물론, 문제 안에 담긴 '이런 형식의 문제를 만나면 이렇게 처리한다'는 문제해결 능력으로서의 절차적 지식이 강화되고, 그에 따라 비슷한 유형의 문제를 능히 풀어낼 수 있게 된다. 즉 문제를 푸는 행위는 교과서적인 개념과는 다른 경험적 지식으로서의 '절차적 지식', 다시 말해 문제 풀이 과정을 통해 문제를 풀 때 결정적인 역할을 하는 많은 경험 지식이 쌓이게 한다. 이런 유형의 지식은 문제를 완전히 체득할 때까지 거듭해서 푸는 과정에서 자연스럽게 기억에 남게 되는 일종의 '잠재의식'과도 같은 것이기 때문이다.

그렇더라도 반복학습이 그저 습관적인 문제 풀이에 따른 영혼 없는 공부이거나, 직접 손으로 꼼꼼하게 써나가며 문제를 풀이하는 게 아니라 그저 눈으로 공부하는 것이라면, 이는 정말이지 절대 하지 말아야 할 나쁜 습관이다. 그런 식으로는 절대 수능 수학 문제를 올바로 풀 수 없다.

수능에서 출제되는 수학 문제란 고교 교육과정의 내용과 수준에 근거하되, 대학 교육에 필요한 수학적 사고력을 측정하는 데 중점을 둔다. 즉 복잡한 계산을 지양하고 단순 반복 훈련으로 얻을 수 있는 기술적 요소나 공식을 단순하게 적용하여 해결할 수 있는 문제보다는, 교육과정에서 다루는 기본 개념과 원리를 적용하여 문제에 대한 이해력과 사고력, 그리고 문제해결 능력을 측정하는 문제가 출제된다.

이때, 반복학습을 통해 습득하는 또 다른 절차적 지식으로서의 **'연산능력'**의 중요성이 강조된다. 최근의 수능시험에서는 교과과정에 있는 수학적 기본 원리의 습득에 더해 그것을 적용하여 문제를 풀어나갈 수 있는 연산능력을 갖추지 않으면 쉽게 접근할 수 없는 문제들이 많이 출제된다. 다시 말해, 공식과 공식, 이론과 이론의 연계를 통해 갈수록 복잡하게 수학적 수식을 구성하여 출제하는 수능시험에 대비하기 위해서는 반드시 그에 필적하는 연산능력이 뒷받침되어야 한다. 따라서 교과서 중심의 개념 이해와 공식 암기에 더해 연산 능력을 키우면서 반복학습하는 한편, **그 자세한 풀이 과정까지 빠짐없이 직접 손으로 자세히 풀어쓰는 연습을 해야** 한다. 이러한 과정을 통해 내가 문제를 제대로 알고 푸는 것인지, 알고 있다고 착각하는 문제는 없는지, 내가 전혀 손을 못 댈 정도로 모르는 문제는 없는지를 일일이 확인하고, 그 부족한 부분을 빠짐없이 채워가며 공부해나가야 한다.

따라서 진정으로 수학을 잘하고 싶다면, 다시 말해 **수학 성적을 최상위권으로 끌어올리고 싶다면, '국영수탐' 전체 학습량의 50% 이상을 수학 공부에 할애하기** 바란다. 말도 안 되는 소리라고 발끈하는 학생들이 있을지 모르겠지만, 수능에서 수학 공부를 위해 투자해야 할 절대 학습량은 그 정도가 되어야 한다. 그리고 그 시간 동안에 무조건 문제를 최대한 많이 풀어보기 바란다. 성적은 결단코 올라가게 되어 있으며, 그렇게 되면 다른 과목에 대한 학습량도 더불어 올라가면서 전체 절대학습량은 상승한다. 공부 잘하는 학생들은 그렇게 해서 전체 학습량을 늘려나간다.

그렇다면 만약에 특정 단원이 취약할 경우에는 어떤 방법으로 이를 따라잡는 것이 좋을까? 앞에서 성적은 불연속적으로 오르는 것이어서 일시에. 한꺼번에 올리는 것이 실질적이라고 말했다. 그리고 제3장에서 기억을 강화하기 위해서는 반복해서 학습하는 것이 효과적이라고 말했다. 따라서 이렇게 생각하면 된다.

즉 평소에는 **매일 꾸준히 조금씩 문제를 풀어가며** 공부해나가는 것이 좋다. 만약에 이것이 어렵다면 일주일에 이틀 정도씩만 규칙적으로 꾸준히 공부해나가면, 그것으로 충분히 기억을 되살리고 그에 따라 학습효과는 크게 높아질 수 있다. 한편, 어떤 특정 단원이 취약할 경우에는 학교 공부를 하면서 시간을 많이 할애하기에는 한계가 따르기 때문에, **방학을 이용해 집중 투자**하는 것이 좋다. 속된 말로 '양치기' 공부가 크게 효과를 발휘하는 것으로, 앞서 말한 것처럼 공부 실력(성적)은 단번에 비약적으로 올려야 한다는 설명을 거듭 생각하기 바란다.

단원별 기본공식의 전체 프레임을 모사(模寫)하라

당연히 이런 학생들이 여럿 될 듯하다. 열심히 공부해도 수학 성적이 오르지 않는다고 하소연하면서 낙담하는 학생들이 그들이다. 하지만 이는 그렇지 않다. 수학은 쉽게 성적이 오르지 않는 과목이지만, 그럼에도 수학처럼 자신이 노력한 만큼 좋은 결실을 거둘 수 있는 과목도 없다. 게다가 수학처럼 성취감을 맛보는 과목도 없다. 어려운 수학 문제를 스스로 고민해가며 해답을 찾았을 때, 온몸에 밀려드는 짜릿한 성취감은 다른 과목과는 비교할 수 없을 정도로 높고 또 깊다.

수학에 한번 자신감이 붙으면 다른 모든 과목으로 그 자신감이 전파된다. 그렇기에 수학은 모든 과목의 기초 과목이라고 보면 된다. 이런 이유로 수학이 어렵다고 생각할수록, 더욱 더 기초를 튼튼히 다지는 공부에 충실해야 한다.

그럼에도 학생이나 학부모는 그저 문제를 많이 풀고 수학 공부하는 시간을 늘리기만 하면 성적이 오를 것이라고 착각한다. 그렇게 해서 많은 학생들은 엄청난 숙제를 내주는 학원으로 내몰리거나 몰려간다. 그리고는 학원에서 내는 무지막지한 숙제에 치여 대충대충 기계적이고 습관적으로 문제를 풀어댄다. 많은 학생들은 무조건 문제를 많이 풀면 그것에 비례해서 성적이 올라가는 줄로 생각하고는 기본 개념에 대한 정확한 이해 없이 주구장창 문제를 풀어대거나, 혼자 생각하는 과정 없이 답부터 찾아 확인하려 든다. 하지만 절대 그런 식으로 공부해서는 안 된다.

정말이지 열심히 공부해도 성적이 오르지 않는다면 자신의 공부 방법에 무언가 잘못된 것은 아닌가 하면서 의심을 품어봐야 한다. 그 핵심은 바로 앞서 말한 것처럼, 수학 실력이 부족할수록 **낮은 학년의 교과서로 되돌아가서 기본부터 다시 되짚어 수학의 기본개념과 기초원리를 완벽하게 이해한 후**, 수학적 기본개념과 공식을 철저히 암기하되, 단지 공식만 외우지 말고 그것을 담은 기본 예제까지 통째로 외워가며 공부하고, 이후 개념과 개념, 공식과 공식을 연계한 높은 수학적 사고력을 요하는 문제를 최대한 많이 풀어가며 반복학습하는 것이다.

이때 염두에 둘 것은, 한 문제를 풀더라도 자기 스스로 해결하는 과정을 거쳐야 한다. 아무리 시간이 걸리더라도 **반드시 스스로 생각해가며 문제를 해결하려는 노력이 따라야** 한다. 그리고 눈으로 풀지 말고 **반드시 직접 손으로 풀어야** 한다. 잠재의식이라는 기억은 머리뿐만 아니라 몸 그리고 오감을 통해서 복합적으로 상승작용하기 때문이다. 더군다나 그림 언어와 수식 언어라는 수학적 언어는 직접 쓰고 그려가며 공부하지 않으면 효과가 떨어지기에 그렇다. 따라서 지금까지 말한 방식으로 해서 하나를 알더라도 정확하게 공부하면 많은 문제를 풀지 않아도 기초가 쌓이게 된다. 기초가 쌓이면 같은 유형의 다른 문제는 언제 어디서도 별 무리 없이 풀 수 있게 된다.

그렇게 해서 기초를 튼튼하게 다진 학생은 학년이 올라가고 진도가 나아가고 단원이 복잡해질수록 위력을 발휘한다. 이때부터는 똑같은 시간을 공부해도 기초가 부실한 학생보다 훨씬 많은 것을 습득하고 소화할 수 있게 된다. 거듭 강조하거니와, 수학은 기초가 확실하지 않으면 절대 그 다음 내용을 제대로 공부할 수 없도록 '위계'가 세워져 있는 과목이다. 생각(사고)하지 않고는 수학의 기초를 닦을 수 없으며, 기초를 다진다는 것은 기본 개념이나 주요 공식을 확실하게 알고 문제를 풀 수 있는 탄탄한 실력을 갖췄다는 의미이다.

그렇기에 이해력을 요하는 문제는 물론이고 문제해결 능력을 측정하는 문제, 종합적인 사고력으로서의 추론능력을 묻는 문제 역시 스스로 고민하는 과정에서 해결의 실마리를 찾을 수 있으며, 그 해답은 반드시 자신이 아는 지식으로부터 나온다는 것을 깨닫게 된다.

이때 그 해결의 실마리이자 자신이 알고 있는 지식이 다름 아닌 반복학습을 통해 체득된 경험지식으로서의 '**절차적 지식**'인데, 이것을 누가 더 정확히 그리고 빠르게 머릿속에서 끄집어낼 수 있느냐가 바로 수학적 사고력을 가늠하는 척도가 된다. 그렇기에 수학적 사고력이란 것도 따지고 보면 '문제를 기발하고 창의적인 방법으로 풀어내는 능력'이 아니라, '**누가 더 빠르고 정확하게 암기된 경험지식을 끌어올 수 있느냐**'의 능력과 같은 것이라고 보면 된다.

여기서 수학 실력을 끌어올리기 위한 결정적인 힌트이자 효과적인 공부법 한 가지를 더 설명하면 다음과 같은데, 이것을 설명하고 이 단원의 끝을 맺는다. 앞서 절차적 지식을 얼마만큼 빠르고 정확하게 머릿속에서 끄집어내 사용할 수 있는지가 수학 성적을 높이는 또 다른 관건이 된다고 강조했다. '구슬이 서 말이라도 꿰어야 보배'라고 했듯이, 부단한 연습을 거치면서 장기기억 속에 저장된 절차적 지식은 적시에 그리고 적소에 적용되고 응용될 수 있어야 한다.

더군다나 높은 수학적 사고력을 요하는 문제는 개념과 개념, 원리와 원리, 공식과 공식을 함께 묶어 보다 높은 단계의 문제로 만들어지는 것이기에, 이것을 제대로 풀기 위해서는 **개념과 원리와 공식이라는 사실적 지식을 마치 차트로 만들어 놓은 것처럼 체계적으로 분류하고 분석하고 종합하여 정리한 후 이를 머릿속의 잠재의식 안에다가 보관해야** 한다. 그래야만이 그 사실적 지식이 절차적 지식과 짝을 이루면서 머릿속에서 정확하게 튀어나오고, 그렇게 해서 결합된 장기기억으로서의 경험지식이 새로운 지식(즉 문제)을 만나 효과적으로 결합함으로써 문제는 해결된다.

따라서 개념과 공식을 한편으로는 이해하고 다른 한편으로는 외우면서 기본문제를 풀어가는 중간 중간에 머릿속에서 전체상을 터 잡을 수 있도록 할 필요가 있다. 말하자면, **수학적 개념과 원리의 전체 구조를 마치 나무와 숲을 함께 조망하듯이 머릿속에 모사(模寫)함으로써 기억력과 사고력의 조화를 통한 학습이 이루어질 수 있도록** 해야 한다(다른 과목의 경우 역시 마찬가지인데, 이는 뒷장에서 좀 더 설명한다).

그 가장 효과적인 학습 방법을 '수학의 정석'을 갖고 설명하면 이렇다. 각 단원에 들어가면 수학적 개념이 설명되어 있고, 이어서 그 개념을 담은 기본정석이 정리되어 있다. 그 뒤를 이어 기본문제와 정석연구, 모범답안과 문제의 결과가 체계적으로 정리되어 있다. 더불어 기본문제와 관련한 유제와 연습문제가 실려 있다.

핵심은 '수학의 정석'을 갖고서 마치 만화책을 보듯이 공부하는 것이다. 그것도 개념과 기본정석 그리고 기본문제만을 보면서 공부한다. 공부한다기보다는 틈날 때마다 만화책을 보듯이 거듭 읽어내려 가면서 눈으로 보고 머리로 이해하는 과정을 밟아나간다고 생각하면 된다. 물론 이는 다른 **많은 문제를 직접 손으로 풀어가며 연습하는 것과는 별개의 학습**이다. 그날 배웠거나 공부한 단원에 해당하는 부분이나, 단원 학습이 끝날 때마다 또는 중간 중간마다, 그저 읽고 또 읽어가며 반복해서 읽는다. 이때 그저 눈길만 가도 좋고, 손으로 어림잡아 그래프나 도형, 수식을 그리고 푼다거나, 직접 공책과 연필을 사용해가며 연습하는 식으로 공부해도 상관없다.

그리고는 맨 앞장의 '**차례**'로 돌아와서 단원의 목차에 따라 개념과 공식(기본정석)을 그것도 기본문제에 맞춰 그대로 말로 풀어가며 '복기(復棋)'하는 과정을 밟는다. 복기란 이를테면 바둑에서 한 번 두고 난 바둑의 판국을 다시 처음부터 놓아 보는 것인데, 이러한 복기 과정에서 **자신이 이해한 개념과 공식이 얼마나 머릿속에 잘 기억되어 있는지를 확인할 수 있음은 물론, 머릿속에 개념과 공식이 일목요연하면서도 체계적으로 정리할 수 있는** 이중의 효과를 얻게 된다. 더불어 **수학적 개념과 공식이 어떤 식으로 단계를 밟아가며 확장되고 있는지를 직접 확인할 수** 있게 된다. 수학의 정석은 이런 목적으로 활용하기에 아주 좋은 기본서이다. 만약에 이 책의 양적 질적 내용에 부담을 느낄 경우에는, 교과서를 갖고 똑같은 방법으로 읽어나가면 된다.

이 학습이 지향하는 목적은 분명하다. 첫째, 수학적 개념의 이해와 수학적 원리를 담은 공식의 암기를 확실하게 다지고자 함이다. 앞서 영어 단어를 외울 때 깊이가 아닌 횟수가 중요하다고 한 것과 마찬가지 이치로, 수학적 개념과 공식을 얼마만큼 반복해서 보느냐에 따라 기억의 강도는 높아지고 기억은 강화된다. 둘째, 개념과 공식을 머릿속에 체계적으로 '디렉토리'화함으로써 빠르고 정확하게 꺼내 쓸 수 있게 하기 위함이다. 그렇게 되면 개념과 개념, 공식과 공식의 연계를 통해 보다 높은 사고로 나아가는 문제를 효과적으로 풀이할 수 있게 된다. 그렇게 해서 개념 이해는 이후의 더 많은 문제 풀이를 통해 절차적 지식으로 강화되고, 관련한 다양한 문제 풀이는 개념 이해를 바탕으로 수학적 사고력의 향상으로 이어지게 되는데, 따라서 이러한 학습법을 꾸준히 실천하며 공부해나갈 때 틀림없이 1등급으로 올라선다. 이것, 장담한다.

8. 공부에 대한 궁금증 몇 가지

학습 계획은 어떻게 세우는 것이 효과적일까?

공부하려는 의지를 굳건히 다잡은 연후에, 스스로 학습 계획을 세우고 그에 맞춰 열심히 공부하는 좋은 습관은 학습 효과를 높이고 성적을 끌어올리는 근간으로 작용한다. 그렇기에 적어도 공부하려는 의지가 드러나는 학생들의 경우에는 저마다 나름의 학습 계획을 세우고 그에 맞춰 열심히 공부해나가기 마련이다. 그런데 '바보들은 항상 결심만 한다'는 격언이 빈말은 아니듯, 그리고 '다정(多情)도 지나치면 병(病)'이 되듯, 계획이 도를 넘어서면 '무계획'만 못한 것이 문제다. 어렸을 때 한번쯤은 해봤을 법한 '방학 공부 계획'을 지금까지 잊지 않고 시간 단위로 쪼개가며 공부 계획을 세우는 물색없는 학생도 그렇거니와, '학습 플래너'라는 이름의 학습 계획서에다 형형색색으로 정갈하게 정리하느라 많은 시간을 공들여가며 계획 세우기에 몰두하는 대책 없는 학생들도 여럿 된다.

그런데 이들 학생 가운데 공부 잘하는 학생들이 좀처럼 눈에 띄지 않는 이유는 뭘까? 일례로 필자가 가르쳤던 한 학생은 정말이지 열심히 계획을 세워가며 공부했다. 게다가 선생님의 말 한마디 한마디를 놓치지 않고 시시콜콜한 내용까지 받아적느라 애썼다. 그 수준이 다분히 도착적이라 말할 수 있을 정도인데, 그래놓고는 '작심삼일'이란 말이 무색하게 계획의 실천에 한계를 드러내고는 드러눕고, 이내 아무렇지도 않은 듯 또 다른 계획에 도전하는 게 아닌가.

도대체 뭐가 문제일까? 무릇 계획은 그것을 세우는 게 중요한 게 아니라, **'실현' 가능해야만이 계획으로서 빛을 발하고 또 마땅히 실현되어야만** 계획으로서의 당위성을 갖는다. 계획은 공부의 목표와 방향성을 분명하게 함으로써 공부 의지를 증폭시키고, 학습 욕구를 충만히 하며, 더불어 학습 태도를 진작시키는 핵심 기제로 작용한다. 계획이 없으면 공부는 지리멸렬해지고 만다. 계획이 서야 공부의 방향성이 잡히고, 그에 맞춰 공부에 몰입하며, 그에 따라 집중력은 높아진다. 학생들이 시험기간에 공부의 집중력이 크게 높아지는 이유도 따지고 보면 '무엇을 어떻게 공부해야 할지'에 대한 공부의 목표와 목적이 분명히 섰기 때문이지, 다른 그 무엇도 아니다.

이런 이유로, 공부를 잘하려면, 그리고 열심히 공부하려면 무엇보다 학습 계획부터 세워가며 공부하는 습관을 들여야 한다. 따라서 공부하려는 학생이 학습 플래너 한 권쯤 옆에 끼고 공부하는 것은 좋은 습관이다. 그렇더라도 앞서 예로 든 학생처럼 학습 플래너를 빼곡하게 그리고 예쁘게 채우느라 크게 신경 쓰며 매달릴 경우에는 그야말로 주객이 전도되는 것과 다를 바 없다. 계획은 어디까지나 계획일 뿐, 중요한 것은 그 계획의 **실현 가능성과 실천 의지**이며, 그렇기에 계획은 어디까지나 자기 수준에 맞게 간단하고 명확하게 세워야 한다.

이를테면 시간 단위로 공부 계획을 세우는 학생이 많은데, 이는 미련한 짓이다. 수학 공부를 하다 보면 알겠지만, 복잡한 문제를 풀다 보면 당초 계획한 시간 안에 끝내기 어려울 뿐만 아니라, 그렇게 해서 계획이 뒤죽박죽되면서 제대로 실천되지 못한다. 게다가 시간 단위로 쪼개가며 공부하는 식으로 세운 계획은 스스로에게 상당한 심적 부담을 가하게 되는데, 그렇게 해서 계획이 일종의 강박으로 작용함으로써 급기야는 제풀에 나가떨어지게 만든다.

따라서 계획은 다음과 같이 세우는 게 훨씬 효율적이며 또 효과적이다. 먼저 공부 계획을 시간 단위로 세우기보다는 분량, 즉 '**목표량, 학습량**'으로 세우도록 한다. 또 하루 단위로 학습 계획을 세우되, 이를 다시 일주일 그리고 한 달 단위로 묶어 관리토록 한다. 그렇게 되면 어떤 날에 끝마쳐야 할 계획이 다소 미흡했더라도 다른 날, 다른 주에 이를 보충할 수 있게 된다. 이때 일주일의 어느 하루는 비워 놓고, 주간 단위로 매일매일의 계획이 잘 실천됐을 경우에는 공부로부터 벗어나 취미생활에 할애토록 하고, 그렇지를 않고 계획이 제대로 실천되지 않았을 경우에는 그 날 하루를 미흡한 공부를 채워 넣는 데 쓰도록 한다. 그렇게 되면 당초 계획이 제대로 실천됨으로써 그에 따른 강한 성취욕을 느끼게 되고, 학습 욕구와 학습 태도는 점점 더 향상된다.

내신과 수능, 그리고 각 과목별 학습 계획 역시 다음과 같이 세우는 것이 효과적이다. 먼저 학교 중간고사와 기말고사를 치르는 내신 준비 기간 동안은 시험 기간과 시험 범위, 그리고 시험 과목에 맞춰 공부해나가면 된다. 이때 공부 기간은 **2주 정도**면 적당하다. 실제 성적에 상관없이 거의 모든 학생들의 내신 시험 준비 기간은 대략 2주 내외로 비슷한데, 이 2주를 넘어가면 집중력이 흐트러지면서 오히려 성적이 떨어지는 학생들도 많다. 그렇기에 내신 시험 공부 계획은 얼마나 짧은 시간 내에 그것도 평상시보다 많은 시간을 집중해가며 효과적으로 준비하느냐에 초점을 맞추는 것이 좋다.

따라서 학교 시험 기간 동안에는 **암기과목 위주의 공부에 몰입하되, 평상시보다 공부 시간을 늘려 단기간에 성과를 낼 수 있도록** 계획을 세우고 그에 맞춰 공부에 집중한다. 암기와 반복학습에서 요구되는 집중력과 성실성을 갖춘 학생이라면, 2주 동안의 기간이면 충분히 가능하다. 물론 국영수 등 필수 과목은 평상시에 조금씩 공부량을 분산해서 학습하며 준비해야 함은 두말할 나위 없다.

내신을 준비해야 하는 학교 시험 기간을 제외한 평상시 학습은 **수능 공부**를 중심으로 계획을 잡아 실천해나가는 것이 좋다. 3학년은 당연한 얘기이겠고, 1·2학년 역시 수능 중심의 기본 공부에 충실한 학습 계획을 세워가며 공부한다. 이때 평가원과 수능 기출문제 1회분을 풀어가며 공부하되, 기본서와 교과서를 옆에 놓고 심화학습을 더해나갈 때, 공부의 효과는 증폭된다.

그렇게 해서 이를테면 '월요일에는 국어, 화요일에는 영어, 수요일에는 수학' 기출문제를 푼 후 모르거나 틀린 문제에 대해서는 교과서와 기본서를 찾아 살펴가며 공부하고, 목요일에는 학교 수업의 중요한 부분을 보강하고, 금요일 하루는 아무 공부도 하지 않고 쉬거나 밀린 공부를 하고, 토요일과 일요일은 수학·논술 학원을 통해 공부를 보충하는 등으로, 크고 굵게 계획을 세워가며 공부해나가면 된다. 이런 식으로 공부하면 굳이 세세하게 학습 계획을 세우지 않아도 얼마든지 과목 간 균형을 맞추면서 공부해나갈 수 있을 뿐만 아니라, 더불어 목표량에 맞춰 학습의 내실을 기할 수 있다.

이때 유의해야 할 것은, 기출문제를 풀고 난 후 단지 정답만 맞추는 식으로 공부해서는 안 된다. 문제를 풀어 자신이 모르는 부분과 취약한 부분은 반드시 깊이 있게 들여다봄으로써, 공부의 빈틈을 빠짐없이 채워넣을 수 있도록 노력해야 한다. 처음에는 그것들을 일일이 찾아 살펴가며 공부하는 데 많은 시간과 노력이 따르겠지만, 공부가 거듭될수록 그 취약한 부분이 일정 범위 이내로 줄어들고 몇몇 단원으로 수렴되면서, 마침내는 고3 들어서의 공부계획을 아주 체계적이며 구체적으로 세울 수 있게 만들 것이다. 덧붙여, 자기 학년에 해당하는 문제만 풀 것이 아니라, 고학년 문제라든가 심지어는 경찰대나 사관학교 기출문제도 함께 풀어가며 공부하기 바란다. 난이도가 낮은 문제만 풀 경우에 자칫 함몰될 수 있는 공부 매너리즘으로부터 벗어나, 공부의 긴장감과 경각심을 불러일으키는 좋은 학습이 될 것이다.

이와 함께, 방학 기간을 최대한 잘 활용해야 성적을 크게 올릴 수 있다. 앞서 강조했듯이 방학 기간은 자신의 취약 과목이나 부족한 부분을 매울 수 있는 좋은 기회로, 이 기간 동안 특정 과목, 특정 단원을 집중해서 공부함으로써 성적(실력)을 일시에 비약적으로 끌어올려야 한다. 특히 겨울방학 동안의 심화학습의 중요성은 아무리 강조해도 모자람이 없는데, 이 기간 동안 필요하면 학원과 인강의 도움을 받는 등으로 집중하고 또 몰입해가며 공부해야 한다.

끝으로 필자가 추천하는 고3 학습 계획을 설명하면 다음과 같다. 7차 교육과정인 2007년부터 2014년까지(또는 2015학년도)의 8년 동안의 국영수탐 4과목(탐구 과목은 2과목을 하루 공부량으로 한다)의 수능 기출문제와 평가원 6·9월 모의고사를 다 합치면 '8년×4과목×3문제= 총 96개'의 문제가 된다. 이것을 수능을 치르기 전까지 전부 풀고 또 분석해가며 공부해야 함은 당연한데, 일주일에 4일, 하루에 한 과목씩 문제를 풀 경우 전체 24주, 즉 약 6개월의 기간이 소요된다. 혹여 1·2학년 때 풀어본 문제이더라도 전부 다시 풀어가며 공부토록 한다. 여기에 더해 중간고사와 기말고사를 준비하는 기간이 약 2개월(2주×3회)이므로, 이 둘만 합쳐도 무려 8개월의 기간이 소요된다. 그런데, 여기에 더해 기출문제를 다시 들여다보면서 되짚어가며 공부해야 하는 기간, 그리고 EBS 문제집을 풀어가며 공부해야 하는 시간(물론 일주일의 4일을 제외한 나머지 요일에 공부해나가면 된다), 여기에 수시 준비하랴 논술 시험 보랴 해가면서 까먹는 기간까지 합할 경우, 학기 초에 여유부리다가는 자칫 뒤늦게 허둥거릴 수 있으니 계획을 잘 세워 공부해나가야 한다. 이 글을 읽는 학생들은 아래 학습 계획의 예시처럼 각자 나름의 학습 계획을 세워가며 공부하기 바란다.

● 고3 학습 계획

고2		고3									
11월	12월	1월	2월	3월	4월	5월	6월	7월	8월	9월	10월
수능 및 모의 2007~2014 기출문제: 1회 풀이										전체 2번 리뷰	4번 리뷰
EBS 영어(4권, 1200지문) 문제 선별하여 주 1일(1/2+1/2) 5지문 풀이										전체 2번 리뷰	4번 리뷰
EBS 국어 문제 선별하여 일주일 하루 1/2일 5지문 풀이										전체 2번 리뷰	4번 리뷰
영어 단어집 처음부터 끝까지 매월 2회 읽기(총 20회)										–	–
가장 단순한 영어 문법책 3회 읽기										–	–
가장 얇은 국어 어법 문제집 2번 풀기										–	–
탐구 교과서 2개월에 1번 전체 읽기										월 1회 읽기	주1회읽기
별도 참고서를 갖고 수학 심화문제 풀이: 토 · 일										전체 2번 리뷰	4번 리뷰

월	화	수	목	금	토	일
국어 기출	영어 기출	수학 기출	탐구 기출	off(취미활동)	수학 심화	수학 심화
+EBS 국어	+EBS 영어	–	+EBS 영어	–	–	–

고3 들어 이런 식으로 차질 없이 공부해나간다면, 반드시 수능 고득점을 받을 수 있을 것이다. 이때 중요한 것은, 거듭 강조하거니와, 수능 및 평가원 기출문제와 EBS 문제집을 직접 풀어가며 공부하면서 답을 몰라 틀린 문제는 물론이고 애매하게 찍어 맞힌 문제에 대해 확실하게 이해하는 한편, 관련한 내용을 열심히 찾아가며 학습하는 등, 공부의 깊이를 더하며 확실하게 실천해나가는 일이다.

실제, **수능 시험에서 평소보다 성적을 높일 수 있는 부분이 바로 애매하게 찍어 맞은 문제로, 이 부분만 제대로 밝혀 공부하는 것만으로도 좋은 결과를 볼 수 있다고** 확신한다. 이때 '찾아하는 공부'가 다른 무엇보다 중요하며, 그 핵심은 잘 모르는 부분, 취약한 부분에 대한 심화학습을 통해 공부의 빈틈을 보이지 않는 데 있다. 그러기 위해서는 기출문제 해설지를 적극 활용할 필요가 있다. 이때, **맞은 문제는 물론 틀린**

문제나 찍어 맞힌 문제 모두를 해설지의 내용을 읽고 또 거듭 살펴 확인함으로써, 해설지 내용의 외연을 넓혀가며 심화학습을 해나간다. 이것이 바로 분석적 공부로, 그 과정에서 출제의도까지 반드시 찾아 밝힐 수 있다.

그렇게 해서 수능 직전까지 기출문제 최소 7번, EBS 국어와 영어 핵심 지문을 최소 7번 이상 살필 수 있는데, 이 정도면 앞서 공부 잘하는 학생들의 가장 두드러진 특징의 하나인, 철저한 분석 학습을 통한 공부 마스터가 가능해진다. 그리고 그 과정에서 기출문제와 EBS 핵심 지문 가운데 몰라서 틀렸던 문제와 애매하게 찍어 맞힌 문제는 모두 털어낼 수 있게 된다.

이것이 끝나면 이제 수능 때까지 11월의 약 10일 정도의 시간이 남는다. 이때 해야 할 공부는, 그동안에 공부한 기출문제와 EBS 문제 가운데 그래도 미진한 부분이 남아 있는 문제를 매일 한 번씩 그것도 전 과목에 걸쳐 들여다보며 거듭 살피는 것으로, 그것에 더해 수능 각 과목 기본서와 교과서 전체를 매일 하루 한번 씩 총 7회 정도 독파하는 일이다. 5과목 전체를 하루에 어떻게 전부 읽어가며 공부할 수 있느냐고 반문하겠지만, 이는 절대 어렵지 않다. 교과서와 기본서를 그저 눈으로 훑어가며 공부하는 것만으로도 충분히 기억을 되살릴 수 있으며, 대충대충 공부한 것 같지만 정작에 시험장에서 엄청난 효과를 발휘한다. 따라서 거듭 부탁하거니와, 기출문제를 풀어가며 심화학습 하는 과정에서 반드시 기본서와 교과서에 때가 닳도록 흔적을 남겨가며 샅샅이 살펴 공부하기 바란다. 자격을 가르는 공부란 그렇게 하는 것이다.

거듭 강조하거니와, **계획이 중요한 게 아니라 실천이 중요**하다. 잡다한 계획을 세우기에 앞서, 실현 가능한 현실적인 계획을, 그것도 크고 굵게 세워가며 공부하기 바란다. 이때 고3 수험생들이 반드시 주목해야 할 공부는, 특히 여름 방학이 지난 이후부터의 바람직한 공부 방법은 새로운 지식을 배우는 학(學)이 아니며, **배운 것을 내 것으로 익히는 습(習)의 과정임을 절대 명심해야** 한다. 특히 성적이 잘 오르지 않아 불안해하는 학생들이 이 학원 저 학원을 찾아다니며 더욱 더 배우는 데 집착해가며 공부하려 드는데, 이는 정말이지 옳지 않다.

여름 방학 이후 무렵부터는 이제까지 배운 것을 머릿속에 넣어 완전하게 내 것으로 만드는 데 힘을 쏟아야 한다. **수능 시험은 알고 있는 것보다는 이해한 것을 바탕으로 이를 실전에 적용하는 것이 중요**하며, 따라서 수능과 평가원 기출문제와 EBS 문제를 반복해서 학습하는 과정을 통해 배운 것은 완전하게 내 것으로 만드는 데 가능한 모든 노력을 기울여야 한다. 즉 지금까지 설명하고 강조한 것처럼 공부해나가면 된다.

예습과 복습, 어느 것이 중요하고 또 어떻게 공부해야 하나?

이렇게 생각하면 된다. '예습이 중요한가, 복습이 중요한가' 하는 질문은 마치 '닭이 먼저냐 달걀이 먼저냐' 하는 식으로 확정될 수 없는 애매한 물음에 불과하다. 즉 '공부에 머리가 우선한가, 환경이 우선한가' 하는 논제처럼 아직까지 뚜렷한 이론적 · 논리적 근거가 밝혀진 게 아니라는 얘기다.

그래서 이런 식의 물음에 대해서는 다음과 같이 판단하고 결정하면 된다. 둘 중 어느 하나를 따르거나, 아니면 둘 다 무시하고 내 맘대로 하면 된다. 그만큼 별로 중요하지 않다는 것으로, 그저 마음 가는 대로 하면 된다. 하기 싫으면 안 해도 되고, 필요에 따라서는 일주일, 한 달 단위로 묶어 살펴도 상관없다. 오직 공부한다는 사실 그 자체만 중요할 뿐이다. 그렇더라도 굳이 인지과학이론을 들먹여가며 예습과 복습의 효율성에 대해 설명한다면, 이는 다음과 같다. 결론부터 말한다면, 예습보다는 복습이 좀 더 효과적일 듯하다.

먼저 예습은 공부해야 할 것들을 미리 살펴보는 것이기에, 실제 수업을 아무런 정보가 없는 상태에서 듣는 것보다는 이해가 빠르고, 더불어 새로운 지식과 정보를 덧붙이는 작업이 용이하다. 또한 예습을 바탕으로 선생님의 강의에서 중요한 것이 무엇인지를 파악할 수도 있다. 그에 따라 기억에 훨씬 오래 남게 되기에, 예습이 학습에 많은 도움이 되는 것임에는 분명하다. 하지만 다른 한편으로는, 이미 아는 내용이라고 생각하기에 집중을 덜하게 되고, 긴장이 풀어져서 오히려 수업을 방해하는 요인으로 작용하는 경우도 상당하다. 선행학습이 그다지 효과가 높지 않은 이유가 바로 이 때문이다.

반면 복습은 학습을 통해 이해하고 암기한 기억을 오랫동안 유지하는 데 좀 더 직접적인 효과를 보인다. 사실 복습은 공부의 가장 중요한 단계다. 복습을 안 하면 기억은 순식간에 날아간다. 사람은 암기한 내용을 한 시간 이후에는 절반을 잃는다고 하는데, 기억 후 하루 사이에 망각률이 제일 높아 공부한 것의 70퍼센트는 하루 만에 다 잊어버리고 만다. 따라서 학습 후 하루 사이에 기억을 다잡을 필요가 있는데, 이때 복습이 크게 효과를 발휘한다. 복습은 수업을 들은 그날 하는 것이 가장 효과적이며, 그 후에는 1주, 그리고 1개월 등 기간을 두고 반복해서 학습하는 게 좋다.

이는 중요한 의미를 갖는다. 예습보다는 복습이 더 효과적이며, 그것도 그날그날 학습한 내용을 빠른 시간 내에 복습할 수만 있다면 더할 나위 없이 좋겠지만, 굳이 그런 식으로 공부하지 않아도 학습 효과를 충분히 높일 수 있다. 학생들이 하루 배우는 수업량이 그리 많은 것도 아니고 게다가 시간의 연속선상에서 간격을 두고 학습하는 것이기에, 그것에 맞춰 그 동안 배운 내용을 **일주일에 한 번, 여기에 더해 한 달에 한 번씩 몰아서 간단하게 복습하는 것도 상당히 효과적일 수 있다.** 배운 내용을 일주일 정도 안 들여다본다고 어디 다른 데로 도망가지 않을뿐더러, 그런 식으로 되짚어가며 공부되면 좀 더 거시적인 관점에서 학습한 내용을 파악할 수 있게 된다. 뿐만 아니라, 공부의 흐름을 갖고 맥락으로 이해하면서 기억할 수 있기에, 경우에 따라서는 공부 효과가 더 높게 나타날 수도 있다.

어쨌든, 한 번 복습한 내용은 그것을 다시 보면 빨리 기억나고 공부하는 데 훨씬 시간이 적게 드는 것은 틀림없는 사실이다. 그렇더라도 무언가 기억할 거리가 있어야 그것을 복습할 수 있는 것이지, 만약에 그렇지를 않고 수업 시간 내내 졸고 있거나 수업에 집중하지 않는다면, 이는 말짱 헛일이다. 그렇기에 예습과 복습을 논하기에 앞서, 그리고 그보다 더 중요한 것은, **수업 시간에 절대 졸지 말고 수업에 집중하는** 실천적 노력에 힘을 쏟는 일이다. 그것만큼 좋은 예습·복습은 없으며, 그저 선생님 말에 귀를 기울여가며 그때그때마다 노트필기하고 교과서에 흔적을 남기는 것만으로도, 기대한 이상의 성과를 얻을 수 있다. 이후 일주일에 한번씩, 그리고 한 달에 한 번씩 그동안에 배운 내용을 그저 훑어가며 읽는 것만으로도 충분하다.

그것도 중요한 부분만 선별해서 읽으면 된다. 중요한 부분만 두세 번 읽다보면 내용의 핵심을 파악하고 기억할 수 있다. 거듭되는 얘기지만 **꼼꼼하게 한 번 읽는 것보다 중요한 부분을 중심으로 여러 번 읽는 것이 학습에는 더 효과적**이다. 그런 이후에도 이해가 되지 않는 부분은 좀 더 집중해서 깊게 들여다보는 것이 학습 효과를 훨씬 더 높이게 되는데, 그 과정에서 기본서와 교과서를 찾아가며 심층적으로 학습하는 좋은 습관은 자연스럽게 체화된다.

오답노트와 단권화 학습, 어떻게 할까

하여튼 어설픈 학생일수록, 물론 다 그렇다는 것은 아니지만, 무언가를 실천함에 있어 '있는 폼, 없는 폼'을 다 잡으려는 경향을 보인다. 논술 공부만 하더라도 그렇다. 실력이 덜 여문 학생일수록 이를 만회하려고 어쭙잖게 자신의 지적 수준을 뽐내려고 드는데, 그렇게 해서 어디서 주워들은 법한 개념과 용어를 마구 섞어가며 글을 쓴다. 하지만 그 내용을 볼라치면 그야말로 허접하다. 말과 글이 제각각으로 따로 노는 데다가 지나치게 '자기 논리에 함몰'되어 쓴 글이라 도무지 알아들을 수가 없다. 그래 놓고서는 자신의 뛰어난 글을 알아주지 못한다고 하면서 남들을 책망한다.

반면 성실한 학생일수록 매사에 본질에 접근하기 위해 진지하게 생각하고 행동하는 태도를 보인다. 이런 학생들의 글을 보고 있자면 그야말로 꾹꾹 눌러 써나간 흔적이 문장 곳곳에서 드러난다. 비록 글과 그 안에 담긴 논리는 다소 투박하고 엉성하지만, 글을 통해 학생이 전하려는 메시지는 분명히 알 수 있다. 대학은 이런 학생들의 답안을 원하고, 이 학생들이 대학에 들어와서 공부하기를 바란다.

다소 본론에서 빗나갔지만, 말하고자 하는 논지는 분명하다. 요즘 어지간한 학습서에는 빠짐없이 '오답노트를 잘 만드는 방법'이 소개되어 있다. 그런데, 오답노트를 만들어 공부하는 것이 효과적이라고 주장하기에 앞서, 오답을 골라 별도의 노트에 정리하는 작업이 과연 얼마만큼 효과적이며, 또한 오답노트를 작성해가며 공부했을 때 이것이 얼마만큼의 시간 낭비적인 요소로 작용할 수 있는지에 대해 한번쯤은 진지하게 살펴보고 하는 주장이냐는 것이다.

자기가 공부한 것에서 확실하게 틀린 문제나 잘 모르는 내용에 집중해서 오답노트를 만드는 것이 학습에 도움이 되는 것은 분명하다. 하지만 중하위권 학생에게 있어서는 오답의 개수가 많아 오답노트를 만드는 것 자체가 상당한 시간과 노력이 따를뿐더러, 틀린 문제를 다시 반복해가며 공부하는 것도 여간 힘이 드는 일이 아니다.

상위권 학생 중에서도 오답노트에 집착하는 학생들이 여럿 되는데, 이 학생들은 예외 없이 지나치게 꼼꼼한 학생들로, 그것도 내신형 학생 가운데 상당하다. 이런 학생들은 오답노트를 완벽하게 만들기 위해 노트를 깔끔하게 정리하고, 노트와 지문에 자로 밑줄을 그어가며, 게다가 정성들여 글을 쓰는 등으로 마치 환경미화 작업을 하듯이 많은 노력을 기울이게 되는데, 결국에는 필요 이상으로 많은 시간과 에너지를 허비하게 된다.

그렇게 해서 투자한 시간 대비 효과를 얻을 수만 있다면야 더할 나위 없이 좋으련만, 현실은 전혀 그렇지 않다. 그렇게 해서는 절대 학업성과를 기대할 수 없다. 성과는 고사하고 오히려 학습 효과를 낮추는 작업에 매달리는 것이어서 공부의 집중력이 크게 떨어지고, 그에 따라 오답노트를 열심히 작성해가며 공부한들 정작에 내용이 잘 기억되지 않는다. 다른 것에 잔뜩 한 눈 팔았기 때문이다.

오답노트를 만드는 목적은 무엇인가? 자신이 틀린 문제나 모르는 내용을 따로 모아 함께 정리한 후, 이를 자주 되짚어가면서 공부하기 쉽도록 한 권의 노트에 묶어 관리하기 위함이다. 그렇게 해서 해당 문제나 또는 그와 유사한 문제를 다시 접했을 때 자신 있게 풀어낼 수 있는 능력을 키우기 위함이다.

따라서 그러한 본연의 목적에 충실하게, 그에 맞춰 공부하면 그것으로 충분하다. 굳이 오답노트를 따로 만들어가며 공부할 이유가 없을 뿐만 아니라, 설령 오답노트를 만들더라도 형식에 얽매이지 말고 그저 자료를 모아 효과적으로 구분·정리하는 그 자체에만 충실하면 그것으로 충분하다. 더군다나 수능 기출문제를 언제든지 인터넷에서 프린트로 뽑아 공부할 수 있는 데다가, 색색의 포스트잇과 형광펜을 갖고서 자료를 구분하고 정리하기가 상당히 수월해진 마당에, 오답노트를 따로 만들어가며 공부할 이유는 하등 없다.

실제, 오답노트를 만들어가며 공부해야 하는 중요한 이유는 따로 있다. 앞서, 궁극적으로 수능 당일의 성적을 높이는 데 가장 크게 기여하는 것이 바로 기출문제를 풀어 틀린 문제와 정확히 이해하지 못했음에도 애매하게 찍어 맞힌 문제를 찾아 이를 뿌리까지 밝혀가며 공부하는 데 있다고 했다. 따라서 출력한 프린트 물(기출문제)을 직접 푼 후, 그 가운데 틀린 문제를 형광펜으로 큼지막하게 표시한 후 별도로 추려 따로 모으고, 이를 통째로 바인더 노트에 철해서 모아두면 굳이 오답노트를 따로 만들 필요 없이 그 자체로 훌륭한 오답노트가 된다.

이때 바인더 노트를 과목별로 두 개씩 준비토록 한다. 하나는 두꺼운 것으로, 다른 하나는 비교적 얇은 것으로 준비한다. 바인더 노트의 가장 큰 이점은 속지를 언제든지 재편집할 수 있다는 점으로, 틀린 문제가 실린 프린트 용지를 펀치로 뚫어 일단은 얇은 바인더 노트에 철한다. 속지별로, 그러니까 프린트 용지별로 한 문제가 실리든 아니면 여러 문제가 실리든 관계없이 형광펜으로 둘레를 쳐가며 표시해 놓되, 몰라서 틀린 문제, 애매하게 찍어 맞힌 문제, 알고 맞혔지만 좀 더 들여다보면서 공부할 필요가 있는 문제별로 다른 색으로 둘레를 치거나 표시를 해놓는다. 그리고는 해답 안에 실린 중요한 설명이나 참고서에서 보충할 핵심 내용을 옮겨 적고, 왜 틀렸는지 여부 등을 표시하고, 참고서나 교과서의 어디에 관련한 내용이 실려 있는지를 적어 넣는 등으로, 공부한 흔적을 치열하고 세밀하게 남겨 놓는다.

그리고는 일주일 간격으로, 또 한 달 간격으로 이를 뽑아 복습하는 과정을 밟는다. 이는 대단히 중요한 학습과정으로, 실제 바인더 노트를 만들어가며 공부하는 이유가 이것이다. 즉 오답노트를 만들어가며 공부하는 가장 주된 이유는 바로, **주기적으로 복습하는 과정에서 충분히 이해한 문제들을 솎아 털어내면서 '제로' 상태로 만들고, 이를 통해 공부의 완성도를 계속해서 높여나가는 데 있다.** 그 과정에서 자신의 취약한 부분이 어디고, 또 무엇을 어떻게 보충해가며 학습해야 하는지를 확실하게 깨닫게 된다.

이후 그러한 과정에서 정리되거나 불필요해진 문제들을 솎아낸 후 이를 다시 두 꺼운 바인더로 옮겨 보관하는 한편, 이 역시 **정기적으로 거듭 복습하고 확인하는 과 정에서 털어버릴 것과 따로 보관할 것들을 확실하게 구분해서 정리한다.** 이에 더해 새로운 지식이나 추가 자료를 끼워 넣고, 문제 풀이를 통해 얻은 부가자료, 의문점, 참고자료, 참고도서 등을 적고 채워 넣고, 중요도나 내용별로 포스트잇을 붙이는 등 으로 재편집하는 과정을 거치면서 자기만의 필살기를 만든다.

EBS 문제집 등 다른 문제집을 풀어가며 공부할 경우에는 어떻게 하는 게 좋을 까? 굳이 하나하나를 직접 오리거나 복사해가며 옮겨 보관할 필요 없다. 같은 방법 으로 형광펜과 포스트잇을 사용해서 문제집에다 표시하면서 흔적을 남기는 한편, 주기적으로 거듭 살펴가며 공부한 후 바뀐 결과를 다시 문제집에 덧칠해서 표시하 거나, 포스트잇을 떼어버리거나 또는 색상을 바꿔 편집하는 등으로, 자기만의 암호 에 맞게 공부하면 된다. 이때 한 가지를 조언하자면, 가급적 문제집은 **한 권으로 한 정하되 이를 반복해서 풀어나가는 게 좋다.** 한 권의 책을 여러 번 푸는 것이 여러 권 의 책을 한 번 푸는 것보다 훨씬 도움이 되고 또 학업효과가 높다는 것을 깨닫고, 반 복학습을 통해 기억과 이해와 사고를 높일 수 있도록 공부해야 한다.

더불어 진행해야 할 것이 바로 '단권화' 작업이다. 단권화란 참고서와 교과서를 각 각 한권씩 골라 이를 중심으로 공부해나가면서 그 안에 새로운 지식이나 추가 자료 를 옮겨 적고, 문제 풀이를 통해 얻은 부가자료나 참고자료 등을 서로 연결시켜가 며 채워 넣고, 중요한 부분에 별도로 표시하는 공부를 해나감으로써, 이 책 한권만 갖고서도 공부에 필요한 지식의 상당 부분을 해결할 수 있도록 만드는 데 그 목적이 있다. 그렇게 해서 수능 기출문제와 EBS 핵심 지문, 그리고 단권화한 참고서와 교 과서만 준비된다면, 그리고 이것을 갖고서 열심히 공부한다면, 수능을 위한 사전준 비는 얼추 끝난 셈이다.

이것이 효과를 발휘하는 것은 수능에 임박해서부터이다. 앞서 고3 들어 수능 공 부하면서 기출문제와 EBS 지문과 교과서를 몇 번씩이고 반복해가며 풀고 또 읽어 가며 공부해야 한다고 했는데, 이때 **단권화한 책을 갖고 공부하게 되면 기억의 상승 작용이 일어남은 물론 그 과정에서 이해력과 사고력은 더욱 향상된다.**

그렇게 해서 공부한 후, 수능을 치르기 전까지, 그러니까 11월의 약 열흘 동안 단 권화한 교과서와 참고서 전 과목, 그리고 수능 기출문제와 EBS 지문의 핵심을 담은 바인더 노트와 문제집까지 **매일 1회씩 총 10회를 개략적으로 훑어가며 공부**하면 자 연스럽게 총정리하는 셈이 되며, 그렇게 해서 수능 당일에 반드시 좋은 결과를 기대 할 수 있다. 가장 효율적이고 효과적인 공부란 이와 같다.

EBS 교재, 어떻게 공부할 것인가?

사실, 국가가 시행하는 수능 시험에서, 이미 노출된 지문을 연계 출제하는 발상 자체가 도대체가 말이 안 된다. 그것도 전체 지문의 무려 70%나 연계한다는 것은 그야말로 터무니없다. 물론 지역 간, 학교 간의 심한 학력 격차를 고려하고 또 지나친 사교육 의존도를 줄이기 위한 정부의 고육지책에서 나온 것임을 모르는 바는 아니지만, 그럼에도 분명 무리가 따르는 정책임에는 틀림없다. 그렇더라도, 정부 정책이 그렇다는데 따라야 할 밖에 달리 도리가 없는 것 또한 학생들이 받아들여야만 하는 어쩔 수 없는 현실이다.

문제는 그로 인해 학생들이 입는 피해와 교육적인 면에서의 부작용이 상당하다는 점이다. 일례로 EBS 영어 교재에는 혼자 공부하기에는 벅찬 수준의 지문들이 수두룩하다. 마치 대입 논술 문제로 출제되는 지문을 보는 듯한데, 그것도 영어 원문 그대로를 발췌하는 경우가 많은 탓에, 어휘 수준의 높고 낮음은 둘째치고 지나치게 추상적인 개념을 담은 개념과 개념어가 여과 없이 출제되고 있다.

물론 그 지문 그대로를 수능 지문으로 출제하는 경우는 드물다. 출제위원인 대학 교수들이 집단적으로 참여하고 검토하는 과정에서 여러 번 고치고 가다듬음으로써, 논리적으로 잘 정제되고 수준 높은 문제들로 탈바꿈한다. 그럼에도 불구하고 지문 안에 담긴 인문사회과학적 주제 그 자체가 갖는 개념적인 이해에 있어서의 어려움은 여전하며, 그에 따라 학생들은 영어 어휘 실력은 물론 언어사고력까지 더해가며 생각해야 하는 이중고를 겪게 된다. 이쯤 되면 EBS 교재를 공부하지 않을 수 없다.

EBS 교재 70% 연계 출제가 의미하는 바는 뭘까? 이는 EBS 교재에 실린 문제를 그대로 출제한다는 것이 아니라, 다양한 형태로 변형하거나 활용하여 출제함을 의미한다. 수능 국어나 영어는 EBS 지문을 발췌·변형하여 출제하고, 문제 유형 또한 바꿔 출제하는 경우가 대부분이다. 수학이나 탐구 과목은 그래프, 선택 항목, 문제 접근 방법 등을 EBS 교재와 비슷하게 만들어 출제한다.

이를테면 국어 문학 분야의 경우에 EBS 교재에 실린 같은 소재의 지문을 사용한다든지, 비문학 분야의 경우에 같은 주제 개념의 지문을 사용하는 식으로 출제함으로써, 내용적인 유사성을 갖는다. 영어의 경우에는 EBS 지문을 그대로 또는 약간의 변형을 거친 후, 문법, 순서배열, 주제 찾기, 빈칸 추론 등 다양한 유형으로 바꿔가면서 출제한다.

따라서 EBS 교재를 왜 공부해야 하는지, 그리고 무엇을 어떻게 공부해야 하는지에 대한 정확한 이유와 근거를 찾아내고, 그에 맞춰 공부하는 지혜가 필요하다. 다른 무엇보다, EBS 연계 교재로 확실히 공부해 두면 그만큼 수능 시험을 볼 때 문제 풀이 시간을 절약할 수 있다. 더군다나 수능 국어 지문이나 영어 지문은 그 길이가 길기에 시간확보가 무엇보다 중요한데, EBS 교재를 공부하여 지문과 친숙해지면 시간부족으로 인해 맨 뒤의 문제를 손도 못 대고 끝마치는 것을 막을 수 있다.

그렇더라도 수능과 연계 출제되는 핵심교재인 '수능 특강'이 2월 경, '수능 완성'이 5월 경에 시중에 깔린다는 점을 고려할 때(당해년도 교재만 연계 출제됨), 게다가 공부해야 할 분량이 상당함을 고려할 때, 보다 효과적이고 공부의 효율을 높일 수 있는 방법으로 공부해나갈 필요가 있다. 그 핵심은 **'문제와 선택지 대답은 100% 다르게(또는 유형을 달리하여) 출제하고, 지문은 70%를 연계 출제한다'**는 분명한 사실이다. 이는 다음 두 가지 의미를 함축한다.

첫째, EBS 교재를 갖고 단순히 문제 풀이에 치중하거나 또는 문제의 답을 무작정 암기하는 식의 공부는 절대 도움이 되지 않는다. 오히려 문제와 선택지 대답에 익숙해질수록 정작 수능 시험을 망칠 가능성도 있다. 그만큼 선입견이 작용하여 올바른 문제 풀이를 방해할 수 있기 때문으로, 실제 수능 시험에서 낭패를 본 학생들이 여럿 된다. 많은 학생들에게서 나타나는 나쁜 공부 습관의 하나가 바로 지문을 제대로 읽지 않고 주구장창 문제만 풀어대는 것인데, 그런 식의 공부에 빠질 경우 문제와 지문은 제대로 읽지 않고 지레짐작하여 소위 말하는 '매력적인 오답'을 덥석 물어버릴 가능성이 매우 높다. 그 결과는 굳이 말하지 않아도 짐작할 수 있을 것이다.

둘째, 문제가 어떻게, 어떤 수준으로 출제될지 가늠할 수 없기에, 문제를 구성하는 글감이자 수능에 연계 출제되는 지문에 포커스를 맞추고 공부해야 한다. 수학과 탐구 과목의 경우에는 문제 자체가 정답이 되는 경우가 일반적이기에 실제 체감하는 연계의 정도는 낮을 수밖에 없으며, 따라서 굳이 EBS 교재를 갖고 공부할 필요는 없다. 그저 각자에게 알맞은 교재를 갖고 공부하면 그것으로 충분하다.

하지만 영어와 국어의 경우에는 그렇지 않다. 지문의 내용을 철저하게 살펴가면서 꼼꼼하게 공부해야 한다. 그렇지 않고 건성건성 공부했다가는 그야말로 크게 낭패를 볼 수 있다고 이미 여러 차례 강조했다.

국어 과목의 경우에는 EBS 교재의 지문을 일부 활용하거나, 핵심 제재 및 개념을 활용하여 출제하거나, 상당 부분 교재에서 다루었던 작품 또는 소재로 지문을 구성한다. 따라서 **교재에 실린 글감을 열심히 분석하며 읽되, 그것이 문제와 어떤 식으로 연계되어 출제되고 있는지를 파악**한다면, 그것으로 충분히 목적한 소기의 성과를 거둘 수 있다. 그렇기에 이 부분에 대해서는 딱히 설명할 부분이 없다. 그저 교재를 열심히 공부하면 그것으로 충분한데, 그렇더라도 지문을 제대로 읽지 않은 채 습관적으로 문제를 풀려 들지 말고, 어디까지나 지문에 집중해서 공부해야 한다. 굳이 한 가지 포인트를 보태자면, 앞서 설명한 '국어 문학과 비문학 문제 풀이의 포인트'에서 설명한 바 그대로를 따라하며 지문을 읽고 분석하는 연습을 해나가면 된다. 그것으로 충분하다.

더불어 힌트를 한 가지 더 보태자면, **수능 국어 시험 공부로는 EBS가 아니라 기출문제가 더 중요**하다. 국어 과목은 그만큼 논리적이고 체계적으로 잘 정리된 문제와 답을 출제해야 하기 때문인데, 그렇기에 수능 출제위원들은 충분한 검토가 이루어지지 않아 그만큼 완성도가 떨어지는 EBS 문제보다는 시시비비를 명확히 가릴 수 있는 수능과 평가원 기출문제를 더 선호한다는 점을 반드시 기억해야 한다. 결국 수능 국어 과목의 경우에는 EBS 문제를 푼 경험은 단순히 경험으로만 놓아두어야 좋은 성적을 받을 수 있다. 따라서 **EBS 문제는 어디까지나 지문에 집중해서 공부하는 게 바람직**하다.

하지만 영어의 경우에는 간단치가 않다. EBS 영어 교재들은 그 완성도가 낮고, 독해 지문이 지나치게 어렵다는 특징을 갖는다. 수능에 비해 지문이 상대적으로 길고, 어휘 수준이 상당히 높기 때문에, 그만큼 학생들의 영어 공부를 힘들게 한다. 또 전문성이 높은 글이 많은 반면, 논리적인 정합성이 떨어지거나 심지어는 근거 없는 일방적인 주장을 펼치는 수준 낮은 지문도 눈에 띤다. 그렇기에 글을 읽어 해석은 되는데 무슨 얘기인지 이해가 안 되는 어려움에 빠지게 만든다.

이는 EBS 특유의 교재 제작 방식, 즉 통일된 기획이 없고 각 단원별로 쪼개어 필진에게 분담하는 교재 작업 방식과 매년 새로운 교재를 급조하는 데서 나타나는 날림 제작과 그에 대한 검토 및 감수 체계의 부재 등이 복합적으로 작용하면서 비롯된 결과이다. 앞서 설명한 빈칸추론 문제와 관련한 예시 문제와 EBS 해설처럼, 우리말 해설을 읽고도 이해하기 힘들 정도로 어려운 지문이 출제되는 이유가 이 때문이다. 이렇듯 '본문 따로, 해설 따로' 노는 교재를 갖고서 공부해야 하기에 그만큼 학생들이 힘들어 하는 것은 당연하다.

사정이 이렇다보니, 많은 학생들은 영어 실력에 더해 논리적 사고력을 요하는 고난이도의 빈칸추론 유형의 문제와 직접 부딪혀가며 치열하게 공부하려 들기보다는 EBS 교재 문제들과의 친숙함이 더 중요하다고 여기고는, 해석을 보고 지문 내용을 그대로 암기하며 학습하는 웃지 못할 촌극이 벌어지기도 한다. 그런데 재미있는 사실은, 그렇게 해서 공부한 학생이 의외로 문제를 찍어 맞히는, 다시 말해 우연적인 요소로 얻어 걸리는 경우가 심심치 않다는 것인데, 이것은 또 어떻게 받아들여야 할

337

까? 그렇더라도 이는 모르는 문제를 찍어 맞히는 것과 다를 바 없기에, 지문이 어렵다고 해석을 달달 외우려 들어서는 절대 안 된다.

아무튼 EBS 영어 교재는 혼자 공부하기에 벅찬 교재임에는 틀림없다. 따라서 이제부터 영어 과목에만 집중해서 효과적인 학습 방법을 살펴볼 필요가 있는데, 이를 예를 들어가며 설명하면 다음과 같다. 먼저 EBS 지문과 수능 지문이 어떤 식으로 연계되는지를 살펴보자.

일반적으로 수능 연계는 다음 두 가지 방식으로 이뤄진다. 하나는 EBS 지문을 그대로 수능 지문으로 구성하여 출제하는 것이며, 다른 하나는 지문의 일부를 변형하거나 가감하여 출제하는 것이다. 그렇더라도 둘 다 EBS 지문을 품은 문제가 수능 문제로 그대로 출제되는 일은 없으며, 다른 다양한 문제 유형으로 변형되어 출제된다. 이때 교과과정 밖에 있는 어려운 어휘는 다른 쉬운 어휘로 변형되며, 불필요한 지문은 삭제하는 등으로 윤문 과정을 거친다.

특히 빈칸추론 문제는 EBS 문항 중 글의 주제, 글의 요지, 글의 제목, 빈칸추론, 문장 끼워넣기 등 많은 유형에서 사용된 지문과 연계된다. 영어 유형 중 가장 변별력이 높은 유형이기 때문에 빈칸추론 지문을 EBS 지문과 연계해서 실질 연계 체감도 높이고 쉬운 수능 기조를 유지하는 것이다.

아래의 〈사례1-1〉을 보면, EBS 빈칸추론 유형의 문제를 수능에서는 (글의 흐름을 파악하기 위한 능력을 묻는 연결어 추론 유형의) 접속사 끼워넣기 문제로 바꿔 출제했다. 이때 굵은 글씨 부분이 변형됐다. 즉 EBS 교재 원문에서 'deplorable'은 교육과정 밖에 있는 어휘이기 때문에 교육과정 안에 있는 'miserable'로 바꾸었다. 또한 'One of the most ~ purification of the race.'는 글의 요지와 그다지 관계되지 않기에 삭제하여 지문의 길이를 적절하게 조절하였다.

그렇더라도 반드시 알고 있어야 할 것은, 출제위원들은 빈칸추론 문항을 출제할 때 **글의 요지, 즉 글의 뼈대가 되는 부분(중심주장 글과 뒷받침 글)이 명확한 글감을 고른다**는 사실이다. 따라서 글을 읽어 그 부분을 찾아내면 그대로 글의 요지가 요약되고, 그 안에는 글의 주제개념을 담은 핵심 키워드(어휘)가 꼭 들어 있게 마련이다.

이미 앞에서 살폈듯이, 빈칸추론 문제는 대개 글의 요지를 추론할 수 있는 능력을 묻는 것이 일반적이다. 따라서 글을 읽으면서 주제를 파악하고, 그 주제개념에 따라 글의 뼈대가 되는 핵심 부분(중심주장 글과 뒷받침 글)을 찾아 밑줄을 그으면, 그것이 곧 글의 요지이자, 그 중 일부가 빈칸으로 묻는 부분이 된다. 그렇게 해서 〈사례 1-2〉를 살피면, 글의 핵심은 다음과 같이 드러나는데, **지문을 읽어 글의 핵심 문장을 찾아 밝히는 게 EBS 영어 교재 공부의 핵심 포인트**이다.

사람들이 삶의 여유를 갖기 위해 완곡어법을 싸가며 말하지만, 그럼에도 완곡어법은 중요한 사안에 대해 자칫 오해를 불러일으킬 소지가 있기에 (주의해서 사용해야) 한다. – **핵심논지 요약**

따라서 〈사례1-2〉의 EBS 문제를 갖고 다음과 같이 공부하면 된다. 먼저 글을 읽어 핵심 주제어인 'euphemism'의 의미를 알고 있어야 하는데, 굳이 의미를 모르더라도 문맥을 통하여 그 의미를 미루어 짐작할 수 있을 것이다. 하지만 정작 지문 안에서 반드시 알고 있어야 할 필수단어는 바로 'mis-perceptions'인데, 만약에 이 단어를 모른다면 그만큼 글의 핵심 내용을 이해하기 어려워진다(그렇기에 문제를 풀고 난 이후에 반드시 이를 암기해야 한다).

그렇게 해서 'euphemism'의 개념에 의거해서 지문 전체의 뜻을 유추하고, 이어서 글의 뼈대에 해당하는 부분을 찾아 의미를 파악하고 요약하면, 답은 어렵지 않게 찾을 수 있다. 그리고 문제를 풀고 난 이후, 선택지 대답에 실린 'pessimistic'과 'exaggerate'의 의미도 반드시 알고 있어야 할 필수단어임을 잊지 말고, 빠짐없이 암기토록 한다.

사례1-1 2012 수능 31번– EBS 연계 문항

The term euphemism derives from a Greek word meaning 'to speak with good words' and involves substituting a more pleasant, less objectionable way of saying something for a blunt or more direct way. Why do people use euphemisms? **They do so probably to help smooth out the 'rough edges' of life, to make the unbearable bearable and the offensive inoffensive**......(뒷받침 글 – 근거) ___(A)___, **euphemisms can become dangerous when they are used to create mis-perceptions of important issues**.....(중심 주장글 – 주장) ___(B)___, a politician may indicate that one of his statements was 'somewhat at variance with the truth,' meaning that he lied. Even more serious examples include describing rotting slums as 'substandard housing,' making the miserable conditions appear reasonable and the need for action less important.

	(A)	(B)
①	However	For example
②	In short	For example
③	That is	Similarly
④	In addition	Therefore
⑤	Nevertheless	Similarly

지문 해석

그리스 어원으로 '좋은 언어로 말하다'를 의미하는 '완곡어법'은 노골적이고 직접적인 말 대신에 부드럽고 불쾌감을 덜 주는 말로 표현하는 수사법을 말한다. 왜 사람들은 완곡어법을 쓸까? 사람들은 아마도 삶의 '질곡'으로부터 벗어나 삶을 보다 윤택하게 만들기를, 조급함으로부터 벗어나 좀 더 인내하게 만들기를, 공격적인 성향이 한결 누그러지기를 바라기 때문일 것이다. 하지만 완곡어법은 중요한 사안에 대해 자칫 오해를 불러일으킬 소지가 있다. 예를 들어, 어떤 정치가가 한 발언이 실체적 진실과 다소 차이 날 경우, 이는 곧 그가 거짓말을 했음을 의미한다. 이보다 더 심각한 예로, 다 쓰러져가는 빈민가를 '불량 주택'이라고 묘사할 경우, 이는 그와 같은 열악한 조건을 나름 온당하게 보이도록 만들고, 그렇게 해서 그것에 대해 개선 조처할 필요성을 덜 느끼게 만든다.

【정답】 ①

사례1-2 EBS 수능 완성 유형편 5강 6번

The term euphemism derives from a Greek word meaning 'to speak with good words' and involves substituting a more pleasant, less objectionable way of saying something for a blunt or more direct way. Why do people use euphemisms? They do so probably to help smooth out the 'rough edges' of life, to make the unbearable bearable and the offensive inoffensive. However, euphemisms can become dangerous when they are used ________________________. **For example, an alcoholic may describe himself as a 'social drinker', thus ignoring the problem and the help he needs.** Or a politician may indicate that one of his statements was 'somewhat at variance with the truth,'··· meaning that he lied. Even more serious examples include describing rotting slums as 'substandard housing,' making the **deplorable** conditions appear reasonable and the need for action less important. **One of the most devastating examples was Nazi Germany's characterization of the slaughter of over 12 million people by such phrases as the 'final solution' and the 'purification of the race.'**

① explain the situation in detail
② lead people to become **pessimistic**
③ create misperception of important issues
④ **exaggerate** what some people really achieved
⑤ make some occupation seem more important

해석 : 변형 전 추가분

⋯⋯예컨대, 어떤 알코올 중독자가 스스로를 '사교적 음주가(사교적인 자리에서만 적당히 마시는 사람)'라고 주장한다면, 이는 자신이 뭐가 문제인지를 망각하고 자신에게 필요한 도움을 묵살하는 것이다⋯⋯.

⋯⋯가장 충격적인 사례는 이른바 '최종 해결책', '인종 청소'라는 미명 하에 무려 12백만 명에 달하는 유태인을 학살한 나치 독일의 행위였다.

① 상황을 자세히 설명하다
② 사람들로 하여금 비관적으로 만들다.
③ 중요한 사안에 대한 오해를 초래하다.
④ 사람들의 본말을 과장되게 하다.
⑤ 어떤 사안을 보다 중요하게 보이도록 만든다.

【정답】③

아래의 〈사례2-1〉은 〈사례2-2〉의 EBS 지문을 그대로 연계한 경우이다. 문제 유형 역시 큰 의미에서는 둘 다 빈칸추론 유형에 해당하는데, EBS '연결어' 추론을 '절' 추론으로 바꿔 출제했다. 앞서 많은 설명을 한 것이지만, 글의 뼈대에 해당하는 문장(중심주장 글과 뒷받침 글)을 밝히고 선택지 정답을 찾는 방법은 의외로 간단하다.

전체 문장은 '중심주장 글– 뒷받침 글–해설 글 묶음'의 다발로 이루어져 있는데, 그렇더라도 전체가 중심주제와 핵심 키워드가 되는 어휘를 중심으로 마치 '한 말 또 하고 또 하고'를 반복하듯이 계속 꼬리를 물고 이어나간다. 이는 해설 부분에 해당하는 예시와 인용을 이루는 문장에서도 마찬가지인데, 그렇게 해서 어떤 글이 글의 '뼈대'이고 또 어떤 글이 '곁가지'인지가 불분명해 보이더라도 대충 어림잡아 파악할 수 있게 된다. 만약에 뒷받침 문장이 둘 이상으로 헷갈리면, 그 둘 다를 뒷받침 문장으로 보고 파악해도 크게 무리 없다. 중심문장 또한 마찬가지다. 그렇게 해서 지문의 빈칸 부분을 중심주장 글 또는 뒷받침 글의 하나라고 생각하고 글의 요지를 파악하고 해석해도 전혀 무리가 따르지 않는다.

실제 문제 풀이에 있어 중요한 것은 이것이다. 글의 핵심 내용을 드러내는 중심주장 글과 뒷받침 글에는 유사한 의미를 갖는 핵심 어휘가 드러나 있게 마련인데, 따라서 그 중 하나는 선택지 대답에 직접적으로 드러나 있거나, 또는 핵심 어휘가 변형되어 들어 있게 마련이다. 만약에 그렇지 않을 경우에는, 글의 요지에 해당하는 중심주장 글과 뒷받침 글의 전체 또는 일부를 나타내는 의미를 담은 어휘가 들어있기 마련이기에, 그것을 추론해내면 된다.

그렇게 해서 정리한 것이 아래의 어휘인데, 그것을 추적한 결과가 곧 'clearly an illusion' 즉 '명백한 착각'이란 설명이다. 그리고 이 핵심 어휘가 담긴 문장을 합쳐 해석하면, 그것이 곧 글의 요지를 담은 요약이 된다.

> control of the outcome = affect the outcome of the toss = control of the outcome is = clearly an illusion
>
> 사람들은 스스로 어떤 결과에 <u>영향을 끼칠 수 있다고 생각하며</u> 행동하는 경향을 보이는데, 이는 <u>근거 없는 자신감에서 비롯된</u> 제한적 합리성에 따른 행동으로, <u>명백한 착각</u>에 불과하다.(요약)

사례2-1 2012 수능 26번– EBS 연계 문항

Interestingly, people are more overconfident when they feel like they have **control of the outcome**—even when this is clearly not the case...(뒷받침 글1 – 근거1). For example, it is documented that if people are asked to bet on whether a coin toss is heads or tails, most bet larger amounts if the coin is yet to be tossed. If the coin is tossed and the outcome is concealed, people will offer lower amounts when asked for bets. People act as if ____ __....(뒷받침 글2 – 근거2) In this case, **control of the outcome is clearly an illusion**....(중심주장 글 – 주장) This perception occurs in investing, as well. Even without information, people believe the stocks they own will perform better than stocks they do not own. However, ownership of a stock only gives the illusion of having control of the performance of the stock. [3점]

① the amount of the bet will influence the outcome
② their involvement will somehow **affect the outcome of the toss**
③ there is a parallel between a coin toss and stock investments
④ their illusion will not disappear even after the coin is tossed
⑤ they can predict the outcome with credible information

재미있는 사실은, 사람들은 자신이 어떤 결과에 대해 **컨트롤할 수 있을 거라고 생각할 때**, 심지어는 전혀 그렇게 보이지 않는 데도 불구하고, 지나친 자신감을 드러낸다는 것이다. 예를 들어, 동전의 앞뒷면을 가리는 동전던지기 내기에서, 동전을 채 던지기도 전에 많은 사람들은 큰돈을 거는 경향을 보인다고 한다. 하지만 동전을 던진 후 그 결과를 감춘 상태에서 돈을 걸라고 하면, 이번에는 될 수 있으면 적은 금액을 걸려고 든다. 이는 사람들이 자신들의 내기 참여가 동전 던지기의 결과에 어떤 식으로든 **영향을 미칠 것이라고 생각하고** 행동하기 때문인데, 실제로는 이렇듯 결과를 **컨트롤할 수 있다는 생각은 명백한 착각에 불과하다.** 이런 착각은 투자에서도 나타난다. 관련한 아무런 정보가 없음에도 불구하고, 사람들은 자신들이 소유한 주식이 소유하지 않은 주식보다 더 좋은 성과를 낼 것이라고 굳게 믿는다. 그러나 단지 주식을 소유했다고 해서 그 주식의 성과를 컨트롤할 수 있다는 생각은 착각에 불과하다.

① 판돈이 내기 결과에 영향을 미친다며

② 자신들의 내기 참여가 동전 던지기의 결과에 어떤 식으로든 영향을 미칠 것이라
　고 생각하고
③ 동전 던지기와 주식 투자 사이에는 일련의 관련성을 갖는다며
④ 동전을 던진 이후에도 그러한 환상은 사라지지 않는다며
⑤ 신뢰할만한 정보를 통해 결과를 예측할 수 있다며

【정답】②

사례2-2 EBS 고득점 330제 82번

Interestingly, people are more overconfident when they feel like they have control of the outcome—even when this is clearly not the case. ___(A)___, it is documented that if people are asked to bet on whether a coin toss is heads or tails, most bet larger amounts if the coin is yet to be tossed. If the coin is tossed and the outcome is concealed, people will offer lower amounts when asked for bets. People act as if their involvement will somehow affect the outcome of the toss. In this case, control of the outcome is clearly an illusion. This perception occurs in investing, as well. Even without information, people believe the stocks they own will perform better than stocks they do not own. ___(B)___, ownership of a stock only gives the illusion of having control of the performance of the stock.

	(A)	(B)
①	In addition	However
②	For example	However
③	For example	Likewise
④	Nevertheless	Likewise
⑤	Nevertheless	Moreover

【정답】②

이로써 EBS 교재를 갖고 공부해야 할 이유가 분명해졌다. **지문을 읽고 그 핵심 내용과 그것을 담은 문장을 찾아내고, 그것에 담긴 글의 요지를 살피고, 그 안에 실린 핵심 어휘를 외우고, 이에 더해 선택지 대답에 실린 모르는 단어를 찾아 외워가며 공부**하면, 그것으로 충분하다. 어려운 단어를 쉬운 단어로 바꿔 출제되기에, 굳이 어려운 단어를 외울 필요는 하등 없으며, 자구에 함몰되어 전체 의미를 파악하지 못하는 불상사가 생기지 않을 것이다. 거듭 강조하거니와, 지문은 맥락으로 이해해야지, 자구에 함몰되어서는 절대 안 된다. EBS 교재에 실린 지문은 그런 식으로 공부하면 된다.

거듭 강조하거니와, 편법으로 EBS 지문을 공부하면 안 된다. 한글 해석지만 외우거나, 주제만 요약한 교재를 반복해서 암기하는 식의 편법적인 학습은 오히려 공부 안한 것만 못하다. 정작 수능에서 참패를 맛볼 뿐이기에, 한 문제를 공부하더라도 제대로 공부해야 한다. 그렇기에 가급적이면 문제집의 처음부터 이어서 풀어나가기보다는, 문제 유형이라든지 난이도를 적절하게 섞어가며 풀어나가는 것이 좋다. 그렇게 되면 비록 듬성듬성 문제를 풀어나가는 것처럼 보이지만, 결과적으로 모든 유형의 문제를 그것도 난이도의 폭을 넓혀가며 고르게 공부해나갈 수 있다.

어휘와 어법은 어떤 식으로 공부하는 것이 좋을까?

한국교육과정평가원의 분석 결과에 따르면, 수능 국어의 경우 어휘와 어법 문제의 변별력이 가장 높은 것으로 나타났다. 즉 어휘·어법 문제를 맞힌 학생일수록 수능 성적이 높고, 어휘·어법 문제를 많이 틀린 학생일수록 수능 성적이 낮은 것으로 드러났다. 이는 공부 잘하는 학생과 못하는 학생을 구분하는 잣대의 하나가 바로 어휘·어법 문제임을 보여준다. 즉 어휘·어법과 관련한 문제는 **언어에 대한 감각이 있고 평소에 쓰는 어휘가 적절하면 쉽게 풀 수 있**지만, 그렇지 않은 학생들은 상당히 힘들어하는 문제이다.

수능 영어의 경우 역시 크게 다를 바 없다. 어휘력, 즉 단어 능력이 영어 실력을 좌우한다고 이미 앞에서 강조한 바 있으며, 문장의 구조를 살피고 옳게 해석하는 능력을 뒷받침하는 영어 실력과 관련한 어법 문제 역시 많은 학생들이 어려워하는 부분이다. 수능 영어 어법문제 풀이의 핵심은 **문장을 이루는 구조(동사―목적어―보어―수식어)에 대한 일치·불일치 관계**를 파헤치는 데 있으며, 따라서 이 부분을 세밀하게 들여다보는 공부를 해나가야 한다. 이를테면 목적어가 부정사인가 동명사인가, 아니면 분사인가?, 보어는 형용사인가 아니면 부사인가?, 동사가 있을 자리에 동사가 있나, 아니면 준동사가 있나?, 준동사와 동사가 능동인가, 아니면 수동인가?, 관계대명사는 주격으로 쓰였는가, 아니면 목적격으로 쓰였는가? 등등에 대한 물음에 정확히 답할 수 있다면, 어법 문제는 막힘없이 풀 수 있다. 수능 영어 어법 공부 방법에 대해서는 이미 앞에서 자세히 설명했다.

그렇다면 어떻게 공부하면서 수능 국어(영어 역시 마찬가지다) 과목의 어휘·어법 문제에 대비하는 것이 좋을까? 가장 좋은 방법은 **수능 기출문제와 평가원 모의고사(6·9월) 기출문제 중 어법·어휘 부분만을 따로 모아서 풀고, 분석하고, 정리**하는 것이다. 수능에 나오는 어법 패턴은 정해져 있기에, 이를 출제경향에 맞추어 개념적으로 정리한다면 누구나 정확한 근거에 의해 문제를 풀어낼 수 있다. 따라서 그 부분만을 따로 떼어 정리하면 그것으로 훌륭한 오답노트이자 단권화한 문제집이 만들어진다. 물론 앞서 말한 것처럼, 어법·어휘 문제 둘레에 형광펜으로 큼지막하게 두른 후, 이를 바인더 노트에 철해가며 공부하면 그것으로 충분하다. 2007년부터 현재까지 약 8년 동안의 어법·어휘 문제를 합하면 약 50문제 정도가 되는데, 이것만 열심히 풀고 이어서 정·오답의 근거를 밝혀 분석해가며 공부해도 엄청난 효과를 얻을 수 있다. 수능 영어 어법 문제 또한 마찬가지다. 중요한 것은, **쉬운 수능일수록 어법 유형 문제에 확실히 대비**해야 한다는 사실이다.

이것도 불안해서 어법·어휘 관련 책을 따로 공부할 요량이면, 다음과 같이 공부하는 것이 좋다. 공부의 기본은 쉬운 책으로 하는 것으로, 특히 수능 국어와 영어의 어법과 관련한 문제는 아주 기본적인 사항을 위주로 출제하는 것이기에, 더더욱 쉬운 책으로 공부하는 게 좋다. **기본을 잡기 위해서는 쉬운 책을 여러 번 반복해서 공부함으로써 완전히 자기 것으로 만들어야 한다.** 그것도 필요한 부분, 중요한 부분만 반복해서 보는 게 훨씬 더 효과적이다.

자기 실력에 맞지 않는 어려운 책을 처음부터 고르게 되면 공부하는 내내 지루해하다가 결국은 포기하고 만다. 쉬운 책이라도 처음부터 끝까지 여러 번 보면서 체계를 세우게 되면 나중에는 어려운 책도 이해된다. 반대로 어려운 책을 붙잡고 끙끙대면 이해도 안 되고 시간만 낭비할 뿐이다. 특히 어법을 공부하는 목적은 공부의 체계를 세우는 것에 있음을 고려한다면, 같은 책을 그것도 가능한 한 쉽고 얇은 책을 읽고 또 읽음으로써 내용을 완전하게 전체의 뼈대를 세울 수 있도록 해야 한다.

중요한 것은, **쉬운 책을 끝까지 거듭해서 읽는 것**이다. 하나의 책을 정해 철저히 이해하는 마음가짐이 중요하다. 한 번 보고 이해가 안 되면 그 부분에 표시하고, 다시 다른 자료를 찾아보고 이해함으로써, 스스로 문제를 해결하려고 노력하는 태도가 중요하다. 그 과정에서 실력은 단연코 늘게 되어 있다. 덧붙여 기출문제의 지문과 선택지 대답에 담긴 어휘에 대한 이해력을 높여야 하는데, 이를 위해서는 **평소에 사전을 활용하여 어휘의 정확한 뜻을 짚고 넘어가는 습관을 들여야 한다.** 그것으로 충분하다.

교과서는 어떻게 공부하는 게 좋을까?

교과서는 수능은 물론 내신과 수행평가, 그리고 대학별 고사(논술·구술) 및 심층면접 모두를 아우르는 공부의 근간이기에 아주 중요하다. 예를 들어 교과과목 내에 있는 '탐구과제'의 경우, 이는 대입 논술 시험에서 추구하는 '깊게 생각하기'를 그대로 구현한 것으로, 논술 시험을 위한 읽기, 쓰기, 토론 학습에 더할 나위 없이 좋은 주제이자 중심 논제가 된다. 따라서 교과서를 충분히 읽고, 탐구과제에서 요구하는 과제를 착실히 수행하는 것만으로도 수능은 물론 논술 시험에 상당 부분 대비할 수 있다.

또한 교과서에는 기본 개념뿐만 아니라 많은 문제의식들이 담겨 있고, 문제 해결을 위한 여러 단서들이 들어 있다. 그러므로 이를 실마리로 하여 현실에 대한 다양한 문제의식을 확대하고 심화하는 학습을 병행함으로써 비판적이고도 창의적인 사고를 기를 수 있다.

그렇기에 교과서를 통한 폭넓은 교과 학습을 통해 다양한 주제의 글들을 주체적으로 읽고, 논리적이고도 비판적으로 대응하는 연습을 꾸준히 해나갈 수 있다. 즉 각 교과서의 기본 개념을 충분히 숙지하고, 그 개념들의 인문학적, 사회과학적, 자연과학적 맥락을 파악하는 것이 학교 공부와 논술 공부의 기본이다.

대입통합논술은 실제로 교과서에 실린 기본 개념·이론에 기초하여, 그 맥락적인 이해 및 새로운 적용과 관련되는 일련의 지적 학습활동이기도 하다. 따라서 이것에 더해 다양한 자료들을 읽고 해석하는 과정을 보태나감으로써, 보다 창의적이고도 논리적인 글로 자기표현을 할 수 있도록 연습해나갈 수 있다.

교과서는 교과서답게 공부해야 한다. 단순히 수능문제를 푸는 식의 요령 위주의 공부는 절대 도움이 되지 않는다. 탐구과제, 심화학습, 읽어보기 등 교과서에 실린 세세한 내용들까지 빼먹지 말고 공부함으로써, 많이 생각하고 고민하여 스스로 답을 찾아내려고 노력해야 한다.

교과서 공부는 읽고, 생각하는 공부에 효과적일 뿐만 아니라, 글쓰기 연습에도 크게 도움이 된다. 교과서 글은 교수·교사 등 많은 뛰어난 연구진들이 오랜 시간을 들여 다듬고 체계화한 것이기에, 그야말로 군더더기 하나 없는 훌륭한 글이다. 따라서 논술과 관련한 글쓰기의 샘플이라고 봐도 전혀 무리가 없다.

이런 이유로 교과서 글은 논술 글쓰기가 서투른 학생들이 모방해가면서 연습하기에 그야말로 안성맞춤이다. 교과서의 핵심 내용을 직접 쓰고 요약해보는 사이에 글솜씨는 저절로 늘게 되어 있다. 따라서 만약 수능 공부에 논술 공부를 병행하여 준비하는 학생의 경우, 논술 기출문제 풀이 시에 교과서 내용을 참고하여 이를 중심으로 답안을 작성하는 연습을 해나간다면, 대학에서 요구하는 논술 관련 글쓰기의 질적, 양적 수준은 어렵지 않게 충족될 것이다.

교과서에는 현행 교과과정을 효과적으로 이수하기 위한 다양한 학습 주제와 세부 실천 항목이 들어 있다. 단원 안내, 본문 읽기 자료, 탐구과제, 참고자료, 생각 넓히기 등이 그것이다. 특히 주목해야 할 것이 단원 안내, 탐구과제, 참고자료, 찾아보기인데, 각각이 왜 중요한지를 설명하면 다음과 같다.

첫째, '이 단원의 공부를 위하여', '학습 길잡이' 등으로 소개되는 '단원 안내'는 대단원에서 학습하게 될 내용을 전체적으로 살펴볼 수 있도록 소개하고, 특히 역점을 두어야 할 공부 내용을 강조하는 부분이다. 이 부분은 많은 학생들이 간과하고 지나쳐버리는 부분이지만, 적어도 학교 내신공부와 논술 공부에 있어서는 교과서에서 가장 중요한 부분이다. 그 단원의 학습 목표와 교육과정의 핵심 사항을 요약해서 담은 것이기에, 이것을 읽고 배워야 할 학습 목표를 분명히 알고 있어야 본문의 내용에 제대로 접근할 수 있다.

이는 마치 먼저 숲을 보고 전체를 살핀 이후에 각각의 나무를 보아야 하는 이치와도 같다. 따라서 **교과서를 읽을 때 항상 단원 안내에 실린 핵심 주제와 학습 목표부터 살핀 다음에 본문을 읽고, 다 읽은 이후에는 다시 단원 안내로 돌아와서 그 주제와 학습 목표를 제대로 이해했는지를 반드시 되물어 확인해야 한다.** 만약에 그 결과가 미흡하다면, 이는 교과서 글을 읽고서도 그 내용을 제대로 파악해내지 못했다는 뜻이며, 그만큼 집중해서 글을 읽지 않았다는 의미이다. 다시 말해, 뚜렷한 목적 없이 그저 눈이 가는 대로 글을 읽었을 뿐으로, 한 마디로 산만한 글 읽기에 지나지 않았음을 드러내는 것이다.

이런 이유로, 글을 읽을 때에는 내가 무엇을, 왜 읽어야 하는지를 항상 생각하면서 임해야 한다. 그리고 자신이 읽은 내용을 반드시 되물어 확인해야 하는데, 이때 효과적인 지침을 제공하는 것이 바로 이 '단원 안내'이다. 실제, 이런 식으로 공부하게 되면 본문 글의 이해에 상당한 효과를 얻을 수 있으며, 이때 읽은 내용을 단원 안내에 나와 있는 학습 목표, 핵심주제에 되물어 글로 정리해내는 것이 곧 요약이다.

이처럼 교과서를 갖고서 스스로가 독해와 요약 연습을 해나갈 수 있는데, 이때 방향성을 제공하는 것이 바로 단원안내와 학습 길잡이다. 만약에 단원정리 코너가 있는 교과서라면, 이것과 비교함으로써 핵심 내용을 제대로 요약해냈는지를 스스로 평가하고 첨삭할 수 있다. 만약에 요약 글쓰기 실력이 부족한 학생이라면, 도덕 교과서 한 권을 갖고서 '단원 안내'에 맞춰 글을 요약하는 연습을 꾸준히 해나간다면, 반드시 실력은 늘게 되어 있다.

둘째, 독서, 토론, 논술 능력을 함양할 수 있도록 마련된 탐구활동, 자료탐구 등의 '탐구과제' 부분 역시 놓쳐서는 안 된다. 탐구과제에는 소단원 주제나 쟁점을 심층적으로 탐구해볼 수 있도록 문학작품이나 동서양의 윤리, 고전 및 학술저서, 역사적 사건, 통계자료 등이 제시되어 있다.

학생들은 이를 통해 본문 내용의 이해도를 측정할 수 있음은 물론, 제시되는 물음에 대답하는 과정에서 스스로 과제 해결 능력을 키울 수 있게 된다. 특히 일상생활에서 발생하는 갈등 상황이나 사회적으로 논란이 되고 있는 핵심 쟁점 등, 논쟁적인 주제에 대해 학생들이 함께 토론하고 논술함으로써 자연스럽게 생각의 폭을 넓힐 수 있다.

이처럼 탐구과제는 학생들이 자기주도적으로 학습할 수 있는 핵심 부분으로서, 이것을 갖고서 교과서에 실린 주요 개념 및 이론과 연계시켜 공부하면 수능 공부와 논술 공부의 효과를 보다 높일 수 있다.

또한 탐구과제는 관련한 내용을 묻고 대답하는 식으로 구성되어 있기 때문에, 이를 해결하는 과정에서 자연스럽게 논증 글쓰기 공부까지도 향상되는 효과를 얻게 된다. 사례 쓰기, 견해 들기, 해결책 쓰기 등 논술 공부에 필요한 배경지식 역시 탐구과제를 통해 얻고, 그것을 논술 시험에 활용할 수 있게 된다. 이처럼 탐구과제 공부의 중요성은 아무리 강조해도 부족함이 없다.

셋째, 참고자료, 사진·그림 자료, 읽기 자료 등 본문 구석구석에 위치한 조그마한 내용들까지도 빼먹지 말고 읽어야 한다. 이는 심화·보충자료의 성격을 띠는데, 본문의 내용 설명이 부족하거나 깊이 있는 설명이 요구되는 경우에 적절한 주제를 선정하여 설명함으로써 생각의 폭을 넓혀 준다.

실제, 학교 수행평가로 묻는 문제나 논술 시험에서 출제되는 제시지문의 많은 것들이 이러한 심화·보충자료에서 모티브를 얻거나, 그 내용이 확장, 연계된 경우가 많다. 따라서 논술 공부를 위한 배경지식은 바로 이 부분을 어떻게 넓혀나갈 것인가가 관건이 된다.

여기서 한 가지를 덧붙이자면, 할 수만 있다면 교과서에 등장하는 주요 개념어와 핵심 주제어를 한자사전을 찾아가며 살펴 그 의미를 이해하려고 노력할 필요가 있다. 왜냐하면 이것들의 대부분이 한자의 의미를 차용해서 만들어진 것이기 때문에, 그만큼 복합적으로 학습하는 효과를 갖는다. 따라서 그것만 제대로 이해해도 논술 공부는 물론 학업성취도가 저절로 높아질 것이다. 그만큼 의미에 대한 내용적 이해가 중요하다는 얘기다.

끝으로, 교과서 맨 뒤에 실린 '찾아보기'는 통합논술 공부를 어떻게 해나갈 것인가에 대한 단서를 제공하는 아주 중요한 부분이다. 특히 국어 비문학 공부와 논술 공부를 위해서는 무엇보다 교과서에 실린 핵심 개념과 주제어, 특히 서로 상반되는 쟁점을 갖는 개념이나 기본 이론에 대한 정확한 이해가 반드시 선결되어야만 한다.

정리하면, 교과서는 다른 참고서에 비해 양도 적고 상대적으로 쉬워 보이지만, 있을 내용은 모두 포함하고 있다. 상대적으로 얇으면서도 모든 내용을 포함하는 최고의 교재가 바로 교과서이다. 따라서 교과서 구석구석을 찾아 반복해서 읽고 생각하고 글로 써가면서 자기 것으로 만드는 것이 공부 잘하는 지름길이다. 교과서 공부에 충실한 학생은 다른 어려운 책도 저절로 이해되며, 특히 수학 실력이 떨어지는 학생들은 반드시 교과서를 갖고 공부하는 습관을 들여야 한다. 공부 잘하는 학생들은 반드시 교과서를 중심으로 공부한다는 것을 명심해야 한다.

여기서 학습능률을 높이기 위한 공부의 방법적 요령 하나를 설명하면 다음과 같다. '**목차**'를 활용하는 공부가 그것으로, 목차는 실제 학습에 무척 중요하다. 이를테면 좋은 책은 책 전체의 뼈대와 줄기가 목차에 전부 녹아 있기 때문에, 목차만 보고서도 내용을 단박에 파악할 수 있다. 필자 역시 책을 쓸 때 목차를 잡는 데 많은 시간과 수고를 아끼지 않는다. 목차가 제대로 잡혀야 글 전체의 논리적 인과관계가 들어맞고 글의 체계가 바로 서기 때문이다. 당장에 이 책의 목차로 돌아가서 이를 살펴보기 바란다. 목차를 읽어 전체가 읽히지 않고 또 저자가 책을 통해 무엇을 말하고자 하는지가 가늠되지 않는다면, 그 책은 목차의 설정부터 실패한 것이다. 목차가 잘못됐는데 전체적인 골격이 온전히 들어맞을 리가 없지 않겠는가.

목차는 공부의 나침반과 같은 역할을 한다. 목차는 공부할 내용을 가르쳐주고, 공부의 중요한 부분과 그것에 담긴 핵심 내용이 무엇인지를 알려준다. 공부할 때는 전체의 틀을 잡는 게 중요한데, 이때 그 뼈대에 해당하는 부분이 바로 목차다. 따라서 목차를 꿰고 있으면 전체, 즉 숲을 볼 수 있는 능력을 길러나갈 수 있다. 그리고 그 목차에 따라 각각의 세부 내용, 다시 말해 나무를 들여다봄으로써, 공부의 방향감 각과 균형 감각은 향상되고 그에 따라 공부의 체계는 바로 선다. 무릇 공부란 전체 적인 체계와 세부적인 내용을 함께 공부해야 학습능력의 향상으로 이어지며, 따라 서 공부를 하는 내내 목차를 생각하면서 지금 내가 어느 부분에 있는지에 대해 끊임 없이 되물어 확인해야 한다.

이런 이유로, 공부할 때 목차를 한 부 복사해서 이를 같이 보면서 공부하기 바란 다. 약간 축소 복사해서 책의 앞부분에 끼우고 다니다가 공부할 때마다 책 옆에다 펼쳐 놓고 수시로 살핀다. 그리고 **공부가 다 끝난 이후에는 목차를 보면서 공부한 내 용을 되물어 확인**한다. 개념을 확실하게 이해했는지를 확인하는 가장 좋은 방법은 목차를 보고 그 단원의 중요 개념을 마치 남에게 설명할 수 있는 수준까지 거듭 되 물어가며 확인하는 것이다. 이때 각 단원의 큰 제목과 소제목에 담긴 핵심 개념어를 목차의 해당 부분에 보충해서 적어 넣고, 그 개념을 떠올리고 말로 설명할 수 있는 지를 확인하면 된다.

그렇게 해서 **목차를 보면서 공부해나가면 내용의 전체적인 체계를 세울 수 있으며, 전체 흐름이 어떻게 진행되는지를 살필 수 있다.** 그렇게 되면 목차가 일종의 '스토리 보드' 역할을 함으로써, 나중에 복습할 때는 목차만을 보고도 그 내용의 세밀한 부분 까지 떠올릴 수 있게 된다. 이때 목차를 보고서도 내용이 떠오르지 않는다면 그 부 분은 공부를 잘 못한 것이기에, 다시 학습하면서 되살리면 된다.

기왕에 목차를 복사할 때 과목별로 한 부 더 복사해서 따로 모아 얇은 바인더 노 트에 철하도록 한다. 말하자면 **전 과목 목차 노트를 만드는 것**이다. 이때 범위가 특 정되지 않은 국어와 영어 과목은 어떻게 해야 할까? 영어는 문법 기본서의 목차를 활용하면 되고, 국어는 문학(현대시, 고전시가, 현대소설, 고전소설), 비문학(예술, 기술, 인문, 과학, 사회), 문법으로 크게 구분한 후 수능 기출지문의 중요하거나 반 복되는 출전을 적어가며 전체 일람표를 직접 만들되, 기출 횟수까지 적어 넣도록 한 다. 그렇게 되면 어떤 글감이 지문으로 출전되고 또 출전될 것인지를 가늠할 수 있 는 부수적인 효과도 얻게 된다.

그 다음에는 심심할 때마다 이 노트를 한 번씩 들여다본다. 걸어 다니면서 보아도 좋고, 쉬는 시간 짬짬이 보아도 상관없다. 목차 노트를 보면서 내용을 한 번 생각해 보고, 그 내용이 잘 기억나지 않는다면 책을 펼쳐 관련한 부분을 찾아 확인한다. 그 리고는 목차 노트와 책에 같은 표시를 하는 등으로, 서로 연결지어 가며 공부할 수 있도록 한다. 자기가 몰라서 찾아 확인한 부분은 표시하고, 아는 부분은 넘어가면 서, 학습한 내용을 완전히 자기 것으로 만들 때, 학습 효과는 극대화된다. 실제, 이것 하나만 제대로 지켜가며 공부해도 공부 잘하는 우등생이 될 수 있다. 반드시 그렇다.

수능 답안 고를 때의 요령

객관식의 선다형의 선택지에 들어 있는 내용은 어떤 식으로든 지문의 내용과 관련이 있다. 그렇기에 정답으로 고려했던 것들 중에 거의 모두는 어느 정도로든 문제가 요구하는 것과 관련이 있다. 따라서 정답의 범위를 벗어나는 선택지를 잘 분별해낼 수 있다면, 당연히 점수는 올라간다.

그런데 문제는, 정답과 관계가 있거나, 또는 관계없는 선택지의 일부는 지문에 나오는 용어와 개념을 바꿔가며 교란시켜 놓은 것이기에, 그만큼 학생들을 헷갈리게 만든다는 점이다. 이때 만약에 선택지가 5개라면, 대개의 경우 3개는 정답과는 확실하게 차이를 보이는 내용인 반면, 꼭 두 선택지가 학생들을 아리송하게 만든다.

따라서 선택지와 지문 내용과의 **관계성** 내지는 **적절성**을 점검할 필요가 있는데 (앞서 화용추론을 예로 들어가며 강조했다), 가장 좋은 방법은 그 헷갈리는 선택지 두 개를 놓고서 "그래서 어떻다는 거야?"라고 '다문 자답'하는 것이다. 물론, 먼저 다른 세 개의 선택지부터 제거한 이후의 일이다.

다음의 논리적 추론을 예로 들어보자.

철수는 분명히 무능한 학원 강사이다. 그는 지난 1년 동안 학원 내의 어떤 다른 강사들보다도 학생들을 적게 배정받았으며, 게다가 학생들로부터의 평가도 그리 좋지 않았다.

다음의 어느 것이 만일 참이라면, 위의 논증을 가장 약화시키는(다시 말해, 논리적으로 타당하지 않은) 선택지는 어떤 것인가? 논증을 약화시키기 위해서는 결론이 참으로 또는 참일 것으로 만들지 않는 것이어야 한다. 틀린 선택지, 즉 정답이 아닌 선택지는 결론과 관계가 없을 것임은 분명하기 때문이다.

(가) 철수는 학원 강사가 되었기 때문에, 학생들을 잘 가르치는 강사이며, 당연히 학생들이 좋아하는 유능한 강사이다.

→ 이것은 오답이다. 철수를 학생들이 좋아하고 있다는 사실은 그의 능력과 관련한 부분과는 <u>관련성이 없다</u>.

(나) 철수가 일하는 학원의 다른 동료 강사들은 성적이 뛰어난 학생들을 배정받는다.

→ 이것도 오답이다. 왜냐하면 학원 내의 다른 동료 강사들이 성적이 뛰어난 학생들을 배정받는다는 사실은 철수의 능력과는 <u>아무런 관계를 맺지 않기 때문</u>이다.

(다) 철수는 전에 다른 학원의 강사였고, 5년 동안 거기에서 일했으며, 소수의 뛰어난 학생들만 가르쳤다.

→ 이것 역시 오답이다. 다른 학원에서의 철수의 성공은 지금 근무하는 학원에서의 유능성의 증거인지 아닌지에 <u>아무런 도움이 되지 않기 때문이다</u>.

(라) 철수가 일하는 학원의 많은 다른 강사들이 지난 5년 내에 고용되었거나 높은 수입을 올렸다.

→ 이 선택지도 틀렸다. 왜냐하면 철수의 동료 강사들과 관련한 부분과 그의 유능함과의 연관에 <u>밀접하게 관계하지 않기 때문</u>이다.

(마) 학원 관계자는 철수를 가장 유능한 강사로 간주하기 때문에, 그는 철수에게 가장 성적이 낮은 학생들을 배정한다.

→ 지문에서 제공한 유일한 증거, 즉 철수가 학생들을 적게 배정받고 또 학생들로부터 좋은 평가도 따르지 않는 것을 통해 알 수 있기에, 논증을 약화시키는 선택지임을 알 수 있다. 따라서 정답이다.

이상에서 알 수 있듯이, 지문의 내용과는 **관계없는** 모든 대답 선택지들을 신속하고 효율적으로 제거해나가는 것이, 수능 시험을 풀 때의 가장 중요한 요령이 된다. 따라서 이 부분에 대한 집중적인 훈련이 따라야만 고득점을 받을 수 있다.

특히 중요한 것은, 대부분의 틀린 대답 선택지들은 무관계하기 때문에 틀린 것임을 기억할 필요가 있다. 만일 부적절한 선택지들을 모두 제거하고서도 여전히 하나

이상의 선택지가 남아 있다면, 그 중에서 **최선의 대답**을 골라내면 그것으로 충분함을 기억하고 완벽한 선택지를 찾는 데 시간을 낭비하지 말아야 한다.

그렇기에 이때 생각해야 할 것이 바로 '매력적인 오답'의 가능성인데, 이는 앞에서 예를 들어 설명했다. 그렇더라도 알고 있어야 할 것은, 지금까지 설명한 '무관계'가 지문 내용과 선택지 대답 간의 **관련성**을 묻는 것이라면, '매력적인 오답'은 지문과 선택지 대답 간의 어휘의 유사와 변형의 정도를 따지는 것이기에 그만큼 **적절성**과 관계된다는 점이다.

이를테면 지문의 핵심 요지에서 벗어난 지엽적인 내용을 담은 어휘를 섞어가며 선택지 대답으로 구성한 경우나, 지문과 관계가 없거나 반대되는 내용을 담은 어휘를 섞어가며 선택지 대답으로 구성한 경우, 그리고 모르는 어려운 단어를 섞어가며 선택지 대답으로 구성한 경우가 그것이다. 이때 앞의 두 경우는 지문을 읽고 전후관계를 잘 살펴 적절한지 여부를 찾아내야 하며, 후자의 경우에는 일단 답이 아니라고 생각한 후 다른 선택지 대답에서 더 적절한 답이 있는지를 주의깊게 살펴야 한다.

여기까지를 정리하면, 수능 답안을 고를 때 일련의 방법적인 요령을 생각할 수 있다. 이는 다음과 같다.

첫째, 선택지 대답과 제시지문 내용의 일치 또는 불일치 간에 어떠한 **관련성**을 갖지 않는 내용이 들어 있다면, 오답일 확률이 높으며, 따라서 이것부터 먼저 제거해 나간다. 그것들은 대부분 완전히 틀렸거나 아니면 출제자가 수험생들을 혼란시키기 위해 장치해 놓은 것들이기 때문이다.

둘째, 두 개의 헷갈리는 선택지가 남았다면, 이후부터는 선택지 대답과 제시지문 내용과의 **적절성** 여부를 집중해서 살펴야 한다. "최선의 답을 고르라"든가 "가장 적합한 답을 고르라"와 같은 유형의 문제일수록 그런데, 이때 염두에 두어야 할 것은, 최선의 답을 고르는 것이지, 정답을 고르는 것이 아니라는 점이다. 물론 이 때 역시 그 적절성의 판단의 기준은 어디까지나 제시지문에 담긴 **사실적 진술**에 기초함은 물론이며, 따라서 '매력적인 오답'의 함정을 피할 수 있도록 지문과 답의 어휘적 유사관계를 깊이 있게 살펴야 한다.

끝맺으며

굳이 다른 학생들을 따져 생각할 필요도 없다. 필자의 자식처럼 당돌한 녀석도 없을 듯한데, "하기 싫은 공부를 도대체 왜 해야 하냐"면서 도발적으로 묻는 아들 녀석에게 딱히 할 말이 없어 말문이 막히는 것도 따지고 보면 오늘을 사는 부모세대가 자승자박한 결과이지, 다른 그 무엇도 아니다. 그 점에 있어서는 필자 역시 이미 겪은 바 있다.

그럼에도 불구하고 자식에게 변명 아닌 변명을 늘어놓아야 할 듯한데, 어찌 보면 이 책을 쓰게 된 동기가 바로 여기에 있지 않았나 싶다. 물론 학생들의 입장에서 때론 선뜻 납득되지 않는 궤변으로 들릴지 모르겠지만, 그렇더라도 세상을 살 만큼 살아 이제는 제법 세상사는 이치가 눈에 들어오는 그런 나이의 부모이자 때론 인생의 선배로서 하는 진심어린 얘기이겠기에, 조금은 귀담아 들어주었으면 한다.

학생이 공부하는 게 왜 중요하며 또 어떤 의미를 지니는 것일까. 필자의 개인적인 생각으로 이렇다.

1. 왜 공부해야 하는가를 따져 묻는 당돌한 자식에게 건네는 옹색한 설득

이유1 공부의 경제학 : 공부의 '때'를 놓치면 안 된다

경제학에서 미래의 가치를 현재의 가치로 환산할 때 적용되는 비율을 '**할인율(discount rate)**'이라고 한다. 할인율은 장래의 가치를 현재시점으로 끌어다 썼을 때의 이자율을 말한다. 즉 장래에 받게 될 금액에 대한 현재가치가 얼마인가를 가리킬 때 쓰이는 용어가 바로 할인율이다. 만약 어떤 아파트를 1년 후에 3억3천만 원에 되팔기로 하고 3억 원에 구입하였다면, 이는 연간 10%의 비율로 할인해 현재가치를 평가한 셈이다. 즉 현재가치가 3억 원이고 할인율은 10%이다.

이를 산식으로 표현하면 '3.3억 원 $\div (1+10\%)^1$=3억 원'으로, 장래의 이자율을 현재 시점으로 붙들어오기 위해 이자가 붙는 과정을 거꾸로 뒤집어 놓은 것과 같게 된다. 이것이 할인의 개념으로, 할인율이 높다는 것은 그만큼 현재가치가 낮음을 뜻한다. 그렇다면 현실에서 이것이 뜻하는 바가 무엇일까? 이제부터 이 할인율의 개념을 대학 가는 공부에 적용해서 생각해보자.

첫째, 할인율이 높다는 것은 **기다림을 참지 못하고 현재를 탐닉한다는 뜻**이 된다. 사람들은 기다려서(참고 노력해서) 얻게 되는 어떤 가치가 지금 당장 얻는 가치보다 그리 크지 않을 거라고 생각하면서, 현재를 마음껏 즐기려는 유혹에 빠지게 된다. 하지만 현실에는 지금 당장 해야 하는 것들을 게을리하고 회피할수록, 시간의 흐름과 함께 더 많은 비용과 대가를 지불해야만 하는 것들이 많다. 대학 가는 공부가 그중 하나인데, 만약 공부할 '때'를 놓치고 다른 그 무엇에 빠져 헤어나지 못한다면, 이는 그만큼 지금 그 일에 엄청나게 비싼 값을 치르고 있는 중이라고 보면 된다. 그런데 그 비싼 값을 치르고 탐닉하는 것이 고작 게임이라든가 설익은 이성 교재(이것이 반드시 나쁘다는 게 아니라, 지나친 게 문제다)라면, 그건 너무 헐값에 자신의 장래 가치를 소진하고 마는 행위이지 않겠는가?

둘째, 할인율이 높다는 것은 **장래의 위험 부담(즉 리스크 프리미엄)이 높다**는 뜻이다. 이 점에서 볼 때 할인율은 일종의 '**기회비용**'과도 같다. 기회비용이란 어느 하나를 선택할 때 다른 것을 포기함으로써 치러야 하는 비용인데, 할인율이 높다는 것은 그만큼 희생해야 할 것이 많다는 뜻이 된다. 여기서 알고 있어야 할 중요한 사실은, 기회비용이란 자신이 가장 소중하고 또 가장 많은 비용을 요구하는 행위를 포기함으로써 얻게 되는 대안적 선택 행위에 따른 비용이란 점이다. 따라서 학생이 학생으로서의 본분을 망각하고 공부를 게을리한다면, 이는 장래에 거둬들일 많은 가치를 포기하는 것이 되어 결과적으로 엄청난 기회손실을 불러오는 것과 다를 바 없다.

그렇게 해서 나중에 어떤 일을 계획하더라도 상당한 대가와 수고를 각오해야 한다. 일례로, 고등학교 때 공부를 게을리하여 서울의 명문대에 진학하지 못하고 수도권 대학에 들어간 학생이, 이후 정신을 차리고 열심히 공부하여 좋은 직장으로 취직하려고 마음먹었다고 하자. 그렇게 해서 그 학생은 남들보다 정말이지 열심히 노력하여 각종 자격증을 취득하고 어학 공부에 전념하고 게다가 여러 스펙을 쌓기 위해 그토록 동분서주하였건만, 단지 학력에 밀려 번번이 서류전형에서조차 떨어진다면, 이것이 바로 장래시점의 높은 현재가치를 보장받기 위해 현재시점의 할인율을 낮춰야 함에도(즉 기회비용을 낮추거나, 위험부담을 낮춰야 함에도) 불구하고 그렇지를 못하고 기회비용을 낭비한 행동이다. 그렇게 해서 뒤늦게 후회하는 학생들이 의외로 많다.

장래와 관련한 선택에서 할인율과 기회비용은 중요한 의미를 갖는다. 현실에서 어떤 할인율과 기회비용을 적용해가며 행동하느냐에 따라 미래에 대한 선택과 결과가 크게 달라질 수 있기 때문이다. 우리가 미래에 관한 많은 선택을 할 때에는 미래의 가치를 현재의 가치로 맞바꾸는 어떤 특정 할인율이 적용됨을 반드시 깨달아야 하는데, 그래야만 기회비용에 따른 합리적인 선택에 대해 깊게 생각할 수 있기 때문이다. 학생에게 있어 그 특정 할인율은 바로 '공부를 방해하는 다른 많은 유혹들, 이를테면 게임이라든가 이성 교제라든가 채팅과 같은 생리적 욕구'에 탐닉하여 쏟아붙는 시간의 합계이며, 기회비용은 곧 그 달콤한 유혹을 억누르고 열심히 공부해서 마침내 얻게 되는 대학 합격증이다. 그 성과가 갖는 가치는 굳이 말하지 않아도 알 수 있을 것이다.

이처럼 학생들이 공부를 왜 해야 하며 또 그것이 어떤 결과를 갖는 대안 선택으로서의 합리적인 행동인지를 경제학적인 개념으로 설명할 수 있다. 따라서 그것에 담긴 의미를 올바르게 이해하고 있다면, 지금 열심히 공부하는 것이 얼마나 '합리적인 인간 행동'이고 또 '비용-시간적으로 효과적인 행위'인지를 알 것이며, 또 알아야 한다. 이런 이유로, 자신을 둘러싼 달콤한 유혹을 멀리하고 열심히 공부하는 학생들은 정말이지 현명한 경제적 선택을 한 학생들이라고 할 수 있는데, 그 성과는 학교를 졸업하기도 전에 곧바로 드러나게 마련이다.

이유2 공부는 학생의 본분이자 특권이다

학생들은 막연한 의무감에서 공부한다고들 생각한다. 이를테면 부모의 강압에 못 이겨 마지못해 공부한다거나, 학교에서 숙제를 내주니까 공부하는 것일 뿐, 다른 그 무엇도 아니라고 강변한다. 공부란 원래 피곤한 의무이자, 도무지 끌리지가 않는 피하고 싶은 일과일 뿐이라고들 생각한다. 그렇게 해서 피동적으로 학습하는 과정에서 무기력해진 학생들의 대부분은 왜 공부해야 하는지를 모르고 길을 잃고 헤매고 만다. 당연히 공부는 재미없고 지루하며 고통을 강요하는 고약한 녀석으로 자기 앞에 다가선다.

사실, 공부는 중노동이며 고통이다. 공부는 머리 싸매고 쥐어짜는 고된 작업이다. 머리를 싸매고 쥐어짜면서 애쓰는 것이 공부이다. 기를 쓰고 용을 써가며 매달려야 하는 것이 공부이다. 그렇기에 공부하려는 사람은 진정으로 고통을 즐길 수 있어야 한다. 고통 없는 공부는 없다. 그런데 한창 자라나는 감수성이 예민한 학생들에게 고통을 즐겨가며 열심히 공부하라는 다분히 이율배반적이며 역설적인 설득, 이것이 과연 가당키나 한 걸까.

솔직히 말해, 공부는 재미없다. 특히 대학 가는 공부처럼 어쩔 수 없이 자격을 가르기 위해 하는 공부는 정말이지 재미없고 내용적으로도 이루 말할 수 없이 지루할 뿐이다. 그럼에도 누구 하나 학생들에게 왜 공부해야 하는지에 대한 이유를 제대로 알려주지 않은 채 공부하라고 강요할 뿐이다. 혹자는 좋은 대학에 가기 위해 또는 더 많은 돈을 벌기 위해 공부를 해야 한다고들 말하지만, 정보화시대에 알 것 모를 것 다 아는 학생들이 그 말을 온전히 새겨들을 리 없다.

그렇기에 스스로를 억누르고 열심히 공부하는 학생을 보면 참으로 대견하다는 생각부터 든다. 뭐가 뭔지 사리분별이 안 되는 어린 시절부터, '공부하는 것이 학생의 본분'이라면서 잔뜩 최면을 거는 부모의 애정 어린(?) 설득에 넘어간 순진함 때문이라고 해도 상관없다. 이유가 어찌됐든, 누가 뭐라 하든, 학생이 학생답게 행동할 때 아름답다. 그리고 무엇보다, 학생은 학생다워야 한다.

학생이 학생다울 때는 공부할 때다. 열심히 공부하는 학생은 아름답다. 늦은 밤 야간자율학습을 끝마치고 학교를 나서면서 느꼈던 왠지 모를 뿌듯함, 책상에 머리를 박고 빠져들던 꿀맛 같은 토막잠과 흥건히 책상에 고인 침에서 묻어나는 짙은 페이소스, 그리고 타성과 나태에 젖은 채 소중한 시간을 게임이나 오락으로 허비하는 배짱이 학생들을 어깨너머로 내려다보며 기꺼이 현재의 고통을 감내하겠다는 이유 있는 지적 오만함, 이런 소소한 것조차도 학생답다고 느껴지는 것은 그만큼 공부가 학생의 본분이기 때문일 터이다. 그리고 학생 때만이 느낄 수 있는 결코 작지 않은 즐거움이자 성취감 때문일 터이다.

청소년 시절은 많은 것을 요구받으면서도 자신이 그것을 능히 해냈다는 데서 자부심을 느낄 수 있는 시기다. 당장의 편안함보다는 기꺼이 고통을 받아들이고 그 고통을 능히 극복해냈다는 데서 뿌듯함을 느낄 수 있는 시기다. 학생들은 공부의 지겨움과 고통을 의연히 견딤으로써 커다란 정신적 성숙을 이뤄나가게 된다. 그리고 이는 훗날 스스로 의연하게 세상과 마주설 수 있는 정신적 자양분으로 작용한다.

공부에는 '때'가 있다. 바로 학생 시절이 공부하기 가장 좋은 '때'이다. 기억력이 가장 뛰어난 시기이면서, 의식주 걱정에 마음을 빼앗기지 않고 마음껏 공부에만 전념할 수 있기 때문이다. 따지고 보면 학창시절처럼 마음껏 공부할 수 있는 시기도 없는데, 학생에게 주어진 시간과 환경, 기대, 조건 등이 모두 공부라는 목표에 맞추어져 있는 학창시절을 놓치면, 그만큼 이후의 공부는 훨씬 더 험난해질 수 있다.

그렇기에 공부는 학생의 본분을 뛰어 넘어, 그 공부할 때를 알고 가는 학생만이 누릴 수 있는 특권이기도 하다. 더군다나 공부를 잘한다는 것은 성공할 수 있는 자질이 있다는 의미도 포함하고 있기 때문에, 학생이 열심히 공부한다는 것은 곧 모든 주어진 조건을 관리할 수 있는 자질을 보여주는 것과 같다. 공부를 잘 하는 사람이 반드시 성공하는 것은 아니지만, 성공할 확률이 월등히 높은 것은 분명한 사실이다. 물론 여기서 말하는 성공은 물질적인 성취만을 의미하는 것은 아니다.

따라서 그 특권을 마음껏 누리느냐 마느냐가 앞으로의 삶을 결정한다. 공부를 통해 집중력과 태도, 목표 설정, 시간 등을 관리한다는 뜻은 성적 자체보다 자기 관리에서 성과를 낸다는 의미가 더 크다. 학창시절에 많은 여학생들이 잘 생긴 남학생보다 공부 잘하는 남학생을 더 좋아하는 이유가 절대 이와 무관하지 않은데, 그렇기에 공부 잘하는 학생들에게서 드러나는 뭔지 모를 우월적 지위를 담은 존재감은 그만큼 학생으로서의 특권을 만끽한다는 의미와 크게 다를 바 없다. 잘난 존재감은 예의 그렇듯 공부를 통해 발휘되는 것이다.

그러나 그 특권은 동시에 학생의 의무이기도 하다. 의무를 다함으로써 특권을 누릴 수 있는 것이다. 열심히 공부하지 않고서는 성취의 즐거움도 없고 보장되는 꿈도 없다. 달콤함을 유혹하는 당장의 편안함이나 즐거움을 포기해야만 최고의 특권을 누리게 되는 것이다. 그렇기에 특권을 누리기 위해서는 공부를 가로막는 일체의 걸림돌을 제거해야 한다. 무엇보다, 기꺼이 고통을 감내하고 꿈을 성취하기 위해 노력해야 한다. 꿈과 희망이 있으면 행동이 나오고 그런 행동이 반복되면 습관으로 자리를 잡는다. 결국 모든 성공의 결과는 공부하는 좋은 습관의 산물이다. 꿈과 비전을 갖고 무언가를 이루어내려는 행동이 습관이 되면 틀림없이 좋은 결과를 가져다준다.

여기서 우리가 인정하고 넘어가야 할 것은, 공부에는 공짜가 없다는 분명한 사실이다. 더도 말고 덜도 말고 꼭 머리 노동한 것만큼만 얻는 정직한 노동이 곧 공부이다. 결국 공든 탑이 무너지지 않는 것이 공부이다. 공부는 공든 탑이다. 탑이 높을수록, 그 탑은 노력하고 땀 흘려가며 노력한 공부가 마땅히 이룩한 귀한 결과이자, 머리 싸매고 공부한 것에 대한 응분의 보상이 된다. 이렇듯 공부는 노력이고 땀이기에 그 열매는 달다. 어려울수록, 힘들수록 공부의 고통을 즐겨야 한다.

마음껏 공부할 수 있는 특권은 언제나 아무에게나 주어지는 것이 아니다. 오로지 학생에게만 주어지는 특권이자 의무이다. 인생에 있어서 진정으로 원하는 것이 있다면 학생 때 열심히 공부해서 그 자질을 증명해야 한다. 그 자질을 입증해서 자기의 꿈에 이르게 해주는 사다리가 바로 공부이다. 의무이자 특권인 공부를 누릴 줄 아는 자만이 우등생이 된다. '카르페 파시오 carpe passio!', 어려울수록, 힘들수록 공부의 고통을 즐겨라. 고통과의 싸움에서 승리하라. 그것이 학생만이 느낄 수 있는 특권을 만끽하는 것이자, 공부를 영원히 내 것으로 만드는 길이다.

이유3 공부는 부모에게 가장 큰 효도다

부모가 자녀에게 공부 잘하기를 바라는 이유는 단순하다. 예전에 너무도 가난해 못 배운 것에 대한 일종의 보상심리 때문이라든가, 공부 잘해 좋은 직장에 들어가서 아들딸 잘 낳고 잘살기를 바라서라는 통속적인 말들은 할 필요조차 없다. 그런 얘기라면 오히려 자식들로부터 강한 반발과 빈축을 살 뿐이다.

솔직히 말하면 이렇다. 무엇보다, 공부 못하거나 공부 안 하고 딴짓 하는 자식을 보면 시쳇말로 쪽팔리고 울화통이 터지기 때문이다. "공부 못해도 좋으니 건강하게만 자라다오"라고 말하는 부모는 다분히 위선적이다. 세상에 부처님 가운데 토막 같은 부모는 흔치 않다. 내 자식이 뉘 집 자식보다 더 나아 보이고 더 잘되기를 바라는 것은 부모의 한결같은 마음이다. 그만큼 자식의 대학 가는 공부는 부모와 그 친한 친구들 간의 그 동안의 세월의 무게만큼 해묵은 보이지 않는 열등의식의 감정이 쌓여 있는, 그리하여 자식 교육만큼은 절대 질 수 없다는 일종의 보상심리가 감정이입되면서 애먼 자식들끼리의 '대리전'으로 발전한 지 오래다.

그만큼 지금 우리는 남과 비교하고 또 비교당하는 시대의 한 복판을 지나가고 있다. 문제는 그로 인해 느끼는 상대적 박탈감의 정도는 재산의 많고 적음보다 더하면 더했지 결코 못하지 않다는 것인데, 부모인 내가 못나서 남들로부터 무시당하는 것은 참을 수 있지만, 내 자식까지 그런다는 것은 도저히 받아들일 수 없는 중차대한 일이다. 따지고 보면 '엄친아'라는 말도 내 자식과 남의 자식을 비교하는 데서 비롯된 사회적 병리현상의 한 단면을 드러내는 것 아니겠는가. 치열한 경쟁사회에서 부러워하면 지는 건데, 그놈의 몹쓸 부러움은 왜 하필이면 내 자식과 옆집 자식 간의 대리전으로 전개되어야 하는지를 모르겠다. 그 점에서 볼 때 부모가 자식 공부 잘하기를 바라는 마음은 그만큼 이기적이며 자기중심적이다. 부모들이여, 솔직해지자.

물론 진정으로 자식의 앞날을 걱정하고 자식이 잘되기를 바라는 부모들도 많다. 자식이 무사히 건강하게 잘 자라고, 스스로 잘 커나가기를 바라는 그런 소박한 바람이자 열린 마음을 갖고 조용히 뒷짐지고 자식을 바라보는 그런 부모들도 상당하다. 그렇더라도 이들 역시, 리처드 도킨스가 〈이기적 유전자〉에서 밝혔듯이, 자기 유전자를 후대에 잘 전하기를 바라는 마음에서 비롯되는 후한 마음이기에 이 또한 이기적이다. 좀 더 직설적으로 말한다면, 자기 유전자가 못난 탓에 내 자식의 유전자는 나보다는 좀 더 낫기를 바라는 속내를 직접적으로 드러내지 않는 것일 뿐, 자식이 남들보다 잘되기를 바라는 마음은 동서고금을 불분하고 똑같다. 이것을 두고 "不敢

請固所願 불감청, 고소원"이라고 했던가. 그렇기에 필자는 경쟁위주의 학교 교육의 한계를 극복하고 좀 더 나은 교육환경을 제공해준다는 명목으로 자식을 '대안학교'에 보내는 부모 역시, 자기중심적인 사고에 갇힌 지나치게 이기적인 부모라고밖에는 달리 생각되지 않는다.

어찌됐든 이것 하나만은 확실하다. 부모의 알량한 이기심으로 자식이 공부 잘하기를 바라는 마음에서든, 또는 진정으로 자식 잘되기를 바라는 선한 마음에서든, 부모로서 자기 자식을 잘못 키우고 싶은 사람은 없을 것이다. 이 세상에서 가장 지고지순한 동기는 아마 자식 잘되기를 바라는 부모의 한결같은 마음일 것이다.

그렇기에 세상이 두 쪽 나도 변하지 않는 확실한 것은, 부모가 자식에게 전하는 내리사랑이다. 부모는 적어도 자기 자식에게만큼은 철저한 약자이자 영원한 자식 편이다. 공부하는 게 마치 벼슬인 양 부모의 마음에 비수를 꽂아가며 악다구니를 퍼부울 때도, 학교 담임으로부터 그따위 성적으로 어디 자녀를 대학 보내겠냐는 속절없는 핀잔을 들을 때도, 부모는 자식 눈치 보느라 정신이 없는 이기적인 바보다. 세상에 치이고 자식에게도 치이는 부모는 그래서 불쌍하다.

그래서 하는 얘긴데, 학생들이여 이렇게 생각하면 안 되겠나? 무릇 극과 극은 통한다고, 부모가 학교 성적에 집착하는 이기심은 어디까지나 자식을 지나치게 사랑하는 순수 이타심에서 비롯된 것이며, 따라서 그 순수한 마음 그대로를 받아들이고, 믿고 따라주기를 바란다. 부모는 적어도 자기 자식에게만은 참으로 단순하다. 자식이 맛있게 먹으면 그게 그저 고맙고, 자식이 예쁜 짓하면 그게 또 마냥 행복하다. 자식이 속 썩이면 하늘이 무너지는 것 같고, 행여 자식이 다치기라도 한다면 이 세상을 다 잃은 듯이 슬퍼진다.

자식은 부모의 전부라고 해도 과언은 아니다. 그렇기에 때론 부모가 아이의 삶에 적극 개입해서 무언가를 바꿀 수 있다고 착각하는 경우가 있지만, 그것마저도 이해하길 바란다. 부모는 교육열은 높지만 교육 기술은 한참 뒤떨어진 탓에, 공부가 마치 인생을 살아가는 전부인 것처럼, 그것도 자기 인생을 위한 공부인 양 착각하고 행동하지만, 그것마저도 이해하고 받아들이기를 바란다면, 이것이 지나친 욕심일까?

혹자는 부모는 자식을 위해 모든 걸 다 주고, 자식은 부모의 희생에 대한 책임감을 느낀다고들 하면서 냉소적인 태도를 보인다. 그런데, 그게 뭐 어떻단 말인가? 지금처럼 살아가기 퍽퍽한 시대에, 부모가 자기 자식 잘되기를 바라는 오직 한 목적으로 열심히 삶을 살고, 자식이 그런 부모를 보고 열심히 공부하여 부모를 기쁘게 하는 게 뭐가 비난받을 일인가? 물론 "내 아들 이렇게 잘났어요" 해 가며 책을 써가며 동네방네 떠들어가며 푼수 짓하는 일부 학부모들도 있지만, 그런 못난 부모보다는 자식이 진정으로 잘되기를 바라며 공부 열심히 할 것을 후원하는 부모가 훨씬 더 많다는 것을 알아야 한다.

부모와 자식 간의 관계는 '책임이자 의무'에 대한 동시이행 관계이지, 어느 일방의 관계가 될 수 없다. 그래서 학생들은 부모가 자기의 의사와는 상관없이 일방적으로 지배하려 든다며 고깝게 생각하지 말고, 기왕이면 엄마의 잔소리를 자식 잘되라는 애정 어린 '충고'로 받아들이고 공부에 매진하기 바란다. 부모는 그런 자식이 그저 고맙고 기특하고 대견할 뿐이다. 다른 어떤 것도 바라지 않는다.

거듭 강조하지만, **공부는 부모에게 가장 큰 효도다.** 자식이 공부 열심히 하는 것은 부모에 대한 의무이자 공동체 사회 구성원으로서 갖는 사회적 책임이지, 결코 자기중심적인 알량한 권리가 아니다. 따라서 기왕에 책임과 의무를 다하려면, 그리고 자기 권리를 떳떳하게 내세우려면, 잔말 말고 공부하자. 그게 학생의 본분이자 특권이지, 공부 안 하고 뺀질거리는 게 결코 예쁜 짓이 될 수는 없다. 그리고 열심히 공부하는 자식을 지켜보는 부모는 밥 안 먹어도 배부르고, 아무리 힘들고 속상한 일이 있어도 불끈 힘이 솟는다. 자식은 부모에게 인생의 비타민이기에 그렇다.

공부하자. 학생답게 공부하며, 부모 말에 귀담아 들어가며 그렇게 살아가자. 그게 세상을 살아가는 순리다. 그리하여 먼 훗날, 너희들이 똑같이 부모가 되었을 때, 자식들에게 '공부해, 인마' 해가며 떳떳하게 호통칠 수 있는 그런 부모가 되어야 하지 않겠는가.

2. 수험생을 둔 부모가 자녀 교육에 관여코자 할 경우에 당부하는 조언 한 마디

이제 가장 중요한 물음이 남았다. 자녀 교육에 어떻게든, 그리고 어떤 식으로든 관여하는 것이 수험생을 둔 학부모로서 취할 마땅한 의무일 듯하다. 그런데 문제는 무엇을 어떻게 해야 할지를 모르겠다는 점이다.

스스로 학습 계획을 세우고 그 계획에 따라 자기주도로 공부해나가야 한다는 것을 알겠기에 자녀를 학원에 보내지 않고자 굳게 마음먹은 터라도(학원을 보내지 말라는 얘기가 아니라, 학원에 전적으로 의존해가며 공부하게 만들지 말라는 것이다), 녀석은 필시 남아도는 시간을 주체 못해 딴 데 한눈 팔 것이겠고, 죽으면 죽었지 그것만은 눈뜨고 볼 수 없는 노릇이다. 그렇다고 내 아이를 직접 가르치자니 이 역시 가당치 않은 일이겠고, 아무튼 이 책을 읽고 이래저래 머리만 더 복잡해졌다는 부모가 여럿 될 것이다.

그도 그럴 것이, 우리나라 엄마들이 자녀 교육에 직간접적으로 끼치는 영향력은 실로 엄청나다. 무차별적으로 진행되고 있는 각종 교육 관련 프로그램이나 강연회마다 엄마들로 넘쳐나고, 대학입시설명회나 사설 교육기관의 진학설명회는 그야말로 인산인해를 이루며, 학교 시험이 끝난 후에는 어김없이 열리는 학원 설명회는 도무지 빈자리를 찾아볼 수 없다. 그만큼 엄마들은 이에 적극 참여하는 것을 고귀한 희생으로 생각하며 당연시한다. "엄마가 네 입시와 관련한 모든 정보를 알아와 알려줄 테니까 너는 그저 공부만 열심히 하면 돼" 하면서, 전문가의 말 한 마디 한 마디를 놓치지 않으려고 그야말로 필사적이다.

그런데 필자가 볼 때에는 그런 모든 것들이 어딘지 모르게 사교육 시장의 교묘한 상술에 놀아나는 어리석은 행동이자, 자신의 지적 판단능력을 너무 높게 평가하는데서 비롯되는 어쭙잖은 행동으로밖에 여겨지지 않는 것은 왜일까? 지금처럼 난맥상을 보이고, 게다가 시시각각으로 변하는 어지러운 입시 정책과 그에 편승한 자칭 타칭 교육 전문가들의 현란한 화술을 똑바로 들여다보고 정확하게 판단할 수 있다는 게 바로 지적 오만함이지, 달리 무엇이겠는가. 그만큼 지금의 대학 가는 공부와 관련해서는 그야말로 장님 코끼리 만지기 식으로, 사실과 진실 간의 괴리가 너무나도 크다.

아무튼 그렇게 해서 자녀의 공부와 학습 결과에 대한 집착이 강할수록, 내 자식에게 공부 잘 시켜 좋은 대학에 보내야 한다는 집념이 강할수록 자녀의 행동이나 학습에 지나치게 개입하게 되고, 그런 부모 말에 씨알이 먹히고 권위가 서기 위해서는 자녀에게 다소 상처를 주는 직설적인 잔소리쯤은 어쩔 수 없는 것 아니냐면서 자신을 애써 합리화하려 든다. 그럼에도 정작 아이들은 엄마들의 이런 개입에 대해 별다른 거부감이 없다. 그저 그러려니 하면서 엄마가 짜주는 시간표를 가지고 공부하며, 엄마가 등록해준 학원에 가서 공부하는 것을 오히려 편안하게 생각한다. 한편 그렇지 않은 학생들은 당연히 그런 부모에게 반항할 것이겠고, 그렇게 해서 부모와 자식 간의 갈등의 골은 깊게 패이게 마련이다. 어느 쪽이든 자녀는 그저 습관적으로 공부하려 들기에, 뚜렷한 학습 동기라든가 결연한 공부 의지는 눈을 씻고도 찾아볼 수 없다.

하지만 이래서는 안 된다. 둘 다 자멸하는 나쁜 결과만을 가져다 줄 뿐이다. 부모가 자녀의 공부에 대해 그 일거수일투족을 지배하려 들어서는 안 되며, 또 현실적으로도 지배할 수 없다. 그렇기에 자녀 교육에 있어 가장 좋은 방법은 '관여는 하되, 간섭은 하지 않는' 것이다. 이를테면 자녀가 공부에 집중할 수 있는 환경을 만들어주고 또 스스로 열심히 공부하고자 하는 학습 동기를 심어주는 한편, 자기주도학습을 위한 적절한 공부 요령을 가르쳐줌으로써, 이를 통해 올바른 공부 습관을 다져나갈 수 있도록 옆에서 끊임없이 격려하고 지원하는 노력이 곧 자녀 교육에 대해 부모가 할 수 있는(해야 하는) 바람직한 '관여'이다. 반면, 왜 공부를 해야 하는지 구체적인 이유를 제시하지 못한 채 "다 너를 위해서'라는 다분히 자기위선적인 명분을 앞세워 자녀를 마냥 학원으로 내몬다거나, 어디서 주워들은 잘못된 정보와 상식, 그릇된 공부 습관과 공부 방법을 갖고서 자녀를 일방적으로 몰아붙이는 자식 사랑의 이면에 자리 잡은 이기적인 행동이 바로 '간섭'이다.

그렇다면, 어떻게 해야 할까? 어떻게 하면 자녀를 자극하지 않으면서도 자녀 교육에 관여하여 소기의 목적을 달성할 수 있을까? 이는 다음 두 가지로 집약된다.

첫째, 부모인 내가 자녀의 교육을 직접 가르친다거나 내가 의도한 바대로 이끌겠다는 생각보다는, 자녀 스스로 공부에 대한 열정, 올바른 공부 습관, 공부에 대한 방법적 요령을 깨우칠 수 있도록 끊임없이 학습 동기를 불어 넣어주는 한편, 이를 통해 이 세 가지가 서로 상호작용하여 시너지 효과를 낼 수 있도록 독려해나간다.

어느 경우에나 교육은 교육받는 당사자가 자발적이고 적극적으로 행할 때 그 효과가 나타나는 법이다. 따라서 부모가 지나치게 조급한 마음을 갖기보다는, 자녀 교육에 대해 **확고하고 일관성 있는** 자세를 갖는 것이 무엇보다 중요하다. 따라서 자녀의 그때그때의 성적에 감정적으로 반응한다거나, 즉흥적으로 공부 방법을 바꿔가면서 강제적으로 시킬 경우에는 효과가 없을뿐더러 자칫 부모와 자식 간에 감정만 상하게 된다. 어디까지나 자녀의 수준에 맞춰 장·단기 계획을 치밀하게 세우고 이를 차질 없이, 그리고 흔들림 없이 밀고나가는 공부 지도가 필요하다.

둘째, 그렇기에 부모의 가장 바람직한 자녀 교육은 자녀가 학습 계획을 올바르게 세우고, 그 계획에 맞춰 차질 없이 공부를 실천해나갈 수 있도록 **학습 관리에 적극 참여**하는 일이다. 자녀가 공부 잘하도록 만들려면 잘 가르치는 것만큼이나 이를 확인하는 것 역시 무척 중요하다. 이때 자기주도학습을 통해 스스로 공부해나갈 수 있는 환경과 여건을 만들어주는 소극적인 노력만으로도 자녀를 가르치는 역할은 충분하므로, 나머지는 학교에 맡기거나 또는 취약한 과목이나 부족한 부분에 한정해서 학원 수업 등을 통해 보충하도록 조처하면 그것으로 충분하다. 그것도 자녀가 원할 경우에만 그렇게 하면 된다.

따라서 공부계획, 즉 공부할 양과 공부 시간은 어디까지나 자녀가 결정하도록 하되, 부모는 자녀가 **공부한 것을 어떤 방법으로든 꼭 확인하고 보정하고 관리토록** 하는 적극적인 역할을 담당토록 한다. 어떤 일을 할 때, 자기가 주체가 되어 계획하고 실천하는 것과 남이 시켜서 하는 것과는 그 일을 끝마치고 나서 전혀 다른 감정을 갖게 된다. 자기 스스로 한 일에 대해서는 성취감과 자신감을 갖게 되지만, 남이 시켜서 하는 일은 단지 남의 말을 잘 들어 착한 행동을 했다는 감정이 들 뿐이다. 따라서 자신감이나 성취감을 갖기는 힘들다. 공부 역시 마찬가지여서, 스스로 계획하고 노력해가며 공부하는 과정에서 성취감을 느끼고 공부에 재미를 들여야 성적은 오르는 것이지, 그렇지를 않고 그저 남이 시키는 대로 마지못해 따라하는 것으로는 절대 성적은 오르지 않는다.

그런데 학생들이 공부할 때 가장 힘들어하고 또 제대로 실천되지 않는 것이 또한 학습목표 관리이다. 앞에서 야간자율학습과 자기주도학습의 가장 큰 차이가 바로 **'학습 계획'에 대한 실천 의지**라고 했는데, 한창 자라나는 감수성이 예민한 학생들에게 있어 의지력은 그만큼 쉽사리 통제하기 어려운 욕구이다.

그렇기에 실제 자녀 교육에 있어서 부모가 가장 중점을 두어야 할 핵심 아젠다가 바로 이 부분인데, 자녀가 **학습 계획을 올바르게 세우고 적극 실천해나가고 있는지를 거듭 확인하고, 독려하며, 바로잡아줄 수 있어야** 자기주도학습은 빛을 발할 수 있는 것이다. 만약 그렇지 않고 자녀에게 전적으로 맡겼다가는 자칫 낭패를 볼 수 있다. 학생들의 의지력은 생각만큼 확고하지 않다.

어찌 보면, 특목고·자사고와 일반고의 가장 큰 차이가 바로 이 부분이라고 봐도 무방하다. 특목고·자사고는 엄격한 학사관리를 통해 학습 목표를 명확히 부여하고 이를 학습 계획에 맞춰 차질없이 실천해나갈 것을 강제 아닌 강제함으로써 높은 명문대 진학률을 보이고 있는 것이다. 게다가 이 학교에 입학한 학생들은 그만큼 공부에 대한 뚜렷한 목적의식이 있는 데다 학생들 간의 눈에 보이지 않는 경쟁의식 또한 상당하기에, 학습 계획에 대한 자발적이고 자율적인 자기관리는 그야말로 철두철미하다.

그렇게 해서 특목고·자사고에 다니는 학생들의 경우에는 논술 공부를 안 하거나 서울대 사탐 필수과목인 한국사를 공부하지 않는 학생이 오히려 이상한 학생으로 취급되지만, 반대로 일반고에 다니는 학생이 논술을 공부하거나 한국사를 공부할라치면 주변에서는 주제를 모르고 날뛴다고 비아냥댄다. 서울대 수시 일반전형에서 특목고 학생의 합격률이 압도적으로 높은 이유가 이와 절대 무관하지 않은데, 당연히 일반고 학생은 그만큼 학습의지가 꺾이고, 야간자율학습 역시 계획처럼 제대로 실천되기 어렵다.

필자가 아들을 자사고에 보낼 결심을 했던 가장 큰 이유가 이것인데, 그럼에도 이 녀석은 영악하게도 필자의 이 같은 의도를 간파하고 반기를 든 것이다. 어찌하랴. 부모에게 자식은 영원한 강자인지라, 결국에는 자식의 뜻을 따를 밖에.

어찌됐건, 자식의 공부에 개입할 수밖에 없는 현실에서, 그리고 학습 계획이 당초 목표한 바 그대로 차질없이 진행되고 있는지를 확인하고 끊임없이 다그쳐야만 하는 입장에서, 자칫하다가는 부모 자식 간에 그야말로 철천지원수가 될 수 있음을 분명하게 인식하고 자식 교육에 관여해야 한다. 어떻게 해야 할까? 이것을 설명하기에 앞서 다음의 세 가지 심리학적 실험 결과가 의미하는 바를 살펴보자.

먼저 타인의 기대나 관심으로 인하여 능률이 오르거나 결과가 좋아지는 현상인 '피그말리온 효과'를 교육학에 접목한 것이 바로 '로젠탈 효과'인데, 이를 설명하면 이렇다. 이에 따르면, 학생들을 학습할 때 능력 있는 학생으로 기대하고 능력을 인정해주면 그 학생의 학업 능력은 더욱 신장되며, 그와 반대로 능력이 떨어지는 학생으로 기대하고 학생을 대하면 그 학생의 학업 능력은 신장되지 못한다고 한다. 즉 부모가 자녀를 어떤 관점에서 대하느냐에 따라 학업 성취도가 달라질 수 있다는 것으로, '할 수 있다'는 기대치를 가지고 자녀를 칭찬해가며 믿고 기다려주면 자녀는 공부에 자신감을 갖고 학업 능력을 크게 올릴 수 있다는 것이다.

피그말리온 효과와는 반대되는 현상으로 '낙인효과'가 있는데, 이는 남들에게 무시당하고 부정적인 낙인이 찍히게 되면 나쁜 행동으로 변해가는 현상을 말한다. 즉 부모가 자녀를 긍정적으로 생각해주면 그 자녀는 부모의 그러한 기대에 부응하려고 노력하지만, 반대로 부정적으로 평가해 낙인을 찍게 되면 부정적인 행태를 보이는 경향성을 보인다고 한다.

한편, 납치나 강도를 당한 인질이 오히려 자신들을 볼모로 잡은 인질범들에게 호감과 지지를 나타내는 비이성적인 심리현상을 '스톡홀름 증후군'이라고 하는데, 미국 초등학교의 한 실험 결과에서도 스톡홀름 증후군이 나타나는 것으로 확인됐다. 초등학생을 두 그룹으로 나누어 시험문제를 풀게 하고, 이를 도와주는 선생님이 한 그룹은 시종일관 친절히, 다른 한 그룹은 내내 불친절하다가 마지막 문제를 풀 때에만 친절히 도와주도록 하는 실험을 실시한 결과, 선생님이 마지막 순간에만 친절했던 그룹에서 선생님의 호감도가 더 높게 나왔다. 그만큼 학생(아이)들은 자기가 어려워하는 사람으로부터 인정받고 싶어하며, 게다가 의지하고 싶어한다는 것이다.

이렇듯 한 방향일 것 같지 않은 위의 세 가지 심리학적 실험 결과를 굳이 예로 들어가며 설명하는 이유는 분명하다. 자녀 교육에 있어서는, 물론 학교 교육이나 학원 수업에 있어서도 마찬가지겠지만, **칭찬만이 능사는 아니며, 그렇다고 자녀를 무조건**

적으로 나무라거나 비난하는 것도 옳지 않다는 사실이다. 칭찬은 고래도 춤추게 만들지만, 그렇더라도 제 잘난 맛에 막춤을 추며 날뛰는 사리분별 못하는 고래라면 이 녀석을 마냥 그대로 내버려 둘 수는 없다. 그래서 스톡홀름 증후군의 실험 결과에서 알 수 있듯이, 적어도 자녀의 교육 지도는 속된 말로 못된 계모가 착한 콩쥐를 대하듯하는 게 더 효과적일 수 있다는 얘기다. 무슨 말인가 하면, 우리나라건 서양이건 가릴 것 없이 동화 속 주인공이 자립심을 키우고 성공한 이면에는 하나같이 야박한 후견인이 있었음을 한번쯤은 생각해볼 필요가 있단 것이다(물론, 다 그런 것은 아니고, 어디까지나 자녀의 성격이라든가 학업태도 등을 봐가며 대응해야 한다).

다시 말해, 자녀 교육에는 **엄격함이 다른 무엇보다 중요**한데, 대학 가기 위해 어쩔 수 없이 해야 하는 공부 역시 이와 다를 바 없다. 하기 싫음에도 마지못해 해야 하는 공부이기에 그만큼 꾀를 부릴 수 있는 게 바로 이런 유형의 공부인데, 그럴수록 더욱 더 엄격하게 자녀를 대해야 한다. 이 때 중요한 것이 바로 시종일관 똑같은 태도로 아이를 대하는 것이다. 그렇지를 않고 그때그때의 감정에 따라 자녀를 대할 경우 오히려 역효과를 낼 수 있다. 즉 자녀는 그러한 일관성 없는 부모의 태도를 조삼모사 식의 감정 섞인 간섭이라고 여기고 상당한 거부감을 갖고 반응하려 들 것이고, 그렇게 되면 사실상의 교육 효과는 없다고 보면 된다.

그렇기에 심지어는 **자녀에게 화를 내고 나무라는 것조차도 철저하게 '계획되고 의도된 것'**이어야 한다. 그래야만 "아! 우리 부모님이 내게 이런저런 경각심을 일깨워 주려고 의도적으로 화를 내시는 구나." 하면서 부모의 말에 수긍하게 되는 것이지, 만약 그렇지 않고 일관성 없이 나무랄 경우에는 "괜히 또 저러시는구나" 하며 반발하려 든다.

물론 이와 같은 교육관은 실제 필자가 아들과 그 친구들을 가르치는 데에도 그대로 적용된다. 참고로 필자는 이 녀석들에게 논술은 물론 국어와 영어 과목까지도 가르치고 있다. 이렇게 말하면 '저 양반이 도대체 어느 정도로 실력이 있기에 그 많은 과목을 다 가르치는 것이지' 하며 다소 의아해 하겠지만, 따지고 보면 별로 가르치는 것도 없다.

논술은 저희들이 열심히 글을 쓰도록 조용히 뒷짐 지고 지켜서 있고, 국어와 영어 역시 저희들이 풀 문제를 뽑아주고는 알아서 풀도록 지시할 뿐이다, 물론 꼭 필요한 부분에 대해서는 별도로 자세히 가르쳐주고 또 질문에 답하기는 하지만, 그렇더라도 상당히 불친절하다. 이때 말하는 불친절하다는 의미는 이 학생들에게 막말을 해가며 윽박지르는 게 아니라, 모든 것들은 자기 스스로 공부해가며 이해하고 파악해야 한다면서 내버려두는 것을 말한다.

　더불어 불친절한 데다가 도무지 칭찬에 인색하다(물론 잘 한 것에 대해서는 칭찬을 아끼지 않는다. 다만 짧고 간결하게 할 뿐이다). 게다가 잘못된 것에 대해서는 가차 없다. 물론 아무 기준 없이 나무라는 것은 절대 아니다. 어디까지나 충분한 이유와 근거 하에 잘못된 것을 나무라되, 너무하다 싶을 정도로 가혹하다. 한번은 아들 녀석이 자신들의 인격도 생각해줘야 하는 것 아니냐며 항의하기에, "아빠(선생님)가 집에서도 너를 납득할 아무런 이유 없이 나무라든? 적어도 학생이라면 공부하는 동안에는 인격을 들먹일 여지는 없다."라며 딱 잘라 말한 적이 있다.

　그럼에도 필자는 그것이 바람직한 교육 태도이자, 공부의 효과를 높이는 교육 방법이라고 굳게 믿는다. 그렇기에 오직 일관되고 계획된 의도 하에, 학생 스스로 깨우쳐가며 공부할 수 있도록 끊임없이 독려한다. 그리고 그 과정에서 때로는 엄하게 나무라고 또 때로는 칭찬해가며, 때로는 부드럽게 때로는 세게 몰아붙임으로써, 스스로 공부 의지를 갖고 학습 계획을 빠짐없이 실천해나갈 수 있도록 지도한다. 이에 대한 필자의 생각은 확고부동하며, 고3 올라가는 이 녀석들에게 이 책에 쓰인 그대로 가르칠 것이다. 그래서 이 글을 읽고 있는 학부모께서도 한 번 생각해보기 바란다. 이 땅의 고3을 둔 학부모라면, 적어도 이 정도는 할 수 있고 또 마땅히 그래야만 하지 않은가.

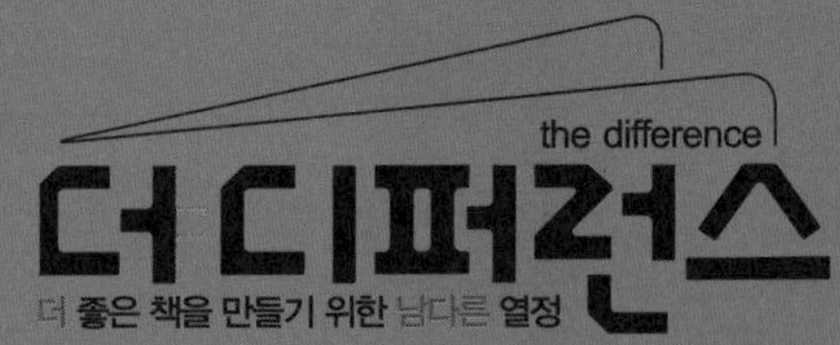

the difference
더 디퍼런스
더 좋은 책을 만들기 위한 남다른 열정